被掠文物回家路

"二战"被掠文物返还的法律与道德问题

王云霞 胡姗辰 李 源 著

图书在版编目(CIP)数据

被掠文物回家路:"二战"被掠文物返还的法律与道德问题/王云霞,胡姗辰,李源著.—北京:商务印书馆,2021
ISBN 978-7-100-19679-6

Ⅰ.①被… Ⅱ.①王… ②胡… ③李… Ⅲ.①历史文物—文物保护—国际法—研究②历史文物—掠夺—史料—西方国家 Ⅳ.①D99②K86

中国版本图书馆CIP数据核字(2021)第044322号

权利保留,侵权必究。

被掠文物回家路
——"二战"被掠文物返还的法律与道德问题
王云霞　胡姗辰　李源　著

商　务　印　书　馆　出　版
(北京王府井大街36号　邮政编码100710)
商　务　印　书　馆　发　行
北京艺辉伊航图文有限公司印刷
ISBN 978-7-100-19679-6

2021年5月第1版　　开本 880×1230 1/32
2021年5月北京第1次印刷　印张 17

定价：78.00元

序　　言

　　战争劫掠文物的返还是文化遗产法领域一个重大的国际性难题。它不仅涉及法律和道德问题，也涉及国际政治和国际关系，事关人类社会的和平、稳定与发展。历史上发生的众多战争都伴随着文物劫掠行为，由于缺乏相应法律依据，被掠文物的返还通常非常困难，需要国际社会和相关国家之间进行精诚合作，才能找到妥善的解决方案。第二次世界大战（以下简称"二战"）期间有大量文物被掠夺或者被非法转移，其返还问题一直被国际社会视为特殊的历史遗留问题，自20世纪90年代以来得到国际社会，特别是欧美各国的广泛关注，相关理论与实践已经比较成熟。但是，这些关注大都集中在被纳粹掠夺文物的返还问题上，被日本掠夺文物的返还尚未引起足够的关注。

　　中国是"二战"最大的受害国之一，大量被日本掠夺文物至今尚未返还。这个问题如果能够得到妥善合理的解决，不仅是对受害者被剥夺的正当权益的恢复，也必将极大地促进东亚地区关系的改善。然而，迄今为止，关于日掠文物返还的法律问题在国内外学术界和实务界都很少受到关注，更是缺乏可资援引、分析的立法例和司法实践。有鉴于此，我们以"第二次世界大战期间被掠文物返还的法律问题研究"为题，申请了2014年度国家社科基金课题，并成功获得立项资助。课题通过鉴定后，我们充分吸收了评审专家的意见,并结合该领域最新学术成果和实践的发展,对课题成果进行了修改完善,最终完成了本书的写作。

本书将日本劫掠文物返还问题置于整个"二战"被掠文物返还的国际视野下进行考察,对具有相似背景的欧美国家处理同类问题的实践进行比较与分析,从中寻求一般性经验,从而为中国追索被日本掠夺文物寻求可能的路径。本书主要按照历史发展脉络展开阐述:第一章概要阐释文物返还相关理论问题和战争劫掠文物返还规则产生的历史背景;第二章围绕"二战"时期纳粹德国及日本在欧洲和亚洲劫掠文物,以及战后初期在同盟国占领下实施的返还行动展开研究;第三章主要阐释"二战"后国际社会关于制止武装冲突情况下劫掠文物以及和平时期文物的非法贩运及其返还的相关规则;第四章围绕冷战后欧美国家促进"二战"文物返还的法律规则与实践展开讨论;第五章重点讨论亚洲国家开展"二战"文物追索可能遇到的困难;第六章主要讨论中国追索日掠文物的可行性和可能路径。通过大量史实的描述和对相关返还政策、立法和实践的梳理及分析,我们认为,"二战"劫掠文物必须返还不仅是战后初期国际社会确定的基本准则,也是冷战后国际社会重新达成的共识,中国应从完善相关立法、建立特别机构、加强双边磋商与合作、开展基础研究等方面入手,积极采取措施,开展对日文物追索行动。

"二战"被掠文物返还是一个跨学科、跨领域的复杂历史遗留问题,期待本书的出版能够推动学界和社会各界对于"二战"文物返还的关注,并且提醒国际社会重视日本掠夺文物返还问题的解决,同时也为我国政府相关部门制定对日追索文物决策提供一定的参考。

本书分工如下：

导论、第一章、第六章、余论：王云霞

第四章、第五章：胡姗辰

第二章、第三章：李源

全书由王云霞、胡姗辰负责统稿。

尽管我们务求客观、严谨和规范，但不足之处在所难免，敬祈各位读者批评指正。

王云霞

2021年1月6日

目　录

导论 ·· 1
　一、问题缘起 ·· 1
　二、既往研究成果综述 ·· 4
　三、原始资料的主要来源 ·· 16
　四、研究思路和目标 ·· 17
第一章　文物返还的基本理论 ··· 21
　第一节　概念辨析 ·· 21
　　一、"文物""文化财产"与"艺术品" ···························· 21
　　二、"原属国"与"所在地国" ·· 26
　　三、"返还""归还"与"送回" ······································ 28
　第二节　战争掠夺文物的悠久历史及其返还规则的兴起 ···· 32
　　一、早期的文物掠夺与战利品规则 ································ 33
　　二、近代文物掠夺及归还原则的建立 ····························· 37
　第三节　战争劫掠文物返还的道德考量 ···························· 41
　　一、实现民族和解 ·· 41
　　二、实现社会正义 ·· 45
　　三、民族主义与国际主义立场之争 ································ 47
　第四节　"二战"被掠文物返还的特殊性 ··························· 52
　　一、系统性文物劫掠 ·· 52

二、劫掠和其他非法转移文物行为交织 …………………… 61
　　　三、违反当时的国际法准则 ………………………………… 66
　　　四、战后理赔返还任务远未完成 …………………………… 69

第二章 "二战"期间轴心国的文物掠夺及战后初期的返还
　　　行动 ……………………………………………………………… 77
　第一节 "二战"期间文化财产劫掠和非法转移概况 ………… 78
　　　一、纳粹在欧洲的艺术品掠夺 ……………………………… 78
　　　二、"二战"末期苏联对德国文化财产的非法转移 ……… 88
　　　三、日本在中国的文物掠夺 ………………………………… 90
　第二节 战后初期欧洲的纳粹掠夺文化财产返还行动 ……… 97
　　　一、对纳粹和其他法西斯国家掠夺艺术品的搜寻与保护 … 98
　　　二、返还纳粹掠夺文物艺术品的准备工作 ……………… 105
　　　三、战后返还纳粹掠夺艺术品的规则和行动 …………… 106
　第三节 战后初期日掠文物的返还政策及其实施 …………… 118
　　　一、战后中国对被掠文物的调查和追索 ………………… 119
　　　二、盟军对日本的军事占领和远东委员会的返还政策 … 122
　　　三、盟军司令部的文物返还工作 ………………………… 125
　第四节 战后初期返还被掠艺术品和文物工作的
　　　　　局限性 ……………………………………………………… 135
　　　一、战后初期纳粹掠夺艺术品返还的局限性 …………… 136
　　　二、战后初期日本掠夺中国文物返还的局限性 ………… 140

第三章 战后文物返还国际法规则的建立 …………………………… 148
　第一节 1954年《武装冲突情况下保护文化财产公约》 … 148
　　　一、1954年《海牙公约》的主要内容和意义 …………… 149
　　　二、1954年《海牙公约》的局限性及其弥补 …………… 152

第二节　1970年《关于禁止和防止文化财产的非法进
　　　　　　出口及其所有权转让方法的公约》……………154
　　　一、"1970年公约"的制定和主要规则………………155
　　　二、"1970年公约"框架下的双边协议…………………156
　　　三、"1970年公约"的重要意义…………………………158
　　　四、"1970年公约"的争议和局限性……………………160
　　　五、"1970年公约"在主要文物市场国的实施…………164
　　第三节　1995年《关于被盗或非法出口文物的公约》……174
　　　一、"1995年公约"的制定………………………………175
　　　二、"1995年公约"的创新和突破………………………176
　　　三、"1995年公约"的局限性……………………………179
　　第四节　战争劫掠文物返还相关国际软法…………………180
　　　一、联合国大会决议……………………………………180
　　　二、关于文物返还的国际软法…………………………188
　　　三、防范文化财产非法进出口和跨国非法贸易的国际
　　　　　软法…………………………………………………192
　　第五节　联合国教科文组织框架下的多边协调机制………198
　　　一、促进文化财产返还或归还原属国政府间委员会…199
　　　二、"1970年公约"缔约国大会机制……………………202
第四章　冷战后欧美国家文物返还的途径与实践……………204
　　第一节　特别立法与专门机构………………………………205
　　　一、出台特别立法或政策………………………………206
　　　二、设立专门机构………………………………………215
　　　三、通过专门机构实现劫掠文物返还的典型案例……232
　　　四、特别立法和专门机构对促进劫掠文物返还的意义……238

第二节　诉讼途径 …………………………………………241
　　一、影响纳粹劫掠文物返还诉讼的主要因素 …………242
　　二、实践与制度的发展对于制约因素的突破 …………251
　　三、诉讼促进和解返还 …………………………………264
　　四、诉讼解决被掠文物返还问题的效果分析 …………266
第三节　仲裁手段 …………………………………………269
　　一、应用仲裁手段追索纳粹劫掠文物的实例 …………270
　　二、普通仲裁机制适用于"二战"被掠文物返还争议的
　　　　优势与局限 …………………………………………274
　　三、建立"二战"被掠文物返还争议特殊仲裁机制的构想
　　　　评析 …………………………………………………278
第四节　外交磋商与双边协定 ……………………………286
　　一、外交磋商对解决战争掠夺文物返还问题的积极意义
　　　　…………………………………………………………286
　　二、外交磋商实现战争劫掠文物返还的可行性 ………289
　　三、外交磋商促进劫掠文物返还的实例 ………………297
　　四、外交磋商实现劫掠文物返还的制约因素 …………306
第五节　民间机构促进 ……………………………………307
　　一、民间机构促进被掠文物返还的主要方式 …………308
　　二、欧洲被掠艺术品委员会 ……………………………312
　　三、艺术品返还委员会 …………………………………318

第五章　亚洲国家对日追索被掠文物面临的困境 …………329
第一节　旧金山和会与亚洲国家的战后索赔政策 ………329
　　一、亚洲战场战后赔偿格局的特点 ……………………330
　　二、旧金山和会与"旧金山对日和约" ………………332

三、主要受害国的对日和约及财产赔偿和返还…………343
　第二节　司法途径存在的障碍………………………………351
　　　一、直接法律依据缺失…………………………………352
　　　二、诉讼程序与规则的障碍……………………………361
　　　三、对日索赔诉讼中日本法院的驳斥理由……………371
　　　四、判决域外法律效力与执行的局限性………………374
　第三节　谈判磋商可能面临的问题…………………………375
　　　一、日本对"二战"历史和责任问题的态度…………376
　　　二、中国在返还谈判中的不利因素……………………383
　第四节　专门机构和民间力量发展不成熟…………………392
　　　一、政府设立或支持的文化遗产机构的被掠文物追索行动
　　　　　………………………………………………………393
　　　二、民间索赔组织开展日掠文物追索的实践…………397
　　　三、中国民间力量参与文物返还的制约因素…………400

第六章　中国追索被日掠夺文物的可行性及可能路径………404
　第一节　国际法律环境得到改善……………………………404
　　　一、"战争掠夺文物应该返还"逐渐演变为习惯国际法…405
　　　二、促进文物返还的"软法"日益得到尊重…………412
　　　三、欧美国家相继以特别立法或政策解决"二战"劫掠
　　　　　文物返还问题…………………………………………421
　第二节　ADR返还实例增多创造了有利的道义环境………425
　　　一、在非政府机构协调下成功返还的实例……………425
　　　二、博物馆与请求人直接达成返还协议………………430
　　　三、附条件返还协议……………………………………434
　　　四、通过ADR达成返还协议的启示……………………438

第三节　韩国对日追索文物的实践及其启示 ············· 440
　　　　一、殖民统治对韩国文化财产的影响 ················· 441
　　　　二、专门返还协议解决历史遗留问题 ················· 445
　　　　三、政府与民间形成合力促进文物返还 ··············· 451
　　第四节　中国追索"二战"被掠文物的对策和可能路径 ····· 455
　　　　一、改善国内法律环境 ···························· 456
　　　　二、追索日掠文物的可能路径 ······················ 463

余论：法、德两国殖民地文物返还新政的启示 ············· 487

参考文献 ··· 499
重要术语中外文对照表 ······························ 518

导　　论

一、问题缘起

　　文物返还是文化遗产法领域一个重大的国际性难题。该问题的妥善处理，能够缓和原属国和所在国之间的对立情绪，平衡相关国家之间以及博物馆、收藏者、交易商和公众之间的利益。但若处理不当，则将激化相关国家之间的矛盾，甚至演变为外交风波。失去文物，对于原属国国民、原属族群、原所有权人及其后裔等原权利人，均是永远无法抹去的伤痛。而对于现持有人或者博物馆而言，要交还文物亦矛盾重重，不仅要面临财产权的损失，也担心会对藏品的完整性以及博物馆的公众教育和研究功能造成一定影响。因此，自20世纪中叶以来，随着众多殖民地、被保护国的独立，以及越来越多国家摆脱战乱状态，文物返还诉求日渐增多，成为国际社会不得不共同面对并努力解决的一个重大问题。

　　如果文物从一国流向另一国是合法贸易或自由交流的结果，返还问题自然无从谈起。居民迁徙及物品交流现象自古就存在，并成为世界文明交融的重要媒介和证明。郑和下西洋带到欧洲的瓷器，如今已成为欧洲各大博物馆、皇室和私人收藏的珍品。而通过丝绸之路来到中国的各种欧洲、波斯、印度、阿拉伯的钟表、地毯、琉璃器皿、金银制品等充满异域风情的文物也早已成为中国博物馆的镇馆之宝。因此，今天的观众在世界各大博物馆发现原产于自己故乡的文物时，并不能意气用事，一概要求返还。反而应该通过细细品味这些文物蕴含的异域文明符号，对其所折射出的人类文化交通历程心存敬畏，对精心保存、展示、尊重这些异域文化珍品的博物馆心怀感激。

然而，如果文物是从原属国非法流出，则可能会随着国内外环境的变化引发返还诉求。由于造成文物非法流出原属国的原因各不相同，发生的时间地点各异，世界各国和国际社会处理文物返还纠纷的规则也有很大差异。部分返还诉求能得到现行法律规则的支持，而许多诉求则无法在现有法律框架内得到妥善解决，只能另外寻求解决良方。从世界范围看，造成文物从原属国非法流出的原因，主要包括战争期间掠夺或占领期间非法转移、对殖民地或原住民的非法剥夺，以及和平时期的非法出口等。如果文物的非法流出发生在相关国际和国内法律生效后，其返还规则相对比较明朗，返还诉求也相应比较容易得到解决。但如果非法流出是历史上发生的，由于缺乏相应法律依据，返还诉求充满变数，能否返还不仅取决于事件的特殊性，更取决于当事各方的国内外政策走向和压力强度。

第二次世界大战（以下简称"二战"）期间，无论在欧洲还是亚洲都有大量文物被掠夺或者被非法转移。由于"二战"是距今最近的一场世界大战，对文物的劫掠和非法转移又发生在人类已经有了初步文化遗产保护国际规则的情况下，其返还问题一直被国际社会视为特殊的历史遗留问题。"二战"结束后，同盟国曾遵照《伦敦宣言》《波茨坦公告》等国际法律文件，主持了被德国、日本劫掠物资（包括文物、图书、档案资料）的赔偿返还工作，占领西部德国的美、英、法三国分别向联邦德国归还了原属德国的部分艺术品，占领东部的苏联也向民主德国、波兰和匈牙利归还了150余万件艺术品、档案和图书[①]。美、英、法、西德以及瑞士、瑞典等国家相应制定了有关文物返还的法律、法令，对纳粹掠夺受害者给予返还。[②] 然而，持续数十年的冷战阻碍了文物的顺利返还，直到20世纪最后十年间，因纳粹掠夺造成的文物艺术品返还才得以继续展开。进入21世纪，欧美国家进一步推进纳粹掠夺文物艺术品的返还，采取了更多积极行动和举措，包括开展相关国家政府间及非政府组织间的对话与沟通，发布促进文物返还的宣言和原则，签署返还双边协议，制定促进返还的立法和政策，建立相关咨询、协调或仲裁机构等，取得了较大进展。

与此形成巨大反差的是，"二战"期间日本掠夺文物返还问题一直未受到国际社会以及亚洲国家的足够重视。"二战"结束后，日本在以美国为首的占领当局的监督下，曾经进行过短时期的劫掠物资（包括文物）的返还，但由于许多受害国家自身仍未从国内外动荡局势中走出来，加上朝鲜战争的爆发和占领当局的偏袒，日本并未返还大部分劫掠文物。最近数十年，亚洲国家之间一直未能就战争遗留问题展开正常的对话与磋商。日本政府及司法机构对于受害国家国民提起的性奴役、强制劳工、细菌战受害者索赔诉求一直采取回避、拒绝的态度，对于民间团体提出的文物返还请求也大

---

① 参见俄罗斯联邦文化事务部"文化瑰宝——战争牺牲品"网站英文版：http://lostart.ru/en/move/，2019年4月10日访问。
② 〔澳〕林德尔·V.普罗特主编：《历史的见证：有关文物返还问题的文献作品选编》，国家文物局博物馆与社会文物司（科技司）译，译林出版社2010年版，第4页。

都以历史问题已经解决等理由予以搪塞。

妥善解决战争遗留问题,返还战时劫掠文物,是对战争进行反省并与周边国家进行和解的重要表现之一,必将在一定程度上修补与邻国的关系,促进东亚地区关系的和谐与稳定。而迄今为止,关于日本劫掠文物返还法律问题的研究在国内外都很少受到关注,更是缺乏可资援引、分析的立法例和司法实践。有鉴于此,将日本劫掠文物返还问题置于整个"二战"被掠文物返还的国际视野下进行考察,对具有相似背景的欧美国家处理同类问题的实践进行比较与分析,从中寻求一般性经验,不失为可行的研究路径。

二、既往研究成果综述

"二战"文物掠夺及战后文物返还问题是一个复杂的法律问题,涉及战争和国际人道法等国际法理论和规则;也涉及各国司法制度、文化遗产保护管理制度,甚至民法上的善意取得和时效取得制度等诸多国内法制度。当然,这一问题远非一个单纯的法律问题,更涉及近代与当代历史、国际政治与国际关系,以及文化遗产保护理论与实践发展等多个不同学科领域,诸如有关战争劫掠文物返还理论、"二战"文物掠夺历史、战后文物返还策略与实践、当代国际关系等方面的研究,以及有关亚洲国家之间关系的档案和学术研究文献,对于本书问题的研究,都有裨益。

(一)国外主要研究成果概述

在文物返还理论方面,美国已故比较法教授约翰·亨利·梅里曼提出的"民族主义"和"国际主义"两个相互对立的立场,对于研究"二战"掠夺文物返还问题有重要的指导意义。梅里曼教授的文物返还理论体系主要体现在其论文集《对埃尔金大理石的思考：有关文化财产、艺术品和法律的评论文章》①中，他指出，民族主义和国际主义立场的提出，以及该话语体系和分析框架，主要是为了分析和解决具体的文物返还问题以及与之相关的文物进出口、国际文物市场、文化遗产事务合作、战争中文化遗产的保护等问题。在文物返还以及与之密切相关的文物进出口管制领域，主要存在两个层面的问题：在文物市场的层面，博物馆、收藏家和交易商如何构建一个从其他国家进口文物而不违反该国法律的文物市场？在国家法层面，一国是否应当强制实行其他国家的文化财产出口管制法律制度？历史上流出至其他国家的文化财产是否应当返还原属国？通过个案分析，梅里曼教授表现出批判文化民族主义的倾向，认为这种理论缺乏足够的证明力和说服力，世界各国并没有义务遵循其他国家的民族主义立场。然而，一方面，梅里曼教授并没有对文化民族主义作出足够清晰的表述与分析，只是简单地将这一立场认定为一种来源于18世纪的"浪漫主义的权利宣言"；另一方面，他对于民族主义与国际主义关系的阐述亦并不明确。

一些西方学者对"二战"期间纳粹掠夺文物艺术品的历史进行了研究，是本书梳理欧洲战场文物掠夺情况的重要史料。如美国学者L.H.尼古拉斯（Lynn H.Nicholas）的著作《欧洲的掠夺——西方艺术品二战蒙难记》②是有关西方国家"二战"期间文物艺术品掠夺情况的较为全面的研究。凯瑟琳·希克利的著作《慕尼黑艺术宝

---

① John Henry Merryman, *Thinking About the Elgin Marbles: Critical Essays on Cultural Property, Art and Law*, Kluwer Law International, 2000.
② 〔美〕L.H.尼古拉斯：《欧洲的掠夺——西方艺术品二战蒙难记》，吴福元、罗蕾译，江苏人民出版社1998年版。

藏：希特勒的交易商和他的秘密遗产》①一书以 2012 年曝光的"古利特收藏"案②为主要切入点，通过研究大量的档案史料，梳理了希特勒和他的纳粹组织，有组织、有计划地掠夺欧洲艺术品，用于个人享乐，或者投入到国际艺术品市场上攫取大量经济利益；以及一些艺术品商人帮助希特勒和纳粹德国收藏、运输和交易掠夺艺术品的过程。该书系统地阐释了纳粹德国在欧洲掠夺艺术品的历史，并对有关法律问题进行了详细分析，为本书研究欧洲战场文物掠夺的历史提供了强有力的史料支持。

伊丽莎白·辛普森主编的《战争劫物："二战"及战后：文化财产的损失、重现和返还》③一书作为有关"二战"被掠文物返还问题的专门研究，详细地阐释了欧洲国家"二战"期间受到文化财产劫

---

① Catherine Hickley, *The Munich Art Hoard: Hitler's Dealer and His Secret Legacy*, Thames & Hudson, 2015.

② 2010 年 9 月，巴伐利亚警方在从瑞士苏黎世开往德国慕尼黑的火车上进行例行检查，发现一位叫科尔内留斯·古利特（Cornelius Gurlitt）的老人随身携带了 9000 欧元现金。鉴于很多德国人都在瑞士建立秘密账户逃税，警方决定对古利特在巴伐利亚的公寓进行搜查，因此发现其藏匿的 1400 多幅名画，总价值超过 10 亿欧元，其中不乏毕加索、雷诺阿、亨利·马蒂斯、马克·夏卡尔等人的名作。经查证，科尔内留斯·古利特是纳粹时期名画收藏家希尔德布兰德·古利特的独子，其父与其他一些收藏家一起被纳粹雇佣，专门负责处理印象派、立体派、现代派等所谓"堕落艺术"。"二战"结束时，其父曾声称所有文物都在盟军轰炸中焚毁，而事实上，大批名画被偷偷隐藏至今。然而，由于证据不足，加之德国法 30 年的最长追溯时效已过等法律制度方面的限制，大量画作无法返还原所有权人或其继承人。僵化的诉讼时效制度导致的不公正，促使巴伐利亚州着手启动撤销纳粹劫掠文物追诉期的法律修改程序，迈出了解决纳粹劫掠文物返还问题的第一步。参见管克江：《德国拟取消被盗艺术品追诉年限，被赞政治良心》（2014 年 2 月 15 日），载中国网：http://www.china.com.cn/news/world/2014-02/15/content_31482358.htm，2019 年 11 月 10 日访问。

③ Elizabeth Simpson (ed.), *The Spoils of War: World War II and Its Aftermath: The Loss, Reappearance and Recovery of Cultural Property*, Harry N. Abrams, Inc., Publishers in association with The Bard Graduate Center for Studies in the Decorative Arts, 1997.

掠和损失的情况、分析了战时文化财产保护国际和国内法律规则的发展过程,并考察了战后各国采取各种方式调查和追索战争掠夺或流失文物的措施、实际进展情况及成果,是开展欧洲战场"二战"被掠文物返还问题研究的重要文献。但该书未关注亚洲太平洋战场的情况,且其立足点在于国家层面为调查和追索"二战"流失文物而采取的措施,未对战争受害者私人或有关民间机构在此过程中作出的努力予以足够关注。波兰学者沃西切·科瓦尔斯基的著作《艺术瑰宝与战争》[1]则在对国际法中的"返还"一词进行重新定义的基础上,分析了不同律师和学者对此问题的观点以及与文化财产返还相关国际法规则和惯例的发展,尤其是对"二战"以后盟国文物返还法律体系进行了特别研究,最后对战后1954年《武装冲突情况下保护文化财产公约》(Convention for the Protection of Cultural Property in the Event of Armed Conflict 1954,以下或简称"1954年《海牙公约》")议定书规则体系的返还法律模型的历史演变进行了总结。该书主要基于国际法视角,以欧洲国家劫掠文物返还法制为研究对象展开论述,亦未涉及亚洲劫掠文物的返还问题。莱顿大学国际法学者依薇莲·坎普芬主编的《公平正义的解决方案:纳粹被掠艺术品争议的非诉讼解决机制:现状与新发展》[2]一书,收录了一系列关于欧美国家通过诉讼之外的方式解决纳粹掠夺艺术品返还问题的理论探讨、制度研究和实践案例,勾勒出欧美国家在这一领域理论研究逐渐进步、法律制度日臻完善、社会环境不断优化的

---

[1] Wojciech W. Kowalski, *Art Treasures and War*, Leicester: Institute of Art and Law, 1998.

[2] Evelien Campfens (eds.), *Fair and Just Solutions? Alternatives to Litigation in Nazi-Looted Art Disputes: Status Quo and New Developments*, Eleven International Publishing, 2015.

图景，并分析了现行法律制度框架对于解决这一历史遗留问题的制约，厘清了用以衡量和保障公平正义价值的关键因素，以及在法律框架内外可能采取的多样化解决途径。

一些学者对战争劫掠文物返还成为一个法律问题的过程及战时文物返还相关法律规则和实践的发展进行梳理，为我们研究"二战"劫掠文物返还法律和道德框架的产生和发展历程提供了重要参考。如美国南加州大学国际关系学者韦恩·桑德霍兹教授《禁止掠夺：规范如何变化》[①]一书，系统全面地考察了战争中文物劫掠行为的思想根源和战争劫物，特别是劫掠文物艺术品相关国际法规则产生和发展的过程，因此厘清了解决"二战"劫掠文物返还问题应依托的法律和道德框架基础以及面临的现实形势。该书分析了"二战"后一些国家和机构为实现战争劫掠文物归还其原属国或原所有权人而做出的努力及对推动国际法律规则和道德原则发展的积极作用，更为本书研究以多种途径促进"二战"劫掠文物返还的可行性及其效果提供了有益借鉴。波兰学者安德烈·雅库波夫斯基所著《文化财产的国家继承》[②]一书，则专门分析了由于战争，特别是两次世界大战导致的国家继承和领土变迁引发的文化财产的返还争议问题，梳理了相关国际法规则和原则，厘清了国家和国际社会保护此类文化遗产并促进该争议解决的责任，并提出解决此类问题的可能途径和指导原则。

还有一些学者则从更广阔的战争和殖民历史的视角，就文物返

---

① Wayne Sandholtz, *Prohibiting Plunder: How Norms Change*, Oxford University Press, 2007.

② Andrzej Jakubowski, *State Succession in Cultural Property*, Oxford University Press, 2015.

还问题相关法律和道德规则的形成、发展与影响展开专门研究，进一步拓宽了本书研究"二战"掠夺文物返还问题的视角和理论与制度框架。如林德尔·V. 普罗特（Lyndel V. Prott）主编的《历史的见证：有关文物返还问题的文献作品选编》[1]选录了有关文物返还问题的论文、报告、宣言、史料，不仅历史性地回顾了文化遗产返还问题的由来，关注了"普世性博物馆"对于文物返还的核心观点，分析了文物返还背后的哲学和道德问题，研究了文物返还问题中的国际法与各国国内法争议，还收录了不同情况下文化遗产返还的规则、程序及实例。该文集资料详实丰富，系统地展现了文物返还问题的历史和现状，全面阐释了文物返还问题所涉及的伦理、哲学、法律等多方面争议，还提出了可能的争议解决方案。澳大利亚悉尼科技大学法学院安娜·菲利帕·沃德利亚克教授的专著《国际法、博物馆和文物返还》[2]就文物返还法律依据和有关规则变化展开研究的视角较桑德霍兹教授更为广阔，不仅着眼于战争法规则的产生、发展与变化本身，还与两次世界大战以前的殖民历史和战后国际人权法理论和规则的发展相联系。美国哥伦比亚大学国际和公共事务学者埃拉扎尔·巴尔坎所著《国家的歉疚：归还运动及对历史非正义的协商》[3]则详细阐释了解决"二战"及殖民时代遗留问题，包括战争和殖民劫掠文物返还问题的国际道德原则的逐步发展及其日益重要的作用。

---

[1] 〔澳〕林德尔·V. 普罗特主编：《历史的见证：有关文物返还问题的文献作品选编》，国家文物局博物馆与社会文物司（科技司）译，译林出版社2010年版。

[2] Ana Filipa Vrdoljak, *International Law, Museums and the Return of Cultural Objects*, Cambridge University Press, 2007.

[3] Elazar Barkan, *The Guilt of Nations: Restitution and Negotiating Historical Injustices*, John Hopkins University Press, Baltimore, 2000.

一些重要的论文集、案例集和期刊论文，对于本书研究促进"二战"被掠文物返还的多元途径及其可行性提供了重要参考。如海牙常设仲裁法院（Permanent Court of Arbitration，简称PCA）①于2003年组织召开的第七届国际法研讨会将纳粹掠夺文物返还作为其重点议题，会议论文集《文化财产争端解决》②收入了一系列有关纳粹时期和其他战争掠夺文物返还问题的研究论文，内容广泛地涵盖战争掠夺文物追索案件的法律性质分析、国际社会和主要国家对"二战"文物掠夺问题的回应、被掠犹太文化财产的返还、特殊证据规则的必要性，以及仲裁法院在解决"二战"被掠文物返还问题中可能发挥的作用，成为本书有关"二战"文物返还可行性和策略研究的有益参考。哈佛大学法学院教授布鲁斯·黑尔编写的《纳粹掠夺艺术品和法律：美国案例》③系统搜集并逐一研究了美国司法机关审理的纳粹掠夺文物返还争议诉讼案例，也为本书研究通过司法途径进行战争掠夺文物追索的可行性及可能障碍提供了丰富素材。法国文化遗产法学者玛丽·科尔尼和瑞士学者马克-安德鲁·雷诺合作的论文《文化财产返还的新发展：非诉讼纠纷解决机制》④则研究了非诉讼纠纷解决机制（alternative dispute resolution methods,

---

① 海牙常设仲裁法院也称海牙仲裁法院，依据1899年和1907年《海牙公约》设立，是一个迄今拥有122个缔约国的政府间国际争端仲裁机构。中国是这两个公约的缔约国，也是该机构成员国。参见该机构网站：https://pca-cpa.org/en/about/，2019年11月11日访问。

② The International Bureau of the Permanent Court of Arbitration (ed.), *Resolution of Cultural Property Disputes,* Kluwer Law International, 2004.

③ Bruce L. Hay, *Nazi-Looted Art and the Law: the American Cases*, Springer, 2017.

④ Marie Cornu & Marc-André Renold, New Developments in the Restitution of Cultural Property: Alternative means of Dispute Resolution, *International Journal of Cultural Property*, Vol. 17 (1), 2010.

ADR，又称"可替代性纠纷解决机制"或"多元化纠纷解决机制"）在文化财产返还领域相对于传统司法途径的优势，并分析通过各类非诉方法解决文化财产返还纠纷的可行性和可能出现的问题。作者认为，非诉讼纠纷解决机制是解决文化财产返还问题的重要资源。安娜·菲利帕·沃德利亚克教授的论文《通过和平条约实现文化遗产返还》①对通过和平条约解决战争掠夺文物返还争端的不同实例加以分类，并就其效果进行逐一分析，梳理了实践中这一问题的发展趋势。

国外学者有关亚洲战后文物返还问题的研究相对较少，主要集中于日韩之间的文物返还领域。如首尔世宗大学政治学教授保坂祐二就《韩日基本条约》第2条与日本向韩国返还文化遗产的关系问题进行研究，回顾和梳理了韩日两国在战后和谈中，经复杂的谈判和博弈，就日本殖民朝鲜半岛期间转移的文化财产的返还问题达成协议的过程，以及双方理解和解释日本的文化财产归还行为的分歧。②曾任《卡多佐冲突解决杂志》编辑的梅丽莎·顾亦对日韩之间的文物返还问题进行了研究，回顾了韩国文物因日本侵略和殖民掠夺而流失的历史和两国战后就此问题展开的谈判，并结合文物返还国际规则发展，分析非诉讼纠纷解决机制在文物返还争议解决中的应用。作者认为，道歉可能是解决日韩之间百年历史冲突，尤其是日本在16世纪和20世纪上半叶掠夺朝鲜半岛财产问题的最好

---

① Ana Vrdoljak, Enforcement of Restitution of Cultural Heritage through Peace Agreements, *The Enforcement of International Legal Protection of Art and Cultural Heritage*, Vol. 1, 2012.

② Yuji Hosaka, Article 2 of the Korea-Japan Basic Treaty and Japan's Repatriation of Korean Cultural Properties: Reviewing Travaux Preparatoires, *Journal of East Asia and International Law*, Vol. 10（1），2017.

的方式。① 宾夕法尼亚州立大学迪金森法学院杰弗里·R. 斯科特教授也对日本与韩国之间的文物返还争端、其解决过程及积极意义进行了全面分析，认为这是一个在日益发展的国际法律和道德原则的影响下通过国家间的积极努力实现文物返还的榜样。②

（二）国内学者主要研究成果概述

近年来，海外流失文物返还问题日益受到公众关注，国内学界对这一问题的研究日益增多，涌现了王云霞、霍政欣、李玉雪、高升等一批就文物返还的法律问题展开深入研究的学者。此外，史学界对于"二战"时期文物掠夺状况和战后初期的赔偿和劫物返还政策与实践的研究，也逐渐起步。然而，国内对这一问题的研究尚处于起步阶段，无论是数量上还是研究深度和广度上，都与西方国家存在较大差距。

在当前国内学界有关文物返还法律问题的研究中，中国政法大学霍政欣教授的两本专著较具代表性。《追索海外流失文物的法律问题》③ 较为全面地阐述和分析了主要文物市场国国内法、文物返还相关国际私法、涉及文物返还问题的国际公约以及国际组织和国际软法等与海外流失文物追索与返还密切相关的法律规则。作者认为，流失文物追索应当保持理性，目前国际社会已经搭建起一套日臻完整和成熟的防范文物非法进出口和非法跨国交易的法律规则体系，各国国内法也相应地作出了调整与完善，对文物来源国权

---

① Melissa (Young Jae) Koo, Repatriation of Korean Cultural Property Looted by Japan— Can a Sincere Apology Resolve the Centuries-Old Korea/Japan Disputes?, *Cardozo Journal of Conflict Resolution*, Vol. 16 (2), 2015.

② Geoffrey R. Scott, Spoliation, Cultural Property and Japan, *University of Pennsylvania Journal of International Law*, Vol.29:4, 2008.

③ 霍政欣：《追索海外流失文物的法律问题》，中国政法大学出版社2013年版。

益的保障力度不断加大。然而，当前的文物返还法律体系仍存在一些局限性，诸多问题依然难以得到解决，文物返还仍是一条艰辛的漫长道路。《流失文物争夺战——当代跨国文物追索的实证研究》①则将研究重点集中于美、英、法、德、日等主要国家文物返还的法律规则和具体案例，并对中国的文物返还案例进行了梳理和总结，总结了中国文物返还事业发展的规律和趋势。该书将有关法律规则同各国的文物返还实践有机结合，深入剖析了各国文物返还案例背后的历史背景、法律适用和道德争议，对于分析文物返还争端解决方案具有一定的指导意义。中国文化遗产研究院副研究员彭蕾的专著《文物返还法制考：从中国百年文物流失谈起》②则梳理了中国近代百年来因各种原因导致的文物流失情况，分析了流失文物返还相关国际法律制度的变迁与发展，以及国内外通过国际公约、双边条约、专门受理机构、非政府组织协调和民事诉讼等各种途径实现文物返还的典型案例，在此基础上对构建和完善中国流失文物追索法律机制提出建议。广东省社会科学院副研究员刘作珍博士的英文专著《中国文物返还的案例》③亦是有关中国近代流失文物追索的研究，主要解决在1954年《武装冲突情况下保护文化财产公约》和1970年《关于禁止和防止文化财产的非法进出口及其所有权转让方法的公约》④（*Convention on the Means of Prohibiting and*

---

① 霍政欣、刘浩、余萌：《流失文物争夺战——当代跨国文物追索的实证研究》，中国政法大学出版社2018年版。
② 彭蕾：《文物返还法制考：从中国百年文物流失谈起》，译林出版社2012年版。
③ Zuozhen Liu, *The Case for Repatriating China's Cultural Objects*, Springer, 2016.
④ 该公约的官方中文名称是《关于禁止和防止非法进出口文化财产和非法转让其所有权方法的公约》，但译名的中文表达不太工整，而且稍嫌累赘，故而本书重新翻译。类似情况在本书中还有好几处，不再一一说明。

Preventing the Illicit Import, Export and Transfer of Ownership of Cultural Property，以下或简称"1970年公约"）通过之前，被掠、被盗或非法出口文物的原所有权人或其合法继承人是否可依据国际法或国家法规则提供的救济方法追回其流失文物，以及文物保护相关国际公约和文物返还请求背后所依赖的认同哲学、伦理和文化考量因素两大问题。通过对中国近代史上文物流失的基本情况、文化遗产保护的规范框架以及一系列具体案例的研究，作者考察了国际文化遗产公约和文物返还请求的文化和伦理问题，评估了在当代法律制度框架下寻求通过法律途径成功追索文物的可能性，并提出一些具体建议。然而，与当前国内大多数有关文物返还法律问题的研究一样，这些研究都未区分文物流失的具体原因，并未针对日本侵华战争历史的具体情况及战争中劫掠文物的返还可能面临的制度障碍和实践中的特殊困难展开专门研究，对于解决我国"二战"期间日掠文物返还问题的指导意义有限。

当前国内有关"二战"文物劫掠和战后文物返还的研究，以孟国祥的专著《大劫难：日本侵华对中国文化的破坏》[①]一书为代表。该书以翔实丰富的史料，详细陈述了日本侵华期间在中国开展的文物破坏和劫掠行动，统计了中国文化事业因此受到的损失，全面展现了日本在侵华战争中掠夺中国文物的罪行。该书还对战后初期国民政府在远东委员会（Far Eastern Commission，FEC）框架下组织开展的日掠文物调查和追索情况进行了较详细的阐释。该书被纳入原中央党史研究室《抗日战争时期中国人口伤亡和财产损失》课题调研成果，作为李忠杰主编《抗日战争时期中国人口伤亡和财

---

① 孟国祥：《大劫难：日本侵华对中国文化的破坏》，中国社会科学出版社2005年版。

产损失调研丛书》中文化损失专题的组成部分,补充了有关抗战时期中国人口伤亡和财产损失的系统性资料,揭露了日本侵略者反人类的罪行,也是本书开展亚洲国家文物返还问题专题研究的重要参考。

目前国内尚没有针对"二战"劫掠文物返还法律问题开展专门研究的著作。仅有数量极其有限的期刊论文对这一问题进行了关注。中国人民大学王云霞教授先后就"二战被掠文物返还的法律基础及相关问题"① 和"从纳粹掠夺艺术品的返还看日掠文物返还可行性"② 进行了研究,分别通过对国际社会和西方主要国家为解决"二战"被掠文物返还问题做出的努力及其实际效果的考察,分析中国追索"二战"期间流失文物,特别是日掠文物的可行性和可能路径。她认为,有关文物返还的道德原则是对日文物追索可适用的依据,国家间的双边谈判、有关国际组织的协调机制以及发挥民间机构和正义人士的作用等,都是我国向日本追索战争掠夺文物的可能方式。重庆社会科学院李玉雪研究员分析了联合国教科文组织(UNESCO)《关于返还第二次世界大战被转移文物的原则宣言草案》的主要内容及其积极意义,提出该宣言是国际社会对"二战"流失文物回归争端引发的法律和道德问题展开深入思考的成果,为促进各国缔结文物返还协议提出了具有普遍指导意义的原则,对于促进我国"二战"流失文物的返还具有积极意义。③ 汪益博士则在比较法视野

---

① 王云霞:《二战被掠文物返还的法律基础及相关问题》,载《辽宁大学学报》(哲学社会科学版)2007年第4期。
② 王云霞:《从纳粹掠夺艺术品的返还看日掠文物返还可行性》,载《政法论丛》2015年第4期。
③ 李玉雪:《二战流失文物回归争端解决的最新进展及其法律评析》,载《政法论坛》2012年第2期。

下，对流日文物追索面临的"四大难题"和通过诉讼途径追索可能产生的诉讼资格、法律适用、举证责任等三方面主要争议进行分析，提出明确诉讼主体资格、主张适用来源国法律规则、主张举证责任倒置规则、完善国内捐赠法规以及签署文物犯罪双边协定等促进流日文物返还的建议。[①]

三、原始资料的主要来源

历史问题的研究离不开对原始档案资料的解读和运用。本书研究过程中，对国内外相关机构收藏的"二战"劫物返还档案进行了搜集和整理，参考了国内外一些重要历史档案：如主要存于美国国家档案馆的盟军司令部历史档案。其中同文物返还问题直接相关的是第331组档案的第51部分，是有关盟军司令部下属的财产保管部（Civil Property Custodian Division，简称CPC）的档案[②]。这些档案以文字类材料为主，包含财产保管部的政策规定、通信、对外发布的新闻消息、媒体报道、参考资料、调查数据、工作报告等多方面档案材料，从美国以及盟军司令部的视角勾勒出战后对中国开展的日掠文物返还工作的历史状况。中国台湾地区"中央研究院"近代史研究所档案馆收藏的"中华民国"驻日代表团赔偿与归还工作档案[③]和中国第二历史档案馆《中华民国史档案资料汇编》（第5辑第3编·外

[①] 汪益：《比较法视角下的流日文物追索：从感性到理性》，载《西北大学学报》（哲学社会科学版）2017年第2期。

[②] General Headquarters Supreme Commander for the Allied Powers, *Records of Allied Operational and Occupation Headquarters, World War* Ⅱ, Record Group 331.

[③] 参见台湾地区"中央研究院"近代史研究所网址：http://archdtsu.mh.sinica.edu.tw/filekmc/ttsfile3。

交)①则是中华民国国民政府视角下对抗日战争末期及结束后展开的被掠文物调查,以及驻日代表团对日索赔相关情况的历史记录,包括有关规则、程序、往来公文,驻日代表团"归还顾问委员会"和"日本赔偿及归还物资接收委员会"(以下或简称"接委会")会议记录、接收物资记录等工作记录和文件,以及远东委员会有关会议记录等内容广泛的第一手史料,"接委会"还编写了《在日办理赔偿归还工作综述》②,记录了战争劫物返还政策的变化及其执行情况。

此外,英、法、德、荷兰、奥地利等主要欧洲国家的政府网站及其"二战"劫掠文物返还争议专门委员会网站,以及一些重要网络数据库,如欧洲被掠艺术品委员会(Commission for Looted Art in Europe)(被掠艺术品信息中心)网站③,日内瓦艺术法研究中心"ArThemis"案例数据库④等专门的网络资源平台和数据库,也为本研究的开展,提供了丰富的法律法规和案例资料。

四、研究思路和目标

本书是一项基于历史素材的实证研究,主要按照历史发展脉络展开。通过对原始档案和法律文件的解读,借助前人研究成果和史料分析,梳理"二战"文物掠夺的基本史实,以及战后初期国际社会

---

① 中国第二历史档案馆编:《中华民国史档案资料汇编》(第5辑第3编·外交),江苏古籍出版社2010年版。

② "中华民国"驻日代表团日本赔偿及归还物资接收委员会编:《在日办理赔偿归还工作综述》,沈云龙主编:《近代中国史料丛刊续编》(第71辑),(中国台北)文海出版社1980年版。

③ 欧洲被掠艺术品委员会(被掠艺术品信息中心)网站参见:http://www.lootedart.com/。

④ 日内瓦艺术法中心案例数据库参见:https://plone.unige.ch/art-adr/cases-affaires/。

为了矫正这一重大罪行而展开文物返还行动的过程，阐释该行动在冷战后得以重启的原因，详细介绍国际社会和欧美国家为促进"二战"被掠文物返还所做的努力，评价其取得的成效。本研究的根本目标是将日本掠夺文物的追索与返还置于整个"二战"文物返还的国际大背景之下，以欧美和韩国实践经验为借鉴，为中国问题的解决寻求可能的路径。

第一章概要阐释与文物返还相关的理论问题和历史背景：对"返还""归还"和"送回"等相关词汇进行辨析，以期廓清本研究的概念和范围；对战争劫掠文物的早期历史及其返还规则的兴起历程做一概要描述，为下文详细阐述"二战"文物掠夺情况及其返还规则的形成与发展做一铺垫；分析国际社会有关"战争劫掠文物应当返还"规则的道德基础，解释为什么各国普遍需要这样的一致行动和规则；围绕系统性文物掠夺、违反既有国际法准则和返还行动被冷战中止等问题，解释"二战"文物掠夺及其返还行动的特殊性。

第二章围绕"二战"时期纳粹德国及日本在欧洲和亚洲实施的劫掠文物行动，以及战后初期在同盟国占领下开展的返还行动展开研究；侧重描述以德、日为首的轴心国在欧洲和亚洲地区进行大规模文物劫掠的史实，并以大量原始档案材料为依据，分析盟国占领军政府在欧洲和亚洲实行的返还劫物政策及其实施效果，解释战后返还行动未获成功的主要原因。

第三章主要阐释"二战"后国际社会关于制止武装冲突情况下文物劫掠以及和平时期文物的非法贩运及其返还的相关规则。首先对联合国教科文组织1954年《武装冲突情况下保护文化财产公约》、1970年《关于禁止和防止文化财产的非法进出口及其所有权转让方法的公约》以及国际统一私法协会1995年《关于被盗或非法出口文物的公约》(*Convention on Stolen or Illegally Exported Cultural Objects*，以下或简称"1995年公约")的制定过程及其确立的规则进行阐释，分析其意义和局限性；其次对主要国际组织和国际会议制定的促进"二战"文物返还的相关原则、宣言、建议及职业道德准则等"软法"规范进行概述和评价，为下文进一步分析各国的法律实践奠定基础。

第四章围绕冷战后欧美国家促进"二战"劫掠文物返还的法律规则与实践展开讨论。分别就这一时期欧美国家为解决战后初期未完成的纳粹掠夺文物返还问题制定的特别立法和设立的专门争议处理机构、被掠文物原所有权人及其继承人通过诉讼、仲裁等方式解决此类争议的实例及诉讼或仲裁途径的可行性、国家间就"二战"时期被掠或流失文物返还问题展开的外交磋商及签署的协定，以及民间机构在促进被掠文物返还中发挥的作用进行分析。通过对有关制度、规则和具体案例的考察，厘清上述各种文物追索途径适用的情形和条件，比较不同途径在解决"二战"劫掠文物返还问题中的优势与局限，以期为中国依托多元途径开展对日文物追索提供经验与借鉴。

第五章重点讨论亚洲国家开展对日文物追索可能遇到的困难。通过对以中国、韩国为代表的亚洲主要国家战后劫物返还与对日和谈的特殊格局的分析，明确这些国家开展日掠文物追索较欧美国家追索纳粹掠夺文物面临的不同形势与困难，并以中国为样本，对通过诉讼、外交磋商，以及设立专门机构或民间组织等各种具体方式开展日掠文物追索可能面临的困难与阻碍进行具体分析。

第六章是本书的结论章，主要讨论中国追索日本掠夺文物的可行性和可能路径。从战争掠夺文物返还的习惯国际法规则的确立、软法规则作用逐渐凸显以及欧美国家特别法的实施等方面，阐明国际法律环境的改善对中国采取日掠文物追索行动的推动意义；以欧美通过多元化纠纷解决机制返还文物的若干实例和韩国持续不断对日追索文物的经历为参照，说明中国对日追索文物完全有经验可循；从相关法律的完善、诉讼和非诉方式、外交谈判等方面，探讨中国对日追索的可能路径。

余论部分关注的是法、德两国殖民地文物返还新政可能对"二战"被掠文物返还带来的促进作用。殖民地文物返还是一个更加复杂和敏感的问题，法、德两个欧洲重要国家仍有意愿加以解决。相对而言，"二战"被掠文物返还问题方面的国际共识更加明确，东亚国家更应抓住这个契机开展返还谈判与合作。

本书的研究存在不少缺憾之处。首先，由于占有资料的局限性，本书对于亚洲其他国家，如东南亚国家的关注相对较少，需要在今后进一步充实和完善。同时，由于涉及国家过多，本书的研究在使用原始资料方面仍有较大局限性。所使用的外文资料大都是英文或法文资料，德文、日文、韩文等资料的使用非常有限，大都需要借助翻译或寻求其英文版本，在很大程度上影响了文献使用的范围和准确性。尤其是未能找到日本对于中国被掠文物返还问题的专门研究成果或评论，不能不说是极大的遗憾。这固然与日本学界对此问题漠不关心、有关成果本身就稀少甚至阙如有关，囿于语言能力制约无法穷尽对其既往成果的搜索也是一个重要因素，需要今后再努力挖掘。另外，由于中国对日追索"二战"劫掠文物的行动至今只有零星的尝试，并未全面展开，许多问题都是预测性的，还缺乏必要的实践加以检验。这些都是有关这一问题的研究需要继续努力的方向。

第一章 文物返还的基本理论

第一节 概念辨析

文物返还领域存在许多相互关联、含义接近的词汇。由于适用条件不同,加上适用者的立场不同,这些词汇的实际运用可能会有很大的差别。在探讨具体问题前,有必要对这些词汇做一番概念辨析。

一、"文物""文化财产"与"艺术品"

讨论返还问题当然无法绕开对返还对象的界定。在涉及返还的法律和实践中,中国通用的词汇是"文物",欧、美、澳、非等地区或日、韩等国通常使用"文化财产",而在纳粹掠夺物品的返还实践中,使用"艺术品"更为普遍。这些词汇有时可以互换,有时候则各有侧重。

"文物"(cultural relics)是中国读者比较熟悉的词汇,在涉及返还问题时,媒体、主管部门、保护机构及研究者基本上都用"流失文物返还"或"被掠文物返还"来表述。从语义来看,"文"即"文化",指"人类社会历史实践过程中所创造的物质财富和精神财富的总和"①;"物"即事物、物品。两字组合起来,即指具有文化内涵或者文化价值的事物、物品。但由于学术界对于"文化"一词的定义莫衷一是、千差万别②,"文化内涵"或"文化价值"很难有统一标准。基于"文化"是一定社会历史实践的积淀,人们总是以历史过程或人类活动为主要依据来归纳"文物"的属性。比如,文物学家谢辰生先生对"文物"一词所下的定义是:"作为人类社会历史发展进程中遗留下来的、由人类创造或者与人类活动有关的一切物质遗存的总称"③。鉴于谢先生在中国文物博物馆学界的崇高威望,他的定义被广泛接受,他写的关于"文物"的专文被置于《中国大百科全书·文物 博物馆》卷的卷首④。但是,作为一个现行法律概念,在《中华人民共和国文物保护法》(以下简称《文物保护法》)中,却找不到关于"文物"的法律定义。《文物保护法》第2条第1款规定:"在中华人民共和国境内,下列文物受国家保护:(一)具有历史、艺术、科学价值的古文化遗址、古墓葬、古建筑、石窟寺和石刻、壁画;(二)与重大历史事件、革命运动或者著名人物有关的以及具有重要纪念意义、教育意义或者史料价值的近代现代重要史迹、实物、代表性建筑;(三)历史上各时代珍贵的艺术品、工艺美术品;(四)历史上各时代重要的文献资料以及具有历史、艺术、科学价值的手稿

---

① 《辞海》,上海辞书出版社1980年版,第1533页。
② 人类学家克罗伯(A.L.Kroeber)和克拉克洪(Clyde Kluckhohn)在其著作《文化概念和定义的批评性评论》中,梳理了西方学界关于"文化"定义的学术史,仅19世纪后期到1950年,关于文化的定义就达164种之多。See A.L.Kroeber & Clyde Kluckhohn, *Culture: a critical review of concepts and definitions*, Peabody Museum, Cambridge, MA, 1952, p. 149.
③ 谢辰生:《文物》,《中国大百科全书·文物 博物馆》正文前专文,中国大百科全书出版社1993年版,正文前第2页。
④ 同上书,正文前第1—17页。

和图书资料等；（五）反映历史上各时代、各民族社会制度、社会生产、社会生活的代表性实物。"但该款只是规定了受法律保护的文物的范围，即对文物的外延做了列举，并未对文物的内涵进行界定。通过对这些文物类型的对比，我们可以看到，在中国，法律上的文物范围比文物博物馆学界所认可的文物范围要狭窄得多，法律只保护那些具有历史、艺术和（或）科学价值的不可移动和可移动文物，并且属于被法律明确列举的类型；那些不具备这些价值或者类型上不符合法律列举的历史遗迹或遗物，不被认为是法律意义上的"文物"，比如历史上流传下来的并不"珍贵"的工艺美术品，以及不具有代表性的生产、生活实物。

"文化财产"（cultural property）是国际上比较通用的词汇，指"任何具有艺术、考古、人种学或者历史意义的财产"[①]。林德尔·V.普罗特和帕特里克·阿基夫（Patrick J.O'Keefe）教授认为，文化财产一词作为法律概念最早出现在1954年联合国教科文组织《武装冲突情况下保护文化财产公约》中。在此之前，普通法中并无文化财产的概念，而民法法系国家虽有这个词汇，比如法语 biens culturels 和意大利语 beni culturali 与英语 cultural property 相似，但它们在法律上内涵并不清晰。而"文化财产"作为法律概念的出现，与"不动产"（real property）、"动产"（personal property）和"知识财产"（intellectual property）相互并列，成为财产法中的第四类财产，重要性自不待言。[②] 普罗特和阿基夫教授认为，"文化财产"这

---

① John H. Merryman, Two Ways of Thinking about Cultural Property, *The American Journal of International Law*, Vol. 80, No. 4, 1986, p. 831.

② Lyndel V. Prott & Patrick J. O'Keefe, "Cultural Heritage" or "Cultural Property", *International Journal of Cultural Property*, Vol. 1, 1992, p. 312.

个词汇比较强调财产的经济属性，一些无法用经济价值衡量的无形文化表达形式，比如宗教祭祀仪式、表演艺术、民俗等，无法被归入"文化财产"，但它们毫无疑问应该被作为文化多样性的载体加以保护，因此建议用"文化遗产"取代"文化财产"概念。[①]但从现有涉及返还的国际公约和相关国际、区际法律文件，以及相关国家法律的用语来看，"文化财产"一词更加常用，比如1970年联合国教科文组织《关于禁止和防止文化财产的非法进出口及其所有权转让方法的公约》第1条规定："为了本公约的目的，'文化财产'一词系指每个国家，根据宗教的或世俗的理由，明确指定为具有重要考古、史前史、历史、文学、艺术或科学价值的财产并属于下列各类者……"从该定义的内涵看，并不特指可移动财产或不可移动财产，但由于公约的主旨在于防止文化财产的盗窃和非法转让，其第1条所列的11类财产[②]就限定为有形的可移动物品。当然，能够被非法

---

① Lyndel V. Prott & Patrick J. O'Keefe, "Cultural Heritage" or "Cultural Property", *International Journal of Cultural Property*, Vol. 1, 1992, p. 312.

② "1970年公约"第1条列举的11类文化财产分别是：

1. 动物群落、植物群落、矿物和解剖以及具有古生物学意义的物品的稀有收集品和标本；

2. 有关历史，包括科学、技术、军事及社会史、有关国家领袖、思想家、科学家、艺术家之生平以及有关国家重大事件的财产；

3. 考古发掘（包括正常的和秘密的）或考古发现的成果；

4. 业已肢解的艺术或历史古迹或考古遗址之构成部分；

5. 一百年以前的古物，如铭文、钱币和印章；

6. 具有人种学意义的文物；

7. 有艺术价值的财产，如：

(1) 全部是手工完成的图画、绘画和绘图，不论其装帧框座如何，也不论所用的是何种材料（不包括工业设计图及手工装饰的工业产品）；

(2) 用任何材料制成的雕塑艺术和雕刻的原作；

(3) 版画、印片和平版画的原件；

(4) 用任何材料组集或拼集的艺术品原件；

转移和非法进出口的文化财产只能是可移动的物品，不可移动的财产无法被非法转移，除非强行从其本体拆卸部件，而一旦与本体分离，它们即被当作可移动物品对待。再如欧洲委员会（Council of Europe，以下或简称"欧委会"）1205 号《关于被掠犹太人文化财产的决议》（Resolution 1205［1999］of the Parliamentary Assembly on looted Jewish cultural property），也是用的"文化财产"一词。

从某种程度看，国际法上通常使用的"文化财产"与中国法律上的"文物"概念比较接近，都包括具有历史、艺术、科学价值的可移动物品或不可移动财产。但两者外延可能有所不同，文化财产的外延比文物略大一些，比如艺术性并不突出的寻常当代艺术品通常不被视为文物，但它们当然属于文化财产。而在涉及返还问题时，两者均指的是可移动物品。为了强调其可移动属性，国际社会也常用"文化物品"（cultural objects）一词，汉语通常翻译成"文物"，比如 1995 年国际统一私法协会《关于被盗或非法出口文物的公约》，用的就是"文物"（cultural objects）一词，但出于与"1970 年公约"相同的目的，该"文物"仅指可移动文物，外延比中国法上的"文物"要狭窄。

"艺术品"（works of art）指的是由艺术家创作的具有美学价值的作品，通常指造型艺术作品，如绘画、雕塑、书法、摄影等作品。"艺术品"与"文物"或者"文化财产"有密切关系，但并非同一概

---

8. 稀有手稿和古版书籍，有特殊意义的（历史、艺术、科学、文学等）古书、文件和出版物，不论是单本的或整套的；

9. 邮票、印花税票及类似的票证，不论是单张的或成套的；

10. 档案，包括有声、照相和电影档案；

11. 一百年以前的家具物品和古乐器。

念。艺术品均为文化财产，但不一定属于文物。只有那些具有一定历史价值的艺术品，或者虽为当代艺术品，但美学价值特别高，以至于构成一个国家或民族独特审美观念的一部分，才被视为文物。反过来，文化财产或文物中有大量并无艺术价值，但具有较高历史或科学价值的物品或财产，比如原始民族生活遗迹或其日用品，并不属于艺术品。而在返还问题上，尤其是"二战"劫掠物品的返还，由于原属犹太人的艺术品属于纳粹掠夺的主要目标之一，"二战"后大量的法律文件、司法判例和返还机构均涉及"艺术品"的归还。相应地，"纳粹艺术品归还"也成为欧美许多研究者和从业者的重点关注领域。

此外，"文化资产"（cultural assets）或"犹太人资产"（Jewish assets）等词汇也常见于"二战"劫掠物资返还。前者含义与文化财产相近，而后者泛指被纳粹劫掠的原属犹太人的财产，既包括艺术品，也包括其他财产。

基于"文物"是中国现行法律概念，而且已经与国际法律文件相关用语接近，本书在基本叙事时以"文物"一词作为研究对象，但在引用资料时会与"文化财产""艺术品"等词汇穿插使用。

二、"原属国"与"所在地国"

返还纠纷通常发生在特定国家之间。其中失去文物的国家，即文物流失国，通常也是创造并传承该文物的国家，常常被称为"来源国"或"原属国"（countries of origin，亦译"原主国"）。这些国家通常具有古老的文明和丰富的文化遗产，历史上大都因为被外国侵略、殖民或缺乏有效的管理而造成大量文物流失。如埃及、印度、希腊、意大利、土耳其、伊朗、伊拉克、叙利亚、中国等国以及非洲、美洲大批欧美国家的前殖民地、被保护国，大都具有相似的文物流失背景。这些国家常因其流失文物被国际拍卖行拍卖或出现在西方博物馆展览目录中而提出返还诉求，从而也被称为"请求国"。相应地，保有流失文物的国家称为文物"所在地国"（countries of destination）、"目的地国"或"被请求国"。这些国家通常是近代科学、考古学、博物馆学最先发展起来的国家，多为军事和经济上具有强势地位的前殖民国家，如英国、美国、法国、荷兰等国，拥有比较发达的文物市场，从来源国流失的文物大都经这些国家文物市场的交易而成为私人收藏物或博物馆藏品，因此这些国家又被称为"市场国"（market nation）。与此同时，由于大量流失文物为国际大博物馆或国际文物交易市场提供了资源，这些文物来源国也被称为"资源国"（source nation）。

  不少西方艺术法领域的学者或从业者更喜欢使用"资源国"和"市场国"这对概念来描述这两种国家类型，甚至尽量客观地将两者称为"出口国"和"进口国"。这种用语完全不考虑其中的掠夺或非法因素，而将失去文物的一方当作某种资源的供给方，在观察视角上通常更具有"文化国际主义"色彩，更强调文物的自由流通。①相对而言，文化遗产法领域的学者更趋向于使用"原属国"和"所在地国"这对概念，尤其在涉及文物返还问题上，尽量避免使用"出口国"和"进口国"这种貌似中立的概念。② 相关国际法律文件和国

---

① 比如美国艺术法学科奠基人之一、比较法权威梅里曼教授在其著作和论文中，大都以这两对概念来称呼这两类国家。
② 比如澳大利亚昆士兰大学荣誉教授、前联合国教科文组织文化遗产司主任普罗特就持这一观点。See Lyndel V. Prott, The Experience of UNESCO with the Return of Cultural Objects, *ASIL Proceedings 1995*, pp. 443-447.

际机构也更多地使用"原属国"或"请求国"来称呼文物流失国,比如"1970年公约"即有多处使用"原属国",根据该公约成立的"促进文化财产返还原属国或归还非法占有文化财产政府间委员会"(Intergovernmental Committee for Promoting the Return of Cultural Property to its Countries of Origin or its Restitution in case of Illicit Appropriation [ICPRCP],简称为"促进文化财产返还或归还原属国政府间委员会")同样采用"原属国"一词。

本书基于中国文物被非法掠夺的事实以及国际组织在文物返还问题上的立场,采用"原属国"或"请求国"的词汇来描述"二战"中文物被掠夺或非法转移的国家。

三、"返还""归还"与"送回"

在文物返还领域,最易混淆和令人迷惑不解的,还是return/restitution/repatriation这些词汇的选择和翻译。这些词汇的中文含义基本上都包含"返还"的意思,因此很多中文著作或论文并不刻意加以区分,统一将它们翻译成"返还"[①]。但在法律文件或司法实践中,不同的流失原因或背景下产生的文物返还诉求,必须采用不同的词汇,不能随意混用。

[①] 本书对这一组词汇的翻译,尽可能与相关国际法律文件或国际机构官方中译名的翻译方法保持一致。如联合国大会第3187号决议"Restitution of Works of Art to Countries Victims of Expropriation",官方译名为"归还各国被掠夺艺术品",将"restitution"译为"归还",见https://www.un.org/zh/documents/view_doc.asp?symbol=A/RES/3187(XXVIII);另外,"Intergovernmental Committee for Promoting the Return of Cultural Property to its Countries of Origin or its Restitution in Case of Illicit Appropriation"的官方译名为"促进文化财产返还原主国或归还非法占有文化财产政府间委员会",将"return"译为"返还",而"restitution"译为"归还",见http://www.unesco.org/new/zh/culture/themes/illicit-traffic-of-cultural-property/。

第一章 文物返还的基本理论

"Return"的英文含义是"拿回、送回或恢复、回复之前的状态"①。许多学者认为，该词汇用途比较广泛，既可适用于文物被非法转移，也适用于因其他原因而丧失文物所有权的情形。普罗特教授认为："'Return'一词比较中性，虽然它通常更关注被请求国家或机构'返还'文化财产的行为。"②吉多·卡尔杜其教授③也认为："'Return'总体上指文化财产返还给原属国的事实，不论之前从该国将文化财产转移出去的行为在当时是非法的还是合法的。因此该词含义比'Restitution'更广，它给争议双方提供了共同的语言而不必拘泥于合法还是非法转移，它也适用于所有的返还未经授权转移文化财产的事例。"④尽管学者们对于"Return"的适用前提可能会有不同见解，但大致都认为它的含义比较中性，同时包括非法转移或合法转移文化财产的返还情形。

相对于"Return"的中性，"Restitution"则是一个古老的法律概念，词义更接近中文的"归还"。但不同法系不同国家的法律对该词汇的界定可能有所不同，因此也比较有争议性。根据《元照英美法词典》的解释，其含义是归还原物或恢复原状，即恢复损害发

---

① 参见《牛津高阶英汉双解词典》（第6版），"return"条，商务印书馆2004年版，第1486页。

② Lyndel V. Prott, Note on Terminology, *Witness to History: A Compendium of Documents and Writings on the Return of Cultural Objects*, UNESCO Publishing 2009, p. xxi. 中译版《历史的见证：有关文物返还问题的文献作品选编》（国家文物局博物馆与社会文物司译，译林出版社2010年版）删去了英文版的"术语释义"部分。如此重要的内容不知为何被删去，使读者无法理解书中重要专业术语之间的差别，着实可惜。

③ 前联合国教科文组织国际标准处主任。

④ Guido Carducci, "Repatriation", "Restitution" and "Return" of Cultural Property: International Law and Practice, in Mille Gabriel & Jens Dahl（eds）, *UTIMUT: Past Heritage, Future Partnerships: Discussions on Repatriation in the 21st Century*, Copenhagen 2008, Document No. 122, p.125.

生之前或无违约时的状况，既可以将原物归还给合法的原所有人，也可以通过支付相同的等价物进行补偿。①而在大陆法系，该词既指原物的实质性归还，也指经济赔偿。②在文物返还领域，该词最初只用于战争时期掠夺文物的无条件归还，后来也用于和平时期盗窃文物的归还，无论在哪种状态下，都发生了对既有普遍接受的法律规则的违反行为。因此，"Restitution"目的在于尽可能地恢复该文化财产先前的法律状态。该目的既可以通过对被掠夺或被盗文化财产的归还直接实现，也可以通过提供与被掠夺或被盗文化财产类似的文化财产间接实现。③

由于不同国家对于"Restitution"一词的界定有所不同，加上文化财产的返还有各种不同的原因，1978年成立的联合国教科文组织"促进文化财产返还或归还原属国政府间委员会"采用了非常冗长的名称："Intergovernmental Committee for Promoting the Return of Cultural Property to its Countries of Origin or its Restitution in Case of Illicit Appropriation"。该英文名称清晰地表明，"Restitution"只发生在非法转移的情况下。为了更规范地使用 Return 和 Restitution 两个词，该委员会还专门制定了《返还或归还请求的标准用法指南》(*Guidelines for the Use of the Standard Form Concerning Request for Return or Restitution*)，该指南第 A.9 条解释说："Return 应用于国际或国家相关文化财产保护法律明确

---

① 参见薛波主编：《元照英美法词典》，法律出版社2003年版，第1191页。

② Lyndel V. Prott, Note on Terminology, *Witness to History: A Compendium of Documents and Writings on the Return of Cultural Objects*, UNESCO Publishing 2009, p. xxi.

③ Wojciech Kowalski, Types of Claims for Recovery of Lost Cultural Property, *Museum International*, No.228, Vol. 57, No. 4, 2005, p.97.

化之前即已发生的文化财产转移情形，这种转移经常发生在殖民政权转移殖民地文化财产或外国占领当局从被占领土转移文化财产的情形。"① 而"Restitution"旨在确保文化财产的合法性，即用于恢复被非法转移的文化财产，既包括归还战争时期被非法转移的文化财产，也包括归还和平时期被盗窃的文化财产，但不能用于仅仅违反一国限制出口法律的非法出口文化财产。这一点在"1995年公约"中也得到了体现，其第 2 章章名为"被盗文物的归还"（Restitution of Stolen Cultural Objects），而第 3 章章名为"非法出口文物的返还"（Return of Illegally Exported Cultural Objects），因为一国限制出口文物的法律不会自动具有国际法上的效力。②

自上世纪 90 年代以来，"Repatriation"这个词汇在返还领域越来越常见。该词原义是"将某人遣返回国，或将国外投资送回本国"③，显然这些词义与文物返还并无直接关联。但是，如果殖民统治者将被殖民者驱逐出其世代居住的土地，并剥夺了后者的财产及其赖以生存的空间，那么，当殖民统治结束后，将被殖民者"送回"（Repatriate）其原属土地，并将其被剥夺的财产和其他文化设施，以及其祖先的遗骸予以"送回"，也就是对既往殖民统治进行反省的应有之义了。如 1990 年美国国会颁布了《原住民墓葬保护和财产返还法》（Native American Graves Protection and Repatriation Act），规定向原住民的后裔强制性地返还其祖先的遗骸和其他代表其文化特征的财产。不仅美国，加拿大、澳大利亚、新西兰

---

① Cited from Wojciech Kowalski, Types of Claims for Recovery of Lost Cultural Property, p.96.

② 同上文。

③ 参见《牛津高阶英汉双解词典》（第 6 版），"repatriate"条，商务印书馆 2004 年版，第 1468 页。

等在原住民的土地上建立的"移民殖民国家"(settler-colonial nation states)均颁布了类似法律返还原属于原住民的文物。因此，"Repatriation"主要用于一国之内的原住民人体遗骸和文物返还问题。返还维持少数民族的宗教仪式、身份认同、文化传承所必需的物品，是置于国家叙事以及民族和解的更大背景下的问题。① 但也有学者认为，"Repatriation"不仅仅出现在一国内部解决原住民或者少数民族文物返还的问题中，也可能是个国际法上的问题，比如欧洲一些地方因为领土继承或多民族国家瓦解时，也会有文物"送回"哪里的问题。②

　　本书的研究主题是第二次世界大战期间被掠夺文物的返还，既涉及欧洲问题，更涉及亚洲问题。由于"二战"期间的文物掠夺行为发生在大多数相关国际公约生效之前，本研究采用"返还"(Return)这个相对广泛的概念来展开讨论。在引用不同国家的相关资料时，可能涉及"归还"(Restitution)和"送回"(Repatriation)等词汇。但因为这些词汇均含有中文"返还"的意思，除非有特别需要，本书在行文中不刻意加以区别。

第二节　战争掠夺文物的悠久历史及其返还规则的兴起

　　文物返还经常跟战争掠夺联系在一起。而掠夺是一个与战争

---

① See Martin Skrydstrup, Theorizing Repatriation, *Journal of European Ethnology*, Volume 39:2, 2009, pp.57-58.
② Wojciech Kowalski, Types of Claims for Recovery of Lost Cultural Property, p.95.

一样久远的话题,似乎有了战争就有了摧毁敌人城池、掠夺敌人财富的行为。因此有学者评价:"历史不是写在书里的,而是写在战利品中的;几乎所有在战争中占据上风的国家都可以找到其战时掠夺的印记。"① 中国传统社会也将毁灭敌人的文化及其历史典籍作为从根本上消灭敌人的有效手段之一,正如清代思想家龚自珍所说:"灭人之国,必先去其史"②。为了宣扬自己的武力强大,从精神上彻底打垮敌国或敌族,中外历史上许多战争中都不乏将敌国或敌族灿烂的艺术品、独特的纪念物或宫廷用品,尤其是王冠、权杖之类的权力象征掠至自己的都城加以陈列的做法。

一、早期的文物掠夺与战利品规则

几乎所有早期征服战争都伴随着对被征服者公开的、破坏性的文物掠夺,并将敌国文物当作名正言顺、值得炫耀的战利品。希腊史诗《伊利亚特》中有大段文字描述英雄阿喀琉斯不满希腊联军统帅阿伽门农肆意侵占将士们浴血奋战抢得的战利品,从而退出特洛伊战争,歌颂英雄捍卫个人尊严的崇高品德。③ 这从一个侧面反映出当时掠夺战利品是战争的重要方式,这些战利品可以是奴隶、女人,也可以是武器、铠甲和金银财宝。价值一般的战利品通常由将士个人所有,珍贵的战利品则献给统治者,或由后者分配犒赏给有功之人。

---

① D. Rigby, Cultural Reparations and a New Western Tradition, *The American Scholar*, Vol. 13, 1944, p. 274.
② 龚自珍:《古史钩沉论二》。
③ 参见叶艳:《希腊神话的复仇与暴力》,载《名作欣赏》2014年第9期,第154页。

  罗马的武力扩张也充满了对被征服民族和国家的肆意掠夺。文艺复兴时期意大利画家弗朗西斯科·凯其诺（Francesco Cechino）创造过一幅壁画，生动地描绘了公元前5世纪末罗马将领马尔库斯·弗利乌斯·卡米利乌斯（Marcus Furis Camilius）的凯旋仪式：卡米利乌斯高高地坐在四匹大马拉着的战车上，天使给他戴上桂冠，车上堆满绘画、雕塑、金银器皿等战利品，紧随其后的战士们手里高举着精美的艺术品，奴隶驮着沉重的纯金雕像，周围则是欢呼雀跃的罗马市民。① 据史料记载，公元前275年战胜伊庇鲁王国时，罗马军队运回了大量艺术品，古罗马史学家弗洛鲁斯是这样描述的："你若望一眼（胜利者的）行进队伍，就会发现装饰华丽的黄金雕像和迷人的他林敦绘画嵌板。"② 公元前167年罗马打败马其顿时，获得了1.2亿赛斯特兹的各式战利品。③ 公元前1世纪罗马远征埃及时，除了继续大量掠夺财富和艺术品，甚至将巨大的埃及方尖碑劫掠至罗马，作为战利品竖立在广场上。"这个广场成为了世界上第一个露天博物馆，那些放置在广场上的文物彰显着古罗马强大的军事实力，讲述着征服者的故事。"④ 征服者这么做并无不当，因为依据罗马法中的战利品法（ius praedae），战争中可将敌人的财产视

---

① 绘画照片见〔英〕格雷格·沃尔夫主编：《剑桥插图罗马史》，郭小凌等译，山东画报出版社2008年版，第214页。

② 〔美〕约翰·亨利·梅里曼编：《帝国主义、艺术与文物返还》，国家文物局博物馆与社会文物司（科技司）译，译林出版社2011年版，第4页。

③ 这是个庞大的数字，因为当时120赛斯特兹就可以购买足够一个普通罗马人一年需要的粮食。参见〔英〕格雷格·沃尔夫主编：《剑桥插图罗马史》，郭小凌等译，山东画报出版社2008年版，第214页。

④ John Henry Merryman, Cultural Property Internationalism, *International Journal of Cultural Property*, Vol.12, Issue 1, 2005, p.13.

为无主物(res nullius),归占有它的战胜者所有。① 依据罗马法,敌人物(res hostiles)与从未为人所有的物以及被人抛弃的物一样,均为无主物:"一旦战争开始,凡敌国人及其财产,都变成无主物,罗马市民均可将敌国人掳为奴隶,将其财产占归己有。但士兵所获的战利品则应属于国库所有,士兵只能因政府的犒赏而享有(部分战利品)。"② 事实上,"在决定罗马走上帝国之路的诸多因素中,富足的艺术品掠夺前景是一个重要的考虑。艺术品不仅因为自身而被渴求,在政治凯旋中起到的作用也极具吸引力:返回罗马时大张旗鼓地展示掠夺品,此做法旨在激发公众对将军及其军团的敬佩,以及对帝国事业的赞同与支持。"③

然而,希腊罗马时代征服战争中无节制的掠夺也受到当时一些思想家的质疑。古希腊历史学家波里比阿曾经规劝人们:"不要用其他民族的不幸装点自己的国家。"④ 罗马雄辩家西塞罗也曾经批评过毫无节制地掠夺其他民族的战利品的行为。⑤ 中世纪产生的关

---

① Wojciech Kowalski, Types of Claims for Recovery of Lost Cultural Property, p.86.
② 周枏:《罗马法原论》(上册),商务印书馆1992年版,第295页。
③ 〔美〕约翰·亨利·梅里曼编:《帝国主义、艺术与文物返还》,国家文物局博物馆与社会文物司(科技司)译,译林出版社2011年版,第4页。
④ 前联合国教科文总干事阿马杜-马赫塔尔·姆博:"向创造者归还不可替代文化遗产的呼吁",载〔澳〕林德尔·V. 普罗特主编:《历史的见证:有关文物返还问题的文献作品选编》,国家文物局博物馆与社会文物司(科技司)译,译林出版社2010年版,第28页。
⑤ 公元前70年,西塞罗在罗马元老院对西西里总督盖优斯·费雷斯(Gauis Verres)大规模掠夺寺庙、个人住宅以及公共纪念碑的犯罪行为提出了批评:"在西西里岛所有富裕古老的省份中,无论是银器,还是科林斯或得洛斯餐具;无论是宝石和珍珠,还是金质和象牙制品;无论是大理石、黄铜和象牙雕像,还是绘画和刺绣,没有一样是他没有找到过、没有染指过的。只要他喜欢,他就会抢走。"〔美〕詹森·费尔奇、拉尔夫·弗拉莫利诺:《那些珍稀文物去哪儿——顶级博物馆的地下交易内幕》,钱峰译,现代出版社2015年版,第2页。

于"正义战争"的理论稍稍减轻了这种无节制的掠夺行为,它认为只有在战争中居于"正义"的一方才有权利获得战利品。这个理论之所以具有减轻掠夺行为的作用,是因为它将原来掠夺战利品的自然权利变成了只有正义方才能享有的权利,因此掠夺行为也可以划分为"合法的"和"非法的"了。① 而教会也利用这一理论为自身辩护,认为用于宗教的财产不属于战利品,如果被转移则必须归还。② 文艺复兴时期,不仅宗教财产,所有的艺术品都应因其固有价值而得到珍视的思想得到强化。1553年,波兰学者普祖鲁斯基(Jakub Przyłuski)在其著作中首次提出了这样一个国际法理论:除了宗教财产,杰出的艺术品和文学作品也不应作为战利品对待。③ 这个理论在18世纪中期被瑞士早期国际法学者瓦泰勒(Emmerich de Vattel)发展为尊重教堂、陵墓和其他有重要文化意义的建筑物的原则。他在其代表作《万国法》(或称《自然法原则》)中写道:"无论交战方因何种原因掠夺一个国家,都应保留作为人类骄傲且不使敌人增加任何力量的建筑。庙宇、墓碑、公共建筑和所有其他美丽的艺术品——毁坏这些物品何益之有? 只有人类的敌人才会不计后果地掠夺人类的这些艺术古迹、艺术瑰宝。"④

与这些早期保护宗教财产和艺术品的思想相应的是,一些区域性战争结束后,相关国家开始在和平条约中认可文物不属于战利品,因此必须返还的原则。1648年的《威斯特伐利亚和约》(亦称

---

① W.Kowaiski, Types of Claims for Recovery of Lost Cultural Property, p.86.
② 同上文,第86—87页。
③ 同上文,第87页。
④ 转引自弗朗索瓦·比尼翁:《发生武装冲突时文化财产法律保护的起源与发展》,见红十字国际委员会网站:https://www.icrc.org/zh/document/bugnion-cultural-property-beijing,2019年7月21日访问。

《明斯特条约》)被认为是最早涉及文物返还的国际法律文件,它规定相关各方要返还"三十年战争"中掠夺的战利品。[1]此后关于掠夺文化财产的返还实践逐渐发展起来,根据1666年《奥利瓦条约》,瑞典不得不返还波兰一批被非法运走的档案和皇家藏书。[2]

但"正义"与"非正义"的界限原本就很难确定,上述理论并不能真正阻止战争期间对被征服者的掠夺。

二、近代文物掠夺及归还原则的建立

新航道的发现和资产阶级革命的兴起,不仅改变了欧洲社会经济发展的进程,也加剧了殖民统治和文物掠夺。一个广为人知的实例是,拿破仑统治时期,其军队承袭了罗马帝国掠夺艺术品的传统,将侵略欧洲和远征埃及时从世界各地劫掠的几千吨艺术品和纪念物运回巴黎。为了更好地展示这些战利品,拿破仑甚至对卢浮宫进行了大规模的扩建和改建,使之成为欧洲最大的博物馆。拿破仑被反法同盟打败后,获胜的欧洲国家根据《维也纳条约》要求法国无条件归还拿破仑军队劫掠的文物。虽然仍有大量文物一直没有归还,但此次返还行动确立了战争掠夺文物必须无条件归还的基本原则,其理念被1863年美国总统林肯下令为美国军队编制的《利伯法典》(the Lieber Code)所接受和发扬光大。该法典第35条规定,"古典艺术品、图书馆、科学收藏品或珍贵仪器……应该尽可能避免所有的损害,即便它们置于被包围和轰炸的场所。"第36条

---

[1] 〔澳〕林德尔·V.普罗特主编:《历史的见证:有关文物返还问题的文献作品选编》,国家文物局博物馆与社会文物司(科技司)译,译林出版社2010年版,第2页。

[2] W. Kowaiski, Types of Claims for Recovery of Lost Cultural Property, p.87.

规定，如果无法得到有效保护，"占领国统治者应该为了被占领国的利益命令将这些文化财产扣押并移出该国。其所有权归属应由后续的和平条约确定。如果它们被美国军队捕获，无论如何都不能被出售或赠送，也不能被私人占有或肆意破坏、损害"。[①] 尽管《利伯法典》仅属于美国的军队守则，但对于国际间的战争准则也有极大的影响。1874 年的《布鲁塞尔宣言》(International Declaration concerning the Laws and Customs of War [Brussels Declaration])、1880 年的《牛津守则》都规定了类似的条款。

19 世纪末，国际局势紧张，战争风云笼罩欧洲，俄国沙皇尼古拉二世提议召开国际和平会议，研究通过限制军备和和平条约解决国际争端。1899 年 5 月 18 日，应荷兰政府邀请，第一次海牙和平会议召开，包括中国、日本、美国以及欧洲主要国家在内的 26 个国家代表出席了会议。经过两个多月的讨论，会议于 7 月 29 日闭幕。会议对近代战争法惯例和准则进行了全面编纂，通过了 3 项公约、3 项宣言。其中的第二公约《陆战法规和惯例公约》(以下或简称"1899 年公约")正文共 5 条，后附《陆战法规和惯例规章》60 条。正文仅涉及公约的批准、退出及生效等程序性或总则性规定，附件则是公约的实质性具体内容，对于交战者资格、战俘和伤员的法律地位及待遇，敌对行动应遵循的规则，以及军事当局在敌国领土内的义务等作了全面规定。除了禁止军队抢劫、没收私人财物等保护一般财产的规定外，该规章还有两个条文直接涉及文化财产的保护。第 27 条规定："在包围和轰炸中，应采取一切必要措施，尽可能保全用于宗教、艺术、科学和慈善事业的建筑物以及医院和病员、

[①] 《利伯法典》，该法典全文见红十字国际委员会网站：https://ihl-databases.icrc.org/ihl/INTRO/110?OpenDocument，2019 年 7 月 31 日访问。

伤员的场所，但以当时不作军事用途为条件。被围困者有义务用易于识别的特别标志标明这些建筑物和场所，并需事前通知敌方。"也就是说，除非是用作军事用途，否则，上述文化财产及医疗救治场所应采取一切措施加以保护，免于军事行动的破坏。第 56 条进一步规定："市政当局的财产中，属于宗教、慈善、教育、艺术和科学机构的财产，即使是国家所有，也应作为私有财产对待。对这些机构、历史性建筑物、艺术和科学作品的任何没收、毁灭和故意的损害均应予以禁止并受法律追究。"①该条第一款将文化财产作为私人财产对待，目的是防止军队将国有文化财产作为战利品没收，并使该规章其他关于保护私人财物的规定适用于文化财产（无论私有还是国有）的保护；第二款要求占领敌国领土的军事当局采取一切措施保护被占领土上的文化财产免受破坏和劫掠。

这两条规定所包含的确保文化遗产免受战争破坏的理念，虽然很早有法学家、史学家、思想家等强烈主张，也在某些国家间的协议中有所反映，但为国际公约所明确承认和肯定，还是人类有史以来第一次。

由于第一次海牙和平会议还有许多未决问题，加上 1904—1905 年日俄战争的爆发，迫切需要制订海战法规，修订陆战法规，1907 年 6 月 15 日，经俄国沙皇和荷兰女王的联合邀请，第二次海

---

① 该条文前半段英文原文为"The property of municipalities, that of institutions dedicated to religion, charity and education, the arts and sciences, even when State property, shall be treated as private property." 官方中译本表述为："市政当局的财产，包括宗教、慈善、教育、艺术和科学机构的财产，即使是国家所有，也应作为私有财产对待。"将英文的"that of"翻译为"包括"似有不妥，因为市政当局的财产中有许多并非宗教慈善或文化教育类财产，而"包括"一词可能会令人误以为，市政当局的财产就包括这些类别，甚至误以为，所有市政当局的财产均应被当作私人财产对待。

牙和平会议召开,有44个国家的代表出席了会议。经过4个月的讨论,会议通过了13项公约。其中第四公约即《陆战法规和惯例公约》(以下或简称"1907年公约")基本上沿袭了1899年第二公约的结构与条款,仍然由一个简短的正文和一个详细的附件构成。正文由原来的5条扩展为9条,除承袭原有规定外,对"1907年公约"取代"1899年公约"后可能出现的适用性问题作了较全面的规定;附件《陆战法规和惯例规章》包括56个条款,删掉了最后4条。该规章关于战时保护文化财产的两个条款序号和内容均无变化,除了第27条个别措辞有所改动①,几乎全面承袭了1899年《陆战法规和惯例规章》的表述。

1935年,21个美洲国家②代表于华盛顿签署了《关于保护艺术与科学机构及历史纪念物条约》(Treaty on the Protection of Artistic and Scientific Institutions and Historic Monuments),又称"罗里奇公约"(Roerich Pact)。该条约宣称:历史纪念物,博物馆,科学、艺术、教育和文化机构及其人员应视为中立,受交战国的保护与尊重;这些纪念物和机构在平时也应受到与战时一样的尊重和保护。该条约要求各国政府采取必要的国内立法措施,确保对文化财产及其人员的保护和尊重;并创造性地建立了清单和标识制度,对清单中的纪念物和机构以白底、红圆圈、圆圈中间为三合红球形

---

① 仔细比较1899年规章与1907年规章第27条的英文版,发现措辞有细微的变化,1907年规章中以must取代了旧版本的should,显然措辞更加严厉。可惜两个规章的中译本均译为"应",未能体现这个区别。另外,1907年规章第27条对保护对象的列举比1899年增加了一项"历史纪念物",显然对文化财产的认识又进一步加深了。

② 这21个国家是阿根廷共和国、玻利维亚、巴西、智利、哥伦比亚、哥斯达黎加、古巴、多米尼加共和国、厄瓜多尔、萨尔瓦多、危地马拉、海地、洪都拉斯、墨西哥、尼加拉瓜、巴拿马、巴拉圭、秘鲁、美利坚合众国、乌拉圭、委内瑞拉。

的旗子加以标识①。虽然只是美洲国家之间签订的区域性公约，内容也只有短短 8 条，但该条约被视为国际上第一个专门针对文化财产保护制定的公约，因为之前的国际公约只有部分或个别条文涉及文化财产保护。由于其签字国基本上都是"二战"的交战国，尤其是美国在"二战"同盟国中具有举足轻重的作用，该条约的基本理念对于同盟国在"二战"中的文化财产保护行动和决策具有较大影响，并被1954年联合国教科文组织制定的《武装冲突情况下保护文化财产公约》所继承和发扬光大。

第三节　战争劫掠文物返还的道德考量

近代以来，人类社会逐渐建立起战争时期禁止劫掠文化财产的国际新规则。"二战"以后，更是通过1954年《海牙公约》及其第一议定书将此规则加以发扬光大。在此我们应该思考，为什么国际社会要建立武装冲突时保护文化财产的新秩序？为什么要努力促进战时劫掠文物返还原属国？其背后到底具有什么道德考量？这些道德考量对于促进劫掠文物返还能够发挥什么作用？

一、实现民族和解

任何一场战争对交战各国人民带来的伤痛，对交战区域生命和

---

① See Treaty on the Protection of Artistic and Scientific Institutions and Historic Monuments, in Elizabeth Simpson ed. *The Spoils of War—World War II and Its Aftermath: The Loss, Reappearance, and Recovery of Cultural Property*, Harry N. Abrams In., 1997., p.286.

财产的损害和破坏，都是灾难性的。战争期间对被占领区域文物的掠夺或者非法转移，既是对被征服国家的沉重打击，也是对被征服民族群体及个人财产的剥夺，更是对其群体或个人文化身份的侮辱和剥夺。战争结束后，必须依据国际法对侵略和加害他国的战败国进行惩罚，令其承担应有的赔偿责任、归还侵占的领土和财产，并对犯有战争罪和反人类罪的国家领导者和军人进行刑事制裁，通过对战争的清算，实现民族和解。

"二战"期间纳粹掠夺犹太人的艺术品，尤其是现代主义绘画作品，一个很重要的借口是它们被视为"堕落艺术"（Degenerate Art，亦译为"颓废艺术"）。包括毕加索、布拉克的立体派作品，及马蒂斯的野兽派作品在内，一切与纳粹的审美或道德观念不符的艺术，均被认为是"堕落艺术"。甚至其他著名画家的作品也有可能因为主题或其他原因被划入该类艺术，如伦勃朗的"犹太新娘"。[①] 这与希特勒对犹太人文化身份的认定相关，希特勒认为："艺术决定了文化与文明的特质"，而犹太人就是邪恶的、堕落的民族，因此与其身份相关的艺术品（最终包括生命）均为堕落的、颓废的，都应该被剥夺。[②] 正是在这种意识形态指导下，纳粹开始了有组织的、系统性的对犹太艺术品的掠夺。这些艺术品有的被焚毁，有的被纳粹军官私分，有的被藏匿，也有的被非法拍卖或转让。犹太人则不仅被剥夺了公民身份，也被剥夺了文化身份，甚至身份的载体——生命。

在亚洲地区，日本对中国文物的掠夺则源自对中国古老文明的

---

① Ori Z. Soltes, Cultural Plunder and Restitution and Human Identity, *The John Marshall Review of Intellectual Property Law*, Vol.15, 2016, p.462.

② 同上文，第461—462页。

觊觎和取代之心。日本与中国文化关系密切,早在公元646年就实行了仿照唐制的"大化改新"运动,对中国古老的文明和悠久的历史文化仰慕已久。明治维新以后,日本经济得到快速发展,军事实力增强,一心成为亚洲霸主,侵略野心日益膨胀。一方面,中国国力日衰,统治者腐败无能,早已不再是日本仰慕效仿的对象;另一方面,中国的衰弱也为其提供了觊觎和掠夺中国精湛文化遗产的机会,借中国文化扬其国威,建立以日本为主导的"大东亚共荣圈",进而取代中国在东亚文化的核心地位,成为近代日本侵略扩张的重要目标之一。因此,日本从19世纪末即开始借中国局势动荡、无力实行有效管理之际,擅自对一些重要文化遗址进行考古,将发掘出土的重要文物运往其国内,并通过以近乎抢劫的低廉价格骗取中国古籍、艺术品、工艺品等珍贵文物,其中包括数千片甲骨文、数千件敦煌遗书和西域文书等中国珍贵文献[①]。在占领中国领土后,为配合其侵略计划,日本对被占领地区居民实行奴化教育,企图以日本文化取代中国文化。如日本占领台湾和东北后,大力开展殖民教育,以日语为"国语",取代中文教育。正如有中国学者所言,"要摧毁一个民族的反抗力,就要摧毁这个民族的文化和意志,……从摧毁这个民族的文化教育事业开始"[②]。

战争结束后,德国、日本等发动侵略战争的国家理应就其侵略行为向受害国家和人民道歉和赎罪,这是获得受害者原谅并达成民族和解的道德基础。有韩国学者认为,在受儒家文化影响深厚的东

---

① 参见李彭元:《清末民初日本对我国文献资源之掠夺》,载《图书馆工作与研究》1998年第6期,第46—47页。

② 孟国祥:《大劫难:日本侵华对中国文化的破坏》,中国社会科学出版社2005年版,第10页。

亚国家,道歉比金钱赔偿、经济援助更加重要,它能够避免法庭诉讼程序给受害者带来的精神创伤,以及高高在上的赔偿姿态给受害者带来的心理不适,而且道歉也是2001年联合国大会通过的《关于国际非法行为的国家责任》所确认的正式救济措施之一,"道歉不仅具有重新确认相关国际法规则有效性和加强国际法律秩序完整性的重要功能,也有助于解决国际分歧,建立一种有价值的高效的可替代性纠纷解决机制的先例。"[①] 而道歉和赎罪不能仅仅停留在歉意的言辞表达,还需要付诸进一步谋求谅解的行动,比如归还所有从受害国家掠夺或转移的公私财物,其中最不能忽视的就是对于受害国家而言具有身份认同、文明传承功能的文化财产,尤其是在某种程度上构成该国精神象征的文化财产。对于受害国家而言,经济上的赔偿或补偿并不能完全抵消军事侵略带来的伤痛,但是,归还某些重要文化财产所表达的和解意愿更加直接,更能抚平受害者的伤口。美国哥伦比亚大学埃拉扎尔·巴尔坎教授认为,归还已经成为一种协商解决历史非正义的重要力量:"大屠杀无法再逆转,但在沉痛的悼念中,归还为治愈伤痛、承认损害并勇挑责任提供了一条途径,同时也使幸存者的生活继续下去。"[②] 对于深受纳粹迫害的犹太人而言,被剥夺的文化财产不仅具有艺术价值和经济价值,更是对于逝去的亲人的重要情感联结,甚至是唯一的实物见证,物归原主是和解的前提条件。这至少表明掠夺者承认自己的掠夺行

---

① Melissa(Young Jae)Koo, Repatriation of Korean Cultural Property Looted by Japan— Can a Sincere Apology Resolve the Centuries-Old Korea/Japan Disputes? *Cardozo Journal of Conflict Resolution,* Vol. 16(2), p.650.

② E.Barkan, The Guilty of Nationas: Restitution and Negotiating Historical Injustice,载〔澳〕林德尔·V. 普罗特主编:《历史的见证:有关文物返还问题的文献作品选编》,国家文物局博物馆与社会文物司(科技司)译,译林出版社2010年版,第70页。

为给受害者带来痛苦，并愿意承担这种掠夺行为的后果。2010年，日本政府选择在朝鲜沦为殖民地100周年前夕向韩国归还《朝鲜王室仪轨》等重要图书，也正是希望借此向韩国政府和国民传递对殖民历史进行反省以及实现民族和解的意愿。①

二、实现社会正义

归还或返还劫掠文化财产还是实现社会正义的必然要求。

美国著名政治哲学家约翰·罗尔斯(John B.Rawls)提出的"公平的正义"(justice as fairness)理论在现代国际政治中具有极大的影响力。罗尔斯认为：一个社会是否公平，乃是最根本的问题所在。正因为公平是社会生活的最高价值，所以剥夺个人自由、歧视他人、以多数为名迫害少数，或者坐视个人之间的命运差距，都违反了社会正义。罗尔斯正义理论的核心观点是保障社会群体中那些处于最不利地位的人拥有平等的机会，从而使这一部分人避免遭受到"坏的结果"。这一理论延伸到国际社会中，就是保障那些处于最不利地位的国家，应当拥有平等和获得均衡发展的机会。在文物返还问题上，相信没有一个国家可以忍受文物遭受掠夺却不得返还的糟糕状况。因为那些曾经遭受到文物掠夺的国家有权同其他国家一样，平等地享有对原产于本国文物的权利。

美国学者德里克·芬查姆在罗尔斯正义论基础上提出了"文化正义"(cultural justice)理论，他在《正义与文化遗产运动：运用环

---

① KBS World Radio，《朝鲜王室仪轨等图书归还韩国》，参见：http://world.kbs.co.kr/service/contents_view.htm?lang=c&menu_cate=issues&id=&board_seq=48294&page=142&board_code=news_hotissue，2019年11月15日访问。

境正义理论看艺术品与文物争议》①和《帕台农神庙与文化正义》②等论文中,以罗尔斯的正义理论为基础,提出了一套适用于文化遗产问题,特别是文物返还问题的道德原则理论体系。"文化正义"理论对于解决文化遗产方面的争议具有重要意义,可以帮助相关各方进一步思考,某件文物是继续保存于博物馆,还是进入交易市场,或是返还原属国,才更能体现或发挥其价值。他认为,罗尔斯的正义原则要求处于最弱势地位的群体享有最为优势的机会,因此对于那些在经济和社会上处于弱势地位的群体或少数族群来说,如果缺少文化机构等文化资源,就将是不平等和不正义的。③而现状是,由于经历了长时期的殖民统治、战争掠夺,以及长期以来欧美国家对殖民地和其他第三世界国家进行的掠夺式"考古",文物的来源国遭受了惨重的文物流失,在文化交往领域,文物的市场国(多为发达国家)和文物的来源国(多为发展中国家)之间文化资源的差距被进一步拉大。④因此,在文物返还问题上,文物的来源国有权利保障自己的文化权利,在文化资源方面应当享有比历史更为优势的地位。总而言之,"文化正义"强调的是:在文化遗产问题上,不分阶级、文化背景、收入和教育水平,平等地对待所有人;不得强迫任何群体放弃其文化遗产。⑤"文化正义"理论要求各个群体在接受其

---

① Derek Fincham, Justice and the Culture Heritage Movement: Using Environmental Justice to Appraise Art and Antiquities Dispute, *Virginia Journal of Social Policy & the Law*, Vol.20, 2012.

② Derek Fincham, The Parthenon Sculptures and Cultural Justice, *Fordham Intellectual Property, Media and Entertainment Law Journal*, Spring 2013.

③ 同上文,第979页。

④ 杨树明、郭东:《"国际主义"与"国家主义"之争——文物返还问题探析》,载《现代法学》2005年第1期,第96页。

⑤ Derek Fincham, Justice and the Culture Heritage Movement: Using

他种类文化成果的同时，拥有保留自身文化与表达的权利。[①] 因此，归还或返还战争以及殖民期间劫掠和非法转移的文化财产正是"文化正义"的体现。

许多中国学者也持近似观点，他们认为，发展中国家应当在文化发展领域拥有均衡发展的权利，处于优势地位的发达国家因此应当承担更多的义务，包括将文物返还原主国。他们提出："我们在坚持国家间文化的正常交往与融合的同时，也应注意防止文化发展的不均衡，维护世界文化的多样性。为此，文化交流领域的普惠制势在必行，发达国家在文化交往中应当承担比一般国家更多的义务，以保护发展中国家的文化发展权利。反映到本文的议题上，就是将文物归还原主国，并通过经济、技术援助等多种形式推进这些欠发达国家的文物保护，促进其文化价值的发挥，而非仅仅将他们的文物据为己有。"[②]

三、民族主义与国际主义立场之争

尽管"二战"后建立的国际文化财产法律规则倾向于保护原属国的权益，促进文物返还的相关国际、国内机构也纷纷建立，但是在对待历史上发生的劫掠文物是否应该返还的问题上，相关利害方（博物馆、收藏家、艺术品交易商、原所有人及其后裔等）和学术界

Environmental Justice to Appraise Art and Antiquities Dispute, *Virginia Journal of Social Policy and the Law*, Vol.20, 2012, p.50.

[①] Derek Fincham, The Parthenon Sculptures and Cultural Justice, *Fordham Intellectual Property, Media and Entertainment Law Journal*, Spring 2013, p.985.

[②] 杨树明、郭东：《"国际主义"与"国家主义"之争——文物返还问题探析》，载《现代法学》2005年第1期，第96页。

仍存在极大争议。美国艺术法学科奠基人梅里曼教授将其归纳为"民族主义"(nationalism)与"国际主义"(internationalism)两种立场。

梅里曼在《对埃尔金大理石[①]的思考》一文中，通过对相关法律和道德原则的梳理，明确反对希腊提出的文物返还诉求，认为大理石不应该返还希腊而应继续留在大英博物馆，并提出了民族主义和国际主义两种对立理论。他认为，在埃尔金大理石返还问题上存在两种对立的理论，希腊的主张完全是基于文化民族主义的思考："埃尔金大理石应归属于希腊，因为它们是希腊人的创造，是希腊艺术家出于当时雅典市政和宗教目的为雅典卫城建造的。"[②] 这种文化民族主义最主要的特征就是将文化财产同民族文化定位(cultural definition)联系起来："文化财产属于曾经制造它的地方；文化财产的归属和它的制造者有关，制造者曾经所处的地方属于当今哪个国家统治的领土范围内，文物就属于哪个国家。"[③] 他认为文化民族主义更强调情感而非理性；相反，文化国际主义则站在"人类共同文化遗产"的角度，全面地考虑文化财产的保存(preservation)、完整性(integrity)和分布(distribution)问题。[④]

---

① 埃尔金大理石(Elgin Marbles)，又称"埃尔金大理石雕塑"，是古希腊帕特农神庙的部分雕刻和建筑残件，迄今有2500多年的历史，现存大英博物馆。19世纪初，英国外交官埃尔金伯爵获得希腊当时的宗主国土耳其奥斯曼帝国的许可，从帕特农神庙上将最精美的大理石雕刻和建筑装饰部件切割下来运回英国。1816年，英国王室花3.5万英镑买下这些部件，指定由大英博物馆收藏。200多年来，埃尔金大理石成为该馆最具代表性的展品之一。从20世纪80年代开始，希腊政府持续通过各种渠道要求英国归还埃尔金大理石，此事成为文化财产返还领域最著名的案例之一。

② John Henry Merryman, Thinking about Elgin Marbles, *Michigan Law Review*, Vol. 83, No. 8, Aug., 1985, p.1912.

③ 同上。

④ 同上文，第1917页。

在其后发表的《文化财产的两种思考》①、《埃尔金大理石雕,物归何处?》(*Whither the Elgin Marbles?*)②等一系列论文中,梅里曼都一再确认并进一步阐释他关于民族主义与国际主义的对立理论。他认为,"民族主义最大的亮点,在于承认文化财产和文化定位之间的关系。为了充实人生,为了增强民族认同感,人们需要探索历史,而历史是通过文物来表现和阐明的。文物有助于人们进行文化定位和文化表达,共享文化身份,并融入社会共同体。"③但民族主义是一把双刃剑,争议双方都有可能以民族主义为理由为自己辩护。因为文物离开原生地以后也会与移入国文化和民众情感紧密结合,从而成为移入国文化不可或缺的一部分。国际主义理论则认为,无论文物处于何处,源于哪个文化或地域,每个人对其保存和欣赏均存在利益,因为所有民族创造的文化都是人类共同文化遗产的组成部分,对任何民族(或国家)文化财产的破坏都是对人类共同文化遗产的破坏,这一点已经得到 1954 年《海牙公约》序言的印证④。因此,应该更多地考虑到文物的安全和保存,如果文物没有得到很好的保存,甚至被破坏,那就谈不上文物的完整性,更谈不上对文物的接近与欣赏了。

---

① John Henry Merryman, Two Ways of Thinking About Cultural Property, *The American Journal of International Law*, Vol. 80, No. 4, Oct., 1986, pp.831-853.
② 参见〔美〕约翰·亨利·梅里曼主编:《帝国主义、艺术与文物返还》,国家文物局博物馆与社会文物司(科技司)译,译林出版社 2011 年版,第 104—121 页。
③ 同上书,第 109 页,译文根据英文版略有修改。
④ 梅里曼认为,《海牙公约》序言提到,"……确信对任何民族文化财产的损害亦即对全人类文化遗产的损害,因为每一民族对世界文化皆有其贡献;考虑到文化遗产的保存对于世界各地民族具有重大意义,该遗产获得国际保护至为重要",这是国际主义的明证。John Henry Merryman, Thinking about Elgin Marbles, *Michigan Law Review*, Vol. 83, No. 8, Aug., 1985, p.1916.

梅里曼站在国际主义立场，指责民族主义者一味从民族利益、国家利益出发，不顾自身文物保护水平和条件，要求返还本民族祖先创造的文物，反而会置文物于危险之中；而文物出口限制措施为文物的自由流通设置了障碍，妨碍了其他国家的人们接近和欣赏该国文物的机会，反而会刺激文物的非法贩运和掠夺。① 这些观点不仅引起不少国外学者的批评，也引起众多中国学者的不满。有学者指出，梅里曼之所以坚持其国际主义立场，是因为他将文物的"财产"属性看得太重，而忽视了文物作为历史见证的无法替代的"遗产"属性②。有学者认为，"对待返还诉求的思考应该避免贴上'国际主义'或'民族主义'这种过于简单化的标签，国际社会并不希望看到非法贩运给文化遗产带来破坏或损害，因此促进国际主义不是通过文物的无限制流通，而是通过文物的小心控制得到实现"。③ 还有的学者认为，梅里曼的国际主义理论是一种夸夸其谈的"保护至上论"，完全无视许多原主国文物保护水平已经有了极大提高和保护环境已经明显改善的事实，而是为国际化大博物馆和文物收藏者的自私自利行为寻找借口。④ 客观地说，民族主义和国际主义并非水火不容，也不是非此即彼的必选题。文化民族主义强调文物作为历史的见证对于原主国身份认同的重要性，并不排斥其他民族对

---

① See John Henry Merryman, Two Ways of Thinking About Cultural Property, *The American Journal of International Law*, Vol. 80, No. 4, Oct., 1986, pp.846-848.

② Daniel Shapiro, Repatriation: A Modest Proposal, 31 *N.Y.U. J. INT'L L. & POL.* 95, 108 (1998). 转引自高升：《文化财产返还国际争议的理论之争》，载《山东科技大学学报》（社会科学版）2008年第4期，第38页。

③ Lyndel V. Prott, The Experience of UNESCO with the Return of Cultural Objects, *ASIL Proceedings*, 1995, p.444.

④ 参见王云霞、黄树卿：《文化遗产法的立场：民族主义抑或国际主义》，载《法学家》2008年第5期，第46页。

其文化遗产的接近和欣赏，只是希望这种接近与欣赏要建立在符合法律与道德原则的前提之下。而国际主义强调对文物的保存与合理的分布，也并非全然不顾原主国对于本民族历史见证物的占有，但强调全人类（包括原主国）均有保护和接近共同遗产的权利和责任。正如一位西方学者所言，把两者的对立划得那么绝对是不合适的，"国际主义可能反对文物的私人收藏，而民族主义却有可能支持它"①。

值得注意的是，梅里曼关于民族主义与国际主义对立的理论产生于20世纪80年代，而当时许多第三世界国家正处于经济发展刚刚起步阶段，环境污染严重，文物保护技术落后、资金投入不足，使得国际主义的"保护至上"主张有一定现实支撑。但是，随着许多原主国环境保护意识的提高和文物保护水平的快速提升，这些国家遗址保护和博物馆管理水准都已经有了极大的改善，"文物返还原主国后得不到很好的保护"很难成为拒绝返还的理由了。同样不能忽视的是，冷战刚刚结束时，包括梅里曼在内的许多西方学者和博物馆管理者仍保留着冷战思维，对第三世界国家因战争、殖民统治、战乱以及非法贩运导致文物流失的状态缺乏设身处地的思考，反而指责第三世界"忘恩负义"，对掠夺者的"付出"漠不关心，② 呼吁国际社会警惕民族主义泛滥，并给教科文组织"1970年公约"的促进

---

① Marina Papa-Sokal, Beyond the Nationalist-Internationalist Polarisation in the Protection of Archaeological Heritage: A Response to Professor Merryman, *Art Antiquity and Law*, Vol. 14, No. 3, 2009, pp.237-238.

② 梅里曼在《关于埃尔金大理石的思考》等文中，详细介绍了埃尔金爵士如何因为"保护"这些大理石雕像和建筑部件而陷入财政危机和生活窘境的过程，并且认为他切割并移走大理石的行为既不违反法律也不违反道德，反而为希腊文化在全世界的传播做出了巨大贡献。See John Henry Merryman, Thinking about Elgin Marbles, *Michigan Law Review*, Vol. 83, No. 8, Aug., 1985, pp.1895-1910.

文物返还机制贴上了民族主义标签。① 另外，梅里曼关于埃尔金大理石等文物返还诉求的讨论更多地从法律（包括国际法与国内法）规则出发，忽视或反对从道德原则寻求解决路径，也是不顾历史非正义行为对受害国家和民族的伤害、漠视民族和解需求的表现。难怪有的学者要怀疑他是以国际主义为幌子，为收藏文物的私人利益辩护。②

第四节 "二战"被掠文物返还的特殊性

相对于盗窃、非法转移等方式造成的文物流失，战争劫掠对于文物具有更大的破坏性，因为它是以国家名义进行的大规模公开掠夺行为，对于受害国家或民族造成的伤害也更深。而相对于历史上历次战争劫掠，第二次世界大战对于文物的劫掠不仅规模更大，更具有组织性和系统性，其返还问题也具有更大的特殊性。因此，国际社会将"二战"被掠文物的返还作为一个特殊历史遗留问题对待。

一、系统性文物劫掠

第二次世界大战是迄今为止人类历史上规模最大的一次世界范围的战争。在整个"二战"时期，先后有61个国家和地区，20

---

① See John Henry Merryman, Two Ways of Thinking About Cultural Property, *The American Journal of International Law*, Vol. 80, No. 4, Oct., 1986, pp.842-845.

② See Marina Papa-Sokal, Beyond the Nationalist-Internationalist Polarisation in the Protection of Archaeological Heritage: A Response to Professor Merryman, *Art Antiquity and Law*, Vol. 14, No. 3, Oct., 2009, p. 237.

亿以上的人口卷入战争，作战地区面积达 2,000 万平方公里，战火遍及亚洲、欧洲、非洲，以及太平洋、印度洋、大西洋、北冰洋，参战各国军人及平民死亡多达 8,000 万人，各国财产、物资及资源的损失和消耗，更是难以精确计算。① 战争给各国文物也造成了无法估量的损失。在维护国家利益的名义下，轰炸、烧毁、掠夺被占领土上的文化财产成为战争的重要目标之一。在欧洲，纳粹德国从其占领的国家掠夺了大量的艺术品，其中很大一部分属于犹太人所有的艺术品。据德国人赔偿犹太人财产会议估算，纳粹从犹太人手中掠夺艺术品总计 65 万件，其中的 10 万件至 20 万件至今仍下落不明。② 在亚洲，日本对其占领的中国、朝鲜及东南亚各国文物古迹也进行了大规模的劫掠。据 1945 年 11 月建立的南京国民政府清理战时文物损失委员会的不完全统计，抗战期间中国文物古迹损失共计 988 万余元，从中国掠走的文物超过 360 万件。③ 日本对于朝鲜半岛的文物掠夺历史更久，自 1910 年正式对朝鲜半岛进行殖民统治开始，直至 1945 年战败，对朝鲜的殖民统治长达 35 年，对其文物的劫掠也是殖民政策的一部分。据韩国流失海外文化遗产基金会（Overseas Korean Cultural Heritage Foundation）统计，至 2019 年 4 月，韩国流失文物分布于全球 21 个国家，总数达 182,080 件④，其中大部分是在日本统治期间被日本殖民者带走后流失至各

---

① 王捷、杨玉文、杨玉生等主编：《第二次世界大战大词典》，华夏出版社 2003 年版，前言。
② 《纳粹缘何疯狂掠夺艺术品？》，载《深圳特区报》2013 年 11 月 6 日，第 B4 版。
③ 中华民国教育部《中国战时文物损失数量及估价目录》，收入日本《十五年战争重要文献》第 3 集：《中华民国被掠文化财产总目录》，东京：不二出版社 1991 年复刻版，第 6 页。
④ 参见韩国流失海外文化遗产基金会官网：https://www.overseaschf.or.kr/site/homepage/menu/viewMenu?menuid=002003002，2019 年 8 月 20 日访问。

个国家的。①

"二战"掠夺文物更为关键的地方,在于德、日等轴心国是在一套严密的意识形态指导方针指导下,有组织、有系统地掠夺被占领土上的重要文化财产,或属于特殊人群(主要是犹太人,也包括反对纳粹思想的其他人群)以及某些特殊类别的文化财产。如前所述,纳粹掠夺犹太人的艺术品与其对于犹太人所收藏或创作的艺术品性质和价值的认知有关,即认为它们属于"堕落艺术"。而事实上,对犹太人的掠夺是一系列种族清洗、艺术清洗行动的结果,是希特勒"日耳曼血统优越论"的必然要求。1933年3月,希特勒领导的国家社会主义德国工人党(即"纳粹党")获得了议会多数席位,希特勒成为德国元首。4月7日,议会通过一项《重建公务员法》,将对任何不支持国家社会主义的政府雇员的清洗合法化,博物馆负责人及其文物管理者、艺术学校教师、艺术家、城市规划师、大学教授均属政府雇员,其他不属于政府雇员的艺术家、作家、音乐家、建筑师则必须成为由纳粹严密控制的"帝国文化院"的成员,否则不得出售或展出其作品,甚至被剥夺创作权利。②德国各地的博物馆、画廊、艺术机构、图书馆和公共部门收藏或陈列的艺术品、图书、档案资料中不符合纳粹的艺术标准,或与纳粹思想有出入,或与犹太人有关,比如由犹太人创作,或表现犹太人生活,或与犹太人的审美喜好一致,或创作背景与犹太人相关的,均以"堕落艺术"之名

---

① 根据韩国学者的研究,日本对韩国文化财产的掠夺不止发生于1910—1945年正式殖民统治期间,早在1592—1598年的"壬辰倭乱"时期即已大量发生。See Melissa (Young Jae) Koo, Repatriation of Korean Cultural Property Looted by Japan—Can a Sincere Apology Resolve the Centuries-Old Korea/Japan Disputes?, *Cardozo Journal of Conflict Resolution*, Vol. 16 (2), pp. 627-629.

② 〔美〕L.H.尼古拉斯:《欧洲的掠夺——西方艺术品二战蒙难记》,吴福元、罗蕾译,江苏人民出版社1998年版,第9页。

被清洗，相当一部分被烧毁或私分、私藏，也有很多被运往国际市场公开拍卖以扩充纳粹活动经费。纳粹入侵其他国家后，则将德国本土的种族清洗实践如法炮制，大肆销毁和没收所谓"堕落艺术"，同时将那些符合纳粹审美的艺术品运回德国以充实其博物馆收藏，用以证明德国文化之伟大。在入侵波兰后，德国颁布了一项法令，授权军方以"公共利益"为名获取"整个艺术范畴的物品"，既包括任何公共博物馆的藏品，也包括教会和私人藏品，并且直言不讳地承认："由于在已占领的波兰领土上有全面保护起来的艺术品，我们今天再次有机会从中获得它们。波兰的学者们一直错误地宣称这些是他们自己艺术家的成就，现在我们可以确证波兰艺术品是德国强大的文化传统影响到东方的产物。"① 为了占有更多的欧洲各国艺术品，希特勒任命纳粹高级理论家阿尔弗雷德·罗森博格（Alfred Rosenburg, 1893—1946）组建了一个名为"行动人员罗森博格"的突击队，专门负责甄别和收集欧洲各地的艺术品。在罗森博格指挥下，"行动人员罗森博格"在各地建立了小分队，疯狂劫掠欧洲各国的艺术品，稍有价值的均被运往德国。纽伦堡审判的起诉书亦对罗森博格指挥突击队掠夺欧洲艺术品的行为进行了指控："在1941年12月开始的'家具公司行动'中，在罗森博格的建议下，西方有69,619个犹太家庭遭到了抢劫，其中，单在巴黎就有38,000个这样的家庭，没收来的家具动用了26,984节火车皮才运到德国。自1944年7月14日起，在西方有超过21,903件艺术品被这个机构没收，其中包括很多著名的绘画和博物馆物件。"② 为了存放和展示这

---

① 〔美〕L.H. 尼古拉斯：《欧洲的掠夺——西方艺术品二战蒙难记》，吴福元、罗蕾译，江苏人民出版社1998年版，第88页。
② 转引自黄树卿：《文化遗产国际司法保护的里程碑——纽伦堡审判意义的新发现》，载《沈阳工业大学学报》（社会科学版）2014年第1期，第12页。

些劫掠艺术品，希特勒甚至计划在奥地利的林茨（Linz）建立一座世界上最大的博物馆，比卢浮宫还大四倍，以证明德国文化是人类文明的顶峰。①

无独有偶，亚洲的战争策源地日本也有同样的夙愿，希望攫取中国、朝鲜以及东南亚各国的珍贵文化遗产，来证明日本国力的强盛和日本文化的优越。这个夙愿在日本宫中顾问官兼帝国博物馆总长九鬼隆一起草的《战时清国宝物搜集方法》中表现得一览无余。该文件完成于中日甲午海战开战后不久，旨在指导日本政府和陆海军高级将领如何"搜集"中国文物。该文件由"要旨""方法""费用"三项组成，其中"要旨"共九条：

第一 本邦文化之根底，与支那、朝鲜密切相关。为阐明我邦文化之固有性质，亦有必要与之相对照，故此，搜集大陆邻邦之遗存，乃是学术上最大之要务。

第二 本邦实则堪称东亚之宝库，支那、朝鲜历代之古物，于其本国虽无却存于我邦者甚多。如今为进而充实之，必须将东洋宝物之精粹搜集完成于本邦，以此宣扬国威，使之无愧于东洋学术之大本营，进而促使本国资产之长足的增进。这实在是发扬国光之事业，所以必须利用平时和一切良好机会力图付诸实行。

第三 战时搜集，便于获取平时无法得到的名品。

第四 战时搜集，便于以极低廉的价格获得名品。

---

① See Wayne Sandholtz, *Prohibiting Plunder: How Norms Change*, Oxford University Press, 2007, p.129.

第五　战时搜集，便于搬运较为沉重之物品。

第六　战时搜集之要，在于防止名品之灭亡。战争致宝物破坏湮灭，各国皆然，然无过于古来支那者。且名品之保存，亦为世界所必要。故战时搜集于此点最为有益。

第七　战时搜集，有平时不能实施之探险之便宜。

第八　于战时搜集名品，则伴以战胜之荣誉，可存千岁之纪念，足以大力发扬国威。

第九　在收买时固应谨慎，但战时搜集丝毫不与国际公法相悖。[①]

以上"要旨"清晰地表明，日本趁发动战争搜集中国、朝鲜文物，目的是为了将东洋宝物的精华尽收于日本，以证明日本是"东洋学术之大本营"，从而"宣扬国威、发扬国光"。同时，战时搜集宝物还具有平时无法比拟的各种优势：便于获取、价格低廉、方便运输。更值得注意的是，九鬼隆一为了让军队抛却后顾之忧掠夺中国、朝鲜文物，居然宣称战时掠夺文物是为了抢救文物，防止文物灭失，使其免于战火破坏。如此为侵略行径贴金，实在是颠倒黑白，混淆是非。虽然彼时禁止战争期间掠夺和破坏文化财产的国际法规则尚未明晰，但拿破仑战争对文化财产的劫掠已经引起欧洲各国的公愤，尊重被占领土文化财产也逐渐成为欧洲国家的共识。九鬼作为

---

① 目前国内有三个版本的译文，我们综合比较了一下，第1—5条转引自〔日〕酒寄雅志：《近代日本与渤海史研究》，李东源译，载杨志军主编：《东北亚考古资料译文集·高句丽、渤海专号》（第3辑），北方文物杂志社2001年版，第143页；第6—8条转引自李彭元：《清末民初日本对我国文献资源之掠夺》，载《图书馆工作与研究》1998年第6期，第46页；第9条转引自王智新：《关于中国被日本掠夺的文化财产问题》，载《中学历史教学参考》2007年第5期，第18—19页。

日本博物馆事业的奠基者，对战争时期搜集掠夺被占领土上文物的方法反复思考，一定对战争法做过深入研究，因此才会告诫日本军队要谨慎处理。但是为了让军队放手搜集文物，却断言此举并不违背国际公法准则，则是在利用国际法的规定尚不明确的弱点为日本辩解了。

在"方法"部分，九鬼隆一更是悉心详尽地指导军队如何搜集、运输宝物：

> 第一，搜集者必须遵照陆军大臣或者军团长之指挥，附随于军中适宜之部门，于战地近旁实行搜集和收购。
> 第二，将搜集之物品包装坚固，送至兵站部，然后由该部负责运往本邦。
> 第三，搜集品运到本邦之后，先进行分类，或者成为皇室御藏品，或者充作帝国博物馆之陈列品。
> 第四，派出人员5名，2人由官员兼任；3人选拔坚忍不拔的有识之士，不问官民，临时充任。
> （中略）
> 第十一，派出人员配属帝国博物馆总长管辖，但赴战地之后接受军长或者所附随之师长的监督指挥。①

作为日本帝国博物馆的缔造者，九鬼隆一深知文物的文化和经济价值，因此一再强调要选拔品德优秀、意志坚定之人来负责文物

---

① 转引自〔日〕酒寄雅志：《近代日本与渤海史研究》，李东源译，载杨志军主编：《东北亚考古资料译文集·高句丽、渤海专号》（第3辑），北方文物杂志社2001年版，第143页。

搜集之事，并且搜集、运输、分类各个环节均需处于军队长官的指挥和监督之下，以防文物散失和私分。更为关键的是，文物运输到日本后，或者成为皇室御藏，或者由帝国博物馆收藏。这足以说明，日本对中国、朝鲜的优秀文化成果觊觎已久，并预谋组织实施劫掠。虽然现在很难证明这个办法在侵华战争以及殖民统治朝鲜半岛时期所起的作用到底有多大，但是，战前宫内省（不同于战后内阁的宫内厅）具有凌驾于内阁和军部之上的特殊地位，"九鬼隆一作为这一机构的顾问官，身处天皇近侧，他所制定的《战时清国宝物搜集方法》可以认为代表了日本最高统治集团的意图"①。连日本学者也认为，"作为天皇近臣的宫廷顾问反复琢磨此《办法》并企图游说实施，在以天皇制和军部支配日本的日清战争时期，日本统治者对朝鲜和中国所采取的姿态，却多少能窥见一斑。"②还有的日本学者甚至认为："由此可以看出日本的为政者不仅有领土野心，而且策划文化掠夺，耐人寻味。"③韩国学者也从日本学者的研究成果中得出这样的结论："日本对韩国物质文化遗存的调查正是日本帝国扩张计划的一部分，目的是为了恢复那些能够证明日本是如何演变成伟大的文明国家的历史证据"④，并取代中国成为亚洲文明的代表⑤。

---

① 李彭元：《清末民初日本对我国文献资源之掠夺》，载《图书馆工作与研究》1998年第6期，第47页。

② 〔日〕松本刚：《被掠夺的文化：战争与图书》，东京：岩波书店1993年版，第42页。

③ 〔日〕酒寄雅志：《近代日本与渤海史研究》，李东源译，载杨志军主编：《东北亚考古资料译文集·高句丽、渤海专号》（第3辑），北方文物杂志社2001年版，第144页。

④ See Christine Kim, Colonial Plunder and the Failure of Restitution in Postwar Korea, *Journal of Contemporary History*, Vol. 52 (3), 2017, p.611.

⑤ 同上。

为了方便实施掠夺文物战略，日本军队在占领中国、朝鲜等国领土后，建立了一系列文化侵略机构，比如"满铁调查部""中国中部占领区图书文献接收委员会"等，以调查、保护为名，劫掠了大量珍贵文献和图书。另外还有一些所谓的学术机构，如日本东亚考古学会、日本京都东方研究所、日本东亚文化协会，在华从事了大量的非法考古发掘活动，许多珍贵的出土文物和考古资料被劫掠至日本。不少日本探险家、考古学家早在清末即趁清政府无暇顾及文化遗产保护之际，在新疆、甘肃等地调查、考古，其中大谷光瑞领导的探险队于1902、1908和1910年的三次远征对西域文化遗产的破坏和劫掠最为严重，他们不仅非法考察了库木吐喇石窟和克孜尔石窟，还盗掘苏巴什河古城和楼兰古城遗址，共掠走500余卷敦煌遗书，7,000卷吐鲁番文书，以及大量木简、壁画、雕像、丝织品等珍贵文物。[①]"七七卢沟桥事变"抗战全面爆发后，日本对中国占领区的非法考古和盗掘行为更加肆无忌惮，云冈石窟、元上都遗址、安阳殷墟、邯郸赵王城、抚顺高句丽遗址、曲阜汉鲁灵光殿遗址、辽上京遗址等一大批古文化遗址和古墓葬被盗掘，使中国考古资源受到极大的破坏和掠夺。[②]

据民国教育部清理战时文物损失委员会公布的《中国战时文物损失数量及估价目录》，中国战时被劫掠之公私文物共3,607,074件又1,870箱[③]，包括书籍、字画、碑帖、古物、古迹、仪器、标本、

---

① 参见李彭元：《清末民初日本对我国文献资源之掠夺》，载《国书馆工作与研究》1998年第6期，第47页。
② 参见杨群：《日寇侵略性考古和对中国文物的掠夺破坏》，载《南方文物》1995年第3期，第91—92页。
③ 中华民国教育部《中国战时文物损失数量及估价目录》，收入日本《十五年战争重要文献》第3集：《中华民国被掠文化财产总目录》，东京：不二出版社1991年复刻版，第6页。

地图等各个类别。该目录凡例第一条指出，该目录"系根据本会各区各省办事处实地调查所得，以及公私机构、个人申请登记，经本会严格审查之文物损失。其他不属文物范围，以及虽系文物而乏证件者均经审查后退回原处或转送教育部统计处，及行政院赔偿委员会核办"[①]。也就是说，目录所载文物均有所有权凭证，以及有证据证明为日本军队所掠夺者[②]。由于各种条件所限，该目录无法准确判断这些文物最终被运至日本什么地方，或者是否已经被损毁，需要日本政府以及盟军总司令部的协助查找，但文物被劫掠状况之严重已可见一斑。

二、劫掠和其他非法转移文物行为交织

在历次战争中，有系统性劫掠就会有军人的个人盗窃或抢劫，也可能出现散见的胁迫性交易或赠送等非法占用或转移文物行为。然而，"二战"中非法转移文物的行为更加复杂，在不同地区呈现出不同的特性。此外，不同国家和地区进入战时的时间和状态均有不同，也使"二战"非法转移文物的定性更加复杂。

如前所述，在欧洲，纳粹德国的军队不仅剥夺了本国犹太人的艺术品，也劫掠了所占领国家和地区的属于犹太人的艺术品；不仅

[①] 中华民国教育部《中国战时文物损失数量及估价目录》，收入日本《十五年战争重要文献》第3集：《中华民国被掠文化财产总目录》，东京：不二出版社1991年复刻版，第3页。

[②] 根据盟军总司令部的要求，各国提供的要求赔偿或归还的文物损失清单必须附有被劫物详细说明、产权证明文件、被劫情形如地点和日期等。参见"中华民国"驻日代表团日本赔偿及归还物资接收委员会编：《在日办理赔偿归还工作综述》，沈云龙主编：《近代中国史料丛刊续编》（第71辑），（中国台北）文海出版社1980年版，第93页。

如此，也剥夺了德国及其所占领的欧洲国家公共和私立博物馆、图书馆、档案馆、画廊的"堕落艺术品"和书籍、档案。纳粹劫掠艺术品不仅仅是对其所占领的他国文化财产的劫掠，也是对其本国犹太人、艺术家、交易商和公私文化机构所有的，不符合纳粹意识形态和审美标准的艺术品的劫掠。因此，这些劫掠艺术品的返还既涉及国际法问题，也涉及国内法问题。

  欧洲文物返还的另一个特殊问题是苏联从德国移走的"战利品"问题。据有关记载，苏联红军攻克柏林以后，对德国各大博物馆以及周边可能藏有希特勒从世界各地劫掠来的艺术品藏身处进行了彻底搜查，将其中最有价值的艺术品和档案、图书资料作为战利品运到了苏联。《欧洲的掠夺——西方艺术品二战蒙难记》一书详细描绘了苏联红军转移德国艺术品的行为："被世人描绘成报复心很强的游牧部落的红军事实上已组织起训练有素的艺术专家队伍。这些文物专家在士兵把艺术品弄得零零落落之前就小心地运走最好的东西。他们对保护艺术建筑和阻止盗窃行为并不感兴趣，这些人是那个称为'胜利委员会'①的一部分。胜利委员会的任务是集中各类有价值的、能转移的从重型机器到食用的物品运回苏联。"②苏联红军到底从德国运走多少文物很难有准确的数据，据德国政府有关部门提供的信息，苏联红军在"二战"结束时从德国运走了无数文物及艺术品，包括100多万件艺术品、350万册书籍和（排列达）3公里长的档案柜。③其中不乏西方艺术史上的顶级精品，

---

① 即战利品委员会。
② 〔美〕L.H.尼古拉斯：《欧洲的掠夺——西方艺术品二战蒙难记》，吴福元、罗蕾译，江苏人民出版社1998年版，第462页。
③ 柴野：《德俄为归还文物再起龃龉》，载《光明日报》2013年7月11日，第8版。

如伦勃朗的《诱拐加莉梅德》、乔尔乔内的《入睡的维纳斯》、丢勒的《德累斯顿圣坛》、拉斐尔的《西斯廷圣母》、提香的《着白衣的女人》等名作。① 这批艺术品和档案资料被运往苏联后曾长期下落不明,直到 20 世纪 80 年代末期才浮出水面。德国指责苏联将文化财产当作战利品的做法违背了 1907 年《海牙公约》的精神,一直要求苏联及后来的俄罗斯政府归还这些德国珍品。俄罗斯政府则强调,纳粹入侵苏联时造成了苏联文物的巨大破坏和损失,有 427 个博物馆和 4000 个图书馆遭到德军破坏,逾 110 万册图书及印刷品被销毁,还有大量国宝不知去向,例如圣彼得堡叶卡捷琳娜皇宫著名的"琥珀屋"。俄罗斯的损失远比德国严重,因此拒绝归还德国文物。② 苏联转移"战利品"虽然也是通行的国际公法准则所禁止的行为,但是,毕竟与纳粹劫掠文物的性质有所不同,因此,国际社会在讨论"二战"文物返还规则时,并不一概使用"劫掠"(loot / plunder / pillage)一词,而是以更加中性的词汇"转移"(displace)、"移走"(remove / take)等词汇来表述。如联合国教科文组织 2009 年《关于返还第二次世界大战被转移文物的原则宣言草案》(*Draft UNESCO Declaration of Principles Relating to Cultural Objects Displaced in Connection with the Second World War*)即使用了"转移"一词。

"二战"期间文物非法转移的另一个特殊问题是各国被掠夺文物的起止时间具有一定的差异性。国际上通常将 1939 年 9 月 1 日纳粹突然入侵波兰作为第二次世界大战的起始时间,以 1945 年 9

---

① 〔美〕L.H.尼古拉斯:《欧洲的掠夺——西方艺术品二战蒙难记》,吴福元、罗蕾译,江苏人民出版社 1998 年版,第 466 页。

② 参见柴野:《德俄为归还文物再起龃龉》载《光明日报》2013 年 7 月 11 日,第 8 版。

月2日日本签署无条件投降书为终止时间。但纳粹对于犹太人艺术品或其他财产的掠夺早在1933年纳粹刚刚掌控德国政权时即已开始，因此欧洲关于"二战"文物返还规则的适用时间通常以1933年1月30日至1945年5月8日的"大屠杀时期"（Holocaust Era）为准。而在亚洲，中国、朝鲜等国受日本殖民侵略的时间与"二战"爆发的时间并不一致，掠夺文物的时间跨度比欧洲大，因此有些非法转移的文物是否属于战争劫掠文物在国际社会存有争议。日本于1931年9月18日发动"九一八事变"，侵占中国东北三省，并成立伪满洲国，此后陆续在华北、上海等地制造事端、挑起战争。1937年7月7日，日军在北平附近挑起"卢沟桥事变"，中日战争全面爆发。虽然当时的国民政府于1941年12月7日太平洋战争爆发两天后才正式对日宣战，但中国的抗日斗争早在日本侵占东北三省即已开始。鉴于抗日战争是世界反法西斯战争的有机组成部分，中国战区进入战争的时间当然应该从1931年9月18日起算。另外，1931年爆发的抗日战争与甲午战争有密切关联，是日本侵华战略的进一步发展和实施，因此在战后处理劫掠物资归还问题时，中国政府曾坚持中国的战时损失应从1894年甲午战争起算，即便基于同盟国的共同政策，也应从1931年起算。[①] 当时民国外交部曾指示中国驻日代表团："惟中日战事实起自'九一八事变'，审判日人战犯要求赔偿即以该时为起算日期，要求归还劫物，自应以九一八为起算日期，希向盟军总部接洽办理。"[②] 但因盟军总部坚持对日赔偿

---

① 参见教育部教育年鉴编纂委员会编：《中国教育年鉴（三）》，商务印书馆1948年版，第42页。

② 《外交部关于日本归还劫物应以"九一八"为起算日函》，载姜良芹、郭必强编：《南京大屠杀史料集22：赔偿委员会调查统计》，江苏人民出版社2006年版，第17—18页。

归还政策统一以1937年7月7日为起点,中国于1946年提交的战时文物损失目录也只能从1937年起算。但这并不意味着中国政府放弃了对甲午战争以来被日本掠夺的文物的追索。

朝鲜与韩国情况更加特殊。根据韩国学者的研究,日本对朝鲜半岛文化财产的掠夺主要发生于三个历史阶段:第一阶段是1592—1598年的壬辰倭乱,又称"七年战争";第二阶段是19世纪末的动荡时期;第三阶段则是1910—1945年的殖民统治时期。在壬辰倭乱中,有大量的书籍、地图、绘画、手工艺品及珍宝被丰臣秀吉所率的日本士兵掠走,其中甚至有一部分被日本商人卖给葡萄牙人。① 1910年正式开始的殖民统治对朝鲜半岛的文化财产造成更大的破坏和劫掠,因为"日本完全可以自由处置朝鲜人生活的方方面面,无论公共的还是私人的,当然也包括文化财产"②。1945年日本投降后,朝鲜本该恢复独立地位并参与战后的和平谈判以及对日赔偿归还工作。然而,由于联合占领朝鲜的美、苏两国对于半岛政策意见不统一,朝鲜不仅被排除在和平谈判的大门之外,还陷入两大阵营的权力斗争之中,最终导致朝鲜半岛以三八线为界分裂为南、北两个国家,文物返还问题也更加复杂化。因此,驻日盟军总部关于扣押和归还文物的命令仅限于1937年7月7日之后被日本掠夺的文物,也同样缩小了朝鲜的损失和求偿范围。据载,1946—1962年担任美国国务院艺术品和古迹顾问、负责战后东亚文物损失调查的专家阿黛莉·R.豪尔(Ardelia Ripley Hall, 1899—1979)曾经在

---

① Melissa(Young Jae)Koo, Repatriation of Korean Cultural Property Looted by Japan— Can a Sincere Apology Resolve the Centuries-Old Korea/Japan Disputes?, *Cardozo Journal of Conflict Resolution*, Vol. 16(2),2015, p.628.

② 同上文,第631页。

一个内部备忘录中建议："日本自 1910 年以来转移了大量韩国艺术品，包括绘画、雕塑、瓷器、金属制品以及由日本发掘的众多韩国考古物品。这也许是盟国需要处理的日本实施的最广泛、最长久的公开掠夺文化遗产。有鉴于此，对请求归还实行一刀切的时间限制是否符合正义是有争议的。"①

三、违反当时的国际法准则

"二战"劫掠和非法转移文物不仅规模空前，对人类文化遗产造成巨大的损害，而且在很大程度上违反了当时已经确立的国际法准则。

如前所述，随着人类对于文化遗产价值的认识逐渐加深，反思战争对文化遗产的破坏及其给人类社会发展造成的灾难性影响越发必要，避免或制止将艺术品和文物作为战利品掠夺的理念逐渐成为近代战争应该共同遵守的规则。1899 年海牙第二公约和 1907 年海牙第四公约后附的《陆战法规和惯例规章》，均对战争状态下文化财产的保护进行了明确规定，要求各国采取一切必要措施，尽可能保全用于宗教、艺术、科学和慈善事业的建筑物，使其免于军事行动的破坏，并禁止对这些机构、历史性建筑物、艺术和科学作品的任何没收、毁灭和故意的损害，要求各国对这些行为予以法律追究。

虽然上述规定对于战时文化财产的保护措施非常粗略，缺乏具

---

① Christine Kim, Colonial Plunder and the Failure of Restitution in Postwar Korea, *Journal of Contemporary History*, Vol. 52（3）, 2017, p.621.

体细化的规则以及制度保障，但促进了国际社会形成关于保护战争中的文化财产免于战火轰炸以及故意破坏和没收的基本共识，尤其是1907年海牙和平会议的代表性非常广泛，参会国家达到44个，几乎相当于当时所有国家均参加了会议①。中国、英国、法国、德国、美国、俄国、日本等两次世界大战的交战国都是1907年《海牙公约》的缔约国，尤其是第二次世界大战中破坏和劫掠文物最严重的轴心国成员德国、日本等国均在两次和平会议的公约上签了字，并且也都批准了公约。因此在"二战"期间，德国军方至少在形式上表示受到这些规则的约束："纪念物和艺术品的保护也被包括在武装部队要执行的条令规定之中，交战双方都应恪守1907年《海牙公约》关于私人财产的条款。"②遗憾的是，该公约第2条规定的"普遍参加条款"在一定程度上为交战国不履行公约义务提供了借口，人类文化遗产遭到了空前浩劫。即便如此，国际社会认为公约所确认的战争期间保护文化财产的基本原则已经具有国际习惯法的效力，所以无论是在纽伦堡审判还是东京审判，该公约均作为审判战犯的重要依据之一。纽伦堡国际军事法庭认为：尽管存在普遍参加条款，但"公约明确规定的陆战规则无疑表明是对公约通过时的国际法的发展，因为公约明确宣告它试图修改当时存在的一般战争法规则。然而，到1939年时公约规定的这些规则已为所有的文明国家承认，并且应视为是对《宪章》③第6条(b)款所提到的战争法的宣告"④。

---

① 参见杨泽伟：《宏观国际法史》，武汉大学出版社2001年版，第132页。
② 〔美〕L.H.尼古拉斯：《欧洲的掠夺——西方艺术品二战蒙难记》，吴福元、罗蕾译，江苏人民出版社1998年版，第152页。
③ 指《国际军事法庭宪章》，即《纽伦堡国际军事法庭宪章》。
④ 转引自王军敏：《条约规则成为一般国际习惯法》，载《法学研究》2001年第3期，第136页。

基于此，纽伦堡法庭认定1907年《海牙公约》及其附则"已经具有习惯国际法的效力，即便是对非缔约国的个人也具有拘束力"。①

1943年，第二次世界大战进入反攻阶段，为了防止大规模军事行动中劫掠和非法转移文物的行为，统一战后文物返还政策，18个反法西斯同盟国政府共同发布了《盟国反对敌国占领和控制区域内强征财产行为的宣言》(Inter-Allied Declaration against Acts of Dispossession Committed in Territories under Enemy Occupation or Control)，即《伦敦宣言》(London Declaration)。该宣言全文如下：

> 兹南非联邦、美利坚合众国、澳大利亚、比利时、加拿大、中国、捷克斯洛伐克共和国、大不列颠及北爱尔兰联合王国、希腊、印度、卢森堡、荷兰、新西兰、挪威、波兰、苏联及南斯拉夫政府及法国国家委员会：
>
> 在此声明将尽全力挫败敌国的剥夺行为，反对对有关国家和人民所进行的肆意攻击和劫掠，并正式警告各有关方、特别是中立国人士。
>
> 因此，制定此宣言的上述政府和法国国家委员会，保留对敌对国占领或控制领土上（直接或间接）进行的任何财产（属于或曾属于居住在此领土内的个人，包括法人）转移或交易的权利和利益宣告无效的权利。无论此类转移或交易是公开掠夺或抢劫，或看似合法交易，或自称是自愿交易，此警告一律适用。

---

① Victoria A. Birov, Prize and Plunder: The Pillage of Works of Art and the International Law of War, *New York University Journal of International Law and Politics*, Vol. 30, 1997, p.208.

制定此宣言的上述政府及法国国家委员会，对其在此问题上的团结一致予以郑重记录。①

该宣言虽然只是联合国家单方面发布的法律文件，不属于国际公约，但仍具有重要意义。首先，它宣布任何对占领土地的财产（当然包括文化财产在内）实施转移或交易的行为皆属违法，哪怕这种转移或交易以看似合法或自愿的方式进行，亦属非法。在领土已经遭到占领或控制的情况下，占领军很容易借助其优势地位进行强迫交易，交易的公平性无从保证，因此这样的规定非常有必要。其次，除了攻击和劫掠，任何形式的转移财产行为均为非法，这也包括将财产当作战利品的行为。再次，宣言警告的对象不仅仅是交战各方，同时也包括中立方。最后，该宣言已经作为战胜国要求德、日等国归还劫物的法律依据之一，并且瑞士、瑞典等许多中立国均按照该宣言的要求制定劫物归还政策或法律，因此该宣言在很大程度上已经被国际实践普遍认可，具有习惯国际法的性质。②

四、战后理赔返还任务远未完成

两次世界大战后均涉及劫掠文物返还问题，但相比第一次世界大战后的文物返还，第二次世界大战的战后返还工作更加复杂。一战后签订的《凡尔赛条约》第238条规定，德国及其盟国除了需对

---

① 转引自〔澳〕林德尔·V.普罗特主编：《历史的见证：有关文物返还问题的文献作品选编》，国家文物局博物馆与社会文物司（科技司）译，译林出版社2010年版，第3—4页。

② See Elizabeth A. Klesmith, Nigeria and Mali: The Case for Repatriation and Protection of Cultural Heritage in Post-Colonial Africa, *Notre Dame Journal of International & Comparative Law*, Vol. 4, Iss. 1, 2014, p. 53.

协约国的损失支付巨额货币赔偿外，还需归还所有可识别的动物、任何性质的物品和有价证券。第245、246和247条又对一些特殊文物的归还作了规定，如1870—1871年普法战争期间和一战中从法国转移走的档案、历史纪念物和艺术品，被土耳其作为礼物赠送给德皇威廉二世的《古兰经》原始刻本，被德国人从德属东非带走的苏丹姆克瓦瓦头盖骨等重要文物，需在6个月内归还或移交给有关国家。尤其值得一提的是，第247条还要求德国对轰炸比利时鲁汶图书馆造成的损失按照"同类归还"（Restitution in Kind）原则，向鲁汶大学提供相同种类、相同价值的手稿、古籍、图书、地图和藏品等作为补偿。① 然而，由于《凡尔赛条约》对德国及其盟友的战后赔偿重点在于货币赔偿，未对战败国进行军事占领，更未对战争罪行进行审判，有关文物归还的规定较为笼统，范围也极为有限，许多文物并未得到及时归还。"二战"后，同盟国吸取了《凡尔赛条约》的教训，决定对轴心国采取实物赔偿的原则，在盟国占领军的监督下解除其军事力量、消解其重工业基础，以其现存的基础设施、工业设备、工业产品等折抵同盟国损失。按照有关国际协定，战后德国由英、美、法三国和苏联分别占领，日本由美国占领，在国际社会监督下对战争暴行进行了清算，并对被劫掠文物的赔偿归还工作作出了部署。

战后的理赔返还工作主要包括如下措施：

（一）对战时文物损失进行清理和估价

清理工作在战争尚未结束时即已展开。1943年美国总统罗斯福下令成立"欧洲艺术与历史古迹保护抢救美国委员会"（The

---

① See *Treaty of Versailles*, Art. 238, 245, 246 & 247. available at: https://www.loc.gov/law/help/us-treaties/bevans/m-ust000002-0043.pdf, accessed on 11-09-2019.

American Commission for the Protection and Salvage of Artistic and Historic Monuments in Europe），即"罗伯茨委员会"（Roberts Commission），最初旨在协调并促进盟军在战时及战后对欧洲文物古迹的保护、抢救与清理。1944年4月，随着太平洋战事的发展，该委员会改名为"战区艺术与历史古迹保护抢救美国委员会"，保护和工作范围从欧洲扩大到整个战区。该委员会对于战后盟国的文物赔偿归还工作发挥了重要作用，其制定的战后文物清理原则成为战后各大战区清理复原文物的重要依据。① 在该委员会推动下，盟国军政府还建立了古迹、美术与档案科（The Monuments, Fine Arts and Archives Section，简称MFAA）。MFAA是一个由来自14个国家的300余位博物馆、档案、建筑、教育、艺术等领域专业人员构成的古迹保护小组，被称为"古迹卫士"（The Monuments Men）。② 该小组除了抢救欧洲各地被战火破坏的古迹，还有一个重要任务就是寻找、清点希特勒隐藏在各地的劫掠文物，以及出于保护目的从各大博物馆疏散并隐藏起来的珍贵文物，并监督它们的返还。罗伯茨委员会还与中国政府合作，于1945年4月建立了"战区文物保存委员会"，对抢救中国战区文物古迹发挥了积极作用。随着战争的结束，同年10月，该委员会更名为"教育部清理战时文物损失委员会"，工作重点转到调查和清理战时文物损失，为对日赔偿追索提供依据。③ 与此同时，"古迹卫士"小组也派人员赴中国、

---

① 参见左拉拉：《中国历史古迹保护的战时合作——罗伯茨委员会在华活动考（1944—1945）》，载《建筑遗产》2016年第4期，第40页。

② See Monuments Men Foundation, https://www.monumentsmenfoundation.org/the-heroes/the-monuments-men, accessed on 06-09-2019.

③ 参见左拉拉：《中国历史古迹保护的战时合作——罗伯茨委员会在华活动考（1944—1945）》，载《建筑遗产》2016年第4期，第48页。

朝鲜、日本及其他亚洲国家,对日本掠夺文物的状况进行了一定程度的调查。由于派往亚洲的调查人员少,时间有限,加上调查人员对于亚洲国情和文化遗产的了解有限,在亚洲的调查并未取得在欧洲那样的成绩。①

(二)制定劫掠文物归还政策和法律

根据1943年《伦敦宣言》和1945年巴黎赔偿会议《归还决议》(Resolution on the Subject of Restitution),盟国占领当局制定了关于劫掠文物赔偿归还的政策与法律。

在欧洲,占领德国的美国军政府于1947年11月10日颁布了《第59号可识别财产返还法令》(Law No. 59 Restitution of Identifiable Property),其第1条明确规定:"……任何人于1933年1月30日至1945年5月8日间基于种族、宗教、国籍、意识形态或反抗纳粹而被剥夺的可识别财产(无论有形还是无形财产)均应尽速归还给原所有人或其继承人。即便其他人对于非法获得不知情也必须服从此规定。除非本法另有规定,将不适用保护善意购买人从而影响归还的规定。"② 在此后的两年中,法国、英国占领军政府也陆续颁布了类似法令,宣布对其占领的德国境内纳粹剥夺财产的返还政策。盟国占领奥地利委员会(Allied Commission for Austria)也模仿在德国占领区的做法制定了类似的劫物归还政策。意大利的劫物归还政策则基于停战时签订的《投降法》和1947年和平条

---

① For detailed information about the Monuments Men in East Asia, see Christine Kim, Colonial Plunder and the Failure of Restitution in Postwar Korea, *Journal of Contemporary History*, Vol. 52 (3), 2017, pp.612-624.

② See Wojciech W. Kowaski, *Art Treasures and War*, Leicester: Institute of Art and Law, 1998, p.115.

约的规定而展开。① 除了对轴心国领土上的劫物归还进行统一部署，美国、英国、法国等国还就转移至同盟国领土上的劫物与部分美洲盟国和欧洲盟国达成查找和返还协议，并就转移至中立国领土上的劫物归还问题与瑞士、瑞典等中立国达成协议。

在亚洲，盟国军队最高司令部（Supreme Commander for the Allied Power［SCAP］，简称"盟军（总）司令部"或"盟总"）于占领日本之初即开始着手清查与扣押被日本劫掠的物资。盟总命令日本政府扣押所有外国财产，包括日本先前的盟友泰国和菲律宾的财产，财产类型包括贵金属、货币、艺术品和文化财产等。② 由于盟总的法规需要得到远东委员会的同意，而远东委员会十一个成员国意见分歧较大，盟总于 1945 年 11 月至 1946 年 7 月间实施了一项临时返还政策，后又在远东委员会《劫物返还旧案》通过后发布了第 57 号《劫物归还指令》（*Directive 57, Restitution of looted property*）。该指令规定："应立即采取措施归还曾处于盟国境内，于被日本占领期间以欺诈、强迫的方式转移出去的财产，包括黄金等贵金属、宝石、外国证券和货币、文物、农业产品、工业原材料、工业设备与运输工具。"③ 根据盟总的一系列政策和指令，日本政府于 1946 年 5 月 9 日通令全国："凡七七事变后，曾由中国及安南、暹罗、缅甸、马来、荷领东印度、菲律宾等地，被日军占领之各地，不论其依据当时法令之规定，与曾用强制手段，或没收与掠夺之物资，如汽

---

① See Wojciech W. Kowaski, *Art Treasures and War*, Leicester: Institute of Art and Law, 1998, p.43.

② Peter Keppy, *The Politics of Redress, War Damage Compensation and Restitution in Indonesia and the Philippines, 1940-1957*, Leiden: KITLV Press, 2010, p.217.

③ 同上书，第 218 页。

车纤维品,及美术品或工业原料,器材等,现存日本者,将由日政府查明后,予以没收。为此限令现所有者,或以往所有者,或知情者,应于本月二十日前,详细呈报。否则一经查出,处以二年以下有期徒刑,并课以五千元罚金。"[1]

(三)不彻底的劫物归还

根据占领当局和相关国家的法律、政策以及相关国家间的和平条约,盟国开始了大规模的劫掠文物返还行动。在各国赔偿归还委员会的努力下,在罗伯茨委员会和"古迹卫士"的协调和监督下,大批可识别的纳粹劫掠文物藏品归还给各大欧洲博物馆、图书馆、档案馆,可识别的私人艺术品和其他文物则通过申请程序或者诉讼得到归还。对于无法识别的财产,则通过总部设在纽约的名为"犹太人文化资产归还继承者组织"(Jewish Restitution Successor Organization, JRSO)的慈善信托机构代表欧洲和巴勒斯坦的犹太受害者提出归还申请并受领财产。[2] 截至1949年,仅美国占领区就完成了对160余万件艺术品、图书、档案等文化财产的清点、整理与归还。[3] 英国、法国占领区也相继成立了类似的犹太人财产信托机构,来接收无人继承的犹太人财产。另据俄罗斯政府文化部公布的数据,苏联在1955年至1960年间向民主德国、波兰、匈牙利归还了占领德国期间转移的许多文物,其中向民主德国归还了超过

---

[1] 1946年5月13日朱世明致外交部长密电,载秦孝仪主编:《中华民国重要史料初编——对日抗战时期》,第二编《作战经过》(四),中国台北中国国民党中央委员会党史委员会编印,1981年版,第174—175页。

[2] 〔美〕L.H.尼古拉斯:《欧洲的掠夺——西方艺术品二战蒙难记》,吴福元、罗蕾译,江苏人民出版社1998年版,第552页。

[3] Michael J. Kurtz, Resolving a Dilemma: Inheritance of Jewish Property, *Cardozo Law Review*, Vol. 20 (2), 1998, p.632.

150万件博物馆藏品、1,240件德累斯顿画廊的艺术品、16,000张绘画、10万枚硬币、18,388件古迹艺术品。①但是,需要指出的是,由于被掠夺和转移的文物数量巨大,加上许多文物已经被层层转手难以追踪,仍有大量的劫掠或非法转移文物未能在战后及时归还,而苏联转移的德国文物的返还也成为俄罗斯与德国之间长期争论悬而未决的重大争议之一。

  在亚洲,根据盟总的劫物归还政策,包括中国在内的许多受害国家均提出了返还要求。然而,由于盟总的偏袒和庇护,日本方面并未认真查证这些被劫文物的下落,常以"系个人所为""尚无着落"等为借口敷衍搪塞。经过中国政府"日本赔偿及归还物资接收委员会"等机构的多方交涉以及中国代表和专家的不懈努力,至1949年9月,日本归还中国的被劫书籍158,073册,归还的被劫字画、拓本、刺绣织品、家具、饰品等古物仅2,000件②。归还的古物古籍尚不足中国政府所列损失的10%,其余大量珍贵文物至今未归还。由于美、苏之间的大国博弈,美国对日本刻意扶持,朝鲜在战后未能立刻恢复独立主权,一直被排除在盟国对日赔偿归还的大门之外。直到1965年6月22日,日本与韩国签署《日韩基本条约》,其附属文件《韩日关于文物和文化合作协定》中才首次对日本掠夺朝鲜文物的返还作出安排,日本同意归还协定中列入的363件艺术品和852种典籍。然而,由于当时的总统朴正熙急于通过日本的经济援助促进国内经济腾飞,未能就清算历史问题,尤其是文物返还与日本全面谈判,致使大量殖民地时期被掠夺的朝鲜文物未能实现

---

  ① 俄罗斯联邦文化事务部"文化瑰宝——战争牺牲品"网站英文版:http://lostart.ru/en/move/,2019年9月19日访问。

  ② 参见孟国祥:《大劫难:日本侵华对中国文化的破坏》,中国社会科学出版社2005年版,第282页。

顺利返还①，成为日本与韩国、朝鲜之间的核心历史遗留问题之一。

此外，由于同盟国的意见分歧，"同类归还"原则在"二战"后的归还政策中并未得到广泛认可和实施②，也使许多国家无法实现对战时受损文物的权利补偿。

---

① See Christine Kim, Colonial Plunder and the Failure of Restitution in Postwar Korea, *Journal of Contemporary History*, Vol. 52 (3), 2017, p.608.
② See Wayne Sandholtz, *Prohibiting Plunder: How Norms Change*, New York: Oxford Univ. Press Inc., 2007, p.117.

第二章 "二战"期间轴心国的文物掠夺及战后初期的返还行动

历史上,为了争夺财富、削弱对手、为军队提供给养等原因,战争往往伴随着对财产的掠夺。而对艺术品、古迹、文化设施、宗教和教育机构的掠夺,并不仅仅出自经济和军事上的目的,往往带有摧毁敌方心理、抹灭民族文化、控制民众思想的目的。20世纪中叶之前,交战双方往往通过破坏其文化遗存、宗教圣地、抢掠艺术品(例如英法联军在圆明园、八国联军在颐和园的暴行)等方式,打击或摧毁对方的历史、文化、信仰及认同,以达到消灭其遗迹乃至否定其存在的目的,因此,战争期间对艺术和艺术品的破坏堪称另一种形式的种族清洗。[③]

第二次世界大战期间,虽然人类的物质文明已经达到了前所未有的高度,但仍然出现了耸人听闻的对文化遗产的疯狂掠夺,甚至变本加厉。这对于所谓走向"文明"的人类社会,无疑是一个巨大的讽刺,这些野蛮行径应当得到深刻的反思。有鉴于此,"二战"结束之后,国际社会为弥补这些历史灾难采取了许多措施,包括惩处战犯、返还被掠文化财产、重建文化设施和历史建筑等等,以防止

[③] 周超:《国际法中的"艺术"、"艺术价值"和"艺术品"》,载《民族艺术》2015年第4期,第18页。

相同的悲剧再次出现。然而,由于返还工作任务复杂繁重、盟国之间存在着重重矛盾,特别是战后不久两大阵营就开启了冷战铁幕,一些国家基于既得利益怠于履行国际义务甚至进行阻挠等原因,被掠夺文化财产的返还工作并未及时完成,并被搁置下来。

第一节 "二战"期间文化财产劫掠和非法转移概况

同历史上的侵略战争相比,纳粹德国和日本在第二次世界大战期间对文物艺术品的掠夺,不仅仅是为了满足统治者的享乐和侵略集团的经济利益,还包括强化本土和占领区的极权统治,推行奴性文化和奴化教育,甚至是种族灭绝等多层次目的。因此,纳粹德国和日本对文物艺术品的掠夺不仅极其疯狂和残酷,更是有计划、有组织的犯罪。

一、纳粹在欧洲的艺术品掠夺

纳粹党在德国上台以来,掠夺和毁灭了大量德国艺术品,劫掠而来的艺术品的一部分直接归属于德意志帝国的政治中心,即阿道夫·希特勒本人[①],另一部分则投入国际艺术品市场牟取暴利,以换取纳粹政权运作和侵略战争所需大量资金和其他财富。

纳粹的艺术品掠夺首先是为了满足纳粹高层领导人,特别是希特勒个人的品味和享乐。希特勒的艺术观念遵循现实主义,是出于

---

① 〔德〕哈恩斯-克里斯蒂安·罗尔:《第三帝国的艺术博物馆:希特勒与"林茨特别任务"》,孙书柱、刘英兰译,生活·读书·新知三联书店2009年版,第2页。

政治目的的，即用意识形态和艺术去推动政治。① 他经常抨击自印象主义以来的现代艺术，称其为"畸形的瞎涂乱抹"或"堕落艺术"，通过批判带有强烈个人主义色彩的现代艺术，曲解和推崇带有权威色彩的古典艺术，试图对全社会进行思想控制，将全社会绑在纳粹主义的战车之上。加强对德国和占领区意识形态控制，塑造纳粹文化优越性，进而强化纳粹极权主义的统治，是纳粹掠夺文物艺术品的另一个重要目的：自 20 世纪 20 年代起，德国以诺丹所谓"堕落"概念的理论体系为基础，出现了一个极具种族主义思想的艺术哲学家团体，不仅谴责当代艺术，还通过对许多古典艺术和审美进行种族主义的解读，"行动上勾画出了后来的纳粹艺术纲领"。② 随着纳粹的得势，这种具有种族主义色彩的文化思想和理念变得更为极端。纳粹党自 1933 年开始在德国掌权后，不仅对德国的政治和经济进行大刀阔斧的改造，还为了实现"国家社会主义化"，推行所谓"雅利安文化优先"（Aryan cultural supremacy）的种族主义政策，对艺术、教育、宗教、思想等领域进行大力改造和摧残。希特勒提出，要建设社会的民族帝国，这是一个"福利国家"，应当成为国家的样板。在这个国家中，"所有（社会的）藩篱都会被——拆除"。③ 文化领域的纳粹化就是建设纳粹帝国的重要一环。随着纳粹德国的扩张，特别是在"二战"全面爆发后，文化领域的纳粹化也从德国本土扩张至其占领区，甚至变本加厉。纳粹对文化艺术的关注，并

---

① 刘晨：《希特勒与第三帝国的"艺术掠夺"》，载《世界文化》2015 年第 1 期，第 34 页。
② 参见〔美〕L.H. 尼古拉斯：《欧洲的掠夺——西方艺术品二战蒙难记》，吴福元、罗蕾译，江苏人民出版社 1998 年版，第 7—8 页。
③ 〔德〕格茨·阿利：《希特勒的民族帝国：劫掠、种族战争和纳粹主义》，刘青文译，译林出版社 2011 年版，第 4 页。

不仅仅是为了宣传，文化领域的每项措施都是为了德国的极权主义政权服务。①1937年，希特勒在"德意志艺术节"上咆哮："从现在起，为了反抗压迫我们的艺术的最后因素，我们要领导一场不屈不挠的净化之战、一场不屈不挠的灭绝之战。"②1938年，纳粹思想理论家罗森博格更是以其鲜明而毫无保留的"反犹"立场，加之作为德国文化冲锋队创始人的角色，很快在纳粹统治集团中占据了显赫地位。他在巨著《20世纪的神话》中，将德国印象派艺术说成是"梅毒、发育不全、混血儿"，声称雅利安和日耳曼种族不仅创造了灿烂的德国文化，同时也是希腊和文艺复兴时期伟大的艺术杰作的创造源泉。③

此外，通过国际艺术品交易谋取暴利、以便为纳粹活动筹措资金，是纳粹大规模开展文物掠夺的又一个重要的现实动机。除了希特勒之外，纳粹党的其他领导人，甚至整个纳粹组织，都十分积极地投身艺术品的掠夺之中。这些掠夺来的德国艺术品被纳粹组织投入到国际艺术品市场以牟取暴利。1938年，没收和变卖处理犹太人财产，包括艺术品等文化财产，成为纳粹德国解决财政预算问题的紧急措施。④"二战"期间，欧洲许多地方举行了纳粹劫掠艺

---

① Wayne Sanoholtz, *Prohibiting Plunder: How Norms Change*, Oxford University, 2007, pp.127-128.

② 〔美〕林恩·H.尼古拉斯：《劫掠欧罗巴：西方艺术珍品在二战中的命运》，刘子信译，民主与建设出版社2018年版，第21页。此书为前引〔美〕L.H.尼古拉斯著《欧洲的掠夺——西方艺术品二战蒙难记》的另一个翻译版本。因两个版本的翻译有显著不同，各有优劣，故本书也根据所译内容，选择引用不同版本。

③ 参见〔美〕L.H.尼古拉斯：《欧洲的掠夺——西方艺术品二战蒙难记》，吴福元、罗蕾译，江苏人民出版社1998年版，第8页。

④ 〔德〕格茨·阿利：《希特勒的民族帝国：劫掠、种族战争和纳粹主义》，刘青文译，译林出版社2011年版，第170页。

品拍卖会。其中最著名的是1939年6月30日在卢塞恩的国家大酒店举行的菲舍尔画廊的拍卖。事实上,菲舍尔画廊在1933年至1945年之间举办了47次公开拍卖,拍卖活动在1939年至1942年之间达到了顶峰。① 尽管拍卖行因担心此类拍卖不被接受而强调拍卖所得将全部用于德国博物馆,但事实上,与通常活跃和令人兴奋的艺术品拍卖不同,此类艺术品拍卖会"现场的气氛沉闷",主持人"不时流露出对某些作品的鄙视",人们对此类拍卖会政治性的兴趣超过艺术品的美学价值本身,而最后的拍卖所得收入,往往直接落入纳粹德国控制的户头,"德国的博物馆,正如原先众所疑虑的那样,没有收到一个便士"。②

(一)纳粹在德国国内的艺术掠夺

纳粹德国对犹太人包括艺术品在内的财产的掠夺,是犹太人大屠杀(Holocaust)和"雅利安化"(Arisicrung)的组成部分。犹太人受到了敲诈勒索,被迫以极低的价格变卖他们的财产、房产和商店。③ 特别是在1938年11月9日的"水晶之夜"(Kristallnacht)④ 中,

---

① Cochand Menedjian Taline, Les Musées Suisses face au Double Enjeu du Trafic Illicite des Biens Culturels et des Spoliations Réalisées à L'époque du National-Socialisme (1933-1945), Mémoire de Master en études muséales, Université de Neuchâtel, 2018, p.23.

② 参见〔美〕L.H.尼古拉斯:《欧洲的掠夺——西方艺术品二战蒙难记》,吴福元、罗蕾译,江苏人民出版社1998年版,第2—4页。

③ 〔德〕托尔斯腾·克尔讷:《纳粹德国的兴亡》,李工真译,人民出版社2010年版,第112页。

④ 1938年11月9日至10日凌晨,在纳粹的怂恿和操纵下,德国各地的希特勒青年团、盖世太保和党卫军化装成平民走上街头,他们疯狂挥舞棍棒,对犹太人的住宅、商店、教堂进行疯狂地打、砸、抢、烧,给犹太人造成了巨大的灾难。当夜纳粹暴行过后,被洗劫的地方到处是破碎的玻璃,于是人们将这血腥的一夜称为"水晶之夜"。"水晶之夜"事件标志着纳粹对犹太人有组织屠杀的开始。

纳粹分子对德国犹太人的财产进行了疯狂的毁坏和抢劫。为更加系统而"合法"地掠夺犹太人财产，将他们逐出经济生活，纳粹政权还颁布了一系列通过征收手段掠夺犹太人财产的法令政策：1938年4月26日，纳粹德国二号人物戈林（Hermann Göring,1893—1946）签署"犹太人财产申报法令"，命令所有犹太人，若其财富超过5000马克，则应根据"纽伦堡法律"制定财产清单，申报和评估其财产。[①]艺术品等文化财产亦不能幸免。随着种族清洗法律的进一步扩张实施，强迫逃离德国或被占领土的犹太人以显失公平的低价变卖自己的财产，包括其文物艺术品，也成为纳粹掠夺文物的一种重要方式。

除财产征收和掠夺外，纳粹制度还通过一系列特别法令和政策的实施，严格限定国家允许发展的文化建设的范围，从而达到毁灭或掠夺不符合其意识形态或者审美观念的文化艺术财产，或者获得任何他们想要掠为己有的文物艺术品的目的。1933年4月7日，议会通过《重建公务员法》，使得对不支持国家社会主义的政府雇员的清洗合法化，属于政府雇员的博物馆负责人及其文物管理者、艺术学校教师、艺术家、城市规划师、大学教授等，也包括在该法的适用范围之内。其他不属于政府雇员的艺术家、作家、音乐家、建筑师，除非成为由纳粹严密控制的"帝国文化院"的成员，否则不得出售或展出其作品，甚至被剥夺创作权利。[②]此外，任何文物艺术品，只要满足以下标准中的至少一条，就被认为是"堕落艺术"而

[①] Alya Aglan, L'aryanisation des biens juifs sous Vichy : les cas comparés de la France et de l'Allemagne, in : Revue d'histoire moderne et contemporaine, n° 49-4, 2002, pp. 155, 156.

[②] 〔美〕L.H.尼古拉斯：《欧洲的掠夺——西方艺术品二战蒙难记》，吴福元、罗蕾译，江苏人民出版社1998年版，第9页。

被没收：A. 该艺术品由犹太艺术家创作或表现犹太教主题；B. 该艺术品没有颂扬（纳粹）军队、士兵或被视为"诋毁政权"；C. 该艺术品涉及反思社会主义的内容或者构成对（当前）社会的批评；D. 该艺术品属于诋毁或诽谤运动，如表现主义、超现实主义或者抽象艺术；E. 该艺术品未运用学术经典；或者 F. 该艺术品不符合没收委员会成员的品味。[1]1937 年夏，纳粹德国三号人物戈培尔启动了大规模的行动，并建立了一个艺术品没收委员会，在 10 天里审查了 32 批官方的收藏品，10 名"审查专家"经审查没收了共 600 件被认为是"堕落"的艺术品。到 1937 年晚秋，纳粹组织共没收的文物艺术品数量达一万六千多件。[2]1938 年 5 月 31 日，纳粹德国政府通过《没收堕落艺术品法》，规定政府可以不必给"受保护"（safeguarded）[3]的艺术作品任何补偿。通过这种方式，纳粹政权在没有提供任何"补偿"的情况下，"合法"没收了共 111 家德国博物馆或其他公共场所展出的"堕落"艺术品近两万件。[4]这些艺术品由纳粹存放于柏林。

此外，纳粹德国还成立了"堕落艺术品利用委员会"[5]，并对没

---

[1] See Dubois Yves, Vente de Lucerne: un choix dans "l'art dégénéré", in Duchesne Jean-Patrick (éd.), L'art dégénéré selon Hitler – La vente de Lucerne, 1939, Liège : Collection artistique de l'Université de Liège, 2014, p. 41.

[2] 刘晨：《希特勒与第三帝国的"艺术掠夺"》，载《世界文化》2015 年第 1 期，第 34—35 页。

[3] 为掩人耳目，纳粹给强制征收和掠夺的艺术品贴上了"保护"的标签。

[4] Gesetz über Einziehung von Erzeugnissen entarteter Kunst (31 mai 1938), RGBl I, 1938, p. 612. cité par FATA William, Le transfert international des biens culturels et la spoliation des biens culturels juifs spoliés pendant la Seconde Guerre mondiale, Neuchâtel : Université de Neuchâtel-Faculté de droit, 2007, pp. 83-84.

[5] 〔美〕林恩·H. 尼古拉斯：《劫掠欧罗巴：西方艺术珍品在二战中的命运》，刘子信译，民主与建设出版社 2018 年版，第 21—22 页。

收来的"堕落的"艺术品进行集中展览,展览过程中伴随着对展出作品的各种贬损或诋毁性评论。到 1941 年 12 月,戈培尔的艺术品没收委员会与画商合作运作,将 218 幅油画和 2700 幅版画卖到了外国。① 戈林将"堕落艺术展"中的大批"无主财宝",以极其低廉的价格收购。② 而此时的国际艺术品市场则早已为这些艺术品交易做好了准备,比如,瑞士巴塞尔艺术博物馆馆长格奥尔格·施密特成功说服了该市议员们给他 5 万瑞士法郎参与这些艺术品的拍卖,成交价格极低。③

(二)纳粹在欧洲占领区的掠夺

随着纳粹强占欧洲领土的不断扩张,德国所推行的"雅利安化"不仅在国内实行,同时作为一个时代概念推行到德国的盟国以及整个占领区。希特勒将自己的个人艺术品味强加于德国的占领区,试图迫使全欧洲都屈服于他的个人艺术思想,并通过掠夺达到获取暴利、强化统治,甚至种族清洗的目标。随着纳粹的战争机器开入一个个欧洲国家,犹太人财产的"国有化"在有条不紊地推进着,主要步骤与德国本土没有太大的差别,包括清算犹太人的私人资产和企业资产。④ 几乎在欧洲的所有"雅利安化"之处,那里的纳粹国家机器和占领军都会没收犹太人的财产。⑤

---

① 刘晨:《希特勒与第三帝国的"艺术掠夺"》,载《世界文化》2015 年第 1 期,第 35 页。
② 〔美〕林恩·H. 尼古拉斯:《劫掠欧罗巴:西方艺术珍品在二战中的命运》,刘子信译,民主与建设出版社 2018 年版,第 21 页。
③ 同上书,第 22—23 页。
④ 李晔梦:《贿赂与掠夺——读格茨·阿利的〈希特勒的民族帝国:掠夺、战争和纳粹主义〉》,载《世界历史》2013 年第 4 期,第 150 页。
⑤ 〔德〕格茨·阿利:《希特勒的民族帝国:劫掠、种族战争和纳粹主义》,刘青文译,译林出版社 2011 年版,第 169 页。

第二章 "二战"期间轴心国的文物掠夺及战后初期的返还行动

为了占有更多的欧洲各国艺术品,希特勒任命罗森博格组建了名为"行动人员罗森博格"（Einsatzstab Reichsleiter Rosenberg,简称 ERR）的突击队,任务在于以"确保安全"和"德国利益"为由,搜集、筛选和要求盟国或占领区有关主体"返还"图书馆内的文献、档案,以及共济会和高层神职人员房产。根据 1940 年 7 月 5 日的命令,ERR 征收财产的范围包括:对德国具有珍贵意义的国家的图书馆和手稿档案;教会神职人员的登记财产和共济会房产;以及其他所有属于犹太人的贵重财产。ERR 在法国、比利时、卢森堡和荷兰等占领国家的书店、美术馆、私人收藏、犹太人或共济会的宗教场所对艺术品和文化财产进行清洗。在法国扣押的作品被送到德国大使馆或巴黎的久保园博物馆（Musée du Jeu de Paume）,并最终运往德国,成为德国收藏。如自 1941 年 4 月至 1944 年 7 月,ERR 共掠夺了 203 个私人收藏机构共 21903 件文化财产,包括 5281 件油画、粉彩画、水彩画和其他画幅;583 件雕塑、陶器、奖章、匾额;583 件挂毯、地毯、刺绣。纳粹德国用了 29 节火车车厢和 137 辆卡车运输这些被没收财产,戈林挑选了其中的 700 幅油画,剩下的被运往仓库。① 据 ERR 自身统计,至 1944 年 10 月 17 日,已有 141.8 万辆装有书籍和艺术品的铁路货车,以及通过货船运输的 42.7 万吨书籍和艺术品运抵德国。②

例如,随着奥地利"并入"德意志帝国,德国的安全机构和奥

---

① Wayne Sandholtz, *Prohibiting Plunder: How Norms Change*, Oxford University Press, 2007, pp.135-136.

② Einsatzstab Reichsleiter Rosenberg, available at: http://www.memoiresdeguerre.com/article-einsatzstab-reichsleiter-rosenberg-79768635.html; https://fr.wikipedia.org/wiki/Einsatzstab_Reichsleiter_Rosenberg, accessed on 17-04-2020.

地利的纳粹团体剥夺了政治反对者的房产和贵重物品。众多博物馆、美术馆等艺术收藏机构，比如邦迪美术馆（Bondi's gallery），由于收藏了不符合希特勒和纳粹艺术品味的艺术品，被标注为"非雅利安"，然后遭到强制征收。① 纳粹德国刚刚并吞奥地利，就立即开始征收艺术品来填充林茨博物馆等收藏机构。该博物馆位于希特勒的故乡奥地利林茨市，又被称为"希特勒的元首博物馆"，是专门用于希特勒私人收藏的博物馆。"林茨特别任务"（Sonderauftrag Linz）就是他为了营造艺术收藏所建立的办事机构的核心任务，该机构后来攫获了数以千计的艺术品。② 比如，奥地利最富有的公民和杰出的犹太人路易斯·冯·罗斯柴尔德男爵（Baron Louis von Rothschild）就成了纳粹劫掠艺术品的首要目标，他的数千份艺术作品和个人收藏被掠夺并收藏在维也纳。③ 艺术收藏品所有权人身在奥地利并想离开这个国家的，也必须将他们的财产的所有权转交给政府部门，统一充公，以便支付所谓的"帝国出走税"，数以千计的私人艺术收藏品因此落入纳粹权力掌握者和他们随后组建的机构手中。④ 1939 年，在德国通过"闪电战"征服波兰之后，戈林就下令全面剥夺波兰文物，据德国官方的一份秘密报告，到 1944 年 7 月为止，从西欧运到德国的波兰文物共装了 137 辆铁路货车，共

---

① Catherine Hickley, *The Munich Art Hoard: Hitler's Dealer and His Secret Legacy*, Thames & Hudson, 2015, p.203.

② 〔德〕哈恩斯-克里斯蒂安·罗尔:《第三帝国的艺术博物馆：希特勒与"林茨特别任务"》，孙书柱、刘英兰译，生活·读书·新知三联书店 2009 年版，第 2 页。

③ Wayne Sanoholtz, *Prohibiting Plunder: How Norms Change*, Oxford University, 2007, pp.129-130.

④ 〔德〕哈恩斯-克里斯蒂安·罗尔:《第三帝国的艺术博物馆：希特勒与"林茨特别任务"》，孙书柱、刘英兰译，生活·读书·新知三联书店 2009 年版，第 21 页。

计 4,174 箱,20,973 件。① 德国占领法国后,希特勒指示德军"有权将在他看来有价值的文化物品运过来加以保护"。在搬运和监管法国卢浮宫艺术品的过程中,不少纳粹分子以各种名目扣留了莫奈、毕加索等名家的作品。② 在苏德战争中,纳粹德国更是对苏联采取了近乎种族清洗的残暴政策,对俄罗斯人等东欧民族的文化清除便是其中重要的组成部分。纳粹德国洗劫了苏联约 400 个博物馆、2000 个教堂和 4.3 万个图书馆,除了没收艺术品,还试图通过拆毁纪念碑、宫殿、教堂和博物馆的方式,清除他们的文化记忆。③ 除了纳粹德国之外,轴心国中的仆从国也在不同程度上响应纳粹德国的政策,在欧洲对艺术品等文化财产进行了掠夺。比如,在"二战"期间,匈牙利犹太艺术收藏家利波特·赫佐格(Lipot Herzog)就有超过 40 件作品被匈牙利政府没收,目前属于匈牙利政府的艺术收藏。

总之,纳粹在统治德国和发动侵略战争期间,掠夺了数量巨大的艺术品。在纽伦堡审判中,美国检察官罗伯特·斯托雷指出,根据美国政府的评估,纳粹德国掠夺了"二战"时期全欧洲约四分之一的艺术收藏品作为其战利品,这超过了纽约大都会艺术博物馆、伦敦大英博物馆、巴黎卢浮宫博物馆和莫斯科特列季亚科夫美术馆四所大型博物馆所有藏品数量的总和。④ 据不完全统计,"二战"期间,欧洲共有约 65 万件艺术品被纳粹劫掠。⑤ 其中有 10 万—20 万

---

① 刘晨:《希特勒与第三帝国的"艺术掠夺"》,载《世界文化》2015 年第 1 期,第 35 页。

② 同上。

③ 同上。

④ Catherine Hickley, *The Munich Art Hoard: Hitler's Dealer and His Secret Legacy*, Thames & Hudson, 2015, p.199.

⑤ 《"纳粹掠夺艺术品"持有人去世》,载《新京报》2014 年 5 月 9 日,第 6 版。

件至今下落不明。①

二、"二战"末期苏联对德国文化财产的非法转移

纳粹将斯拉夫文化视作野蛮而粗鲁的文化,斯拉夫人被视为原始人,只适合成为为"第三帝国"服务的苦力劳工②,共三千多万苏联人因"二战"而失去生命,代表斯拉夫文化的大量文物艺术品也在战争中为纳粹所摧毁。为此,尽管苏联也是1943年《伦敦宣言》的发布国,苏联红军在1945年攻陷柏林之后,还是对德国展开了大规模有组织的文物艺术品劫掠和非法转移行动。

苏联早在1942年就成立了一个处理纳粹占领问题的特别国家委员会。在"二战"接近尾声时,该委员会要求几位苏联绘画、雕塑和应用艺术领域的专家准备一份他们认为具有突出价值的德国博物馆藏品清单,用以为苏联博物馆在战争中遭受的文物损失提供等价补偿。然而,由于彼时苏联仍有许多博物馆和文物艺术品丰富的地区为纳粹所占领,对苏联文物艺术品损失的评估在实践中显然难以量化。在这种情况下,这些专家即开始简单地列举德国博物馆中的文物艺术藏品杰作;苏联转移德国文物艺术品的目的和动机,也逐渐由寻求本国文化损失的等价补偿,转变为通过窃取敌对国的文物艺术藏品打造一个"莫斯科世界艺术博物馆"的宏大理想。在

---

① 刘晨:《希特勒与第三帝国的"艺术掠夺"》,载《世界文化》2015年第1期,第35页。

② See Andrea Gattini, Restitution by Russia of Works of Art Removed from German Territory at the End of the Second World War, *European Journal of International Law*, Vol.7, 1996 (9), p.67.

第二章 "二战"期间轴心国的文物掠夺及战后初期的返还行动

此目标下,这一份清单列举了来自德国、奥地利、匈牙利、罗马尼亚、意大利的文物艺术品,大多数来自于德国博物馆的收藏,特别是慕尼黑、柏林、德累斯顿、莱比锡、汉堡等城市的博物馆。这一批作为"等值"赔偿的文物艺术品的总价值达 70,852,200 美元。①

1945 年 2 月 25 日,苏联国防委员会(State Commission of Defense)建立了德国特别委员会负责在欧洲范围内窃取珍贵艺术品。为开展这一工作,苏联建立了精心挑选的来自戏剧、艺术和艺术史等领域著名机构的专家代表组成的"奖杯旅"(Trophy Brigade),这些平民穿着军队制服,与苏联红军混编在一起。②"奖杯旅"的文物艺术品搜寻、窃取和非法转移行动自 1945 年 2 月开始,罔顾盟军管制委员会为劫掠财产,特别是劫掠文物的返还事宜进行的磋商和形成的决议。苏联的两位博物馆策展人和《艺术新闻》编辑曾记述了"奖杯旅"赴德国、匈牙利等国,自德累斯顿美术馆、莱比锡美术博物馆、不来梅美术馆等文化机构进行攫取,将超过 2.5 亿件珍贵文化财产非法转移至苏联的故事。掠夺活动规模巨大,由几个不同政府机构进行,并不允许互通有无。尽管苏联媒体报道称这项活动的目的是"抢救"本会在德国销毁的文物艺术品,但事实上,转移至苏联的文物艺术品的去向信息都是保密的,大多数藏在地下室或密室中,几乎没有在苏联公开展出。③

除文物艺术品之外,苏联在"二战"末期还出于情报利用和政

---

① See Lina M.Monten, Soviet World War Ⅱ Trophy Art in Presnet Day Russia:The Events, the Law, and the Current Controversies, *DePaul Journal of Art,Techonolgy & Intellectual Property Law*, Vol. 15, Issue 1, Fall 2004, pp.40-42.

② 同上文,第 42 页。

③ See Andre Solomon, Spoils of War: The Soviet Unions Plunder of Europe's Art Treasures, *The New York Times*, October 22,1995, Section 7, p.40.

治控制的目的，掠夺了大量的档案资料，主要包括以下四类：(1) 纳粹政权自身的档案资料；(2) 俄罗斯移民或者其他与俄罗斯—苏联相关的档案；(3) 曾被纳粹劫掠的欧洲国家流失的档案资料。"科学历史"（Scientific-historical）价值和"实用"（operational）价值，是官方对于劫掠这三类档案的委婉说辞。①

三、日本在中国的文物掠夺

近代以来，中国文物一直遭受着由侵略战争、掠夺、盗掘、走私所造成的流失。日本是中国文物流失的重要目的地。九鬼隆一拟定的《战时清国宝物搜集方法》自1984年甲午战争时期就已通过内阁政府下达给日本陆军和海军，根据该办法制定的《敌产管理法》更是以法律的形式进一步明确规定在"收集"清国宝物时，必须由日方军官的监督指挥，到手的图书文物要立刻运回日本国内进行收藏。②此后，日本陆续成立了形形色色的文化侵略机构，用以调查和搜集我国文化财产资源。"九一八事变"之后，日本侵占东北三省并建立伪满洲国，拉开了侵华战争的开端，其文化财产掠夺行为逐渐走向公开化，从变相非法转移转化成赤裸裸的掠夺，其掠

---

① Patricia Kennedy Grimsted, Captured Archives and Restitution Problems on the Eastern Front: Beyond the Bard Graduate Center Symposium, in Elizabeth Simpson (ed.), *The Spoils of War: World War II and Its Aftermath: The Loss, Reappearance and Recovery of Cultural Property*, Harry N. Abrams, Inc., Publishers in association with The Bard Graduate Center for Studies in the Decorative Arts, 1997, p. 247.

② 〔日〕松本冈：《掠夺的文化》，载《SEKAI》（世界）1992年10月，第254页，转引自农伟雄、关健文：《日本侵华战争对中国图书馆事业的破坏》，载《抗日战争研究》1994年第3期，第95页。

夺行为的规模、计划性和目的性亦进一步凸显。1937年7月7日"卢沟桥事变"更标志着日本全面侵华战争的开始,此后日本对中国文化财产的劫掠和破坏,更是迅速蔓延了全国,其狂轰乱炸使国内的政府机构、学校、研究所、图书馆、出版社等机构纷纷遭难,无数图书、政府机关文书和档案或被炸毁或被掠夺;许多私人藏书也毁于一旦①;南京大屠杀期间,更是有一大批特殊"特别行动队"专门负责对公私文化机构的书籍、佛像、档案、文物等文化财产进行搜集与抢夺,所抢文物藏书与其他黄金珠宝一起被运送到日本天皇裕仁指定的皇室,或由日本各政府机构和学者机构分藏,甚至分到个人手中。根据南京国民政府清理战时文物损失委员会的不完全统计,日本在侵华战争期间从中国掠走的文物超过360万件。②

与纳粹在欧洲对艺术品的掠夺相比,日本在"二战"期间对中国文物掠夺有如下两点更加令人深恶痛绝之处,导致中国文物的损失特别巨大,且更难追回:第一,日本大规模通过"考古"的形式盗掘中国文物。这些文物的存在往往尚未为人所知,劫掠者的恶行难以被掌握,中国的损失也更加难以估量;第二,纳粹往往将掠夺的艺术品存放于博物馆之中,或投放到艺术品市场,而当时东方尚未形成成熟的博物馆体系和文化,也没有成熟的艺术品市场,日本掠夺的中国文物因此往往下落不明、无迹可寻。

在侵华战争期间,日本对中国文物的掠夺主要体现在以下几个方面。

---

① 马密坤:《关于日本掠夺与破坏中国文献的研究——以相关档案史料的收集与整合为基础》,南京大学2016年硕士学位论文,第19页。
② 王云霞:《从纳粹掠夺艺术品的返还看日掠文物返还可能性》,载《政法论丛》2015年第4期,第56页。

（一）对中国图书典籍进行了疯狂掠夺

日本专门成立了"占领地区图书文献接收委员会"等机构，有计划地开展"文化大劫掠"，对中国图书、典籍、档案展开掠夺，是长期的、大规模的、有计划和有组织的行为[①]，对中国的文化、教育事业带来了极其严重的灾难，全国图书馆数量从战前的1848所骤减至704所，减少了62%。[②] 比如，"九一八事变"侵占东北地区后，日军掠走了沈阳故宫文溯阁的《四库全书》。北平作为高校和各类文化机构的集中之地，在日军占领的八年间，被掠夺、焚毁的公私图书达586,428册。南京作为首都和重要的文化中心，图书典籍更是遭到重创，中央图书馆、国学图书馆、中央研究院、金陵大学及其他高校，以及国民政府各院损失的图书典籍也超过50万册。[③]

日本对图书、典籍的大规模掠夺，其目的不仅在于获取情报，从而更加便于侵略中国和治理占领区，更是为了抹去中国的文化记忆，断绝中华民族的文化血脉，在文化和思想上对中国人民进行奴化教育和统治。

（二）对中国古建筑等文化设施进行了肆意破坏

在侵华战争中，日军视既有国际法中的战争规则为无物，对大量非军事设施和建筑进行肆意破坏，包括大量古代建筑、博物馆等具有极高历史、文化和艺术价值的设施和建筑，以及它们之中的珍贵文物。中国古建筑或因轰炸、焚烧所致，或为日军抢劫、肆意捣毁，或被改作军用等，遭到空前的劫难。比如，1937年8月，日军

[①] 参见孟国祥：《大劫难：日本侵华对中国文化的破坏》，中国社会科学出版社2005年版，第37—38页。

[②] 同上书，第30页。

[③] 同上书，第17—24页。

侵占北京大学,北大文科研究所珍藏的许多《艺风堂》碑帖被毁;1938年,日军炮击了珍贵文物开封铁塔;1942年,日军和伪北平市署为了筹措军费和军用物资,竟然搜刮了故宫中金缸的金屑,并劫掠了铁缸等4万余斤器物。①1938年4月11日,日机轰炸长沙,岳麓书院被炸,其御书楼、半学斋、静一斋等多处被毁;1938年7月6日,三架日机空袭汉阳,汉阳名胜古琴台中弹4枚,"将其前半部炸毁,所珍藏的古文物,顷刻化为灰烬"。②在国家档案局发布的《日本侵华战犯笔供选》中,日本战犯供认在侵华战争中肆意破坏中国古建筑等文化遗产。比如战犯塚本一登供认:"破坏了古代的遗物金凤山的庙宇,烧掉了白阳寺的庙宇"。③

由于日军的掠夺和战火的摧残,中国原有的博物馆数量骤减,至1944年,全国仅存博物馆18所,而其它如附设于学校或图书馆的博物馆则有四分之三被毁。博物馆藏品被大量掠夺与损毁,民间收藏、考古发掘出土物、历史建筑,以及一些文化教育和研究机构所拥有的文物都受到了重创。④据1947年11月28日《大公晚报》报道,抗战期间,仅各级学校的文物损失就高达十亿美元之巨。⑤

(三)有计划和有组织地掠夺中国文物

日军师团一级部队一般专门配备"文物搜集员",这些人大多

---

① 张自成主编:《百年中国文物流失备忘录》,中国旅游出版社2001年版,第238页。
② 孟国祥:《惨遭日军摧残的古建筑》,载《团结报》2016年3月31日,第7版。
③ 中央档案馆:《日本侵华战犯笔供选》,参见中央档案馆网站:http://www.saac.gov.cn/zt/zfbg/img/30zb/30zb.htm,2019年6月7日访问。
④ 吕建昌、扈颖钰:《日本侵华对中国博物馆事业造成的破坏》,载《东南文化》2015年第5期,第6页。
⑤ 《战时各校文物损失十亿美元》,载《大公晚报》1947年11月28日,第1版。

受过专门训练,具有一定的文物专业知识,还有专门的"考察团",对文物进行搜索和甄别,或运回日本,或予以破坏。①比如,在山西沁县栋村出土的金属佛像被日军劫运回国;1941年,田中商社株式会社用卡车将海南崖州古城观音阁中的唐代铜钟运往东京;1944年,日本在洛阳盗走了龙门宾阳洞的四个菩萨头及宾阳南洞的二力士像。②1939年,日军对位于南京的2272箱故宫文物进行了"清理",包括"马远江山万里图""刘松年群仙图""米芾尺续""颜真卿御临争座帖"等珍贵文物都横遭"整理"。③在日军的威逼利诱之下,中国的汉奸伪政权竞相献纳文物以讨好日本。比如汪精卫伪政权向日本天皇"赠送"了翡翠屏风等珍贵文物。伪华北政务委员会还专门成立了"献铜献木委员会",将故宫中的铜缸和铜炮、天坛和先农坛的古木等珍贵文物献给日军。④特别是"北京人"头盖骨化石在战火中失踪,至今仍下落不明,对中国甚至全人类的历史与科学研究造成了无法估量的巨大损失。

(四)通过"考古"盗掘中国文物

除了在战争中对文物进行直接破坏和掠夺之外,日本从19世纪末以来,就一直通过所谓"考古"的方式,在中国进行盗掘,并进行文物交易,在侵华期间达到了高峰。自从1912年中华民国成立以后,中国政府开始注意到文物被盗掘的灾难,初步建立起保护文物和考古资源的法律制度和规则,中国的考古学也开始起步。然

---

① 孟国祥:《大劫难:日本侵华对中国文化的破坏》,中国社会科学出版社2005年版,第17—63页。
② 同上书,第66页。
③ 同上书,第17—73页。
④ 《汉奸媚敌 殃及古物》,载《大公报》(重庆版)1944年10月19日,第3版。

而，日本对中国文物的盗掘并没有因此而收敛，而是视中国法律为无物，继续以"考古调查"为名盗掘中国文物，将其非法出口，并投向国际艺术品市场。比如，日本山中商会通过与众多非法盗掘中国文物的文物与艺术品商人合作，以非法贩运的手段，将包括殷商青铜器、恭王府藏品、响堂山石窟石刻造像等在内的大量珍贵的中国文物在国际市场交易，以攫取大量经济利益。而在1931年"九一八事变"之后，随着日本侵占中国领土的范围不断扩大，日本名为"考古"实为文物盗掘，并进行非法交易的行为越发肆无忌惮。日本盗掘中国文物的机构主要包括南满洲铁道株式会社、日本东亚考古学会、京都大学东方文化研究所等具有浓厚官方背景的企业和学术组织，体现出盗掘中国文物的高度组织性和计划性。比如，1935年至1939年，日本考古队对耶律阿保机陵寝进行发掘并将出土文物盗运至东京；1937年至1943年，鸟山喜一等人对吉林延吉的渤海时期遗迹如北大古城、八连城、西古城等地进行盗掘；1936年起，京都大学东方文化研究所取回了来自南北响堂山、龙门石窟的石窟资料5600件、石刻资料8000件。① 日本在中国开展的考古发掘是破坏式的，显然没有采取探方或探沟的专业挖掘技术，目的只是挖掘文物精品，并未有效保护古迹的完整性，特别是完全无视中国的主权，毫无疑问属于强盗的行径。②

（五）"北京人"头盖骨的失踪

第二次世界大战时期，中国乃至全世界文化遗产最为惨重的损

---

① 孟国祥：《大劫难：日本侵华对中国文化的破坏》，中国社会科学出版社2005年版，第81—82页。

② 彭蕾：《文物返还法制考——从中国百年文物流失谈起》，译林出版社2012年版，第51页。

失莫过于"北京人"头盖骨的遗失。从1927年开始,来自瑞典和中国的古生物学家、考古学家陆续在当时北平城西南约50公里外的周口店发现了距今约60万年的古人类遗迹和遗骸,这些古人类被命名为"中国猿人北京种",俗称为"北京人"。从1929年开始,中国考古学家裴文中、贾兰坡等学者在周口店遗址陆续发现了5个比较完整的北京人头盖骨,以及其他人骨化石、石器、动物化石等出土文物。根据中国政府和洛克菲勒基金会之间的协议,这些文物在洛克菲勒基金会的资助下,保存在北平协和医学院,由来自中国、美国、德国的学者共同研究,并且不得运输出中国。这一重大考古发现填补了中国乃至世界古人类研究的诸多空白,对人类历史和科学研究具有极其重要的意义,是世界科学界众所瞩目的稀世瑰宝。

然而,随着1937年"七七卢沟桥事变"的爆发,北平市沦陷。周口店遗址的考古和研究工作被迫中断,考古材料和出土文物的一部分转移至大后方,头盖骨等古人类化石继续保存在北平协和医学院。由于日美尚未开战,属于美国财产的协和医学院尚未被侵占。但从1940年年底开始,日美关系逐渐恶化,战争一触即发,"北京人"化石的处境变得越来越危险。时任行政院秘书长的翁文灏等中国官员和学者同国民政府、美国政府、协和医学院联系,努力促成"北京人"转移至美国。因前述协议规定"北京人"化石不得运出中国,所以直到1941年11月,蒋介石和美国方面才最终同意"北京人"的转移计划,计划将其暂存于美国纽约的自然历史博物馆。按照原计划,"北京人"由美国海军陆战队护送,先通过火车于1941年12月8日从北平转移到秦皇岛,再从港口登上"哈德逊总统号"民船转移到美国纽约。然而,当火车于北平时间12月8日上午抵达秦皇岛时,"珍珠港事件"爆发,驻扎在北京至秦皇岛铁路一线的日军突然袭击美军。这支美国海军陆战队的成员和火车等物品被日军俘获。"北京人"头盖骨自此离奇失踪,毫无踪迹可寻。

抗日战争结束后,裴文中等中外学者一直致力于寻找失踪的"北京人"头盖骨。美国等国家也掀起了一波波寻找"北京人"头盖骨的热潮。2005年,北京市房山区政府牵头成立寻找"北京人"头盖骨的工作委员会,政府官员、学者、文物和博物馆界人士、民间人士通力合作,在政府领导下,统一协调国内外和社会各界力量,追索"北京人"头盖骨的踪迹。目前,各界有关"北京人"头盖骨下落的推论、设想和猜测不一,大致有五种主要的观点:一是在战争中被战火毁灭;二是被埋藏在中国北京、天津或秦皇岛等地;三是流落美国或日本民间或文物黑市;四是随抗战中被击沉的日本舰船一起遗落海底;五是被日本官方有意藏匿。① 然而,截至目前,尚未有可靠和有效的证据证明"北京人"头盖骨的可能下落。

"北京人"头盖骨的失踪是中国和全世界文化遗产的惨重损失,是日本侵华战争对中国造成的惨痛伤害之一,是侵华日军掠夺中国文物的重大罪证。

第二节　战后初期欧洲的纳粹掠夺文化财产返还行动

纳粹德国在其占领或控制领土上疯狂的文物艺术品掠夺行为,因违反国际法规则和给文化艺术发展带来的严重破坏,甚至引发了

---

① 参见:《北京人头盖骨下落尚无定论》,载《人民日报海外版》2005年11月2日,第4版;《北京人头盖骨"下落"有新线索》,载《新民晚报》2012年3月27日,第A12版。

其内部一些抵制运动。随着欧洲战场的战事进入尾声，同盟国方面也开启了保护、搜寻和返还纳粹掠夺艺术品的工作，确定了被掠艺术品应当返还的基本原则，并在对德国实施军事占领期间开展了卓有成效的返还工作。然而，战后初期的文物返还依然存在着一定局限性，仍有大量被掠艺术品尚未返还原主。

一、对纳粹和其他法西斯国家掠夺艺术品的搜寻与保护

由于1899年和1907年《海牙公约》对战争中文化财产破坏和劫掠行为非法性的确认，纳粹对其占领或控制地区文化机构的摧毁和对文物艺术品的疯狂劫掠遭到了民间正义人士和同盟国政府的反对和谴责。从民间到盟国官方，多方主体都为反抗或抵制纳粹的文化财产劫掠、保护文物艺术品免受纳粹破坏或劫夺，而开展了一系列文物艺术品搜寻、保护行动。

（一）纳粹机构内部抵制文化财产劫掠的行动

由于违反近代以来形成的国际法规则，纳粹在其占领或控制地区开展的文物艺术品掠夺，甚至受到了来自其国防军内部的反对和抵制。

德国和法国同是1907年《海牙公约》的缔约国。法国沦陷之后，纳粹军队在其国防军内部设立了由民间艺术史学家弗朗兹·沃尔夫·梅特涅伯爵（Count Franz Wolf Metternich）负责，并直接听命于军队最高长官的艺术品保护部门（Kunstschutz）。梅特涅伯爵是一名德国国务活动家的后裔，是一位亲善法国的德国人。其祖先曾在拿破仑战争后积极呼吁欧洲重建，伯爵本人也以恪守并落实

第二章 "二战"期间轴心国的文物掠夺及战后初期的返还行动

1907年《海牙公约》有关私产和文物古迹保护的规定作为己任。① 在梅特涅伯爵的领导下，该艺术品保护部门将1907年《海牙公约》有关保护私人财产和尊重文物古迹的规定纳入其工作规则中，并拟定了应免受军队攻击的历史建筑和应受保护、避免用作军事目的古迹遗址清单。其上级长官、陆军总指挥施特莱齐乌斯将军（General Streccius）还接受其建议，派遣德国步兵对包括储存了法国国家博物馆藏品的香波堡和舍维尼城堡在内的古堡进行保卫。此外，梅特涅伯爵还带领艺术品保护部门工作人员采取措施着手帮助地方当局转移若干物品到安全之处，并修复战争对这些艺术品造成的损害。②

1940年6月30日，希特勒下令，所有的法国公共和个人艺术品，尤其是其中属于犹太人所有的艺术品，都应当为德国官员所"保护"（safeguard）。在发给武装部队的条令指示中，最高指挥官凯尔特用"转由我们（即纳粹政权——笔者注）来照管以作为和平谈判的筹码"为借口，委托德国驻巴黎大使阿贝兹（Abetz）将这些文物运回德国③，暴露了其劫掠艺术品的目的。阿贝兹即着手将处在军方控制之下的这批文物运至德国驻法使馆。然而，梅特涅伯爵则以"保护"并非转移为由，对希特勒的命令作出完全不同的文义解释，并由占领军指挥官下令，为确保"被保护艺术品"的安全，没有其亲自批准，任何物品不得从当前所在地点转移。在阿贝兹大使的解释得到外交部长的证实之后，梅特涅伯爵及占领军指挥官长官又拒绝

---

① 参见〔美〕L.H.尼古拉斯：《欧洲的掠夺——西方艺术品二战蒙难记》，吴福元、罗蕾译，江苏人民出版社1998年版，第152页。
② 同上。
③ 同上书，第153页。

提供运输车辆，表达其坚定的反对态度。①梅特涅伯爵还多次向在柏林的人事主管冯·布洛切克递交报告，明确指出"一些特殊机构"在不为法国军事当局所知和授权的情况下，正在酝酿实施一项转移法国拥有的艺术品的"特别行动"，"这违反了领袖关于保护这些艺术品的命令"，并且"这些行动会使法国人认为德国大使不是要保护这些艺术品，而是要干其他勾当"；报告还指出，阿贝兹不仅已经损害了德国军队在法国的形象，并且其做法还在美国的新闻媒体上引起了强烈反响，被美国媒体称之为"德国人在巴黎偷窃艺术品"。②由于缺乏军队的配合，纳粹将法国文物艺术品转运往大使馆的计划最终泡汤。

另一位柏林 ERR 官员罗伯特·斯科尔斯博士（Dr. Robert Scholz）也对 ERR 在巴黎采取的文物艺术品掠夺表示担忧，认为这些行为将"对纳粹党的声誉造成危害，因为整个征收秩序都是如此失序，战后是否会有一个国际委员会对这些文物艺术品进行最后处置也不得而知，德国的声誉也将受到影响"。他建议 ERR 将其行为限制于保护艺术品的范围内，并请求主管当局将这些文化财产原地封存，以避免这些艺术品的进一步损失。③

（二）民间个人或组织开展的文物艺术品搜寻和保护行动

很多致力于文物艺术品研究和保护的机构、组织或个人也为保护文物艺术品免受纳粹破坏或劫掠而采取了一系列行动。其中最

---

① See Wayne Sandholtz, *Prohibiting Plunder: How Norms Change*, Oxford University Press, pp.155, 142.

② 参见〔美〕L.H. 尼古拉斯：《欧洲的掠夺——西方艺术品二战蒙难记》，吴福元、罗蕾译，江苏人民出版社 1998 年版，第 157—158 页。

③ See Wayne Sandholtz, *Prohibiting Plunder: How Norms Change*, Oxford University Press, pp.155, 142.

为突出的，是1940年成立的"美国保护哈佛组织"（The American Defense Harvard Group）和作为美国学术团体学会（American Council of Learned Society, ACLS）下设委员会的"战区文化珍宝保护委员会"（Committee of the ACLS on Protection of Cultural Treasure in War Area）。前者在1942年秋天就拟定了一个欧洲亟需保护的遗址、艺术品和档案清单①，后者除编制类似的文物古迹和图书馆、档案馆及收藏机构等受保护对象清单之外，还制作了德国劫掠艺术品手册并分发给美国国会议员，以"促成在国务外交关系委员会面前听证，由此为成立一个高级别的官方艺术保护机构制造舆论压力"②。值得注意的是，这两个非政府机构编制文物、古迹、遗址以及博物馆、图书馆、收藏机构等文化机构的目录和信息范围，都不局限于欧美，而是包括中国、韩国和东南亚国家等亚洲地区。其工作成果是官方设立的罗伯茨委员会开展工作的重要基础。

（三）盟国官方搜寻和保护文化财产的行动

政府层面搜寻、抢救和保护纳粹掠夺文物艺术品实践首先是从一些被占领或者控制的国家开始的。如波兰早在1939年11月纳粹入侵2个月之后就成立了一个委员会记录文化财产被破坏和转移的情况，波兰被占领后，流亡政府建立了文化损失收复办公室（Bureau of Revindication of Culutural Loss）进一步搜集1939年之前波兰博物馆因纳粹掠夺而受到损失的情况。波兰的实践影响了战后盟国

---

① Anne Rothfeld, *Nazi Looted Art, Prologue: Archives of Previous Issues*, Summer 2002, Vol. 34, No. 2. https://www.archives.gov/publications/prologue/2002/summer/nazi-looted-art-2.html, accessed on 26-11-2019.

② 参见〔美〕L.H.尼古拉斯：《欧洲的掠夺——西方艺术品二战蒙难记》，吴福元、罗蕾译，江苏人民出版社1998年版，第285页。

开展有关谈判并就文化财产返还采取措施的格局。① 法国沦陷之后，贝当政府也通过向纳粹军队主张 1907 年《海牙公约》有关保护和禁止劫掠文化财产的规定，采取了一系列抵制纳粹征收和非法转移文化财产的行动。② 同盟国国内保护其文化财产免受纳粹掠夺的行动，也逐步展开。如在美国，罗斯福组建备战的国家资源委员会在 1941 年 3 月特设一个由国会图书馆、国家档案馆、国家美术馆、国家博物馆（现为"史密森尼学会"）的杰出人物以及美国博物馆协会（现为"美国博物馆联盟"）、建筑协会、国防部和民防机构代表组成的文化资源保护委员会来负责"为保护美国的文化资源收集情报、准备计划和采取措施"，在该委员会的建议和协调下采取了一系列转移和保护博物馆珍贵藏品的行动。③

1943 年，欧洲战场逐渐进入盟国反攻的转折阶段，在这种情况下，纳粹掠夺财产、特别是文化财产的非法行为，越发受到盟国的关注。1943 年 1 月 5 日，包括中国、美国、英国、苏联在内的 18 个国家，以反法西斯同盟的名义，在英国伦敦共同发表了《盟国反对敌国占领和控制区域内强征财产行为的宣言》（即 1943 年《伦敦宣言》）。该宣言指出，德国、日本等敌国以任何方式取得、交易或者处置他国的财产，都属无效，即使是形式上符合战争规则取得战利品的行为，以及具有合法形式的"自愿交易"行为，也是无效的。这一宣言排除了法西斯国家从盟国以任何形式合法获取财产的可

---

① See Wayne Sandholtz, *Prohibiting Plunder: How Norms Change*, Oxford University Press, pp.145-146.
② 同上书，第 143—144 页。
③ 参见〔美〕L.H. 尼古拉斯：《欧洲的掠夺——西方艺术品二战蒙难记》，吴福元、罗蕾译，江苏人民出版社 1998 年版，第 264—272 页。

能性，为战后返还掠夺财产（包括劫掠文物）提供了重要的法律和道德依据。作为响应《伦敦宣言》的措施，在"美国保护哈佛组织"和 ACLS 下设"战区文化珍宝保护委员会"的推动下，美国总统罗斯福成立了"欧洲艺术与历史古迹保护抢救美国委员会"，后改名为"战区艺术与历史古迹保护抢救美国委员会"。该委员会于1943年成立，其成立大会的代表分别来自美国、英国、法国、荷兰、捷克和意大利，因委员会由美国最高法院大法官欧文·J. 罗伯茨（Owen J. Roberts）领导，所以又称为"罗伯茨委员会"。从成立到1946年6月正式停止运作，该委员会一直扮演着学术机构、非营利组织、公私立博物馆，以及不同政府机构之间的协调者的重要角色，参与委员会工作的主要政府与非政府机构包括"美国保护哈佛组织"、ACLS、纽约大都会博物馆、华盛顿国家美术馆、美国国防部与国务院。委员会所有成员的任期均为三年，并且无任何报酬。[①]

　　罗伯茨委员会的职责在于协调和促进战区艺术品的保护，同时提出返还被掠艺术品的计划。为更好地履行其职能，罗伯茨委员会推动美国战争部（后改为"美国国防部"）民事事务司组建了由来自14个国家的300余位博物馆、档案、建筑、教育、艺术等领域专业人员构成的古迹、美术与档案科（MFAA），其成员被称为"古迹卫士"（The Monuments Men）。MFAA 在罗伯茨委员会的指导下开展工作，制作了一本为如何保护与保存文物古迹提供具体指导的手册，组织合适的专家或有专业知识的军官，为其外勤军官提供地图、艺术品及古迹的清单。[②]

---

　　① 参见左拉拉：《中国历史古迹保护的战时合作——罗伯茨委员会在华活动考（1944—1945）》，载《建筑遗产》2016年第4期，第39页。

　　② 同上文，第40页。

罗伯茨委员会的初衷是保护欧洲的文物。"古迹卫士"的工作最初是从调查并编制意大利的重要古迹和艺术品清单开始的，这些清单被发放给盟国军队，以帮助其识别不可掠夺或抢劫的重要建筑、艺术品等历史遗迹。"古迹卫士"还制作了标明佛罗伦萨等意大利城市主要历史古迹的航拍图，以确保盟军轰炸机不会袭击这些重要古迹。此外，"古迹卫士"还对因战争而破坏或受损的古迹遗址进行检查、评估和记录，并尽可能修复受损古迹。[①] 与"美国保护哈佛组织"和 ACLS 下"战区文化珍宝保护委员会"一样，随着战争形势的发展，罗伯茨委员会的活动范围扩展到中国、日本等亚洲国家，其名称也相应地由"欧洲艺术与历史古迹保护抢救美国委员会"改为"战区艺术与历史古迹保护抢救美国委员会"。例如，自 1944 年开始，罗伯茨委员会以哈佛大学学者兰登·华纳（Langdon Warner）参与"美国保护哈佛组织"远东计划项目制定的《中国古迹清单》（The Monuments of China by Langdon Warner）为基础，着手开展在中国战区的工作，于同年 11 月在纽约大都会博物馆召开专门会议后，邀请梁思成作为"中国古建筑的专家"与当时在昆明美军基地的 14 航空队劳伦斯·史克门（Laurence Sickman）合作，并于次年 4 月与中国政府合作建立了"战区文物保存委员会"，制作《中国古迹地图与清单》。[②] "古迹卫士"也派人员赴朝鲜、日本及其他亚洲国家，对日本掠夺文物的状况进行了一定程度的调查[③]，并

[①] Julia C. Fischer, The Monuments Men in Japan, *Journal of Art Crime*, Vol.16, 2016, p.4.

[②] 参见左拉拉:《中国历史古迹保护的战时合作——罗伯茨委员会在华活动考（1944—1945）》，载《建筑遗产》2016 年第 4 期，第 41—42 页。

[③] See Christine Kim, Colonial Plunder and the Failure of Restitution in Postwar Korea, *Journal of Contemporary History*, Vol. 52 (3), 2017, pp.612-624.

在日本投降之后在驻日盟军总部负责文化事务的公民信息教育科（Civil Information Education Section, CIE）内设相当于欧洲 MFAA 的"古迹艺术品"分支，协助处理日掠文化财产的归还工作，还开展对战争破坏的古迹遗址的修复。[①]

二、返还纳粹掠夺文物艺术品的准备工作

随着盟军战事的推进，纳粹劫掠财产、包括文物艺术品的返还作为战后事宜的重要组成部分，被提上议程。早在 1942 年，盟军就着手计划纳粹德国在战争期间劫掠或偷窃文化财产的返还事宜。如法国流亡政府在盟国停战研究委员会（Comité Interallié pour l'Etude de l'Armistice）下设的一个分委员会提出了一个被掠艺术品返还和赔偿的计划，于 1943 年 9 月被盟国外事部长委员会所接受。同盟国教育部长会议也开始关注战后对图书馆等文化设施的重建问题。[②]

1943 年《伦敦宣言》发布以后，荷兰和比利时等国就开始推动盟国创立一个调查轴心国财产征收活动的委员会。随着盟军不断挺进德国，"古迹卫士"的职能也相应地发生转变，承担起协助搜寻纳粹劫掠或窃取的艺术品，并将其归还合法原所有者或其继承人的任务。1944 年 4 月，同盟国成立了以保罗·沃谢（Paul Vaucher）为主席的"文化物品保护与返还委员会"（Commission for the Pro-

---

[①] See Julia C. Fischer, The Monuments Men in Japan, *Journal of Art Crime*, Vol.16, 2016, pp.5-6.

[②] Wayne Sandholtz, *Prohibiting Plunder: How Norms Change*, Oxford University Press, p.155.

tection and Restitution of Cultural Material），简称"沃谢委员会"，负责收集被掠文化财产的数据和资料，并为战后的返还行动作准备。① 同年7月联合国家货币和财政委员会在美国的布雷顿森林召开的会议也讨论了战后劫掠财产处置事宜，来自45个国家的代表团在本次会议上通过了《最后决议书》（Final Act），提出各国应落实《伦敦宣言》的要求，采取措施防止敌方隐匿和转移财产，并积极确定被掠财产的位置和原所有人，为实施被掠财产返还作准备。② 在建议建立罗伯茨委员会的弗朗西斯·亨利·泰勒（Francis Henry Taylor）的倡议和推动下，11月，美国政府战略服务办公室（Office of Strategic Services, OSS）也建立了专门的艺术品劫掠调查部门（Art Looting Investigation Units）。该艺术品劫掠调查部门由6位官员和若干提供支持的工作人员组成，其主要任务包括两个方面：第一，为劫掠艺术品的返还过程提供有用信息；第二，为纽伦堡审判中对纳粹领导人的起诉搜集证据。③ 该部门与罗伯茨委员会相互配合，并为MFAA的相关工作提供有关信息和智力支持。

三、战后返还纳粹掠夺艺术品的规则和行动

1945年5月7日，纳粹德国宣布无条件投降。根据雅尔塔会

---

① Wayne Sandholtz, *Prohibiting Plunder: How Norms Change*, Oxford University Press, p.155.

② 同上书，第155—156页。

③ See James S. Plaut, Investigation of the Major Nazi Art-Confiscation Agencies, in Elizabeth Simpsom (ed.), *The Spoils of War: World War II and Its Aftermath: The Loss, Reappearance and Recovery of Cultural Property*, Harry N. Abrams, Inc., Publishers in association with The Bard Graduate Center for Studies in the Decorative Arts, 1997, p. 124.

第二章 "二战"期间轴心国的文物掠夺及战后初期的返还行动

议和波茨坦会议所商议的占领德国方案,战后由美、苏、英、法四大国(Four Powers)组成的盟军对德国进行了分区占领,并根据《管制初期处置德国的原则》,成立了盟国管制委员会(Allied Control Council,简称ACC)作为战后德国的军事统治机构。苏联、美国、英国、法国四国在各自的占领区分别实行治理。

盟国根据《伦敦宣言》等国际法规则,确定了处理纳粹掠夺艺术品的问题的基本原则,即被掠艺术品必须返还给原所有人或其继承人。同盟国的艺术保护军官们坚持将艺术作品退还给它们被搜罗来的那个国家。[①]1946年2月,盟国占领德国的军事政府法律事务部主任查尔斯·费伊(Charles Fahy)指出,无论是公有还是私有,在战争中被俘获的艺术品一律不属于战利品。[②]这意味着纳粹在战争中掠夺的艺术品一律是非法和无效的,应当返还给原所有人。在这一大原则下,以前期开展的劫掠文物的调查搜索为基础,盟国经过激烈的争议,实施了一系列对劫掠文物艺术品返还行动,取得了一定成效。如根据法国政府评估,法国在"二战"被纳粹德国占领期间有大约10万件艺术品被掠夺,最终有约6万件成功回归;仅在战争结束的四年内,法国政府就将约4.5万件艺术品返还给相应的所有权人。[③]

(一)盟国及其管制委员会对劫掠文物返还方案的争议

然而,对于调查搜寻到的纳粹劫掠文物艺术品应如何返还的问

---

① 〔德〕哈恩斯-克里斯蒂安·罗尔:《第三帝国的艺术博物馆:希特勒与"林茨特别任务"》,孙书柱、刘英兰译,生活·读书·新知三联书店2009年版,第171页。
② Wayne Sanoholtz, *Prohibiting Plunder: How Norms Change*, Oxford University, 2007, p.145.
③ Catherine Hickley, *The Munich Art Hoard: Hitler's Dealer and His Secret Legacy*, Thames & Hudson, 2015, p.199.

题,不同国家甚至不同机构却存在较大争议。一方面,盟国对于如何界定"返还"存在一些具体分歧;另一方面,对于实施返还的具体程序,各盟国也未达成一致意见。由于这些不可调和的分歧,直至最后,盟军也未就劫掠文物艺术品返还的具体方案达成协商一致的意见,劫掠文化财产的返还依据各盟国在其占领区各自颁行的政策分别进行。

1."返还"之含义的具体界定

盟国对于如何界定"返还"的分歧,具体表现在以下几个相互联系的方面:

第一,应予返还的文物艺术品的范围。苏联主张将返还限制于由纳粹军队转移的财产,而英、法、美三国则坚持财产返还的范围应与《伦敦宣言》声明的无效交易涉及财产的范围保持一致。[①] 为解决这个问题,盟国管制委员会协调委员会下设的返还、运输和归还司(Repatriation, Deliveries and Restitution Directorate, RDRD)设立了一个专门的文物艺术品委员会(Culutural Works Committee)。该委员会提出一个确定文物艺术品返还范围的过渡方案,将文物艺术品返还范围限制于纳粹占领期间被掠夺的所有权清晰的可识别财产,具体而言,所有具有宗教、艺术、文献、学术和历史价值的可移动物品,其流失构成原属国文化遗产的损失的,均属应予返还的范围。文物艺术品委员会还要求各国提交战争期间流失文化财

---

① Michael J. Kurtz, The End of the War and the Occupation of Germany, 1944-52. Laws and Conventions Enacted to Counter German Appropriations: The Allied Coutrol Council, in Elizabeth Simpson (ed.), *The Spoils of War: World War II and Its Aftermath: The Loss, Reappearance and Recovery of Cultural Property*, Harry N. Abrams, Inc., Publishers in association with The Bard Graduate Center for Studies in the Decorative Arts, 1997, p. 114.

产的清单，并提出建立一个专家委员会对清单中的返还请求进行审查。协调委员会于 1945 年 12 月 12 日通过了这个过渡方案。经过一个多月的讨论、协调与博弈，盟国管制委员会以美国军政府副长官克莱将军（General Lucis Clay）提出的方案为基础，于 1946 年 1 月 21 日达成了有关"返还"之定义的一致意见：应予返还的文化财产，包括在纳粹侵略、占领或控制期间所有通过强力获得以及通过返还协议约定应予归还的其他方式获得的财产。[①] 然而，这一界定未涉及德国民众被掠文化财产的返还问题，也未能解决被掠财产的管控和返还所涉及的复杂的法律、政治和经济等各方面实际问题，导致实践中，各盟国仍只能"各自为政"。

第二，返还和赔偿的关系问题。1945 年 6 月 11 日，同盟国战争赔偿会议在莫斯科召开，劫掠艺术品归还和赔偿的关系问题，在会上引起激烈争议：苏联倾向于从其占领区内拿走包括艺术品在内的任何东西；而英、法等国则支持设于伦敦的欧洲顾问委员会提出的"在归还之前不将德国艺术品用作战争赔偿物、战争赔偿结束之后可向专门成立的国际归还和赔偿委员会申请以德国艺术品'补偿'盟国艺术品损失"的方案。艺术品返还是否应计入各国可获得的战争赔偿份额的问题，也受到争议，至波茨坦会议召开前三天，艺术品和黄金是否应计入赔偿资产的问题，甚至在美国内部也未形

[①] Michael J. Kurtz, The End of the War and the Occupation of Germany, 1944-52. Laws and Conventions Enacted to Counter German Appropriations: The Allied Coutrol Council, in Elizabeth Simpson (ed.), *The Spoils of War: World War II and Its Aftermath: The Loss, Reappearance and Recovery of Cultural Property*, Harry N. Abrams, Inc., Publishers in association with The Bard Graduate Center for Studies in the Decorative Arts, 1997, p. 114.

成统一意见。①克莱将军为波茨坦会议提出的一个备忘录中包含文物艺术品的返还方案，该方案建议将待返还的文化财产分为三类：第一类指纳粹从别国劫掠来的公众和私人艺术品收藏，此类文物应当无条件归还原主。第二类为纳粹从别国的私人收藏家那里获得的有过象征性付款的艺术品，这类文物艺术品也应予以返还，但是纳粹为获得这些艺术品所付出的价款，日后可考虑从德国的总赔偿中加以扣除。第三类则为纳粹后来藏匿、现在美国控制区内的那些原属德国的艺术品，可运至美国保存并展览，一旦德国重获被承认为一个国家的权利时，这些艺术品将采取谨慎的程序加以归还。②然而，美国国务院在6月建议的返还方案则主张将返还与赔偿事务完全分开，返还不计入赔偿数额。③由于各方分歧过大，在英国的坚持下，波茨坦会议未将文物艺术品返还事宜纳入讨论范围。直至1946年1月，法国仍坚持将艺术品返还包含在赔偿范围内，英国和美国则坚持将返还和赔偿分开处理，苏联同意返还，前提是不影响其提出的战争赔偿请求。

第三，"同类返还"是否可适用的问题。1946年1月21日协议对于"返还"的界定还使盟国在是否须采取"同类返还"的问题上达成了妥协：克莱将军支持了苏联的主张，将同类返还限制在具有独特性的少数文物艺术品，而非法国主张的广泛采用"同类返还"的返还方式。盟国管制委员会及其协调委员会认为，"对于有独特

---

① 参见〔美〕L.H.尼古拉斯：《欧洲的掠夺——西方艺术品二战蒙难记》，吴福元、罗蕾译，江苏人民出版社1998年版，第488—490页。

② 参见同上书，第491—492页。还可参见：Wayne Sanoholtz, *Prohibiting Plunder: How Norms Change*, Oxford University, 2007, p.156.

③ Wayne Sanoholtz, *Prohibiting Plunder: How Norms Change*, Oxford University, 2007, pp.156-157.

性的文物艺术品,原物返还已不可能的,在用同类物品替代返还可行的情况下,可采取一种特殊的替代性返还的机制",但是,该协议并未授权立即展开同类返还项目,而仅将替代性返还方案定位为一种特殊机制。①7月19日,管制委员会的协调委员会终于同意了由美国起草提交的一份可以实施替代性返还的五类财产清单,具体包括:绘画、雕刻、雕塑大师创作的重要艺术作品;应用艺术的重要大师作品和民族艺术的杰出代表实例;历史遗迹;手稿和珍贵图书;以及在科学史上具有重要意义的物品。这份美国提案还明确指出,此类"同类返还"的特殊机制,只适用于由盟军管制委员会经过个案评估认定的极其珍稀的文物艺术品。②

2. 劫掠文物艺术品返还的具体程序

除了劫掠文物返还的具体范围和方式之外,实施返还的程序,也引起了盟国的争论。美国国务院和罗伯茨委员会主张所有被掠艺术品应由一个国际组织统一实施返还事宜。这一方案得到了法国的支持,却遭到美国和英国军方的强烈反对,苏联则彻底拒绝这一方案。盟国管制委员会于1946年4月17日发布的返还程序,已经明确表明各盟国在这一问题上最终无法达成一致意见,而是将实施并监管劫物返还事务的责任交由各占区长官自主行使,在各自的占领区内,长官在实施文物艺术品返还方面的具体责任包括搜寻被

---

① Michael J. Kurtz, The End of the War and the Occupation of Germany, 1944-52. Laws and Conventions Enacted to Counter German Appropriations: The Allied Control Council, in Elizabeth Simpson (ed.), *The Spoils of War: World War II and Its Aftermath: The Loss, Reappearance and Recovery of Cultural Property*, Harry N. Abrams, Inc., Publishers in association with The Bard Graduate Center for Studies in the Decorative Arts, 1997, p. 114.

② 同上书,第115页。

掠物品并确定其具体位置、照管和保存这些劫掠财产,以及协助盟军的返还行动。处理不在前述返还范围之内的被掠文物艺术品——主要是原为私人所有的被掠文物艺术品返还请求的具体程序,则由占领区长官自行确定。① 在是否对返还请求的提出设置最后截止日期的问题上,法国也与英美等国存在不同意见。而苏联则极力主张在其占领区被掠财产返还事务中的绝对自主权,拒绝管制委员会和他国盟军的干涉。②

此外,为落实"同类返还"这种特殊机制的具体实施办法,盟军管制委员会曾讨论了一份建议,提出"在(德国的)四大占领国提交同类返还请求的情况下,管制委员会将要求该国占领军司令提交德国所拥有的从该国转移的同类或相似文化财产清单及转移情况的证据"。但由于这个方案被苏联否决,管制委员会的努力最终没有获得成功。然而,法国却坚持主张采取一种更加细致和审慎的程序处理同类返还问题。③

(二)盟国在德国各占领区颁布的纳粹掠夺受害者财产返还法令

根据前述政策,对纳粹掠夺受害者,特别是其文化财产因纳粹政策或者征收、掠夺等行为而流失的犹太人家庭或者私人的返还,

---

① Michael J. Kurtz, The End of the War and the Occupation of Germany, 1944-52. Laws and Conventions Enacted to Counter German Appropriations: The Allied Control Council, in Elizabeth Simpson(ed.), *The Spoils of War: World War II and Its Aftermath: The Loss, Reappearance and Recovery of Cultural Property*, Harry N. Abrams, Inc., Publishers in association with The Bard Graduate Center for Studies in the Decorative Arts, 1997, p. 114.
② 同上书,第114—115页。
③ 同上书,第115页。

第二章 "二战"期间轴心国的文物掠夺及战后初期的返还行动

由四大盟国在各自的占领区内出台法令和政策实施。除苏联占区后成为民主德国而未开展劫掠财产、包括文物艺术品的返还工作之外,西方盟国在各自占区都颁行了纳粹劫掠财产返还法令。

法国国家解放委员会(the French Committee for National Liberation)在法国正式签署《伦敦宣言》的同年11月,便将该国际宣言的原则纳入了国内法制中①,并于1944—1947年先后颁布5项法令②,对执行这一原则及向受害者进行财产返还或赔偿作出规定,为法占区纳粹受害者的文物返还工作提供了法律基础和依据。根据1945年4月21日第45-770号法令,战时在敌对国占领或控制领土的私人财产转让被分为两类:一类是在纳粹宣布剥夺私人财产权之后通过受德军委托的管理者进行收购等违背原所有权人意愿的方式造成的财产流转,除非有相反的证据,此类交易买受人被推定为恶意,该转让协议自始无效,财产转让行为必须撤销(第1条);另一类为所有权人自愿进行的财产转让,在这种情况下,原所有权

---

① See Ordonnance du 12 novembre 1943 solennelle signée à Londres le 05-01-1943 par le Comité National de la Liberation Nationale et 17 gouvernements alliés : Nullité des actes de spoliation accomplis par l'ennemi ou sous son contrôle.

② Namely: Ordonnance du 14 novembre 1944 Portant 1ère application de l'ordonnance du 12-11-1943; Ordonnance n° 45-770 du 21 avril 1945 portant deuxième application de l'ordonnance du 12-11-1943 sur la nullité des actes de spoliation accomplis par l'ennemi ou sous son contrôle et édictant la restitution aux victimes de ces actes de leurs biens qui ont fait l'objet d'actes de disposition; Ordonnance n° 45-1224 du 9 juin 1945 portant 3ème application de l'ordonnance du 12-11-1943 : Nullité de droit de tous actes d'apparence légale accomplics avec le consentement des victims; Ordonnance n°45-1224 du 9 juin 1945 portant 3ème application de l'ordonnance du 12-11-1943 : Nullité de droit de tous actes d'apparence légale accomplics avec le consentement des victims; Décret n° 47-1482 du 11 août 1947 portant modification du décret du 2 février 1945, pris en application de l'ordonnance du 12 novembre 1943 sur les actes de spoliation et relative à la gestion et au contrôle des administrateurs provisoires.

人如能证明该转让行为是受胁迫发生的，法院也可应受胁迫人的请求撤销该转让合同（第4条）。即使买受人确为善意，在原所有权人支付相应补偿的情况下，该物品也应返还（第5、6条）。1947年11月10日，德国法占区总司令官发布第120号法令（*French Zone of Occupation: Ordonnance No. 120 , Pour toute reclamation joindre la dernière bande reçure November 10, 1947*），宣布自1933年1月30日之后，基于"国籍、族裔、种族、宗教或政治观点的区别对待或反对国家社会主义政权的活动"而进行的、未经所有权人（自然人或法人）同意的财产转让行为无效（第1条），原所有权人可自该法颁布之日起18个月的时间内提出返还请求（第13条）。

  1945年4月，美军参谋长联席会议主席向占领德国的美军司令部发布指令，对于那些通过强迫或错误手段征收、处置、掠夺而被转移的财产，无论是依据（纳粹的）制定法还是依据所谓的法律程序获得的，都应当加以没收[①]；战后的被掠财产，包括文化财产的返还依据1947年11月10日颁布的《第59号可识别财产返还法令》进行。根据该法，1933年1月30日至1945年5月8日由于种族、宗教、国籍、意识形态或者反对国家社会主义的政治观点而被非法剥夺的可识别财产，都应返还给其原所有人或者继承人，即使该财产的善意持有人也不能对抗该原所有权（第1条）。具体而言，上述期间内非法剥夺的财产主要包括：第一，通过不道德（contra bonos mores）、威胁、强迫的方式进行交易，或者非法征收，或通过其他侵权行为获取他人财产；第二，根据政府法律或滥用法律夺取获得

[①] Monroe Karasik, Problems of Compensation and Restitution in Germany and Austria, 16 *Law and Contemporary Problems*, Summer 1951, p.449.

的财产;第三,由纳粹党或其附随组织夺取的他人财产(第2条)。被掠夺财产的原所有权人或其继承人,均可向现保有该物的国家政府或者第三人提出返还请求;原物返还已不可能的,请求人可要求财产持有者进行金钱赔偿。返还请求应于1948年12月31日以前提出(第56条)。

英国占领区军政府也于1949年5月12日颁布《纳粹侵占受害者可识别财产返还的59号法令》(Law No. 59 – Restitution of Identifiable Property to Victims of Nazi Oppression),其主要内容与美占区法令类似,但要求原所有权人于1950年6月30日之前提出劫掠财产的返还请求。

此外,1949年7月26日,占领柏林的同盟国负责人通过了专门适用于柏林市的归还法律《纳粹压迫受害者可识别财产返还法令》(Decree on Restitution of Identifiable Property of Victims of Nazi Oppression)。该法律在结构、内容以及功能上与美国和英国占区的返还法相类似。

1949年5月,美、英、法等西方列强将其占领区合并为新的德意志联邦共和国(FRG)(简称"西德")。1952年5月26日,《关于战争和占领引起的物质解决的同盟公约》(后经《联邦共和国终止占领制度议定书》,即1954年10月23日"巴黎议定书"修订)规定,返还法作为新成立的西德法律的一部分,继续有效。

(三)美占区及美国政府开展的纳粹劫掠受害者文物返还工作

盟国在慕尼黑行政大楼和希特勒的前办公室"元首行宫"设立了最大的收集被掠艺术品的集散中心,其他集散地还包括黑森州的威斯巴登(Wiesbaden)、马尔堡(Marburg)和奥芬巴赫(Offenbach),都位于美国占领的巴伐利亚州。因此,美国占领区军事政府办公室(The Office of Military Government, U.S. Zone，简称OMGUS)承担了盟国最多和最主要的返还被掠艺术品的职责。因此，本书重点对战后美国制定的纳粹受害者劫掠文物返还政策及其实施进行介绍。

1. 向欧洲地区受害者的返还①

美国军政府在欧洲地区实施的对纳粹受害者的劫掠财产、包括文化财产的返还，主要通过以下方式进行：

第一，外部返还政策(policy of external restitution)。美国当局通常将受美国管制的受害人财产归还其原籍国政府或者国际救济组织或继承组织，而非其原所有人或继承人。在德国或奥地利发现的劫掠文化财产，一旦识别出原籍国，即可归还给该国，再由该国自行承担搜寻并归还该物的原所有权人或其继承人的责任。被确定为从犹太人或犹太社区机构掠夺，但没有继承人和无人认领的财产，则通过总部设在纽约的名为"犹太人文化资产归还继承者组织"(Jewish Restitution Successor Organization, JRSO)的慈善信托机构代表欧洲和巴勒斯坦的犹太受害者提出归还申请并受领财产。

第二，德国和奥地利官员负有恢复原状的责任。美国官员反复强调，在德国，对受害者的归还("内部归还")应由德国人来处理。这项政策导致延误了对单个索赔人的赔偿。奥地利在战后时期享有独特位置。盟国在1943年11月1日签署《莫斯科宣言》时表示，奥地利应视为"第一个成为希特勒侵略的受害者的自由国家"，

---

① See Presidential Advisory Commission on Holocaust Assets in the United States (PCHA), *Plunder and Restitution:Findings and Recommendations of the Presidential Advisory Commission on Holocaust Assets in the United States and Staff Report*, available at: https://govinfo.library.unt.edu/pcha/PlunderRestitution.html/html/Findings_RestitutionEur.html, accessed on 20-04-2020.

并"希望重新建立一个自由独立的奥地利"。然而,奥地利仍然对纳粹德国负有"参加战争的责任,她无法回避"。简而言之,奥地利在战后既是受害者又是施害者。奥地利在"内部归还"方面的努力与德国不同。同盟国委托奥地利官僚开展并监督财产返还行动,要求奥地利当局补偿在奥地利成为德国帝国一部分(1938—1945年)时"雅利安化"的受害者,将其财产归还前所有人,或在"不可能恢复原状"的情况下给予赔偿。为此,奥地利于1946年5月颁布《无效行为法》(Nullification Act),宣布所有由于纳粹占领而导致的法律交易行为归于无效,并在1946—1949年间通过七项执行《无效行为法》和规范财产返还的法规(Restitution Acts)用以规制"二战"期间丢失财产的返还。盟国还试图确保奥地利履行其占领结束后归还被劫掠者财产的义务。经一致同意,他们可以废止奥地利议会通过的某些法律。例如,在1950年代初,奥地利议会试图削弱返还立法的某些方面时,盟军委员会提出了反对。因此,奥地利议会从未制定过众所周知的"收编法"。

第三,严格提出返还请求的期限。根据《第59号可识别财产返还法令》,返还请求应当在1948年12月31日前提出。美国军政府要求返还请求人承担举证责任。未归还的资产(包括可识别的具有已知国籍的文化财产)都应移交给德国和奥地利政府。

然而,1940年代末期开始,美国的劫物返还实践开始更多地受到冷战局势等政治因素的影响,导致了政策执行方面的不一致:虽然大量文化财产依据返还政策已归还给苏联,但后期却以各种方式拒绝向其他东欧国家返还劫掠文化财产;如决定将显然来自匈牙利的艺术品放到奥地利人的手中,而非将图书馆藏书和文物归还波罗的海国家。

2. 美国境内大屠杀被掠财产的返还

根据1941年和1942年发布的一系列行政命令，在美国境内由指定敌国或其国民拥有或控制的任何财产，都被转运并由外国人财产保管部（Alien Property Custodian，总统执行办公室内设执行机构）所有。战后直至1955年4月，大屠杀的受害人可以请求该机构归还其被掠财产。

然而，由于费用高昂、申请困难及其他诸多原因，许多受害者没能在截止日期前提出返还请求。此外，对于作为纳粹受害者的返还请求人，似乎并没有明显放宽适用返还的规则或程序。在某些情况下，返还的请求和审议过程被充分延长，以至于最初的请求人在返还请求仍未决议时就死亡，在这种情况下，外国人财产保管部又需对每个继承人进行额外的调查，进一步延长了结案时间。[①]

第三节 战后初期日掠文物的返还政策及其实施

1945年，随着抗日战争进入尾声，中国和其他盟国调查和追索日本掠夺文物的工作开启。同欧洲战场相比，亚洲战场存在着一系列特殊性，导致中国被日本掠夺文物的返还，从调查到追索，再到实施返还等诸多环节，都没能取得理想的结果。绝大部分中国被掠文物始终未能回归故土，或是仍流落东洋，或是下落不明，留下了

---

① See Presidential Advisory Commission on Holocaust Assets in the United States (PCHA), *Plunder and Restitution:Findings and Recommendations of the Presidential Advisory Commission on Holocaust Assets in the United States and Staff Report*, available at: https://govinfo.library.unt.edu/pcha/PlunderRestitution.html/html/Findings_RestitutionEur.html, accessed on 20-04-2020.

历史的遗憾。

一、战后中国对被掠文物的调查和追索

1945年4月,行政院教育部成立"战区文物保存委员会",负责敌占区和后方的文物保护工作,并为战后文物损失调查作预先准备。① 日本投降后,在政治、文化、教育各界人士的呼吁之下,中国政府着手进行战时文物损失情况调查与被掠文物追索工作。1945年10月,教育部"战区文物保存委员会"改组为"清理战时文物损失委员会",由教育部以及其他相关部门官员、文化机构人士、专家学者等多方代表组成,负责敌占区文物的接收工作,并调查文物被掠和损失的情况。在中国国内,包括"清理战时文物损失委员会"在内的政府和军队机关,陆续接收和自行发现了一批散落和被日本军队、个人藏匿的文物。比如,汤恩伯部队于1945年12月在日侨管理处,收集日侨持有的中国文物一千余件。②

从1945年10月26日开始,为了配合盟军司令部对华返还被掠财产,以及战争赔偿的工作,全国公私文物损失登记工作启动。《全国公私文物损失登记办法》规定:(1)申请登记所称文物包括一切具有历史艺术价值之建筑器物、图书、美术品;(2)申请登记必须列表详细说明文物名称及其重要性、损失的时间地点及敌伪负责人姓名

---

① 《战区文物保存委员会组织规程》(教育部部令第二六七〇八号,卅四年四月二十一日公布)、《教育部部令:第二〇七六八号(三十四年四月二十一日):兹制定战区文物保存委员会组织规程公布之此令》,载《教育公报》1945年,第17卷第4期,第3、15页。

② 《日侨呈献古物图书 我将设馆公开陈列》,载《大公晚报》1945年12月8日,第1版。

或机关部队名称,该文物目前下落等,附送文物照片或图样。① 这些规定一是为了能够准确无误、证据确凿地确定日本掠夺文物的事实,便于进行追索,同时也是出于与盟军司令部有关规定接轨的需要。

经过约两个月的调查和统计,教育部清理战时文物损失委员会编纂了《中国战时文物损失数量及估价总目》,记录被劫遭毁的公私文物共计3,607,074件又1,870箱,古迹741处。② 其中,被劫掠或损毁的书籍公2,253,252册另411箱,私488,856册另168箱;字画公1,554幅,私13,612幅另16箱;碑帖公455件,私8,922件;古物公17,818件,私8,567件另2箱;古迹公705处,私36处;仪器公5,012件另63箱,私110件另3箱;标本公14,582件另1,204箱,私17,904件;地图公125件,私56,003件。③ 这些文物损失单是以金钱衡量就为数巨大。根据1947年4月《清理战时文物损失委员会结束报告》第二条"清理文物损失"第三点"估计文物损失价值":"本会原以文物损失不能纯以金钱估值,惟行政院赔偿委员会因其他方面损失均列有价格一项,为求统一,以便赔偿起见,亦请本会估价列入。爰延聘各项文物专家及上海业书肆古玩者,按战前价格逐项论价,严格评定,列为统计,估计损失总价为九百八十八万五千五百四十六元。然对'北京人'等少数特殊之文物,仍未计价。"④ 由于调查统计时间有限、受损者申报不够积极、调

---

① 孟国祥:《大劫难:日本侵华对中国文化的破坏》,中国社会科学出版社2005年版,第110页。
② 另见中华民国教育部《中国战时文物损失数量及估价目录》,收入日本《十五年战争重要文献》第3集:《中华民国被掠文化财产总目录》,东京:不二出版社1991年复刻版,第6页。
③ 同上书,第5—6页。
④ 《清理战时文物损失委员会结束报告》全文参见中国第二历史档案馆编:《中华民国史档案资料汇编》(第5辑第3编·文化),江苏古籍出版社2010年版,第452页。

第二章 "二战"期间轴心国的文物掠夺及战后初期的返还行动

查地域范围有限、战争破坏巨大等原因,这一目录远非中国在抗战期间损失文物的全部。

1945年11月,教育部为调查并建议处置自甲午战争以来日本夺取的中国文物,经行政院批准组织"战时文物损失调查团"赴日调查。① 同时外交部照会驻日盟军司令部,"在我国未正式将甲午战争以来所损失之物收回以前,日人不得对之作任何形式之变卖或转让"。② 次年5月,"清理战时文物损失委员会"经商准外交部,派遣专门人员随同作为盟军司令部内中国政府和军队代表的中国驻日军事代表团工作,致力于对日本掠夺文物的调查与追索。③ 驻日代表团中的第三组(经济组)负责追索被掠财产和索赔事务,第四组(文化组)是负责文化事务的部门,都涉及追索和返还被掠文物事务。王世襄、谢冰心等著名文化界人士都曾是第四组的专员。

为了对侵华日军中的战争罪犯进行审判,对战争犯罪行为进行清算,1946年,中国政府制定公布《战争罪犯审判条例》,其中的"战争罪"包含文物掠夺和破坏的罪行。《战争罪犯审判条例》所规定的战争犯罪中,"战争罪"指的是:"外国军人或非军人,于对中华民国作战或有敌对行为之期间,违反战争法规及惯例,直接或间接实施暴行者。"该条例同时规定了战争罪共38种情形,其中涉及掠夺文物的情形共有四款,第3条第33款为"没收财产",第34款

---

① 《教育部清理战时文物损失委员会报送赴日调查团工作纲要呈》(1945年10月26日),中国第二历史档案馆编:《中华民国史档案资料汇编》(第5辑第3编·文化),江苏古籍出版社2010年版,第447页。

② 《追查被劫古物 教育部将组调查团赴日》,载《大公报》(重庆版)1945年11月21日,第3版。

③ 参见《清理战时文物损失委员会结束报告》,中国第二历史档案馆编:《中华民国史档案资料汇编》(第5辑第3编·文化),江苏古籍出版社2010年版,第453页。

为"毁坏宗教、慈善教育、历史建筑物及纪念物",第 36 款为"强占或勒索财物",第 37 款为"夺取历史艺术或其他文化珍品"。在中国战后对侵华日军战犯的审判中,对文物的掠夺和破坏成为了相关战犯的罪行和定罪依据之一。比如谷寿夫判决书写道:"如在石坝街五十号,抢劫国医石筱轩名贵书籍四大箱,字画、古玩二千余件,木器四百件,衣服三十余箱。又在集庆路任管巷等处,劫掠民间牲畜、粮食、钱财,不可胜计。"①

二、盟军对日本的军事占领和远东委员会的返还政策

1945 年日本宣布无条件投降后,美国在与苏联经过一番博弈与斗争后,实现了由以道格拉斯·麦克阿瑟(Douglas MacArthur)为军事长官的盟军司令部对日本的军事占领。与盟军主要国家在欧洲战场对纳粹德国的分别占领不同,对日占领采取将日本作为一个统一大单元,各占领国军队代表编成统一部队,并由美国任命的司令官统一指挥的方式进行;美国也负责占领政策的实施。这表面上维持了吸纳盟国军队共同占领的方式,但实际上,由于内战或者不愿意将本国军队置于美军司令官指挥下等原因,中、苏、英三国中,只有英联邦派出了少量部队②,事实上形成了美军独占的局面。

1945 年 9 月 21 日,美国国务院制定《投降后初期美国对日政策》(United States Initial Post-Surrender Policy for Japan,SWNCC 150/4/A),确立了日本战争赔偿的基本方针。美国国务院、战争

---

① 《国防部审判战犯军事法庭判决三十六年度审字第壹号》,1947 年 3 月 10 日。
② 徐勇、张会芳、史楠:《战争遗留问题的源头——东京审判与〈旧金山和约〉》,黑龙江人民出版社 2011 年版,第 21 页。

部、海军部联络委员会（State-War-Navy Coordinating Committee，SWNCC）根据该方针，于同年 11 月向麦克阿瑟发出《初期基本指令》，明确了实施由适当的盟军当局确定的补偿和返还计划作为美国政府在占领期间对日经济政策的目标之一，并就盟军司令部长官实施经济非军事化、补偿和返还计划的职权进行具体安排①。同年 12 月，中、美、苏、英、法、荷、加拿大、澳大利亚、新西兰、印度和菲律宾等国各派一名代表组成远东委员会（FEC），负责制定日本于完全履行投降条件时应遵守的政策、原则和标准，并应任何一个与会国家之请求，考核盟国最高统帅所颁布的在该委员会职能范围中的命令或措施②。作为处理日本"二战"赔偿和返还问题的决策机构，远东委员会的决议案采取多数通过原则，无需全体代表一致通过，但美、英、苏、中四国代表赞成是决议通过的必要条件③。此外，美、苏、中、英四国代表还组成具有咨询职能的盟国对日委员会。但这两个委员会由于其权限规则以及议事程序的限制④，并未真正有效发挥其职能对美国政府，特别是对日盟军司令部产生有效制约。盟军总司令在处理日本战后赔偿和返还问题中具有举足轻重的权力。

1946 年起，远东委员会着手制定关于战时被劫掠物资返还的

---

① *Basic Initial Post Surrender Directive to Supreme Commander for the Allied Powers for the Occupation and Control of Japan*（*JCS1380/15*），3 November 1945, arts.11,16, available at: https://www.ndl.go.jp/constitution/shiryo/01/036/036tx.html, accessed on 19-09-2019.

② 参见中国第二历史档案馆编：《中华民国史档案资料汇编》（第 5 辑第 3 编·外交），江苏古籍出版社 2010 年版，第 42 页。

③ 同上书，第 43 页。

④ 远东委员会是日本战争赔偿和返还政策的制定和有关事宜的决策机构，其批准的政策决议，只能由美国政府以发布指示的形式传达给驻日盟军司令部加以实施，且美、英、苏、中代表都拥有一票否决权。

政策。其《归还劫物旧案》(FEC-011/12,以下或简称《旧案》)以同年4月鲍莱向美国总统杜鲁门提出的建议[①]为基础,于7月18日获得通过,并经美国政府以第57号《劫物归还指令》转饬盟总遵办[②]。根据该议案规定,凡在日本境内发现的黄金、贵金属品及文物(Cultural objects),原在盟国境内,而于战时为日方及其代理人通过诈术或者强力取得的,皆应设法归还(第1条)。在盟国注册被劫沉或诈取的船只,若在日本海内发现,应即归还。归还船只应打捞修复原状,其费用由日本政府承担(第3条)。应返还财产不得出口(第7条)。然而,《归还劫物旧案》在实施过程中发现"缺点甚多",并因此于发布不到3个月的时间即进入修改讨论中。1948年7月,《归还劫物新案》(FEC-011/51,以下或简称为《新案》)在远东委员会获得通过,美国政府于8月4日以第93号指令转饬盟总遵办[③]。《新案》重申了包括文物在内的应返还财产不得出口(第7条),改变了《临时指令》有关无主金银珠宝不得变卖的规定,但无主文物仍被排除在可变卖财产范围之外(第8条)。此外,1946年3月25日,远东委员会归还小组还提出一个《文物赔偿案》,要求"被劫文物若

[①] 鲍氏建议,凡被日本在战时自其占领区搬移的物资,不论其用何方式,亦不问其在何处发现,一经盟国认明申请,即应予以归还。"艺术、宗教、历史、教育、文化等物品,图书馆、科学设备,以及一切有关艺术科学之图书与研究资料",是其建议归还的被掠物品的一种特殊类型。参见"中华民国"驻日代表团日本赔偿及归还物资接收委员会编:《在日办理赔偿归还工作综述》,沈云龙主编:《近代中国史料丛刊续编》第71辑,(中国台北)文海出版社1980年版,第51页。

[②] Restitution of Looted Property, FEC Policy Decision July 18, 1946, transmitted to the Supreme Commander for the Allied Powers on 24 July 1946 as Directive Serial No. 57.

[③] Restitution of Looted Property, approved July 29, 1948, transmitted to the Supreme Commander for the Allied Powers on 16 October 1946 as Directive Serial No. 93.

查无下落,应以日本相似文物作为赔偿",但因牵涉日本国宝是否可转充此项赔偿问题的争论而久悬不决。①

远东委员会是对日作战盟国合作制定政策的国际机构,然而,远东委员会所制定的政策,对于盟军司令部并没有强制性的效力。占领日本的盟军司令部实际上由美国军队单独组成,仅对美国军队的最高统帅,也就是美国总统负责,并不对远东委员会负责。由于这一略显"尴尬"的角色定位和职责,实践中,远东委员会仅仅是一个咨询性质的机构,其制定通过的诸多政策,在实践中难以得到有效实施;该委员会在对华文物返还事务中发挥的作用亦十分有限,中国在远东委员会中的工作和提出的主张,亦难以对盟军司令部产生实质性的影响。

三、盟军司令部的文物返还工作

"二战"后反法西斯同盟国的对日本军事占领的机构即"二战盟军行动与占领司令部"(Allied Operational and Occupation Headquarters),其正式机构名称是"盟国军队最高司令部"(即"盟军司令部"或"盟总"),运行时间自 1945 年日本无条件投降始,至 1952 年"旧金山对日和约"生效止。盟军司令部名义上由美、中、英、苏等盟国共同领导,实际上由美国单独领导,其军事长官麦克阿瑟在盟军司令部的各项工作中发挥着绝对的主导权,其他盟国通过派驻军事代表团,向盟军司令部提出要求和建议,美国方面在实际上独自享有决策和实施的权力。

---

① 参见中国第二历史档案馆编:《中华民国史档案资料汇编》(第 5 辑第 3 编·外交),江苏古籍出版社 2010 年版,第 47—48 页。

盟军司令部历时近七年,是这一时期日本的统治机构,对战后日本国政府进行领导。将日本在战争中劫掠的财产,包括文化财产加以返还,是盟军司令部的重要职能之一。

(一)盟军司令部的文物返还职能

从史料中看,日掠财产主要来自于中国、英国(英属香港、英属缅甸、英属马来亚)、荷兰(荷属东印度)、菲律宾、法国(法属印度支那)、苏联和澳大利亚。其中,中国作为时间最长、规模最大的战场,被掠财产占了相当大的一部分。

关于盟军司令部的历史档案的主体部分现存于美国国家档案馆(National Archives),列为第331组档案,全部位于马里兰州大学公园(College Park, Maryland)的美国国家档案馆分馆。该分馆位于马里兰州南端与华盛顿哥伦比亚特区的交界处。关于盟军司令部的第331组档案按照下属部门共分为51个部分,同文物返还问题直接相关的是第51部分,是关于盟军司令部下属的财产保管部(Civil Property Custodian Division,简称CPC)的档案。[1] 这些档案以文字类材料为主,包括财产保管部的政策规定、通信、媒体公告、媒体报道、参考资料、调查数据、工作报告等多个方面的档案材料。这些材料勾勒出盟军司令部视角下战后日本对中国进行文物返还的历史状况。在当时的语境中,"文物"(cultural objects)相较于今天的文物、文化财产等概念,范围要更广泛一些,指的是一切和文化相关,具有珍贵文化、艺术、历史价值的物品,涵盖了古物、考古出土物、艺术品、书籍、书册、档案等多个种类的文化物品。

---

[1] See Records of Allied Operational and Occupation Headquarters, World War II, available at:https://www.archives.gov/research/guide-fed-records/groups/331.html#331.51, accessed on 30-07-2017.

盟军司令部下设财产保管部。财产保管部下设有五个部门,分别是外国财产处(Foreign Property Division)、被掠财产处(Looted Property Division)、审计处(Comptroller Division)、境外资产处(External Assets Division)、执行处(Executive Division)。外国财产处负责处理德国、意大利、匈牙利等其他轴心国的在日财产;被掠财产处负责处理日本掠夺盟国政府和人民的财产;审计处负责审计事务;境外资产处负责处理日本在日本境外的财产;执行处负责搜寻、整理和运输财产。其中,包括文物在内的被掠夺财产返还相关事务主要属于被掠财产处的职责范围。在1948年4月15日盟军司令部财产保管部发布的《被掠财产处的职权备忘录》(*CPC Memorandum No.22*)中,被掠财产处的职责可以概括为以下五个方面:第一,制定处置被掠财产的执行程序;第二,搜集相关资料、数据、报告和政策;第三,向盟军司令部、日本政府以及就和平条约的签订提出处理被掠财产相关建议;第四,接受盟国提出的返还要求;第五,根据盟国的返还要求制定财产返还计划,寻找、鉴定和返还被掠财产,以实施和监督该计划。①

按照被掠财产的种类,被掠财产处分为四个部门,分别是船舶组(Ships Branch)、贵金属与宝石组(Precious Metals and Gems Branch)、生产装备与汽车组(Productive Equipment and Automotive Branch)、原材料组(Raw Materials Branch)。其中,文物(Cultural Objects)被划分到"贵金属与宝石"这一类别之中,贵

---

① General Headquarters Supreme Commander for the Allied Powers Civil Property Custodian, *Duties and Responsibilities of the Looted Property Division*, 15 April 1948, Records of Allied Operational and Occupation Headquarters, World War Ⅱ, Record Group 331.

金属与宝石组所管辖的财产主要包括了贵金属、宝石与文物三个类别。根据1948年4月15日盟军司令部财产保管部发布的《贵金属与宝石组的职权备忘录》(CPC Memorandum 15 April 1948)的规定,贵金属与宝石组的职责同被掠财产处的各项职权是一一对应的,只不过其工作对象为包括文物在内的具体三类财产的事务。①

除了盟军司令部及其下属部门之外,这些档案中还显示,美国国务院、战争部、海军部联络委员会(SWNCC)也是被掠财产事务的重要领导机构。SWNCC是1944年成立的美国联邦政府机构,由美国总统直接领导,主要负责战后对法西斯国家进行占领的政治与军事事务,后来演变为现在的美国国家安全会议。SWNCC有权对盟军司令部发布指令,可以说是盟军司令部和战后日本政府的"太上皇"。此外,美国参谋长联席会议(Joint Chiefs of Staff)也会就同军事事务相关的财产返还事务发布指导意见。

(二)盟军司令部关于文物返还的政策规定

根据相关档案的记录,盟军司令部的财产返还工作从1945年占领日本之初就已经开始了,并在之后向日本政府发出了多个搜寻、收集和整理被掠财产的命令。1946年4月19日,盟军司令部向日本政府发布了《扣押与报告掠夺财产》(SCAPIN-885)的命令,该命令指示日本政府应当立即搜寻、调查、扣押那些当前位于日本的,自1937年7月7日以来从盟国国土上掠夺的财产,并将这些财产的描述、质地、被掠夺财产的所有权人、当前持有者、掠夺位

---

① General Headquarters Supreme Commander for the Allied Powers Civil Property Custodian Precious Metals and Gems Branch, *Duties and Responsibilities of the Precious Metals and Gems Branch*, 15 April 1948, Records of Allied Operational and Occupation Headquarters, World War II, Record Group 331.

置、当前位置等信息报告给盟军司令部。①1946 年 7 月 25 日，盟军司令部又向日本政府发布《保管、运输与储存被掠财产》（SCAPIN-1083）的命令，指示日本政府应当妥善保管与储存被掠财产，并按照盟军司令部的命令，运输到指定地点。②根据盟军司令部的指示和命令，日本政府于 5 月 9 日通令全国："凡自七七事变后，在中国各地用强制手段，或没收掠夺之文物，现存于日本者，必须于 5 月 20 日前差报；隐匿不报者，一经查出，处以两年以下有期徒刑，并课以 5000 元罚金。"③

由于有相当一部分被掠文物流入美国的艺术品市场，美军返还艺术品的工作不仅局限于日本境内。1947 年 1 月 28 日，美国国务院、战争部、海军部联络委员会（SWNCC）批准了一项《返还被掠艺术品至原属国》（SWNCC-322）的命令。这项命令针对的是流入美国国内的被掠艺术品，该命令规定，被掠艺术品的持有者，如博物馆、图书馆、大学艺术机构、艺术交易商、拍卖商等，应当交出这些财产；如果拒绝交出 5000 美元以上的艺术品，国务院应当要求司法部提起诉讼，并联系原属国通过外交手段返还被掠艺术品。④

管理日本事务的盟军司令部在日本继续出台了相应的搜寻被

---

① General Headquarters Supreme Commander for the Allied Powers, *Impounding and Reporting of Looted Property*, 19 April 1946, Records of Allied Operational and Occupation Headquarters, World War Ⅱ, Record Group 331.

② General Headquarters Supreme Commander for the Allied Powers, *Custody, Shipment and Storage of Looted Property*, 25 July 1946, Records of Allied Operational and Occupation Headquarters, World War Ⅱ, Record Group 331.

③ 王云霞：《从纳粹掠夺艺术品的返还看日掠文物返还可能性》，载《政法论丛》2015 年第 4 期，第 56 页。

④ State-War-Navy Coordinating Committee, *Return of Looted Objects of Art to Countries of Origin*, 28 January 1947, Records of Allied Operational and Occupation Headquarters, World War Ⅱ, Record Group 331.

掠艺术品的指令。根据美国军方《星条旗报》的报道,1947年10月21日,盟军司令部财产保管部特别宣布了一项艺术品清查措施:所有人如果持有位于日本境内,且于1937年7月7日之后从日占区获得、价值5000日元以上的艺术品,必须向日本政府报告,日本政府应当在整理后向盟军司令部报告。[1]

为了规范财产返还工作,盟军司令部根据远东委员会的《归还劫物旧案》,于1946年7月24日实行第57号《劫物归还指令》,这是盟军司令部进行财产返还工作的主要实施方案,主要包括以下几个方面内容。第一,被掠财产指的是"曾在盟国境内,于被日本占领期间,被日本及其代理人以欺诈、强迫的方式转移出去的财产"。第二,被掠财产分为四类:一是工业设备与运输工具;二是黄金等贵金属、宝石、外汇等金融资产;三是文物;四是农业产品与工业原材料。第三,返还申请应提供被掠夺财产的详细说明、所有权证明材料、被掠夺情形说明等证据材料。第四,被掠夺财产如有返还申请,不得出口。第五,关于财产保存、运输等其他方面规定。[2]经过一年多的财产返还工作实践,1947年6月20日,美国国务院、战争部、海军部联络委员会(SWNCC)就财产返还事务进行了检讨,并在其他盟国的要求和建议下,对《旧案》进行了检讨和修正,出台了《返还位于日本的被掠财产的最终政策》(SWNCC 227/22)。该文件首先总结了利益相关方的两点批评意见:一是返还财产的范

---

[1] Japan's Art Plunder Surveyed, *Stars and Stripes*, 21 October 1947, Records of Allied Operational and Occupation Headquarters, World War Ⅱ, Record Group 331.

[2] General Headquarters Supreme Commander for the Allied Powers, *Directive to the Supreme Commander for the Allied Powers Restitution of Looted Property*, 24 July 1946, Records of Allied Operational and Occupation Headquarters, World War Ⅱ, Record Group 331.

第二章 "二战"期间轴心国的文物掠夺及战后初期的返还行动

围过窄,既体现在财产的种类过少,也体现在有关财产被掠情形的规定过于严格;二是盟军司令部对于被掠财产鉴定标准的要求没有考虑到其他盟国的公平的权利,证据要求过严。有鉴于此,该政策对财产返还的相关规定作出一些调整和修改:第一,扩大应返还财产的范围,战争期间在盟国境内的日本占领区生产的财产也应当返还;第二,放宽所有权鉴定的标准要求,只要是"合理的"证据都可以作为申请返还的依据;第三,原所有权和原产地不明,但可以确定是劫掠财产的,也不得出口。①

因此,1948年3月,美国政府又依据《远东委员会组织条例》的组织和授权规则采取单独行动,颁布《劫物归还临时指令》(*Interim Directive on Restitution of Looted Property*,以下或简称《临时指令》),补充《旧案》之规定,进一步将可返还财产的范围扩大至所有日掠物资。《临时指令》在授权盟总对于无法证明原所有权人的日掠劫物进行变卖并按比例向有关国家分配利益时,特意将金、银、贵金属和文物排除在可变卖折价返还的财产范围之外(第4条)。

依据美国国务院、战争部、海军部联络委员会(SWNCC)《返还位于日本的被掠财产的最终政策》和《临时指令》,盟军司令部也确定了包括文物在内的财产返还的具体实施方案。根据1948年4月15日的《被掠财产处的职权备忘录》的规定,所谓被掠财产,指的是那些战后位于日本境内,曾于日本占领期间从盟国的日本占领区强迫转移、非法征收、剥夺或强占的财产。被掠财产处应对这些

---

① State-War-Navy Coordinating Committee, *Final Policy for the Restitution of Looted Property in Japan*, 20 June 1947, Records of Allied Operational and Occupation Headquarters, World War Ⅱ, Record Group 331.

财产进行控制、保管、寻找、返还，负责其他相关处置事务，并向盟军司令部提出政策建议。①

（三）盟军司令部对华文物返还工作的实施

对中国返还日掠文物工作的基本程序包括以下几个步骤。第一，中国政府驻日本军事代表团向盟军司令部提出申请，应附有符合要求的情况说明、被掠文物的各方面详细情况、证明所有权的证据材料、证明日本掠夺情况的材料、文物在日本的可能地点和持有人。第二，盟军司令部审查材料，对于符合要求的申请，盟军司令部自己或命令日本政府收集相应的财产至其财产保管部。第三，财产保管部会同中国驻日代表团将相关财产运输给中国政府。

南京国民政府教育部"清理战时文物损失委员会"经过半年的调查工作，于1946年6月编制了《中国战时文物损失数量及估价目录》提交给盟军司令部，要求日本政府归还清单中的被劫掠的文物。②根据盟军司令部的内部记载与报告、对外发布的通告、媒体报道等方面的档案材料，从1946年至1951年这五年间，盟军司令部共向中国返还了以下36批次的文物类财产。③

---

① General Headquarters Supreme Commander for the Allied Powers Civil Property Custodian, *Duties and Responsibilities of the Looted Property Division*, 15 April 1948, Records of Allied Operational and Occupation Headquarters, World War Ⅱ, Record Group 331.

② 王云霞：《从纳粹掠夺艺术品的返还看日掠文物返还可能性》，载《政法论丛》2015年第4期，第56页。

③ 该表系课题组成员通过阅读盟军司令部的返还工作档案对其中关于文物类财产返还情况的记载整理而成，同时参照日本学者竹前荣治的论文《掠夺财产中的掠夺贵金属、宝石类财产的处理》，互相印证。由于相关档案大都仅仅记载返还文物的种类，对件数、名称等信息记录不足，本表只能提供批次和大致文物种类，无法提供具体的名称和数量等信息。数据主要来源：Records of Allied Operational and Occupation Headquarters, World War Ⅱ, Record Group 331；竹前榮治：《略奪財産とくに略奪貴金属・宝石類の処理》，《東経大学会誌人文自然科学136》，第153—186页。

表 1　返还日期及文物项目

返还日期	文物项目
1946 年 5 月 14 日	北京协和医学院人类学资料④
1946 年 6 月 1 日	香港大学冯平山图书馆古籍（注：中央图书馆移藏四库全书）
1947 年 2 月 1 日	书籍
1947 年 4 月 30 日	书籍
1947 年 8 月 20 日	中国地图原版地图册
1947 年 10 月 21 日	书籍
1948 年 1 月 8 日	朝鲜银行书籍
1948 年 1 月 24 日	书籍与杂志
1948 年 3 月 11 日	翡翠屏风（注：汪伪政府赠日本天皇文物）、花瓶、壶
1948 年 3 月 17 日	书籍
1948 年 8 月 16 日	古物
1948 年 8 月 16 日	杂项文物：装饰品、盾牌
1948 年 8 月 16 日	家具、家庭用品
1948 年 8 月 16 日	绘画、挂轴、书籍
1948 年 8 月 16 日	刺绣
1948 年 8 月 18 日	宝石、绘画、刺绣
1948 年 8 月 20 日	刺绣
1948 年 8 月 20 日	肖像、寺庙钟
1948 年 8 月 20 日	古董
1948 年 8 月 20 日	杂项文物：装饰品、盾牌

---

① 参见：《周口店古物 麦帅送还我国》，载《大公报》（重庆版）1946 年 5 月 17 日，第 1 版。

续表

返还日期	文物项目
1948年8月20日	家具、家庭用品
1948年8月20日	绘画、挂轴、书籍
1948年9月16日	肖像、寺庙钟
1948年11月6日	书籍、杂志
1948年11月6日	书籍
1949年1月9日	杂项文物：肖像、花瓶、雕刻、绘画等
1949年2月18日	中国兴业银行书籍
1949年2月18日	书籍、册子
1949年4月7日	花瓶
1949年8月13日	书籍
1949年8月13日	书籍
1949年8月15日	贝壳标本、生物学数据集、紫水晶、琥珀
1949年9月16日	宝塔
1950年6月8日	书籍、册子
1951年1月14日	书籍
1951年6月13日	日本考古学者在中国挖掘的考古物

从上表可以看出，盟军司令部对中国的文物返还主要集中在1947—1949年这三年之内，在1948年达到一个小高峰。主要原因在于美国国务院、战争部、海军部联络委员会于1947年出台的《返还位于日本的被掠财产的最终政策》，在一定程度上扩大了返还被掠财产的范围，放宽了相应的证据标准。此外，至1947年，盟军司令部对日本国家和社会各方面的掌控能力相对于占领之初有了很大的提高，各方面工作逐渐进入了正轨，各项工作成果都在1947

年之后的一段时间内达到了高峰。在盟军司令部统治日本期间，共向盟国返还 192,913 件书籍、古籍、书册，以及 2,394 件其他文化财产。① 其中，来自中国的文物占了绝大多数。

不过，这个所谓的小高峰，以及返还的文物总数，相对于日本在侵华战争十四年间掠夺中国和其他国家文物的庞大数目而言，仍然是微不足道的。返还中国的文物只占《中国战时文物损失数量及估价目录》中所列被掠文物的极小部分。至 1949 年，盟军司令部对华返还文物类财产的批次和数量都大为减少。1950 年和 1951 年只有三个批次的中国文物得以返还。直到 1951 年 6 月 13 日，盟军司令部完成此表中最后一批日掠中国文物的返还工作之后，再未向中国转交任何日掠文物。随着 1952 年"旧金山对日和约"的生效，盟军司令部劫物返还工作也就宣告结束。而在 1952 年 4 月 28 日由国民党当局和日本政府签订"'中华民国'与日本国间和平条约"（即"日台和约"）之后，日本对华返还掠夺文物也正式结束了。

第四节　战后初期返还被掠艺术品和文物工作的局限性

虽然反法西斯同盟国在战后返还被掠艺术品和文物各项措施取得了一定的成效，但由于客观困难、盟国内部的矛盾、盟国战略的调整等原因，这一工作执行得并不彻底，留下了许多难以弥补的遗憾。

---

① 竹前榮治:《略奪財産とくに略奪貴金属・宝石類の処理》,《東経大学会誌人文自然科学 136》, 第 181 页。

一、战后初期纳粹掠夺艺术品返还的局限性

战后同盟国在对德国的军事占领期间,促成了许多被掠艺术品得到返还,总体而言,返还成效显著。然而,返还纳粹掠夺艺术品的工作仍然存在着诸多局限性,导致这项工作直到七十余年后的今天,仍然没有完成,主要表现在三个方面。

(一)返还纳粹掠夺艺术品工作的客观困难

虽然盟国表达了返还被掠财产的坚决态度,但是劫掠文物的返还仍然面临着诸多客观困难和问题。首先,纳粹掠夺艺术品的数量规模极为庞大,在德国和奥地利,单是保存劫掠财产的专门仓库就有超过 1500 个。[1] 寻找、运输和保管这些艺术品需要极高的成本。而由于古迹、美术与档案科(MFAA)等组织的人手与资金都很欠缺,被掠艺术品的搜寻和保存工作在客观上困难重重。在如此条件和背景下,MFAA 组织已返还了大约 500 万件艺术品。尽管如此,还是有不计其数的艺术品依然无处可寻。大量被掠夺的包括艺术品和各类其他财产在战争中遭到毁坏,或者下落不明。还有许多劫掠自大大小小的博物馆以及私人收藏馆的艺术品,往往被纳粹德国藏在了一些根本不宜于艺术品保存的环境里,从而遭到破坏和毁灭。因此,盟国占领当局只能将很多包括被掠艺术品在内的应当返还的财产折算为战争赔款,以分期支付的方式赔付给受害国及其人民。

---

[1] Anne Rothfeld, *Nazi Looted Art, Prologue: Archives of Previous Issues*, Summer 2002, Vol. 34, No. 2. https://www.archives.gov/publications/prologue/2002/summer/nazi-looted-art-2.html, accessed on 26-11-2019.

而就那些已经定位并找到的被掠艺术品而言，原属于犹太人的财产由于原所有者和继承人被屠杀，甚至根本无法确定原所有者，尽管先行通过信托方式回到其原属国，但仍然无法最终归还给原所有权人。此外，大量通过掠夺的方式获得的德国纳粹党、政府和军队的财产，如果全部返还，将对德国战后政府的运作和经济复苏造成巨大的负担，还无法安置从德国战后被割让领土中遣返的大量人口。① 这使得同盟国政府在实施财产返还工作中顾虑重重。

受到纳粹德国侵略的欧洲各国内部的财产返还工作，由于任务繁重、资金不足、技术落后、工作不积极、体制僵化等原因，亦存在诸多局限。一个由法国国民议会议员组成的委员会 2015 年提交的报告显示，法国纳粹掠夺艺术品返还工作的进度明显滞后。在"二战"结束的七十年内，在法国国立博物馆保管的 2143 件纳粹掠夺艺术品中，只有 102 件被归还给了原主人或其继承人。法国国民议会文化委员会对该报告作出了评估，认为对纳粹掠夺艺术品的归还"进度停滞不前情况太久"，"作品的基本资料毫无用处"，"档案和数据被窖藏"。法国文化部随之启动了一项针对其中 145 件作品的调查工作，并且获得了 28 条"可追踪的线索"。② 这样的工作成果显然并不能令人满意。

（二）盟国艺术品返还政策不统一，必要协作不足

"二战"之前和战争中形成的一系列国际法规则都已经明确，

---

① Monroe Karasik, Problems of Compensation and Restitution in Germany and Austria, 16 *Law and Contemporary Problems*, Summer 1951, p.450.

② 王晟：《法国归还纳粹掠夺艺术品过慢遭批》，https://cul.qq.com/a/20150203/066059.htm，2019 年 10 月 14 日访问。

战争中通过掠夺获得的包括艺术品在内的财产应当返还。[①]《伦敦宣言》也再次确认了这一原则。然而,从本章第二节所述战后文物返还政策的制定和实施过程来看,各同盟国之间,甚至是美国内部,具体的返还政策从文本到实践都存在着巨大的分歧,且缺乏必要的协作,影响了返还效果。

盟国管制委员会的决策规则遵循四大国一致原则,这就意味着如果四国中有一方不同意,共同的决策就不得出台。然而,四国之间,特别是苏联同英法美三国之间矛盾重重,在诸多政策问题上无法达成一致,这使得盟国管制委员会时常深陷决策危机。

第一,对于实施被掠艺术品返还的机构的问题,美国国务院和罗伯茨委员会主张应当由一个国际性组织来管理和实施,这一主张得到了法国的赞同;而美国军方则并不同意在美国占领区内通过国际性委员会来执行相关措施,英国军方也持有类似观点,苏联则直接拒绝了建立国际性委员会的提议。第二,关于被掠艺术品的返还和战争赔偿之间的关系,美国国务院主张被掠文化财产的返还应当同战争赔偿分开进行,英国也持类似主张,而法国则主张将艺术品返还问题囊括在战争赔偿问题之中,最终盟国也未就这一问题达成具体协议。[②] 总之,在整个盟军对德国实行军事占领期间,都缺少统一的具有可操作性的艺术品返还政策。

美、苏、英、法四大国的分区占领,在各自的占领区各行其是、各自为政的格局,进一步加剧了原本就在文物返还方面存在诸多分歧的盟国管制委员会统一施政的难度,导致各同盟国在各自占区的

---

① Wayne Sandholtz, *Prohibiting Plunder: How Norms Change,* Oxford University Press, p.155.

② 同上书,第156—157页。

艺术品返还政策与实践呈现分裂状态。比如法国在比利时、卢森堡和荷兰的支持下，在其占领区采取了最为严厉的措施：如果被掠财产原物无法找到，那么就取走德国相同价值的财产。① 但是其他占领区则鲜有此类"同类返还"的政策。

此外，调查、搜索、征收和返还被纳粹掠夺艺术品是一项范围遍及全德国，甚至全欧洲的行动，需要盟国相互之间更为紧密的合作，需要共同投入大量的行政成本。而战后一分为四的对德占领行动，加之四大同盟国之间有关劫掠文物返还问题共识的缺失导致实践中的协作不足，在很大程度上也限制了返还纳粹掠夺艺术品工作的开展。例如，苏联作为四大盟国之一，强硬拒绝其他盟国进入其占领区调查劫掠财产下落并实施返还行动。苏联代表甚至于1948年3月20日退出盟国管制委员会，盟国管制委员会由此陷入了瘫痪。

（三）两大阵营对立与返还机构频繁变动影响返还进程

1949年，联邦德国和民主德国先后成立，两大阵营的冷战开启，战后盟国对德国的管制也正式宣告终结，盟国返还纳粹掠夺文化财产的活动也走向低潮。

随着联邦德国逐渐恢复主权国家的地位，1950年，联邦德国成立"德国归还委员会"，开始从盟国占领当局手中接手负责纳粹掠夺艺术品的返还工作。② 由于巴伐利亚州集中了最多的纳粹掠夺艺术品，1952年德国归还委员会工作结束后，巴伐利亚州政府的

---

① Wayne Sandholtz, *Prohibiting Plunder: How Norms Change,* Oxford University Press, p.157.

② 〔德〕哈恩斯-克里斯蒂安·罗尔：《第三帝国的艺术博物馆：希特勒与"林茨特别任务"》，孙书柱、刘英兰译，生活·读书·新知三联书店2009年版，第161—162页。

文化财产托管局又接管了被掠艺术品及其返还工作。① 战后数年间，负责返还纳粹掠夺艺术品的主管机构频繁变动，影响了返还工作的持续有效开展。这些盟国和德国机构的工作完成程度并不令人满意。例如，截止到2004年，希特勒通过"林茨特别任务"掠夺至林茨博物馆的艺术品中，仅有约24.7%准确地返还给了原所有人，9.8%遗失或下落不明，其他艺术品由于没有确定原所有权人或继承人，仍保存在德国、荷兰、奥地利、法国等国的官方机构之中。②

二、战后初期日本掠夺中国文物返还的局限性

在中国代表团的争取下，盟军司令部返还了一部分日本在侵华战争期间掠夺的文物，一定程度上弥补了中国在抗战期间遭受的惨重损失。这些获得归还的文物，至今仍在发挥着它们的考古、教育、科研等多方面价值。比如，曾被汪精卫伪政府"赠送"给日本天皇的翡翠屏风，其历史和艺术价值皆难以估量，后于1948年返还中国，现存于中国台北故宫博物院。此外，盟军司令部对中国进行文物返还工作的意义并不局限于抢救流失文物，更在于与其他地区的战争劫掠文物返还工作一起，确立了一系列极为重要的基本准则，即战争期间对文物的掠夺是非法和不道德的，这些被掠文物应当返还原所有者。这一准则为我国继续向日本追索"二战"期间被掠文物，以及追索其他被掠、被盗的流失文物，奠定了法律与道德基础。

然而，从战后到"旧金山对日和约"签署期间，盟军司令部对

---

① 〔德〕哈恩斯-克里斯蒂安·罗尔：《第三帝国的艺术博物馆：希特勒与"林茨特别任务"》，孙书柱、刘英兰译，生活·读书·新知三联书店2009年版，第161页。

② 同上书，第163页。

中国的文物返还工作并不完全，大量战争期间流失的文物，比如极其珍贵的北京猿人头盖骨并没有被找到或者实现返还。这一局面形成的原因主要包括以下几个方面：

（一）远东委员会工作效果及返还范围的有限性

从战后远东委员会先后制定通过的《归还劫物旧案》和《归还劫物新案》的返还政策规定来看，应予返还的被掠财产的范围呈现相对宽泛的趋势。中国驻日代表团也在远东委员会框架下提出了一些适应于日本侵华战争劫物返还实际情况、扩大劫物返还范围的主张，得到了委员会的支持。然而，由于远东委员会工作机制及其实际发挥作用的有限性，导致其政策和主张在实践中落实不力，中国战场劫物返还问题的特殊性，并没有在实践中得到盟军司令部的重视与解决，战后劫物返还的范围仍然十分有限。

虽然民国政府出于对自身实力、国际影响和对在日侨民的保护等诸多问题的担心，直至1941年日本偷袭珍珠港导致英、美对日宣战之后，才发布《中华民国政府对日宣战布告》正式对日宣战，日本也多次发表"近卫声明"并同在南京建立的汪伪政权建立"外交关系"，试图诱降蒋介石，从而一直未对中国宣战，但事实上，日本自1931年"九一八事变"起即迈出侵华战争的第一步。对中国和朝鲜等东亚地区的财产，特别是文化财产的搜集和掠夺，更是自甲午海战之后就已经开始，"九一八事变"后，掠夺文化财产的计划性和目的性更是逐渐走向公开化，从变相非法转移转化成赤裸裸的掠夺，规模也显著增大。有鉴于此，民国政府于1944年设立的行政院抗日战争损失调查委员会在调查因日本侵略造成的公私财产损失时，时间即从1931年9月18日起算；1945年发布的《民国政府外交部中国对日要求赔偿的说帖》中，亦明确以1931年9月18

日日本在中国东北发动有计划侵略起至投降日止这一期间进行的侵略和掠夺造成的财产损失,作为战争赔偿和返还的范围①。有学者甚至主张,"自甲午之役起,中国图书古物就大量被日本掠夺,中国要求收回自甲午以来的文物是完全正当的"②。

然而,如前文所言,盟军司令部曾于 1946 年 4 月 19 日命令日本政府搜寻、调查、扣押那些当前位于日本的,自 1937 年 7 月 7 日以来从盟国国土上掠夺的财产,并将这些财产的详细信息报告给盟军司令部。③ 日本政府也遵照盟军的命令,发出的没收战争期间在中国及法属安南、英属缅甸、英属马来亚、荷属东印度、美属菲律宾等地强征或夺取财产之命令,以 1937 年 "七七事变" 为时间起点。④这些命令将抗战全面爆发之前日本在华掠取的大量文物排除在返还范围之外,事实上导致了限制返还范围的效果。为此,民国政府专门致电中国驻日代表团团长,提出 "惟中日战争事实自九一八事变,审判日人战犯要求赔偿既以该时为起算日期,要求返还劫物,自亦应以九一八为起算日期,希向盟军总部接洽办理具报"⑤。

---

① 姜良芹、郭必强编:《南京大屠杀史料集 22:赔偿委员会调查统计》,江苏人民出版社 2006 年版,第 9 页。

② 孟国祥:《关于日本掠夺中国图书及战后追还问题》,载《抗战史料研究》2017 年第 2 辑,第 17 页。

③ General Headquarters Supreme Commander for the Allied Powers, *Impounding and Reporting of Looted Property*, 19 April 1946, Records of Allied Operational and Occupation Headquarters, World War II, Record Group 331.

④ 《朱世明报告盟军总部已令日本政府清查掠夺中国文物急电》(1946 年 5 月 13 日),载姜良芹、郭必强编:《南京大屠杀史料集 22:赔偿委员会调查统计》,江苏人民出版社 2006 年版,第 17 页。

⑤ 《外交部关于日本归还劫物应以 "九一八" 为起算日函》,载姜良芹、郭必强编:《南京大屠杀史料集 22:赔偿委员会调查统计》,江苏人民出版社 2006 年版,第 17—18 页。

驻日代表团在远东委员会会议上将这一问题提出,并促使委员会在1946年7月通过的《归还劫物旧案》中,删除了对于应予以返还的被掠财产劫掠时间的限制。美国代表在会上亦对此表示赞同;美国政府也指示盟军司令部应该尊重《旧案》的基本原则和精神,在执行返还审核过程中确立具体的合理标准①。

然而,远东委员会的各项政策决定需要由美国绝对主导的盟军司令部依据其国内有权部门的指令加以落实,而实践中看,盟军司令似乎从未遵守这一规定,在民国驻美大使就这一问题向麦克阿瑟进行确认时答非所问,含糊其词②;事实上却仍执行1937年起算的返还标准。例如,对于甲午战争时被日本俘获的定远号战舰,中国方面的返还请求就没有得到支持,其部分残骸系通过盟军司令部之外的方式被返还给中国。由此,日本在全面抗战爆发前占领我国东北地区时期的被掠财产无法通过盟军司令部这一途径得到返还,更不用说甲午战争之后日本掠夺中国的财产了,极大地限缩了返还的文物的范围。

(二)搜寻与返还日掠文物工作的艰巨性与紧迫性

日掠文物的返还在客观上也面临诸多困难。根据1946年11月23日《布法罗晚间新闻报》记者格文·杜(Gwen Dew)的报道,

---

① Memorandum by the State Department Member of the State-War-Navy Coordinating Committee (Hilldring) to the Secretary of the Committee (Moseley), Washington, December 10, 1946, available at: https://history.state.gov/historicaldocuments/frus1946v08/d447, accessed on 20-09-2019.

② 根据外交部1946年7月15日致驻日代表团《关于远东委员会决议日本劫物不论被掠日期均须返还代电》,"据驻美顾大使电称:远东委员会决议,被日本劫掠之财物,不论被掠时日,一经查明,均须归还,已训令麦帅遵办。麦帅覆称:但为占领军安全,彼有权保留一部分工业设备及运输工具等语"。载姜良芹、郭必强编:《南京大屠杀史料集22:赔偿委员会调查统计》,江苏人民出版社2006年版,第18页。

美军搜寻日本掠夺财物的工作异常繁重,是"猛玛象一般的重任"（Mammoth Business）。首先,由于日本在开展侵略战争过程中,无论是国家、军队,还是士兵个人,都在占领国家的领土上进行了规模巨大、范围全面的财产掠夺,被掠财产数量极为惊人。财产保管部首任部长帕特里克·坦西（Patrick Tansey）将军认为,该部门需要处理的被掠财产数量极大:"财产保管部可能算是世界上规模最大的财产持有集团公司了,我们的任务是要控制和管理一切盟军司令部有管辖权的财物:既包括有形财产,也包括无形财产;既包括盟国政府所有的,也包括盟国国民所有的。"[①] 除此之外,日本还通过投资手段对占领区进行经济掠夺,掠夺手段和被掠财产的下落更加具有隐匿性。比如在中国北方地区,日本通过南满铁路公司等经济机构,对中国及其国民进行系统性的掠夺,而这些被掠财产通常通过经济手段加以藏匿。[②] 除此之外,"二战"后期日本在战场上节节败退,东京、冲绳、广岛、长崎等地遭到战火的严重摧残,也给被掠财产的搜寻工作带来了巨大的困难。

中国政府和人民在战后短时间内统计受损文物,则是一件更为艰巨的任务。《中国战时文物损失数量及估价目录》只是巨大损失中的一部分,远非中国所遭受文物损失的全部。面对如此繁重的工作任务,持续期间从1945年到1952年、只运行短短不到七年的盟军司令部显然难以完成。事实上,盟军司令部的终止也并非因为各项工作结束,而是随着盟国与日本之间和平条约,即"旧金山对日

---

① Gwen Dew, Finding Jap War Loot Puts Uncle Sam's Army in Mammoth Business, *Buffalo Evening News*, November 23, 1946, Records of Allied Operational and Occupation Headquarters, World War Ⅱ, Record Group 331.

② 同上。

和约"的签订和生效而终止。蒋介石当局于1952年同日本签订了"日台和约"后，对华返还日掠文物的工作更是随之被叫停。

（三）盟军司令部与中国政府对日掠文物返还工作的重视程度相对不足

除了客观上存在的困难之外，盟军司令部在主观上对于文物返还工作的积极性不够和完成度不高，也是返还工作未彻底完成的极为重要的原因。首先，相比于审判战犯、重建日本政府、恢复日本政治经济社会秩序等方面的工作，盟军司令部对财产保管部及其财产返还工作并没有投入足够的资源和重视，导致财产保管部以相对较少的资源处理极为繁重的工作。从财产保管部的人员构成来看，虽然有相对专业的文官和专家加以协助，但该机构主要还是由美国军方人士组成，他们对于财产的搜寻和管理很难称得上专业。而在财产保管部内部，文物返还工作也处在相对次要的地位。从机构设置上来看，虽然1946年7月24日的第57号《劫物归还指令》中，盟军司令部将文物作为四类被掠财产中的一大类，然而到了1948年4月15日的《被掠财产处的职权备忘录》之中，盟军司令部只是将文物作为贵金属与宝石这一大类之下的一个二级门类。文物的重要性不仅不如船舶、机器等资产，甚至不及同类别之中的贵金属与宝石。

从有关档案来看，盟军司令部和中国政府都将被掠财产返还工作的重点放在了船舶、机器、黄金等能够在短时间内直接带来巨大经济和军事效益的掠夺财产上。在对中国的财产返还工作中，盟军司令部和中国驻日代表团对于"逸仙号"战舰、多批工业设备等财产返还事务颇费周章，相关的报告、记录篇幅巨大，而有关文物返还的问题则着墨不多。造成这一问题的原因除利益驱动之外，也与美国的劫物返还政策有密切关系：根据盟军司令部的政策要求，被掠财产返还请求需要掌握大量的财产本身以及为日本掠夺情况的信息和证据，而掌握这些体积相对庞大、直接影响力和经济效益相对较大的财产的信息，相对而言比文物类财产更为容易。

（四）返还标准门槛极高

抗战期间中国的日掠文物难以得到返还的另一个重要原因，就是盟军司令部对财产所有者提出返还请求的证据标准规定了过高的门槛。盟军司令部要求返还请求人提供包括所有权证明材料以及详细的被掠夺财产信息及其被掠情况说明等诸多证据材料，这虽然便于盟军司令部追索文物，降低工作成本，提高工作效率，又可以保证证据确凿，不会产生法律争议；但对于遭到财产掠夺的所有权人来说却是过于严苛的要求，特别是对于被掠夺的普通个人而言，更是难以企及的。这一标准虽然在1947年有所放宽，但对于战后百废待兴又立即陷入内战阴云的中国来说，依然是一个极高的要求。正如战后赴日追索我国被掠文物的代表团专员王世襄先生所言，盟军对归还被劫文物的规定过于苛刻。在当时战争背景下，以我国国情而论，对每一件被劫文物都要求写出名称、尺寸、重量等，并要附有照片；对劫夺情况要写出何处、何时，甚至要求写出日军番号等，几乎是不可能的。①

（五）中国驻日代表团内部的变故

1949年以后，盟军司令部对华返还日掠文物的工作成果大为减少，其中的一个重要原因就是中国驻日代表团内部发生了诸多变

---

① 《被日掠夺文物近200万件珍品仍散落，索回几乎无望》，见中国新闻网：http://www.chinanews.com/cul/2015/09-15/7523584.shtml，2017年9月1日访问。

故。从1949年开始,国民党军队在内战中节节败退,国民党政府分崩离析,中华人民共和国于1949年10月1日成立,时任"中华民国"驻日代表团团长朱世明,以及代表团中思想进步的吴文藻、谢冰心、吴半农等人,受到国民党当局的警惕和干扰。朱世明于1950年被解职并与国民党当局分道扬镳。[①] 而吴文藻和谢冰心夫妇则于1951年脱离国民党政府,从日本返回中国大陆。中国驻日代表团在这一期间成了国共内战在海外的又一个"战场",特别是主要负责经济和文化事务的诸多成员在政治上倾向中国共产党和新中国,成为国民党政府重点"关照"的对象。驻日军事代表团自身在政治风波之中摇摆不定,甚至处于瘫痪的状态,自然难以专注于工作的开展,难以全力要求和催促盟军司令部搜寻被掠财产并开展返还工作,加之美国军方主导的盟军司令部素来缺少主动协助中国的积极性,对华返还日掠文物进展更因此受到严重影响。

---

① 王俊彦:《战后中国军事代表团进驻日本始末》,载《"小泉政权后中日关系展望"国际学术研讨会论文集》,2006年9月,第90页。

第三章 战后文物返还国际法规则的建立

"二战"后，国际社会为了保护人类共同的文化遗产，通过国际公约、宣言、指南等法律文件，以及相关国际机构和国家的法律实践，在 19 世纪末以来逐渐形成的一些文化遗产保护惯例的基础上，发展出禁止在战争期间掠夺文化财产、禁止偷盗和非法进出口文化财产、非法转移的文化财产应当得到返还等一系列法律规则。这些相关国际法律规则可以分为武装冲突情况下保护文化财产、防范文化财产非法国际贸易、返还被盗文化财产三类。虽然这些国际法规则仍存在内容模糊、强制力不足等诸多局限之处，同时还受限于时效、法律溯及力、善意取得等在实践中不利于文物原属国的制度障碍，但这些法律规则无不宣告着国际社会的以下共同主张：在战争期间掠夺文物的行为是不道德的、非法的和无效的，被掠文物应当返还给原属国、原所有人或继承者。

第一节 1954 年《武装冲突情况下保护文化财产公约》

第二次世界大战给全人类带来了深重的灾难，从欧洲到北非，从亚洲到太平洋，都发生了对文化遗产的抢劫、盗窃、毁坏、侵占等恶劣行径，众多艺术品、考古材料、古迹等遭受了惨痛的劫难，使全人类遭受了巨大的损失。"二战"之前就已散见于各类战争规则中的那些保护武装冲突状态下文化遗产的国际性法律,并未起到阻止"二战"中文化财产损毁和掠夺行为的作用。有鉴于此,战后国际社会首先将在武装冲突情况下保护文化财产作为文化遗产保护领域的当务之急和重中之重。1954年,联合国教科文组织在海牙举行会议,通过了《武装冲突情况下保护文化财产公约》(即1954年《海牙公约》)。

一、1954年《海牙公约》的主要内容和意义

1954年《海牙公约》的主要内容及其重要意义主要包括以下几个方面。

首先,1954年《海牙公约》将文化财产赋予了全人类共同文化遗产的地位,对任何人所有文化财产的破坏就意味着对全人类共同遗产的破坏,就是对全世界共同利益的侵害。因此,国际社会有必要开展合作,协同保护这些共同文化遗产。这是国际社会首次明确提出"人类共同文化遗产"的概念,以及通过国际合作保护文化财产的主张,奠定了此后国际文化遗产保护法律发展的基础。

第二,1954年《海牙公约》首次对"文化财产"(cultural property)这一概念作出了明确定义。该公约规定:为本公约之目的,"文化财产"一词应包括下列各项,而不问其来源或所有权如何:(1)对每一民族文化遗产具有重大意义的可移动或不可移动的财产,例如建筑、艺术或历史纪念物而不论其为宗教的或非宗教;考古遗址;作为整体具有历史或艺术价值的建筑群;艺术作品;具有艺术、历史或考古价值的手稿、书籍及其他物品;以及科学收藏品和书籍或档

案的重要藏品或者上述财产的复制品;(2)其主要和实际目的为保存或陈列(1)项所述可移动文化财产的建筑,例如博物馆、大型图书馆和档案库以及拟于武装冲突情况下保存(1)项所述可移动文化财产的保藏处;(3)包含有大量(1)和(2)项所述文化财产的中心,称之为"纪念物中心"。这是"二战"后国际性法律文件第一次对"文化财产"这一概念在法律上进行明确的界定,深刻影响了此后的国际文化遗产法和各国国内法的发展。在此之后,相关国际法和各国国内法中"文化财产"的定义,无不从1954年《海牙公约》继承而来。

第三,1954年《海牙公约》对文化财产的一般保护措施主要有两个方面,其一为保障(safeguarding),其二为尊重(respect)。保障为积极性的措施,即在任何时候采取措施保护文化财产的安全。尊重为消极性的义务,包括不得对文化财产及其直接周围或用以保护此项文化财产的设备作任何军事使用,不得采取针对此项文化财产的任何敌对行为,禁止、防止及在必要时制止对文化财产以任何形式实施的盗窃、抢劫或侵占以及任何破坏行为,不得对文化财产实施任何报复行为。为了在武装冲突中实施对文化财产的保障与尊重,各方在占领和军事措施中应当采取措施,并对文化财产进行标记。然而,该公约同时在尊重文化财产的规定中设定了以"军事必要"为由的例外条款。这一例外条款在语义上非常模糊,具有相当大的弹性,在之前的多次战争中都曾经成为了军队毁坏和掠夺文化财产的借口。这一规定也遭到一些国家的批评和反对,被认为会给军队的军事行动带来极大的阻碍,因此在本国议会难以得到通过。但是,这一规定在很多国家的坚持下得以保留,这是同之前战争情况下保护文化财产的国际法所相区别的地方,是对以往相关法律的重要发展。在1954年《海牙公约》第一和第二议定书中,"军事必要"例外条款及其应满足的具体条件得以详细和明确地阐述,即仅在文化财产"所起的作用已使其变为了军事目标",以及没有其他办法能够达到对该目标采取行动的相同军事优势的情况下,"军事必要"例外才得以成立。

第四,除了一般保护措施之外,该公约还针对掩护文化财产的保藏所、贮藏纪念物的中心站和其他具有重大意义的不可移动的文化财产规定了特别保护措施。这些设施须有明显标记,不得用于军事目的,并享有豁免权,不得针对此项财产作任何敌对行为。这一规定扩大了在武装冲突中受保护的文化财产的范围,使保护措施更为全面。

第五,1954年《海牙公约》议定书中,还特别添加了文化财产的寄存返还条款,即"来自缔约一方领土并由该方为保护其免受武装冲突危害而交存于缔约另一方领土内的文化财产,应于敌对行为终止时由后者返还给此项财产来源地的主管当局"。该公约首次要求占领他国领土的各缔约国在武装冲突期间防止从该领土输出文化财产,这是迄今为止唯一一个包含关于返还战时转移文物条款的国际公约。①

第六,1954年《海牙公约》第一议定书规定了战争结束后文化财产的返还。第一议定书第三条规定:"每一缔约国承允于敌对行动终止时,向先前被占领土的主管当局返还处于其领土内文化财产"。这一规定意味着,无论出于何种理由,包括盗窃、抢劫、暂时保管等原因,缔约国都不得在战争结束后继续保有另一方国家所有的文化财产,而应当将这些文化财产返还给原属国。此外,第一议

---

① 霍政欣:《追索海外博物馆非法收藏的中国文物:困难与对策》,载《中国博物馆》2016年第1期,第43页。

定书这一返还条款还特别将文化财产的返还同战争赔偿区分开来，位于其他国家的文化财产"绝不应作为战争赔偿而予留置"。根据这一规定，文化财产不得作为战争赔偿的一部分，其他国家的文化财产不得以战争赔偿为理由留置在缔约国。

二、1954年《海牙公约》的局限性及其弥补

在实施过程中，1954年《海牙公约》凸显出众多局限性，强制性不足，一些保护措施的可操作性不强，导致公约的实施效果大打折扣。基于这些问题，国际社会采取了一系列措施，不断对公约进行发展，这正是1954年《海牙公约》的生命力所在。

（一）1954年《海牙公约》的强制性不足

1954年《海牙公约》长期以来是一个缺少"牙齿"的公约。该公约在第28条规定了各缔约国应当在其刑事管理权范围之内，对违反本公约的个人施以刑事处罚，但并没有规定缔约国违反公约的法律后果。这就相当于各缔约国自己担任自己的"法官"，而对于缔约国自身违反公约则没有相应的制裁手段。这导致公约签署后，很多缔约国在武装冲突中并没有严格地执行公约的相关规定。比如，伊朗和伊拉克都是1954年《海牙公约》的缔约国，先后于1959年和1967年正式批准该公约，但两国在两伊战争中，都毫无顾忌地将文化财产作为军事打击的目标，诸多文化遗产惨遭破坏。在1990年伊拉克入侵科威特的战争中，伊拉克军队悍然对科威特的博物馆等文化遗产设施进行了大规模劫掠。南斯拉夫早就于1956年正式批准了该公约，但在南斯拉夫解体后，前南斯拉夫内战各方也毫无尊重文化遗产之意，诸多文化遗产遗址和设施惨遭劫掠。

有鉴于此，近些年来，国际社会加强了对违反 1954 年《海牙公约》、破坏人类共同文化遗产的罪行的制裁力度。2016 年 9 月 27 日，马里叛军及伊斯兰马格里布基地组织武装头目艾玛德·艾尔-马赫迪（Ahmad al-Mahdi）因为在 2012 年摧毁马里廷巴克图古城的 9 处陵墓及 1 处清真寺大门的罪行，在海牙国际刑事法院受审，最终被判处 9 年监禁。总之，加强 1954 年《海牙公约》的实施效果和法律强制力，不仅需要各成员国自身的"自觉"，也需要国际社会共同努力，使该公约变得更加"锋利"，更加具有威慑力，从而更为有力地在武装冲突状态下保护文化财产。

（二）第二议定书规定"重点保护"和"军事必要例外"规则

1954 年《海牙公约》对文化遗产的特别保护措施在之后的战争实践中的作用并不明显，可操作性不强，实施效果非常有限。因此，1954 年《海牙公约》第二议定书创设了"重点保护制度"，以补充特别保护措施的不足。该公约的议定书相对独立于公约本身，同样需要各国的自愿加入，其重点保护的对象不仅是不可移动文化财产，还包括可移动文化财产。在该议定书体系下，文化财产享有的军事行动豁免权远大于公约本身为其提供的特别保护。此外，第二议定书还特别规定了违反重点保护制度的具体刑事制裁措施。

同时，第二议定书还对"军事必要例外"制度进行了细化。1954 年《海牙公约》有关这一制度的规定非常笼统，仅提出尊重文化财产的义务仅在军事绝对必要的情况下方得予以摒弃，这一规定显然缺乏必要的实施标准和细则。第二议定书对这一规定进行了更为细致的规定。明确了在军事必要情况下方得予以摒弃对文化财产的尊重义务，必须同时满足以下两项条件：第一，所涉文化财产"所起的作用已使其变为了军事目标"；第二，已没有其他办法能够像对该目标采取敌对行动那样获得相同的军事优势。关于"军事目标",第二议定书完全采纳了《日内瓦公约》1977年《第一附加议定书》第 52 条第 2 款的规定:"军事目标系指一种物品,由于其性质、所处地点、目的或对其使用会给军事行动带来直接作用。该物品全部或部分被摧毁、被缴获或丧失作用也会导致明显的军事优势。"①

第二节　1970 年《关于禁止和防止文化财产的非法进出口及其所有权转让方法的公约》

对文化财产的盗窃、非法进出口和跨国非法贸易一直是世界各国文化遗产保护事业的巨大危害。20 世纪以来,特别是第二次世界大战以来,文化财产的跨国非法贸易愈发猖獗,不仅在战争时期是侵略者销赃的重要手段,在和平时期也是不法商人获取暴利的重要方式。而文化财产的来源国通常是在政治、经济和文化上处于弱势地位的发展中国家,对文化财产的盗窃、非法进出口和非法国际贸易进一步加剧了文化财产来源国的弱势地位。

随着"公平的正义"在国际社会中越来越成为主流思潮,发展中国家有权享有公平的文化地位。这要求国际社会携手合作,通过法律手段防范对文化财产的国际犯罪,保护全人类共同的文化遗产,特别是其来源国的文化财产。联合国教科文组织《关于禁

---

①　霍政欣:《文化财产与武装冲突——1954 年海牙公约〈第二议定书〉》,参见: https://www.icrc.org/zh/document/cultural-property-and-armed-conflict-hague-convention-2, 2019 年 11 月 10 日访问。

止和防止文化财产的非法进出口及其所有权转让方法的公约》(即"1970年公约")由此应运而生。

一、"1970年公约"的制定和主要规则

自1954年《海牙公约》颁布后,联合国教科文组织就着手制定关于和平时期保护文化财产的国际公约。从1964年开始,联合国教科文组织专家组成公约起草委员会,负责起草公约的建议稿,最终于1970年11月14日第十六届正式会议上通过了《关于禁止和防止文化财产的非法进出口及其所有权转让方法的公约》(即"1970年公约")。

这一公约的制定过程充满了文化财产来源国和市场国之间的争论。比如,美国认为公约建议稿中的一些规定对其海关等政府部门造成了巨大的负担,因此强烈要求进行修改。公约的最终文本是各方经过争论和博弈,达成政治妥协的结果,主要包括四个方面的规定。

第一,公约的目的。"1970年公约""考虑到各国有责任保护其领土上的文化财产免受偷盗、秘密发掘和非法出口的危险……考虑到博物馆、图书馆和档案馆作为文化机构应保证根据普遍公认的道义原则汇集其收藏品",提出了公约的主要防范对象,即对文化财产的偷盗、秘密发掘和非法出口,以及保护对象,即博物馆等机构中的文化财产。

第二,公约的文化财产保护范围。"1970年公约"第7条第2款规定:"禁止进口从本公约另一缔约国的博物馆或宗教的或世俗的公共纪念馆或类似机构中窃取的文化财产,如果该项财产业已用

文件形式列入该机构的财产清册。"这表明公约保护的文化财产应当具有两种属性：一是特定机构所有；二是登记在册。

第三，非法出口的文化财产的返还方式。对于公约所保护的非法出口的文化财产，文化财产的来源国可以通过外交部门提出要求，"应提供使确定其收回或归还失物的要求的必要文件及其他证据，费用自理"。对于文化财产的返还，在善意取得问题上，该公约采取了相对折中的方式，即善意取得人不享有被盗文化财产的所有权，但有权获得补偿。文化财产的所在国有权"采取适当措施收回并归还进口的此类文化财产"。如果文化财产者的购买者属于善意购买人，请求国须向善意购买人给予公平的赔偿，除此之外，归还和运送文化财产过程中所需的一切费用均由请求国自行负担。

第四，缔约国防范文化财产非法进出口的措施。缔约国在这一方面的义务包括两个方面，即防止原产于本国的文化财产非法出口至其他国家，并防范原产于其他缔约国的文化财产非法进口至本国。具体措施包括主管机构的合作、文化财产返还、临时性管制、教育和记录等方式。缔约国有义务确保本国的主管机关进行合作，将非法出口的文化财产尽可能早地返还其合法所有人。缔约国在其他缔约国文化财产处于危险状况下，应当对有关特定物资的进出口及国际贸易加以管制，以及采取其他临时性措施。缔约国有义务对公众进行教育。缔约国还应当责成艺术品交易商始终保持对交易文化财产的记录。

二、"1970年公约"框架下的双边协议

"1970年公约"第9条规定了各缔约国有义务"参与协调一致

的国际努力",第 15 条还规定:"在本公约对有关国家生效前,本公约之任何规定不应妨碍缔约国之间自行缔结有关归还从其原主国领土上不论以何种理由转移之文化财产的特别协定,或制止它们继续执行业已缔结的有关协定。"在相关规定的基础上,公约缔约国相互之间通过双边协议,建立了相互合作关系,制定了更为具体的措施。比如,我国陆续与秘鲁、意大利、印度、菲律宾、希腊、智利、塞浦路斯、委内瑞拉、美国、土耳其、埃塞俄比亚、澳大利亚、埃及、蒙古国、墨西哥、哥伦比亚、瑞士等 22 个国家签订了关于防止文物非法出入境以及促进文物返还的双边协定。①

中美两国都是全球范围内体量庞大的艺术品市场国,中国也是最大的文物来源国,中美两国对"1970 年公约"的遵守和执行对国际文化遗产的保护至关重要。中美两国均为"1970 年公约"缔约国,都有义务履行该公约之规定,为防止和制止文物的非法进出口和非法转让所有权,采取必要措施,包括在缔约国间进行密切合作,协助其他缔约国对特定的文化财产实行进出口和贸易限制。② 为此,2009 年 1 月 14 日,中美两国签署了《中华人民共和国政府和美利坚合众国政府对旧石器时代到唐末的归类考古材料以及至少 250 年以上的古迹雕塑和壁上艺术实施进口限制的谅解备忘录》(简称《中美限制进口中国文物谅解备忘录》)。在法律上,中美两国同时作为公约的缔约国,需要合作执行公约的相关规定,同时《文化财产公约实施法》(Convention on Cultural Property Convention Implementation Act)也是美国限制外国文化财产入境的国内法依

---

① 王云霞:《流失文物的"回家路"》,载《人民日报》2019 年 12 月 14 日,第 5 版。
② 王云霞:《中美限制进口中国文物谅解备忘录及其对中国的影响》,载《南京大学法律评论》2011 年秋季卷,第 365 页。

据;实践中,中国文物流失问题严峻,而美国是一个重要的文物市场国,从中国非法贩运和走私出境的文物,其中多数最终流入美国等市场国家。因此,中美两国在该谅解备忘录中,对中国文物向美国的非法入境进行了严格的限制。① 除了中美谅解备忘录之外,截止到2018年年底,美国已经同伯利兹、玻利维亚、保加利亚等18个国家签署了类似的双边协议。

这些双边协议反过来又进一步促进了各国国内法的发展。比如,为了达到美国《文化财产公约实施法》所要求的四项标准,中国在与美国就谅解备忘录的磋商过程中,对既有的法律法规进行了修改和完善,颁布了《长城保护条例》《文物进出境审核管理办法》等多项法律法规。② 各国文化遗产保护法制的建设与完善,有助于从根本上防止文物非法出口和文物的非法国际贸易,从而在根本上解决未来可能出现的文物流失与文物返还争议和问题。

三、"1970年公约"的重要意义

从总体来看,"1970年公约"是文物市场国和文物来源国以积极的态度来解决文化财产流失问题的重要成果,体现了国际社会的广泛谅解与合作。特别是"1970年公约"对发展中国家的权利和利益进行了相当程度的保障,体现出国际社会中维护公平和正义的声音越来越强大。以此为标志,国际艺术品市场不再是一个弱肉强食的文物"猎场",而是受到了越来越多规范化和专业化的规制。具

---

① 王云霞:《中美限制进口中国文物谅解备忘录及其对中国的影响》,载《南京大学法律评论》2011年秋季卷,第366页。
② 同上文,第368页。

体而言,"1970年公约"的重要意义主要体现为四个方面。

第一,"1970年公约"是第一部打击文化财产的非法国际贸易、促进流失文化财产返还的综合性国际公约,具有开创性的重要意义,是"文化财产国际立法的里程碑",对国际文物法律环境朝着公平、正义的方向演进起到了历史性的推动作用。[①]截止到2019年底,该公约已经有140个成员国[②],涵盖了世界上大部分国家。特别是其中包括众多文化大国,以及曾经是非法贩卖文物中心的文物市场国家。这表明公约得到了国际社会的普遍承认和尊重。在"1970年公约"的影响下,众多国际公约中的流失文物追索国际合作长效机制逐步建立。

第二,"1970年公约"及其框架下的制度体系在实践中解决了许多流失文化财产的返还问题。大量流失文化财产通过双边或多边的合作,借由国际间的法律手段得以返还,众多国家防范文化财产非法国际贸易和非法进出口的国内法制度根据或参照这一公约得以建立,有力地打击了针对文化财产的违法犯罪行为,显示出了公约强大的生命力。

第三,"1970年公约"构建了一个文化财产事务的国际合作机制。在这一框架下,各国通过彼此之间的双边或多边协议,就相关事务展开了卓有成效的合作。这些双边协议相比公约的规定更加具体,而且更有针对性,对防范双方文物流失、互相追索流失文物、开展文物领域的交流与合作具有重要的意义。

---

① 霍政欣:《追索海外流失文物的法律问题》,中国政法大学出版社2013年版,第99—100页。

② "1970年公约"缔约国名单,参见联合国教科文组织官网:http://www.unesco.org/eri/la/convention.asp?KO=13039&language=E&order=alpha,2020年5月25日访问。

第四,"1970年公约"促进了各缔约国相关国内法律的完善,促进了各国文化遗产保护事业的发展。"1970年公约"的基本精神普遍成为各国文化遗产法的一般指导原则,许多国家还深入参考了"1970年公约"关于文化财产的定义,结合本国实际情况对本国文化财产进行了界定。在该公约的要求和倡导下,各缔约国通过颁布新法、修改现行法律、改进工作方式等手段,在不同程度上使防范文化财产非法进出口制度和文化财产的返还制度更加完善,并促进了国内其他文化遗产保护工作的进步。我国《文物保护法》中的一系列制度,比如文物进出境的管理、文物交易审查、盗窃文物防范、长城保护等法律制度,都受到了"1970年公约"及其框架下的法律体系的深刻影响。美国作为最大的文物市场国,也根据"1970年公约"出台了《文化财产公约实施法》,作为执行该公约的具体国内法,建立健全了防范文化财产非法国际贸易、防范文化财产非法进口、返还被盗文化财产的具体制度,对世界多国的文物保护事业都产生了深远影响。

四、"1970年公约"的争议和局限性

虽然"1970年公约"在防范文化财产非法国际贸易和文化财产的返还方面有着举足轻重的重要意义,但仍存在着一些遗憾。该公约是各国政治妥协的结果,由于各国利益诉求不一,特别是文化财产来源国与市场国之间还存在着一系列结构性的矛盾,这就导致公约的内容主要是原则性和概括性的。具体而言,这些局限性主要表现在以下四个方面。

第一,公约保护范围有限。"1970年公约"保护的仅是那些特

定机构所有的登记在册的文化财产,这种规定的优势在于取证便捷,可以迅速和准确地确定文化财产的真正所有者,发生事实和法律争议的可能性较小;但这也导致许多不在清单范围内的文化财产难以得到公约的保护。比如,数量庞大的个人所有而且未被特定机构登记的文化财产就没有纳入公约的保护范围,个人或组织也没有通过该公约提出返还请求的权利。特别是大量处于地下埋藏状态,未被所在国政府、机构和公众所知晓的考古材料,虽然包括中国在内的许多国家在国内法中规定了地下埋藏考古物属于国家所有,但很多并不在该公约的保护范围之内。地下埋藏考古物处在不为绝大多数人所知的状态,不可能登记在册,在实践中一直是不法艺术品商人进行盗窃和非法交易的重要目标,时刻处在被盗掘的危险之中。

第二,公约没有溯及力。"法无溯及既往的效力"(not retroactive)是法治的一项基本原则,国际公约没有溯及力本是理所应当。但在文化财产保护领域,历史上文化财产由于战争、殖民掠夺、偷盗、盗掘而流失他国,一直是最重要、最尖锐、争议最大的问题。要求国际公约有溯及既往的效力固然是不合理的,但国际公约有义务去面对这个问题,提出原则性的解决方案。事实上,该公约制定过程中曾尝试为延长其溯及力而努力,以便为大部分在欧洲霸权和殖民时代从原主国流失的文化财产的返还提供法律支持:在 1969 年公约草案中,曾有要求缔约国承认一国对公约生效以前已属于该国,或其公民在此前获得的所有权的条款,但被政府专家特别委员会删除;[①] 中国也曾提议,与一国历史和文化不可分割的重要文化财产非

[①] Draft Convention on the Means of Prohibiting and Preventing the Illicit Import, Export and Transfer of Ownership of Cultural Property (16 C/17) ("Final Report" of the Special Negotiating Committee, 1970), Annex II, p.4.

法流入另一缔约国的，两国应本着国际友好原则，促进该文物归还其原主国，但依旧因为溯及力问题遭到拒绝。[①] 有鉴于此，该公约的最后文本对这个问题却采取了完全回避的态度，意味着该公约同一般法律一样，完全没有溯及既往的效力，不仅不能解决历史上流失文化财产的返还问题，还造成了一些公约在实际适用中的尖锐问题。由于各缔约国加入公约的时间不一，文化财产在国际间非法流转也需要一定时间，这就导致相关案件中的某一缔约国可能出现是否适用该公约的困惑。假设这样一种情况，A 国首先成为公约的缔约国，然后 A 国文化财产非法出口，接着 B 国加入公约，最后该文化财产非法进口至 B 国，那么 B 国是否可以适用这一公约？在此情形下文化财产进口国适用公约是以文化财产非法出口之时为标准还是非法进口之时为标准？这个问题在加拿大的司法判例"R 诉海勒案"（*R v. Heller*）中得到集中体现，某文化财产非法出口时，加拿大尚未加入该公约，加拿大法院判决不适用这一公约："非法出口"的时间点必须限制在公约对加拿大生效之后。[②]

第三，公约缺乏具体实施措施和强制力。"1970 年公约"作为各缔约国达成妥协的结果，具有高度的原则性和概括性，并不是一个可以直接适用的公约，它需要各缔约国通过国内法和"1970 年公约"框架下的双边或多边协议，制定具体的实施方案。缔约国对该

[①] Revised Draft Convention Concerning the Means of Prohibiting and Preventing the Illicit Import, Export and Transfer of Ownership of Cultural Property（UNESCO DOC.SHC/MD/5, Annex II），p.10.

[②] 霍政欣：《追索海外流失文物的法律问题》，中国政法大学出版社 2013 年版，第 105—106 页。

公约可能存在不同解释,各国在国内立法时也有所不同。① 这可能导致各国在执行公约时产生分歧和争端。除此之外,公约也缺乏执行监督机制,联合国教科文组织一直致力于解决这一问题,比如,联合国教科文组织于 2015 年的"1970 年公约"第三次缔约国会议中通过了该公约的《操作指引》,对各国如何具体执行该公约提供了一系列的技术性操作指导。然而,联合国教科文组织的这些努力收效如何,还需要时间和实践的检验。

第四,公约没有对时效问题作出明确的规定。时效规则(statue of limitations)是各国民法在财产返还问题上所普遍采用的规则,但各国国内法彼此之间差异很大,甚至于在美国这样的联邦制国家中各州法律也存在差异。但其中相同的精神是,原所有者不能"躺在自己的权利上睡觉"(sleeps on his rights)。② 原告需要履行勤谨调查义务(due diligence),尽自己最大的努力发现文化财产被盗的事实,寻找被盗财产下落,并向持有人要求返还。因此,时效规则在客观上对文化财产的来源国追索流失文化财产施加了限制,一旦原告息于追索从而超过时效,就将无法实现诉权。由于各方争论激烈,特别是文化财产的来源国与市场国之间存在着巨大的利益冲突,各方妥协的结果是,"1970 年公约"并未对时效问题作出任何明确的规定。这意味着各国可以适用其国内法关于返还请求的时效期间规定。③ 这种结果在客观上对追索方提出了较高的要求、施

---

① 王云霞主编:《文化遗产法学:框架和使命》,中国环境出版社 2013 年版,第 515 页。
② *O'Keeffe v. Snyder*, 170 N.J.Super. 75, 405 A.2d 840(1979)。
③ 霍政欣:《追索海外流失文物的法律问题》,中国政法大学出版社 2013 年版,第 109 页。

加了更多的负担，特别是对于文化财产这种市场价格极高、交易黑市广泛存在、取证非常困难的特殊财产，更加不利于原所有者保护其所有权。

五、"1970年公约"在主要文物市场国的实施

"1970年公约"的一大特点就是它并不是一个可以自动实施的国际条约，需要各缔约国的配套措施，因此它允许并鼓励缔约国在该公约框架下创制管理措施，以补充和充实条约义务的内容。[①] 众多文物市场国在历史上曾经通过殖民统治和侵略战争掠夺其他国家的文物，长期以来还因为宽松的文物交易管制环境，成为文物非法交易的乐土。"1970年公约"的实施效果在很大程度上受到文物市场国接受和执行的影响。

（一）美国

美国是当今世界上最大和最重要的文化财产和艺术品交易市场国[②]。在20世纪70年代之前，由于巨大的艺术品市场体量和相对宽松的交易限制，美国长期以来一直是艺术品和文化财产非法交易和走私的重要目的地。在1977年的"美国诉麦克莱恩案"（United States v. McClain）的判决意见中，联邦第五巡回上诉法院的法官认为，"在今天的美国和其他艺术品市场国中，普遍的规则是进口由

---

① Katherine D. Vitale, The War on Antiquities: United States Law and Foreign Cultural Property, *Notre Dame Law Review*, April 2009, p.1844.

② 根据欧洲艺术基金会（TEFAF）的统计，在2016年全球艺术品交易总额中，美国占据了29.5%的份额，位居全球第一，之后分别为英国（24%）和中国（see The European Fine Art Foundation: TEFAF Art Market Report 2017）。在此之前的年份中，美国占据的份额更加庞大，比如在2015年曾占据了43%的份额。

其他国家非法出口的物品并不违法,包括艺术品在内。"① 在20世纪80年代之前,美国关于艺术品进口的一般规则主要包括:艺术品的非法出口并不妨碍其合法地进口至美国;非法出口艺术品并不必然使进口者在美国法院遭到起诉;在美国,仅仅持有非法出口自他国的艺术品没有法律限制。②

这种宽松的进口限制实际上纵容了艺术品的非法交易。而艺术品的非法交易刺激着全球范围内对历史遗址的劫掠。③ 进入20世纪以来,诸多来自世界各国的文化财产通过不道德的手段流入美国,特别是在第二次世界大战时期,由于战乱,以及纳粹德国与日本对欧洲和亚洲文化财产的掠夺,大批来自欧洲和亚洲的文化财产流落到国际市场中,其中很多就进入了美国的收藏家和博物馆的藏品目录之中。因此,"1970年公约"的制定,对于美国的艺术品市场是一个巨大的挑战,也为美国政府施加了对国际社会一系列新的责任和义务。

在"1970年公约"诞生后不久的1972年,美国联邦参议院就批准了这一公约,但直到1983年才正式完成加入这一公约的程序,并颁布了《文化财产公约实施法》。可以说,美国政府在防止和禁止文化财产的非法国际交易以及文物返还问题上,从总体上来说有着相对积极的态度,但又存在着矛盾的心理。虽然美国国会认识到,美国作为最重要的市场国,长期作为文化财产非法国际交易的

---

① *United States v. McClain*, 551 F.2d 52 (5th Cir. 1977).

② Paul M. Bator, *The International Trade in Art,* The University of Chicago Press, 1982, p.11.

③ Barbara B. Rosecrance, Harmonious Meeting: The McClain Decision and the Cultural Property Implementation Act, *Cornell International Law Journal*, Volume 19, Issue 2, Summer 1986, p.1840.

目的地会损害大批文物来源国的利益,进而影响美国同这些国家之间的外交关系;但是与此同时,一些国会议员试图将通过"1970年公约"与《文化财产公约实施法》,以及前述"麦克莱恩案",与文化财产的国家所有权理论二者相挂钩,希望修改甚至废除"麦克莱恩案"与文化财产的国家所有权理论。① 不过,经过漫长的博弈,美国最终处理好了文化财产的国家所有权理论同"1970年公约"与《文化财产公约实施法》之间的关系。

在美国,具体应用和实施"1970年公约"的国内法就是1983年《文化财产公约实施法》。"1970年公约"与《文化财产公约实施法》的核心宗旨和措施包括以下三个方面:第一,禁止进口缔约国登记在册的从博物馆或类似机构中盗窃的文化财产;第二,对被盗的文化财产进行返还;第三,对处于各种威胁和危险之中的文化财产实施特别的进口管制。② 其中,最为关键的措施是对文化财产进口的管制。

1983年《文化财产公约实施法》所保护的对象是公约缔约国包括"考古或民族学/人种学材料"(archaeological or ethnological material of the State Party)在内的文化财产。在"考古或民族学/人种学材料"中,"考古材料"指的是具有文化价值并且具有250年以上历史的考古出土物品;"民族学/人种学"指的是土著部落等前工业化社会群体中,对这一群体具有特殊历史文化价值、具有文化遗产意义的物品(Sectin 302)。其中特别值得注意的是关于"考古材料"250年历史门槛的规定,美国在同其他国家就文化财产进

---

① Katherine D. Vitale, The War on Antiquities: United States Law and Foreign Cultural Property, *Notre Dame Law Review*, April 2009, p.1843.

② 同上文,第1868页。

口限制的合作中也主要是基于这个标准对文化财产的范围进行限定。在此基础之上，《文化财产公约实施法》在入境管理和限制方面规定了一系列措施，以执行"1970年公约"所规定的文物国际流转限制，主要包括以下四套机制。

第一，文化财产的一般进口限制。这一制度的国际法依据是"1970年公约"第9条所规定的国际协调机制。在一般情况下，除非有缔约国颁发的相应证书或其他文件证明出口行为并不违反该缔约国的法律，指定清单上的考古或人种材料不得进口到美国。这一措施对文化财产出口国所限定的条件是，缔约国的文化遗产由于考古或人种学的材料遭受掠夺而处境危殆，而且采取了公约所规定的文化遗产保护措施（Sectin 303, Section 307）。

第二，文化财产的紧急进口限制。在常规的进口限制之外，如果缔约国特定的一些文化财产出现一定的情势，即新发现对于理解人类历史具有重要意义的材料，来源于具有重大文化意义遗址的文化财产，某个文明的遗存部分，这三种文化财产如果全部或部分地处于被劫掠、拆除、流失、损坏的危险之中，那么总统就可以启动文化财产的紧急进口限制（Sectin 304）。

第三，特定被盗文化财产的禁止进口。根据"1970年公约"第7条的规定，公约另一缔约国的博物馆、宗教的或世俗的公共纪念馆，或类似机构中窃取的文化财产，一律不得进口（Sectin 308）。该法直接适用了"1970年公约"的这一规定。

第四，指定清单。在咨询新闻署之后，财政部长应当根据协议规定的进口限制或者紧急进口限制措施，指定缔约国的考古材料或人类学材料清单，作为限制文化财产入境的依据（Sectin 305）。

那些违反了《文化财产公约实施法》中的进口管制措施而进口

至美国的文化财产和其他指定民族学与人类学材料,应当予以扣押并没收。在此之后,这些物品应当首先返还给原产地的缔约国或者其他对这些物品拥有"有效权利"(valid title)的权利主体。提出返还请求的缔约国的责任包括三个方面:第一,应当承担相应的返还费用;第二,请求方应当提供相应的证据证明其权利主张;第三,返还请求应当符合法无溯及力等法治原则的要求。

《文化财产公约实施法》在一定程度上承认了文物来源国对本国文物的主权和其他利益,维护了文物产地国的国家利益。在这个意义上,该法的重要影响主要体现在以下四个方面。

第一,在一定程度上防止了文化财产非法出口至美国,有助于打击全球范围内的文物与艺术品非法交易。《文化财产公约实施法》根据美国自身的行政体制,建立了一套多层次的防控体系,相比于"1970年公约"而言更加具体,更具有可操作性。这套防控体系的存在本身就是对文化财产的盗掠和非法国际交易的威慑。就立法水平而言,《文化财产公约实施法》所规定的进口管制措施清晰、详细、独特,为进口者和其他相关人员提供了公平和明确的提示,以说明什么样的财产是受到保护的。[①] 这是它相对于文化财产的国家所有权理论的优势之处,避免了因为外国法律对美国人而言的不明确而对利益相关方造成的不利后果。

第二,扩展了"1970年公约"的保护范围。同"1970年公约"相比,《文化财产公约实施法》的一大特征就是引入了"文化遗产"(cultural patrimony)这个概念。相对于"1970年公约"所保护的登记在册的文化财产而言,《文化财产公约实施法》中的"文化遗产"

---

① Katherine D. Vitale, The War on Antiquities: United States Law and Foreign Cultural Property, *Notre Dame Law Review*, April 2009, p.1870.

范围较广,不局限于个体的文化财产,还涵盖了民族学、考古学的材料(ethnological and archaeological materials)。当来自外国的这些材料处于被掠夺的危险中时,《文化财产公约实施法》可以通过进口管制的手段对它们进行保护。① 不过同样应当注意的是,虽然保护范围有所扩展,但《文化财产公约实施法》不可避免地同样具有"1970年公约"所类似的局限性,即文化财产的保护范围有限,存在着一定的疏漏,比如关于此类文化财产应具有250年历史的限定。

第三,建立健全了非法流入美国的流失文物的返还体制。在"1970年公约"和《文化财产公约实施法》的原则性规定的基础之上,相关的双边协议根据两国具体情况,对文物返还的具体程序进一步作出了更为明确和详尽的规定,使返还被盗文物有了坚实的法律依据和操作规范。美国就曾经多次同中国合作,根据"1970年公约"向中国返还了多批次的被盗的走私文物。典型的案例包括:2000年3月,中国"王处直墓"的墓葬文物武士浮雕像出现在纽约佳士得拍卖行,中美两国有关部门的共同努力,成功阻止了拍卖,最终得以按照司法程序将这件文物没收为国家财产,并无偿归还给中国政府;2002年3月,陕西省公安、文物部门在破获一起盗掘文物案时,发现美国某拍卖行即将拍卖该省西安市西汉皇陵被盗的6件陶俑,外交部、公安局、国家文物局和陕西省有关部门依照国际公约展开追索工作,及时阻止了文物拍卖,并最终促成这批文物重新回归故土;2003年6月,美国向中国归还了6件走私文物。②

---

① Katherine D. Vitale, The War on Antiquities: United States Law and Foreign Cultural Property, *Notre Dame Law Review*, April 2009, p.1872.

② 《法国归还中国文物未要补偿,盘点近年追回的那些文物》,见中国网:http://www.china.com.cn/cppcc/2015-07/09/content_36019861.htm,2016年11月29日访问。

综上所述，美国加入"1970年公约"并颁布《文化财产公约实施法》，标志着文物返还方面的法制建设取得了重大进展，这种发展同民族主义原则存在着相互促进的关系。一方面，美国法律在文化遗产法与文物返还问题中越来越倾向于承认与接受文化民族主义原则，更加强调维护文物来源国的合法权利和利益，而不仅仅考虑国际文物与艺术品市场的自由贸易与繁荣；另一方面，这些法制建设也丰富了文化民族主义原则的内涵，为文物返还及其他相关领域如文物进出口管制，提供了新的解决方案与思路。

（二）英国

英国作为世界上主要的文物和艺术品市场国之一，艺术品交易数量和数额长期以来同美国、中国一道位列世界前三。而且英国有着掠夺其他国家文物的黑暗历史，且一直都是文物非法交易的"重灾区"。由于英国文物交易市场一度十分自由和开放，文物出入境管理相对宽松，在打击文物非法国际交易方面，英国曾扮演了并不光彩的角色，成为文物走私等非法交易的乐土，普遍被认为"并没有站在天使这一边"。[①]2000年，英国下议院发布了《文化财产：返还和非法交易》(*Cultural Property: Return and Illicit Trade*)的报告。该报告指出，为了应对文化财产的非法交易，英国应当在刑法中增加专门的盗窃、盗掘和非法进出口文化财产的罪名，在刑法作出这样的修改之后，才可以正式加入"1970年公约"。同年，英国文化、媒体与体育部（Department for Culture, Media & Sport，现为数字化、文化、媒体与体育部[Department for Digital, Culture,

---

① Adrian Parkhouse, The Illicit Trade in Cultural Objects: Recent Developments in the United Kingdom, *Modernism/Modernity*, Vol. 97, No. 45, 2007, pp.481-482.

Media & Sport],以下或简称"文化部")设立咨询委员会,对加入"1970 年公约"的可行性展开专项研究,该咨询委员会建议英国立即采取立法及其他措施以阻止文化财产跨国非法交易,并且应当正式加入"1970 年公约"。① 因此,2002 年,英国正式加入"1970 年公约"。为了实施"1970 年公约",英国对国内法进行了一系列改革,并且采取了多项政策措施。

第一,对文物进出口的管制和非法贩运文物犯罪行为的打击。2003 年,英国议会制定并通过了《文物交易(犯罪)法》(The Dealing in Cultural Objects [Offences] Act 2003),增设了有关文物盗窃和非法国际交易犯罪的规定,主要用于保护文物原产国的合法权益。这部法律在英国打击文物非法交易的进程中扮演着极为重要的角色,其重要意义在于对所谓带有"污点"(tainted)的文物的交易进行了禁止性规定,并对文物出入境的禁止和限制进行了实质性的规定。在这部法律中,"交易"包括购买、借用、租赁、接受、处分、出境和入境等多种行为。"污点"文物指的是那些被非法挖掘和转移的文物。任何人一旦进行了不诚实的交易,即明知或者相信文物是有"污点"的,而仍然进行了交易行为,那么就会构成犯罪。因此,在文物的出境管理上,具有"污点"是文物禁止出境的一个重要的标准。同年,英国政府发布了《具有文化价值的物品出口(管制)令》(The Export of Objects of Cultural Interest [Control] Order 2003),明确了对文物的出口管制措施,根据"1970 年公约"的相关规定,对本国不同类别的文物实行不同程度的出口管制。除

---

① 霍政欣、刘浩、余萌:《流失文物争夺战——当代跨国文物追索的实证研究》,中国政法大学出版社 2018 年版,第 154 页。

非持有由国务大臣(Secretary of State)颁发的许可证(licence),任何受到管制的文物都不得出口到任何地方。

第二,对博物馆收藏和艺术品交易行为进行规范。2005年,英国博物馆、图书馆和档案馆委员会[①]向英国收藏界发布了道德准则,即《打击非法贸易:博物馆、图书馆和档案馆在收藏和租借文化材料时的勤谨调查义务指南》,规定英国博物馆等收藏机构在获取藏品时,应当尽必要的勤谨调查义务,对藏品的来源地、供应者、所有权转移记录等信息进行详尽的审查。[②]2006年,大英博物馆以及英国博物馆、图书馆和档案馆委员会同国际电子商务公司eBay签署了一项谅解备忘录,大英博物馆可以监控eBay上出现的可疑文物和可疑的供应商,并将文物非法交易的线索报告警方。

第三,对纳粹掠夺文物的追索和返还。2009年,英国议会制定通过了《大屠杀(文物返还)法》(The Holocaust (Return of Cultural Objects) Act 2009),明确了英国支持纳粹大屠杀受害者追索被掠文物的立场,规定了对纳粹统治期间掠夺的文物进行追索和返还的具体情形和程序。

(三)德国

德国不仅应当承担返还纳粹掠夺艺术品的历史责任,还是重要的艺术品市场国,在当今承担着防范文物非法进出口和跨国非法交易的国际责任。2007年,德国加入"1970年公约"。同年,为了

[①] 英国博物馆、图书馆和档案馆委员会是英国文化部下设机构,现已停止运行。其博物馆行业规范管理相关业务,现由英国博物馆协会进行。

[②] See *Combating Illicit Trade: Due diligence guidelines for museums, libraries and archives on collecting and borrowing cultural material*, available at: https://www.museumsassociation.org/download?id=17156, accessed on 09-12-2019.

在国内实施这一公约和欧盟相关法律,德国制定了《文化财产返还法》。根据该法,从欧盟成员国领土上转移到德国的文化财产均应当予以返还,但德国返还这些文化财产需要满足下列条件:第一,欧盟成员国出土后未登记在册而被非法转移的考古类文化财产,应当在一年以内提出请求返还的通知;第二,"1970年公约"缔约国所请求返还的文化财产,应当符合公约的要求,即由特定机构所有的明确指定并登记在册的文化财产;第三,欧盟成员国的文化财产的出口违反了该国的相关法律规定,即入境德国为非法;第四,如果请求返还的国家为该文化财产签发过有效的出口许可证,则不得请求返还。①

(四)日本

日本同样既是在"二战"期间开展掠夺文物的加害国,又是当今重要的文物市场国。日本于2002年正式成为"1970年公约"的缔约国,同年颁布实施了《文化财产非法出入境等事务规制法》(简称《文化财产出入境法》)以配合该公约在日本的实施。

通过该法律及相关规定,日本明确表示将遵守公约所规定的缔约国义务,限制相关的文化财产的入境。日本关于外国可移动文物的入境管理的主要依据是"特定外国文化财产"的认定。"特定外国文化财产"指的是,根据"1970年公约"第7条第2款第1项的规定,并依据公约缔约国政府的通知,在缔约国的博物馆或宗教的或世俗的公共纪念馆或类似机构,且业已用文件形式列入该机构的财产清册中,而遭到窃取的文化财产。"特定外国文化财产"通过以下程

---

① 霍政欣、刘浩、余萌:《流失文物争夺战——当代跨国文物追索的实证研究》,中国政法大学出版社2018年版,第331—332页。

序进行指定：日本外务大臣应当及时将这些窃自缔约国的特定文化财产的目录通知给文部科学大臣；根据外务大臣的通知，文部科学大臣应当同经济产业大臣协议，通过文部科学省命令的方式，将这些文化财产规定为"特定外国文化财产"。如果文部科学大臣认为某项财产已不再属于"特定外国文化财产"，那么就应当解除指定。任何人如果试图进口"特定外国文化财产"，应当根据《对外交流与外贸法》第52条的规定，依据内阁命令，获得进口许可。进口许可的颁布应当遵守日本已签署的国际条约和协定。综合"1970年公约"和《对外交流与外贸法》规定，在一般情况下，日本对所指定的"特定外国文化财产"是不予进口的。

日本《文化财产出入境法》对文化财产保护范围、管制手段、善意取得等措施的规定基本上照搬了"1970年公约"的相关条款。日本在人员出入境和货物进出口活动中，通过视频、宣传册等形式宣传了"1970年公约"和该法律。自实施以来，共有三件"特定外国文化财产"依据该法返还给原所有国。该法未来的实施效果如何仍有待观察。

第三节　1995年《关于被盗或非法出口文物的公约》

联合国教科文组织"1970年公约"在防范文化财产的盗窃、非法进出口和跨国非法贸易中起到了巨大作用，但在文化财产的保护范围等问题，特别是文物返还问题上还存在着诸多局限性，文物来源国的权益仍然有待进一步的保障。因此，制定一部新的关于文物返还的国际公约的呼声越来越高，国际统一私法协会《关于被盗或非法出口文物的公约》(即"1995 年公约")应运而生。

一、"1995 年公约"的制定

1995 年 6 月 24 日，国际统一私法协会（UNIDROIT）在意大利罗马召开了"关于在国际范围内归还被盗或非法出口文物公约"的外交大会，通过了《关于被盗或非法出口文物的公约》（*1995 UNIDROIT Convention on Stolen or Illegally Exported Cultural Objects*，简称"1995 年公约"）。[①] 这一公约的制定是在联合国教科文组织的倡议下进行的，其目标之一就是对"1970 年公约"的局限性进行修补，解决更多的争议性问题。特别是解决文化财产相关争议中不同国家的国内法冲突以及国际私法不统一的问题。因此，在联合国教科文组织的建议之下，国际统一私法协会成立专家组起草公约草案，70 多个国家参加了公约谈判。

"1995 年公约"在制定过程中同样经历了文化财产来源国与市场国之间的激烈争论。一些文化财产市场国认为这一公约草案比"1970 年公约"牺牲了更多市场国的利益，为市场国增加了更多的负担，因此即使公约得到协会大会通过和市场国政府签署，也难以得到市场国立法机关的批准。经过各国的争论和妥协，"1995 年公约"最终于 1995 年 6 月得以通过。

即使依然充满着争议和妥协，"1995 年公约"仍然起着同"1970 年公约"相互补充和协调的重要作用。普罗特（Lyndel V. Prott）教授认为，联合国教科文组织对"1995 年公约"感到满意，这个新公

---

① 王云霞主编：《文化遗产法学：框架和使命》，中国环境出版社 2013 年版，第 494 页。

约是对"1970年公约"的补充,对于那些认为"1970年公约"过于模糊不清而为之疏远的国家,新公约精确和来之不易的文本可以让它们消除疑虑了。①

二、"1995年公约"的创新和突破

"1995年公约"同其他相关国际公约,特别是"1970年公约"相比,重要的突破性规定主要包括以下几个方面。

第一,采用了"文物"(cultural objects)而非"文化财产"(cultural property)的概念,保护范围有所扩张。同1954年《海牙公约》与"1970年公约"等国际法律文件相比,"1995年公约"明确采用了"文物"这一概念,指的是因宗教或者世俗的原因,具有考古、史前史、历史、文学、艺术或者科学方面重要价值的物品,共分7类。"1970年公约"所定义的文化财产实际上仅限于特定机构所有且登记在册的财产,而"1995年公约"中的文物并没有特别强调这一点,所有者既可以是国家,也可以是机构或者个人。因此,"1995年公约"扩大了"1970年公约"的保护范围。

第二,该公约明确提出被盗文物的拥有者应当归还该被盗物。根据公约规定,"凡非法发掘或者合法发掘但非法持有的文物,都应当视为被盗",其持有者应当予以归还。这种明确支持文物返还的立场,对于饱受文物流失痛苦的国家来说是一种巨大的鼓舞。同时,所谓"被盗"的含义指的是,根据原产国的法律,非法发掘,或

---

① Lyndel V. Prott, UNESCO and UNIDROIT: *A Partnership against Trafficking in Cultural Objects*, availale at: https://www.unidroit.org/english/conventions/1995culturalproperty/articles/s70-prott-1996-e.pdf, accessed on 03-11-2018.

者合法发掘但非法持有。这一定义采用原产国法律来界定"被盗"，更侧重于保护文物原产国的权益。

第三，对缔约国通过司法方式解决文物返还争议作出具体规定。该公约明确，文物返还请求可以向缔约国文物所在地法院或者其他主管机关提出，也可向根据其现行法拥有管辖权的缔约国法院或者其他主管机关提出。当事人可以同意将争议提交任何法院或者其他主管机关，或者提交仲裁。即使返还请求向另一缔约国法院或者其他主管机关提出，物品所在缔约国法律许可的，仍可实施包括保护性措施在内的任何临时性措施（第8条）。缔约的文物原属国也可以请求另一缔约国法院或者其他主管机关命令归还自其领土非法出口的文物。若请求国证实从其境内流出的文物严重地损害了公约列明的一项或多项利益，如该物品或者其内容的物质保存，组合物品的完整性、科学性或者历史性资料的保存以及部落或者土著人社区对传统或者宗教物品的使用的；或者证实该文物对于请求国具有特殊的文化意义的，被请求国的法院或者其他主管机关应当命令归还此文物（第5条）。当然，本公约不妨碍缔约国适用比本公约更为有利的规定解决被盗或者非法出口文物的返还问题，但这一规定不得解释为为缔约国创设承认或者执行另一缔约国法院或者其他主管机关作出的违反本公约规定之裁决的义务（第9条）。

第四，在时效问题上，该公约作出了相对较为宽松的规定。该公约规定，"任何关于返还被盗文物的请求应自请求者知道该文物所在地及其拥有者身份之时起三年之内提出"（第3条）。由于全球范围内很多国家和地区规定民事诉讼中财产返还请求的诉讼时效为两年，相对而言，三年的期限是较为有利于文物原产国的。此外，在任何情况下，返还被盗文物的请求应当自被盗时起五十年以内提出,"返还某一特定纪念地或者考古遗址组成部分的文物,或者属于公共收藏的文物的请求,则不受三年请求时效限制",且"任何缔约国可以声明一项请求应受七十五年的时效限制,或受到该国法律所规定的更长时效限制",该声明应在签署、批准、接受、核准或者加入时作出。这些规定,都进一步加强了时效规则的灵活性。

  第五,公约对善意取得问题作出了相对明确的规定。在善意取得问题上,"1995年公约"采取了和"1970年公约"相类似的规定,即在现占有人和原所有人二者之间采取了相对折中的处理办法:原所有人享有原所有权,善意取得人有获得补偿的权利。该公约规定,被盗文物的持有者只要不知道,也理应不知道该物品是被盗的,并且能证明自己在获得该物品时是慎重的(即其持有是"善意"的),则在返还该文物时有权得到公正合理的补偿。善意持有者经与请求国协商一致,可以下列方式之一代替补偿:1.保留对该物品的所有权;2.有偿或者无偿地将所有权转让给他所选择的居住在请求国境内并提供了必要担保的人。根据本条归还文物的费用应由请求国承担,但不妨碍该国向其他人追偿此种费用的权利(第6条)。在确定文物持有者是否善意时,应当注意其获得物品的所有情况,包括当事各方的性质、支付的价格、持有者是否向通常可以接触到的被盗文物登记机关进行咨询、是否向有关机关进行咨询,通常可以获得的其他有关信息和文件,或者采取一个正常人在此情况下应当采取的其他措施等因素;持有者若以继承或者其他无偿方式获得文物,则不应享有优于其前手的地位(第4条)。然而,与"1970年公约"相比,"1995年公约"除了规定善意取得人有权得到公正合理补偿的一般原则之外,还更为细致地要求善意占有人应考虑到获得物品的情况,包括缺少请求国法律所要求的出口许可证的情况。这就赋予了文物来源国及其国内法更多的话语权，实际上更为保护文物来源国的权利和利益。

三、"1995年公约"的局限性

根据"1995年公约"第10条规定，该公约仅适用于对缔约国生效后在该国提出的被盗或非法出口文物返还请求，但不以任何方式证明发生在本公约生效以前的非法移交是合法的，也不限制国家或者其他人根据本公约框架外的救济措施，对于本公约生效前被盗或者非法出口的文物提出返还或者归还请求，因此，"1995年公约"与"1970年公约"一样，在适用中面临着溯及力问题。

此外，作为一个从私法角度促进文化财产返还原主国或原所有权人的国际公约，文化财产在民事法上的所有权是决定返还问题的核心和关键因素，而许多流失文物在自原主国非法出口之后，几经复杂的跨国倒手，如何确定其所有权，与相关国家民事法律中的所有权取得制度和规则有着千丝万缕的联系，而不同国家上述制度的差异始终客观存在，造成该公约在执行方面仍存在一定的困难。

由于"1995年公约"相对于"1970年公约"而言，采取了更加偏重于保护文物原产国的立场，所以一些文物市场国对这一公约表现出犹豫和拖延的态度。截止到2019年年底，"1995年公约"有48个成员国。虽然缔约国总量还不是很多，但还在不断增加，意大利、瑞典、丹麦等一些文物市场国也加入了这一公约。最大的文物市场国美国国内建议政府加入这一公约的呼声也越来越大。然而，总的来看，"1995年公约"的缔约国远不如"1970年公约"广泛，英国、美国等重要文物市场国，以及日本，都尚未加入该公约。

第四节　战争劫掠文物返还相关国际软法

在文物返还及相关领域，还存在着大量的国际性软法，比如缺少强制力的决议、宣言、伦理和道德准则。虽然国际性软法一般不具备直接的法律约束力，不能代替、修改或废除国际公约等正式的法律规范，但往往具有较强的权威性、道德正当性和舆论影响力，还代表着国际文化遗产法的发展方向，对有关国际法和国内法的改革和发展起着指引作用。同时，由于当前国际文化遗产法发展还不够完善，存在着相当多的法律漏洞，这些国际性软法在一定程度上起到了填补法律空白的重要作用。国际性软法一般由国际政府或非政府组织制定，成为这些国际组织和政府或非政府成员的行为准则。

一、联合国大会决议

联合国大会决议并不是具有强制拘束力的法律文件，但由于其代表性广泛而具有相当大的权威。由于联合国成员国中发展中国家占大多数席次，联合国大会决议往往能够体现发展中国家的声音和利益。

在文化财产事务上，联合国大会决议经常能够支持文化财产来源国的观点和主张，即强烈反对文化财产的跨国非法贸易、促进文化财产返还原主国。联合国大会决议还为其他国际组织和世界各国确立了相关制度的典型模式，为解决文化财产返还问题树立了标杆。特别是联合国框架下的国际性法律文件,其中的很多都是依据联合国大会决议的精神所制定的。例如,《关于贩运文化财产及其他相关犯罪的预防犯罪和刑事司法对策国际准则》(*International Guidelines for Crime Prevention and Criminal Justice Responses with Respect to Trafficking in Cultural Property and Other Related Offences*,以下简称为"《国际准则》")就是依照联合国大会第66/180号和68/186号这两个决议的精神和主张所制定的。

这些联合国大会决议的理论基础,在于各个国家都有不受外国干涉,对领土范围内的内政事务享有主权。联合国《国家权利义务宣言草案》第一条规定:"各国对其领土以及境内之一切人与物,除国际法公认豁免者外,有行使管辖之权。"文化遗产事务毫无疑问也是国家主权的一部分,因此,各国有权保护处于本国领土之内的文化财产不受其他国家、公民和组织的侵害,并且有权追索非法流失到外国的文化财产。

自20世纪70年代以来,联合国大会通过了多项打击文化财产跨国非法贸易和促进文化财产返还的决议,反复强调几个主要国际公约的重要意义,并促进了联合国各机构,特别是联合国教科文组织积极开展相关工作。1973年联合国大会的第3187(XXVIII)号决议《归还各国被掠夺艺术品》提出,"艺术品的归还,对于因其转移而蒙受重大损失的国家,构成公平的补偿……如将艺术品、历史文物、博物馆珍品、原稿和文件迅速无偿地归还原主国家,是对造成损失作出的公平补偿,应能加强国际间的合作。"[①]1975年联合

[①] 联合国大会3187(XXVIII)号决议,《归还各国被掠夺艺术品》(1973年12月18日),参见:https://www.un.org/zh/documents/view_doc.asp?symbol=A/RES/3187(XXVIII),2019年12月9日访问。

国大会第 3391 号同名决议要求所有有关国家保护和维护仍在其领土的艺术品。①1976 年联合国大会第 31/40 号决议《保护和归还艺术品作为保存和进一步发扬文化价值的一部分工作》特别提请世界各国加入刚刚诞生的联合国教科文组织"1970 年公约";要求会员国阻止任何来自其他国家,特别是来自殖民或外国统治或占领下领土的艺术品在其境内非法买卖;并且还提倡将这些艺术品、历史文物、博物馆珍品等文化或艺术宝物归还原主国。② 这三份联合国大会决议较早地明确提出了返还历史上流失文物和艺术品的倡议。此后,联合国大会几乎每年都会通过类似的决议,呼吁加入"1970 年公约",并提倡返还非法流失的文物和艺术品。1977 年联合国大会第 32/18 号决议《归还各国被掠夺艺术品》决定继续处理这一问题,列入之后的第 34 届联大议程,检查联合国教科文组织采取的行动。③1978 年联合国大会第 33/50 号决议《保护、归还、送回文化和艺术财产作为保存和进一步发扬文化价值工作的一部分》吁请会员国订立双边协定,以谋求文化财产的返还。④1979 年联合国大会第 34/64 号决议《文化财产应送回或归还本国》专门提出了联合

---

① 联合国大会 3391(XXX)号决议:《归还各国被掠夺艺术品》(1975 年 11 月 19 日),参见:https://www.un.org/zh/documents/view_doc.asp?symbol=A/RES/3391(XXX),2019 年 12 月 9 日访问。

② 联合国大会 31/40 号决议:《保护和归还艺术品作为保存和进一步发扬文化价值的一部分工作》(1976 年 11 月 30 日),参见:https://www.un.org/zh/documents/view_doc.asp?symbol=A/RES/31/40,2019 年 12 月 9 日访问。

③ 联合国大会 32/18 号决议:《归还各国被掠夺艺术品》(1977 年 11 月 11 日),参见:https://www.un.org/zh/documents/view_doc.asp?symbol=A/RES/32/18,2019 年 12 月 9 日访问。

④ 联合国大会 33/50 号决议:《保护、归还、送回文化和艺术财产作为保存和进一步发扬文化价值工作的一部分》(1978 年 12 月 14 日),参见:https://www.un.org/zh/documents/view_doc.asp?symbol=A/RES/33/50,2019 年 12 月 9 日访问。

国教科文组织,特别是其政府间委员会在文化财产返还方面工作的作用。①

20世纪八九十年代联合国大会的相关决议更加强调文化财产的返还在文化价值方面的重要意义,并呼吁加强文化财产保护的技术。1980年联合国大会第35/127号决议《保存和进一步发扬文化价值,包括保护、归还、送回文化和艺术财产》更多地从文化与各个国家之间的关系角度提出倡议,提出文化财产返还的根据是"互相尊重文化完整以及各国平等和主权的原则",目标是"继续发展和加强国际文化关系",因为"国际文化关系的前途同保存、发扬和促进文化价值密切相关,是形成各国特征和多元性的一项重要因素"。具体而言,应当积极发挥联合国教科文组织的关键作用。②1980年联合国大会第35/128号决议《文化和艺术财产送回或归还原主国》更为强调在宣传、教育和舆论方面的工作和努力。③1981年联合国大会第36/64号决议《文化财产应送回或归还本国》特别强调了各国应当配合联合国教科文组织的工作,系统清点本国现有的文化财产和流入外国的文化财产,编制清单,加强研究。④1983年联

---

① 联合国大会34/64号决议:《文化财产应送回或归还本国》(1979年11月29日),参见:https://www.un.org/zh/documents/view_doc.asp?symbol=A/RES/34/64, 2019年12月9日访问。

② 联合国大会35/127号决议:《保存和进一步发扬文化价值,包括保护、归还、送回文化和艺术财产》(1980年12月11日),参见:https://www.un.org/zh/documents/view_doc.asp?symbol=A/RES/35/127, 2019年12月9日访问。

③ 联合国大会35/128号决议:《文化和艺术财产送回或归还原主国》(1980年12月11日),参见:https://www.un.org/zh/documents/view_doc.asp?symbol=A/RES/35/128, 2019年12月9日访问。

④ 联合国大会36/64号决议:《文化财产应送回或归还本国》(1981年11月27日),参见:https://www.un.org/zh/documents/view_doc.asp?symbol=A/RES/36/64, 2019年12月9日访问。

合国大会第 38/34 号决议《文化财产应送回或归还本国》特别呼请各国同教科文组织政府间委员会加强合作，达成相关双边协定，提出了应当"使归还的文物保持良好的状态，以利观赏"。① 1985 年联合国大会第 40/19 号同名决议则特别建议各国加强相关法制建设，"通过或加强必要的保护本国或别国人民的文化遗产的法律"。② 1987 年联合国大会第 42/7 号决议则呼请各国研究考古文物的保护是否可以要求考古学者将发掘出来的每一件物品都立即制成照片资料，送交国家当局的问题。③ 1989 年联合国大会第 44/18 号决议也特别建议各国确保博物馆收藏品清单中不仅包含展出件，还应包含储存件，并列有一切必要的资料，特别是每件物品的照片。④

1991 年联合国大会第 46/10 号决议建议各国加强保护本国或别国人民文化遗产的必要立法。⑤ 1993 年联合国大会第 48/15 号决议强调发达国家和发展中国家加强有效合作，并建议联合国教科文

---

① 联合国大会 38/34 号决议：《文化财产应送回或归还本国》（1983 年 11 月 25 日），参见：https://www.un.org/zh/documents/view_doc.asp?symbol=A/RES/38/34，2019 年 12 月 9 日访问。

② 联合国大会 40/19 号决议：《文化财产应送回或归还本国》（1985 年 11 月 21 日），参见：https://www.un.org/zh/documents/view_doc.asp?symbol=A/RES/40/19，2019 年 12 月 9 日访问。

③ 联合国大会 42/7 号决议：《文化财产应送回或归还本国》（1987 年 10 月 22 日），参见：https://www.un.org/zh/documents/view_doc.asp?symbol=A/RES/42/7，2019 年 12 月 9 日访问。

④ 联合国大会 44/18 号决议：《文化财产应送回或归还本国》（1989 年 11 月 6 日），参见：https://www.un.org/zh/documents/view_doc.asp?symbol=A/RES/44/18，2019 年 12 月 9 日访问。

⑤ 联合国大会 46/10 号决议：《文化财产送回或归还本国》（1991 年 10 月 22 日），参见：https://www.un.org/zh/documents/view_doc.asp?symbol=A/RES/46/10，2019 年 12 月 9 日访问。

组织建立向联大提出决议执行情况的报告制度。①1995年联合国大会第50/56号决议重申返还文化财产"有助于在发达国家和发展中国家的有效合作下,加强国际合作和保存并发掘世界文化价值"。②1999年联合国大会第54/190号决议则邀请各国加入"1995年公约",并回顾《关于文化多样性和文化容忍的麦德林宣言》及《文化合作行动计划》,还提及发挥联合国教科文组织等机构所建立的各种数据库和鉴别系统的作用。③

进入21世纪以来,促进流失文化财产返还原所有国的呼声更加强烈,联合国大会也越来越重视这一问题,多次通过类似的决议,将关注的重点放在防止文化财产跨国非法交易和非法进出口领域。同时,相关联大决议还反复吁请各国加入"1995年公约"和其他相关国际公约。2001年联合国大会第56/97号决议《文化财产送回或归还原主国》邀请各国加入1954年《海牙公约》第二议定书,对联合国教科文组织设立了促使文化财产送回原主国和归还非法占有文化财产国际基金表示欢迎。④2003年联合国大会第58/17号决议提及联合国教科文组织的《世界文化多元性宣言》及执行该宣言的

---

① 联合国大会48/15号决议:《文化财产送回或归还本国》(1993年11月2日),参见:https://www.un.org/zh/documents/view_doc.asp?symbol=A/RES/48/15, 2019年12月9日访问。

② 联合国大会50/56号决议:《文化财产送回或归还本国》(1995年12月11日),参见:https://www.un.org/zh/ga/50/res/a50r56.html, 2019年12月9日。

③ 联合国大会54/190号决议:《将文化财产送回或归还原主国》(1999年12月17日),参见:https://www.un.org/zh/documents/view_doc.asp?symbol=A/RES/54/190, 2019年12月9日。

④ 联合国大会56/97号决议:《文化财产送回或归还原主国》(2001年12月14日),参见:https://www.un.org/zh/documents/view_doc.asp?symbol=A/RES/56/97, 2019年12月9日访问。

《行动计划》，并邀请各国创设一个会员国的文化法律数据库。①2006年联合国大会第61/52号决议指出："意识到一些原主国十分重视对本国具有根本性精神与文化价值的文化财产的返还，使这些财产得以成为代表本国文化遗产的珍藏……表示关切文化财产的非法贩运及其对各国文化遗产的损害"，因此呼吁联合国系统内各机构同会员国合作，"继续解决将文化财产返还或归还原主国的问题，并为此提供适当的支持"，还邀请各国加入各项文化遗产保护的国际公约。②2009年联合国大会作出《文化财产返还或归还原主国》的第64/78号决议，重点强调了文化财产的非法国际贩运问题，认为"有必要开展国际合作，防止和打击贩运文化财产的所有方面，注意到此类文化财产尤其通过诸如拍卖等合法市场转移，包括通过互联网转移"。为了防止文化财产的非法贩运，"邀请会员国考虑根据国内法和国内程序采用《文物出口示范证书》作为本国出口证书"。该决议还鼓励联合国教科文组织促进文化财产返还或归还原属国政府间委员会审议关于国家对文化财产的所有权的示范法律规定、文化财产返还或归还原主国方面的最佳做法数据库以及支持文化财产保护和返还机制的法律和道德原则等问题。③2012年联合国大会作出第67/80号决议，特别提及了联合国教科文组织和国际

---

① 联合国大会58/17号决议：《文化财产送回或归还原主国》（2003年12月3日），参见：https://www.un.org/zh/documents/view_doc.asp?symbol=A/RES/58/17，2019年12月9日访问。

② 联合国大会61/52号决议：《文化财产返还或归还原主国》（2006年12月4日），参见：https://www.un.org/zh/documents/view_doc.asp?symbol=A/RES/61/52，2019年12月9日访问。

③ 联合国大会64/78号决议：《文化财产返还或归还原主国》（2009年12月7日），参见：https://www.un.org/zh/documents/view_doc.asp?symbol=A/RES/64/78，2019年12月9日访问。

统一私法协会所提出的关于尚未发现的文物国家所有权的示范条文,并鼓励会员国考虑利用这些示范条文,酌情根据国内法采取有效的立法,确立并承认各国对其遗产的所有权,以促进归还非法移走的物品。①2015 年联合国大会第 70/76 号决议提及了"1970 年公约"缔约国会议机制,赞扬联合国教科文组织开展了以博物馆专家、警察和海关人员及法律专家为对象的国际宣传和培训活动,以及发起"团结一致保护遗产"运动,并敦促各国采取有效的国内和国际措施,防止和打击文化财产的非法贩运,包括打击相关跨国有组织的犯罪,还敦促各国采取适当措施,确保所有参与文化财产贸易的行为主体,都须酌情提供与进出口或出售的任何文化财产有关的可核查的来源地文件及出口证书。②2018 年联合国大会第 73/130 号决议则特别关注了恐怖主义对文化财产的影响,注意到有组织掠夺、走私、盗窃和非法贩运文化财产在部分情况下可能会产生资助恐怖主义的资金,鼓励相关国际组织与受到有组织掠夺、盗窃、走私和非法贩运文化财产之影响的国家加强对话与合作,又深切关切包括宗教场所和宗教仪式物品在内的文化遗产日益成为恐怖主义袭击的目标,往往招致破损、完全毁坏及盗窃和非法贩运的事实,因此鼓励会员国特别是会员国执法当局加强信息交流,共享或连通文化财产清单和被贩运、非法进出口、盗窃、抢劫或非法挖掘、非

---

① 联合国大会 67/80 号决议,《文化财产返还或归还原主国》(2012 年 12 月 12 日),参见:https://www.un.org/zh/documents/view_doc.asp?symbol=A/RES/67/80,2019 年 12 月 9 日访问。

② 联合国大会 70/76 号决议,《文化财产返还或归还原主国》(2015 年 12 月 9 日),参见:https://www.un.org/zh/documents/view_doc.asp?symbol=A/RES/70/76,2019 年 12 月 9 日访问。

法交易的文化财产数据库,并向国际清单和数据库提供信息。①

二、关于文物返还的国际软法

自成立以来,联合国教科文组织一直是国际范围内专门处理文物返还事务最为重要的国际组织,对国际文化遗产法的发展,特别是同文物返还相关的国际法的发展起到了极为关键的推动作用。联合国大会许多决议就特别确认了联合国教科文组织在国际范围内打击文化财产贩运、实现文化财产返还、保护文化遗产方面具有主导作用。联合国教科文组织除了主持制定了"1970 年公约"这一具有法律强制约束力的国际公约之外,还制定和出台了多个相关宣言和准则,作为倡议性的各国行动指南。

联合国教科文组织《世界文化多样性宣言》提出:"各种形式的文化遗产都应当作为人类的经历和期望的见证得到保护、开发利用和代代相传,以支持各种创作和建立各种文化之间的真正对话。"《实施世界文化多样性宣言的行动计划要点》指出:"反对文化物品的非法买卖。"在这一宣言的指引下,联合国教科文组织的一项关键工作就是提出呼吁实现"二战"被掠文物返还的国际宣言。2009年 10 月,联合国教科文组织在第 35 届大会上发布了《关于返还第二次世界大战被转移文物的原则宣言草案》,总共提出了 11 点原则,主要内容包括:第一,文物的所在国应当将"二战"期间被转移的文物返还原所有国,并在这之前应加以妥善保管;第二,被掠文物的

---

① 联合国大会 73/130 号决议:《文化财产返还或归还原主国》(2018 年 12 月 13 日),参见:https://www.un.org/zh/documents/view_doc.asp?symbol=A/RES/73/130,2019 年 12 月 9 日访问。

接收国应当尽勤谨调查义务（due diligence）寻找适当的文物接收者并加以返还；第三，返还文物时应当一并返还相关的历史、科技和法律文档；第四，文物的返还不能视为战争赔偿。[①]该原则宣言的涉及范围非常广泛，并不仅仅针对被以非法手段掠夺的文物，还包括在当时符合法律，但在现在看来不符合人道主义和良心进行转移的文物，也不仅仅针对德国和日本等"二战"战败国所掠夺的文物，还包括其他一切国家在"二战"期间非法掠夺或转移的文物。该原则宣言从一开始就被确定为没有法律约束力的文件，也不会对其他相关多边或双边协定产生废除或修改的效果，其主要目标是为了促进相关国家之间的双边和多边谈判，为相关事务的处理提供支持和指导。即便如此，由于覆盖面过广，该原则宣言仍然引发了广泛的争论。俄罗斯等国先后提出了诸多补充和修改意见，也一直未能达成共识。因此，这一原则宣言至今仍停留在草案阶段。

在纳粹掠夺艺术品返还方面，国际博物馆协会（ICOM）于1999年1月14日出台了《关于犹太人所有艺术品的返还建议》（*Recommendations concerning the Return of Works of Art Belonging to Jewish Owners*）。该建议面向国际博物馆界，主要包括四点内容：第一，博物馆应当积极地调查和鉴别所有藏品，特别是那些于第二次世界大战期间或战后不久获得的藏品，都应当作为原产地可疑的藏品进行研究，以确定是否为犹太人所有者的被盗窃、抢劫或强迫转移的艺术品；第二，这些调查和相关研究信息应当向原所有人或其继承人开放；第三，各国和国际社会应当积极参与起草制定相关

---

① See *Draft UNESCO Declaration of Principles Relating to Cultural Objects Displaced in Connection with the Second World War 2009*, available at: https://www.lootedart.com/OVPOOK917841, accessed on 09-12-2019.

程序,以传播相关信息,促成艺术品的返还;第四,收藏有原属于犹太人的艺术品的博物馆,如果根据所在国的法律能够清晰确定艺术品的合法所有权,应当积极将这些艺术品返还给原所有人。这一建议无疑具有极强的针对性,瑞士等国的博物馆在"二战"时和战后通过购买和接受捐赠,收藏了大量疑似纳粹掠夺艺术品丰富其藏品,受到了广泛的质疑和批评。该建议呼吁通过充分的调查研究、信息公开和正当程序来确定藏品的所有权,还提出在各国法律框架下解决所有权问题,体现出充分的理性和可操作性。①

1998年12月3日,在美国的倡导下,包括德国以及纳粹掠夺艺术品的重要交易地瑞士在内,来自全球44国的代表在美国华盛顿共同发布了《关于遭纳粹没收艺术品的华盛顿原则》(*Washington Conference Principles on Nazi-Confiscated Art*),简称《华盛顿原则》。该原则共11条,提出了诸多倡议,主要包括以下内容:第一,应当对遭纳粹没收但未返还的艺术品进行鉴定;第二,应当向研究者开放相关记录和档案;第三,应当对鉴定未能返还的遭纳粹没收的艺术品投入资源和人力;第四,鉴于时间流逝和纳粹大屠杀的环境,在确定纳粹没收艺术品的原产地时,应当考虑到不可避免的分歧和模糊情况;第五,一旦发现遭纳粹没收但未返还的艺术品,应当加以宣传,以确定战前的原所有者或其继承人;第六,应当建立一个遭纳粹没收但未返还的艺术品的信息注册中心;第七,应当鼓励战前的原所有者或其继承人就其遭纳粹没收但未返还的艺术品提出返还请求;第八,如果可以确定遭纳粹没收但未返还的艺术品

---

① Full text of the *ICOM Recommendations concerning the Return of Works of Art Belonging to Jewish Owners*, see ICOM website, avaibale at: http://archives.icom.museum/worldwar2.html, accessed on 09-12-2019.

的战前原所有者或其继承人,应当立即采取措施,达成公正和公平的解决方案;第九,如果不能确定遭纳粹没收但未返还的艺术品的战前原所有者或其继承人,应当立即采取措施,达成公正和公平的解决方案;第十,鉴定艺术品的委员会或其他机构应当有来自各方的成员,实现各方的平衡;第十一,应当鼓励各国探索补充修正本原则,特别是发展纠纷解决机制。《华盛顿原则》是冷战后重启纳粹掠夺艺术品返还相关工作的重要标志性事件和规范性文件,奠定了这一时期处理"二战"期间被掠文物返还事务的基本精神和原则,对于冷战后文物返还事业的发展有着重要的意义。①

2000年10月3日,来自全球38个国家的政府代表齐聚立陶宛维尔纽斯,在欧盟的支持下,召开了"维尔纽斯关于大屠杀时期被掠文物的国际论坛"。该论坛与会者共同发布了《维尔纽斯论坛宣言》(*Vilnius Forum Declaration*)。该宣言重申了《华盛顿原则》的精神,并提出了六点倡议:第一,呼吁各国政府将纳粹掠夺的文物返还给原所有人或其继承人;第二,呼吁各国政府、博物馆、艺术品交易商和其他机构提供必要的信息,促进信息的流动,以协助纳粹掠夺艺术品的返还;第三,呼吁各国建立信息中心或类似机构,专门处理纳粹掠夺艺术品的返还事务;第四,鉴于纳粹德国对犹太人实行了种族清洗,呼吁将工作的重点放在将犹太人被掠文物返还给原所有人或其继承人;第五,提议各国政府举办国际专家会议,交流观点和经验;第六,欢迎各国在本国法律框架内,采取必要的

---

① Full text of the *Washington Conference Principles on Nazi-Confiscated Art*, available at:https://www.state.gov/washington-conference-principles-on-nazi-confiscated-art/, accessed on 09-12-2019.

措施，帮助鉴别和返还纳粹掠夺的艺术品。①

2009年6月，在欧盟的支持下，来自46个国家的政府代表于捷克的布拉格和特雷辛召开会议，共同讨论纳粹大屠杀期间财产掠夺问题解决方案，并于2009年6月30日共同发布《关于大屠杀时期财产和相关问题的特雷辛宣言》(Terezin Declaration on Holocaust Era Assets and Related Issues)，简称《特雷辛宣言》，其中就包括被掠夺艺术品的返还问题。该宣言重申了坚持《华盛顿原则》的基本立场。《华盛顿原则》仅仅是各国政府达成的国际性宣言，而《特雷辛宣言》不止于此，还呼吁非政府的组织和个人也要遵守和实施这一原则。该宣言在强调通过法律手段维护相关当事人权利的同时，还倡议探索替代性的解决方案。②

三、防范文化财产非法进出口和跨国非法贸易的国际软法

文物返还问题来源于文化财产的非法进出口与跨国非法贸易。为了防范和解决这一问题，联合国教科文组织制定了《国际文化财产交易商职业道德准则》(International Code of Ethics for Dealers in Cultural Property)。该道德准则共八条，对文化财产跨国交易商主要提出了以下五个方面的倡议。第一，不进口或出口有理由相信属于被盗、非法转移、秘密挖掘或非法出口的文化财产，也不改变

---

① Full text of the *Vilnius Forum Declaration*, available at: http://www.commartrecovery.org/docs/VilniusForum.pdf, accessed on 09-12-2019.

② Full text of the *Terezin Declaration on Holocaust Era Assets and Related Issues*, available at: https://2009-2017.state.gov/p/eur/rls/or/126162.htm, accessed on 09-12-2019.

其归属。第二,必须向购买方提供销售方姓名和地址的完整信息。本人为销售方的,必须向购买方提供所涉财产所有权的担保。第三,如果有理由相信所涉文化财产是秘密挖掘所获,或者是以非法或欺骗手段从官方挖掘地或遗址所获得的,或者是非法出口的,就不能再进一步协助该财产的交易,除非得到了挖掘地或遗址所在国或出口国的同意。如果交易商已获得了该财产,而原有国寻求在合理的时间内将其归还,该交易商应采取一切法律许可的措施予以配合,将其归还原有国或出口国。第四,不能因为想促成或不想阻止文化财产的非法转移或出口,而展示、描述、鉴定、评估或保留该文化财产;不能将销售方或提供文化财产者介绍给那些有可能提供上述业务的人。第五,不能肢解或肢解销售一件完整的文化财产,应尽其所能使文化遗产保持其原有的整体性。①

为了防止可移动的文化财产遭受掠夺、盗窃等危险,在1978年《关于保护可移动文化财产的建议》中,联合国教科文组织提出,为同盗窃、非法发掘、野蛮破坏行为及利用赃品行为作斗争,各成员国应视情势的要求,建立或加强专门负责防止和制止这些犯罪的机构。②2015年,联合国教科文组织又在《关于保护与促进博物馆和收藏及其多样性社会角色的建议书》(*Recommendation concerning the protection and promotion of museums and collections, their diversity and their role in society*)中提出,博物馆应当遵循国际条

---

① Full text of the *International Code of Ethics for Dealers in Cultural Property*, see UNESCO website, available at: https://unesdoc.unesco.org/ark:/48223/pf0000121320_mul, accessed on 09-12-2019.

② 联合国教科文组织《关于保护可移动文化财产的建议》全文,参见联合国教科文组织世界遗产中心、国际古迹遗址理事会、国际文物保护与修复研究中心、中国国家文物局主编:《国际文化遗产保护文件选编》,文物出版社2007年版,第108—115页。

例中打击文化财产非法贩运相关准则,并身体力行。同时,博物馆还应重视专业博物馆组织制定的道德与职业标准。①

为了打击文化财产的跨国非法贸易,为各国防范和打击此类犯罪提供参考,联合国毒品和犯罪问题办公室(UNODC)和联合国教科文组织合作,共同制定了《关于贩运文化财产及其他相关犯罪的预防犯罪和刑事司法对策国际准则》。2014年,第三次"保护文物免遭贩运问题政府间专家组会议"通过了这一准则。②2014年,第69届联合国大会通过第196号决议,鼓励各国接受并执行这一准则。该国际准则虽然只是一份没有法律强制力的非约束性准则,目的是为各国法律和政策制定者提供参考。但这一准则使"1970年公约"有了更加具有可操作性的执行规范。在文化财产的返还方面,该准则首先规定了各国有义务对非法入境的文化财产实行扣押:"各国应当考虑对被贩运的文化财产以及与这类贩运有关的犯罪所得实行刑事侦查、搜查、扣押和没收,并确保其返还、归还或遣还。"继而,该准则规定各国有返还那些非法交易的文化财产至原所有国的责任:"各国应当考虑为加强刑事领域的国际合作而采取适当措施,为返还、归还和遣还之目的而追回被贩运、非法进出口、被盗、被掠夺、被非法挖掘或非法交易的文化财产。"该准则还建议各国参考原属国家关于文化财产国家所有权的法律规则,来实现对

---

① Full text of the *Recommendation concerning the protection and promotion of museums and collections, their diversity and their role in society*, see UNESCO website, available at: http://portal.unesco.org/en/ev.php-URL_ID=49357&URL_DO=DO_TOPIC&URL_SECTION=201.html, accessed on 09-12-2019.

② 张磊、孔凡学:《通过国际刑事司法合作追索境外流失文物——〈关于打击文化财产非法贩运的犯罪预防与刑事司法对策国际准则〉评析》,载《法学杂志》2014年第9期,第96页。

其他国家所有的文化财产的返还:"各国应当酌情从程序上考虑享有所有权的国家关于本国所有权或国家所有权的规定,以便利公共文化财产的返还、归还或遭还。"①

除了各个国家和政府间国际组织之外,博物馆也在防止和禁止文化财产的非法国际贸易中扮演着重要角色。为了防止文物的盗窃与非法交易,博物馆与艺术品收藏者在通过购买或接受赠送等方式接受藏品时,应当尽到必要的审查义务。由于那些被非法盗掘的文物"直到出现在市场上或是博物馆收藏中,来源国政府才会得知,所以来源国政府没有可能将那些被盗文物登录在数据库中"。② 由于博物馆同普通收藏者相比,一般拥有更雄厚的实力和资源,因此,在收藏品来源审查上,博物馆应当尽到更大的勤谨调查义务,承担更高标准的责任。帕蒂·格斯坦布里斯(Patty Gerstenblith)教授认为,在接受收藏品的政策方面,博物馆的正当义务应当包括"向收藏品的上一位所有者要求证明文件、对收藏品和相关出版物进行独立的背景调查、查阅被盗艺术品数据库"。尤其应当详细审查"那些来自遭受战争摧残和国内局势动荡不安的地区的物品"。③

---

① Full text of the *International Guidelines for Crime Prevention and Criminal Justice Responses with Respect to Trafficking in Cultural Property and Other Related Offences,* see UN website, available at: https://www.un.org/en/ga/search/view_doc.asp?symbol=A/RES/69/196, accessed on 09-12-2019.

② Patty Gerstenblith, Acquisition and Deacquisition of Museum Collections and the Fiduciary Obligations of Museums to the Public, *Cardozo Journal of International and Comparative Law*, Vol.11, 2003, p.409.

③ 同上文;另参见: Lawrence M. Kaye, Provenance Research: Litigation and the Responsibility of Museums, in James A. R. Nafziger, Ann M. Nicgorski(eds.), *Cultural Heritage Issues: the Legacy of Conquest, Colonization and Commerce*, Martinus Nijhoff Publishers, 2009, p.415.

国际博物馆协会自 1946 年成立以来，作为世界博物馆界最重要的非政府组织，一直致力于提高世界范围内博物馆的专业技术水平与职业道德水准，其中就包括博物馆通过加强自我保护、严格藏品审查等措施，防范文化财产的非法国际贸易和进出口。国际博物馆协会《博物馆职业道德准则》(Code of Ethics for Museums)要求博物馆应当尽到正当义务，以防范文化财产的偷盗、非法进出口和交易，主要通过以下三种措施加以落实。第一是确定"有效所有权"(valid title)，即"经购买、赠送、借贷、遗赠或交换而来的物品或标本，除非获得该物品的博物馆拥有有效的所有权，否则博物馆不应收集"。第二是调查"出处来源与勤谨调查"(provenance and due diligence)，即"应努力确认博物馆将通过购买、赠送、借贷、遗赠或交换等途径获得的任何物品或标本都不是通过非法途径而来的，或确认进口原主国或任何中介国家(包括博物馆的所属国)对该物品的所有权都是合法的……勤谨调查必须从物品自发现或生产以来就建立起完整的历史档案"。第三是不得收藏被盗古迹出产的物品，即"任何可能涉及未经授权的、非科学的或是有意破坏或损害古迹、考古或地理遗址或物种与自然栖息区的发掘物，博物馆不应收藏"。①

在国际博物馆协会的影响下，各国国内的博物馆道德准则中，也对防止文化财产的非法国际贸易作出了相关规定。比如，美国博物馆协会(American Association of Museums，后改名为"美国博物馆联盟[American Alliance of Museum]")在其《博物馆职业道

---

① *ICOM Code of Ethics for Museums*, available at: https://icom.museum/wp-content/uploads/2018/07/ICOM-code-En-web.pdf, accessed on 09-12-2019.

德准则》中也作出了类似的指导性建议:"博物馆所管理的藏品应当合法地持有、得到保护、保障安全、无法律负担、得到看管与保存。"2009 年美国艺术博物馆管理者协会《艺术博物馆专业规范》规定:"馆长必须尽最大努力确定收购对象的所有权历史记录。馆长不得在知情的情况下提出收购建议或批准博物馆获得被盗的(盗窃行为没有得到恰当的处理)艺术作品或非法进口到博物馆所在地区的艺术作品。"2013 年美国艺术博物馆馆长协会(Association of Art Museum Directors)《考古材料与古代艺术品获取指南》(*Guidelines on the Acquisition of Archaeological Material and Ancient Art*)也规定:"在 1970 年之前收藏的艺术品,除非能够证明是通过适当的现代手段发现的,否则博物馆不得收藏。"[①]

2005 年,英国博物馆、图书馆和档案馆委员会也向英国博物馆界发布了相应的操作指南,即《打击非法贸易:博物馆、图书馆和档案馆在收藏和租借文化材料时的勤谨调查义务指南》。该指南根据国际博物馆协会的相关伦理准则,规定英国博物馆等收藏机构在获取藏品时,应当尽必要和正当的义务,对藏品的来源地、供应者、所有权转移记录等信息进行详尽的审查。[②]

2014 年,在中国敦煌举行的第四届文化财产返还国际专家会议发布了《关于保护和返还非法出境的被盗掘文化财产的敦煌宣

[①] See *Introduction to the Revisions to the 2008 Guidelines on the Acquisition of Archaeological Material and Ancient Art*, available at: https://aamd.org/sites/default/files/document/AAMD%20Guidelines%202013.pdf, accessed on 09-12-2019.

[②] See *Combating Illicit Trade: Due diligence guidelines for museums, libraries and archives on collecting and borrowing cultural material*, available at: https://www.museumsassociation.org/download?id=17156, accessed on 09-12-2019.

言》(简称《敦煌宣言》)①。同其他国际公约和宣言相比,《敦煌宣言》聚焦在"被盗出境的考古类文物"方面,有两点主要的突破之处。第一,《敦煌宣言》提出了考古类文物返还问题的解决方案:鉴于考古类文物的特点导致其难以录入国家清册,亦难以对之取证,大力鼓励各国依据科学报告、科学分析结论或专家对盗掘文物来源所做的鉴定,支持对考古类文物提出的返还请求。第二,在时效问题上,《敦煌宣言》提出,对具有突出历史、考古或文化价值的文物提出的超过其国内诉讼时效的返还请求,鼓励各国予以支持。鉴于广大发展中国家普遍拥有丰富的考古类文物资源,而文物保护水平较为落后,其考古类文物面临着严峻的威胁;且考古类文物一般尚未被覆盖在"1970年公约"的保护范围之内,缺乏国际公约的有力保护,《敦煌宣言》作为国际性软法,在一定程度上填补了这一领域国际法律规则的空白,代表着未来国际文化遗产法的一个发展方向。

第五节 联合国教科文组织框架下的多边协调机制

联合国教科文组织为了弥补和解决1954年《海牙公约》和"1970年公约"等国际公约所存在的强制力不足、缺少操作规范、保护范围有限等问题,建立了多边协调机制和合作平台,主要包括"促进文化财产返还或归还原属国政府间委员会",以及"1970年公约"缔约国大会及相关机制。这些机制是相关国际公约和一系列政

---

① 《关于保护和返还非法出境的被盗掘文化财产的敦煌宣言》全文参见国家文物局网站:http://www.sach.gov.cn/art/2014/9/11/art_1027_113203.html,2019年12月9日访问。

策文件、操作规范、议事规则等规范性文件所共同组成的,由联合国教科文组织及其缔约国共同参与运作的规范体系。

一、促进文化财产返还或归还原属国政府间委员会

由于1954年《海牙公约》和"1970年公约"等国际公约都存在着保护范围有限、没有溯及既往的效力等问题,这些公约保护范围之外和在这些公约通过之前通过非法手段流失的文物,难以得到国际公约的救济。为了处理"1970年公约"及其他国际协议适用范围以外的案例情况,联合国教科文组织于1978年成立了"促进文化财产返还原属国或归还非法占有文化财产政府间委员会"(简称"促进文化财产返还或归还原属国政府间委员会")。

(一)委员会职能

"促进文化财产返还或归还原属国政府间委员会"并不是一个承担决策或管理职能的机构,而是一个谈判、仲裁及调停的渠道和平台。该委员会旨在促进重要文物的归还工作。同时致力于制定措施防止非法贩卖文物活动,提高公众对打击非法贩卖活动的认识,并发起有关宣传运动,促进文化财产事务领域的国际交流。

应当注意的是,该委员会所处理的缔约国之间的文化财产事务纠纷,并不局限于"1970年公约"等国际公约所限定的文化财产范围内的相关争议,也不局限于这一公约的既定规则。根据该委员会章程,文化财产指的是具有历史和人类学价值的物品与文件,这一定义较"1970年公约"等国际公约要粗略一些,范围也较为广泛。丢失重大价值文物并要求返还或归还的联合国教科文组织成员国,在无法应用国际公约的情况下,可向该委员会发出求助。虽然委员

会主要处理的是国际公约保护范围之外的文化财产返还事务，但它处理争端仍然是本着相关国际公约的基本规则和基本精神，是对相关国际公约的补充和完善，而非在国际公约之外"另起炉灶"。

2003年10月，联合国教科文组织第三十二届大会通过了第32C/38号决议，请联合国教科文组织总干事就促进文物返还提出一项战略方针，其重点之一就是增加返还委员会"调解""调停"的新职能。会议通过了对调停和调解案的动议、程序、时限、经费的有关决定以及调停人和调解人的确定原则，作出了以下规定：第一，调停和调解动议可直接由当事方提出，或经返还委员会建议后再由当事方提出；第二，调停和调解须经双方同意后方可启动，以真诚合作以及国际文化财产法律为原则；第三，调停和调解时限不由政府间委员会，而由调停人和调解人经当事双方同意后决定；第四，调停人和调解人不能由促进文化财产返还或归还原属国政府间委员会或其秘书处成员担任，应由当事人双方选择的个人或团体担任。[①] 同时，在这一届大会上，联合国教科文组织还为促进文化财产返还或归还原属国政府间委员会成立了专项基金，接受成员国的捐赠，用于调停和调解活动。

2005年，联合国教科文组织第三十三届会议通过第33C/46号决议，即《促进归还被盗或非法出口文化财产的战略》，再次明确地指出了"促进文化财产返还或归还原属国政府间委员会"的仲裁与调解职能。为了寻求促进双边谈判的途径与手段，使文化财产按照"1970年公约"规定的条件送回或归还原有国，该委员会可以向有

---

① 《关于出席联合国教科文组织"促进文化财产归还原属国或返还非法占有文化财产政府间委员会"第13届会议情况的报告》，载《文物工作》2005年第6期，第42页。

关会员国提出调停和调解的建议。该委员会还可以接受争议双方的请求，就两国的纠纷进行仲裁。2010年，委员会第16次会议制定通过了更为具体的调停和调解议事规则。该规则最终确定，委员会的调停和调解程序和建议方案对当事各方都没有强制性的拘束力，仅仅具有咨询性作用。而且，只有联合国教科文组织成员国才有权利启动调停和调解程序，个人或其他组织不能作为申请调停和调解的主体。

（二）委员会的文物返还实践

虽然促进文化财产返还或归还原属国政府间委员会的程序和针对国家间纠纷所提出的建议并不具有强制性的法律约束力，但在四十余年间，该委员会成功协助多个国家处理了文物返还争议。截止到2019年年底，政府间委员会成功处理的文物返还争端共有六件：第一，1983年，意大利将12,000多件前哥伦布时期的文物返还给厄瓜多尔；第二，1986年，美国辛辛那提艺术博物馆将命运女神（Tyche）石雕返还给约旦；第三，1987年，民主德国将7,000件古代哈图萨斯（Bogazköy）的楔形文字粘土片返还给土耳其；第四，美国将帕侬蓝庙的门楣（the Phra Narai lintel）返还给泰国；第五，2010年，瑞士将马孔德面具（Makondé Mask）返还给坦桑尼亚；第六，2011年，德国将博阿兹柯伊狮身人面像（Boğazköy Sphinx）返还给土耳其。目前，该委员会正在调解希腊要求大英博物馆返还帕特农神庙的"埃尔金大理石"等争议事件。该委员会作为一个具有咨询职能的政府间机构，为文化财产返还争议当事双方的协商及谈判提供了一个重要的框架和平台。除此之外，委员会还积极地进行宣传保护文化遗产和反对文物跨国非法交易工作，并且致力于推广文物保护方法和技术。

二、"1970年公约"缔约国大会机制

为更好地评估和监督"1970年公约"的执行情况，2012年，联合国教科文组织召开了第二届缔约国大会，通过了每两年召开一次的缔约国大会的决议，该决议还要求设立旨在监督公约执行情况的附属机构，作为缔约国大会机制的重要组成部分。随后，联合国教科文组织在缔约国大会上选举产生了"1970年公约"的附属委员会委员国。

附属委员会的核心功能是对"1970年公约"的履约情况进行监督，主要职能为落实1970年公约各项目标，审议关于公约执行情况的国家报告。为克服"1970年公约"操作性不强的问题，缔约国大会还特别授权附属委员会起草并审议"1970年公约"的操作指南，以更好地指导和规范缔约国执行"1970年公约"。中国在这一机制中扮演着非常重要的角色，2019年，中国在第五届缔约国大会上，成功当选为新一届附属委员会委员国，这是自2013—2015年当选首届附属委员会委员国以来再次当选。

此外，为了提高国际社会防范文化财产非法贩运的能力，联合国教科文组织还在缔约国大会机制之下，建立了由附属委员会具体实施的防范非法贩运文化财产的能力建设机制，该机制的具体目标在于：培养预防和打击非法交易文化遗产，以及归还被盗及非法出口财产的能力；采取保护文化财产库存预防措施；提高国家立法的认识，并拓展该地区的国际合作；在本地、国家、区域各级建立网络，确保对非法交易文化财产带来人口贫困的严重后果的总体认识。[①]

[①] http://www.unesco.org/new/zh/culture/themes/illicit-trafficking-of-cultural-property/capacity-building/，2020年4月16日访问。

在这一机制下，联合国教科文组织邀请了文化领域的专家，包括博物馆专家、考古学家，还有海关官员和警察等执法机构人员，以及文化、旅游、内政、外交等部门的政府官员，定期组织信息推广研讨会议和培训活动，并为缔约国提供一系列法律及实用文书。能力建设机制的主要研讨和培训内容包括三个方面，一是"1970年公约"及相关法律规定，二是防范非法贩运文化财产和返还文化财产的具体行动和操作指南，三是防范非法贩运文化财产的教育和意识提升计划。

缔约国大会机制的重要意义主要包括三个方面。第一，"1970年公约"的缔约国通过这一机制，制定了更为细致和具体的操作规范。由此，该机制不但促进了"1970年公约"的完善，还使该公约的各缔约国能够协调一致进行法制改革并采取统一行动，更有利于公约的落地实施。第二，缔约国大会机制为缔约国提供了一个展开双边或多边的合作解决分歧、形成共识的协调合作的平台。第三，缔约国大会机制有助于缔约国开展充分的信息共享、学习研究和交流，从而提高各国防范文化财产非法贩运和返还文化财产的能力，并提高国际社会保护文化遗产的意识。

第四章　冷战后欧美国家文物返还的途径与实践

冷战结束后，两大政营解冻，东、西欧国家之间关系逐步正常化。国际文化遗产保护运动的发展，以及国家间在各自承担历史责任和相互谅解的基础上开展经济、文化等领域全面合作的发展趋势与需求，使得解决纳粹掠夺艺术品返还这一遗留问题重新受到国际社会的关注，被欧美许多国家提上议程。

在不断丰富和完善的国际规则的框架下，许多欧美国家通过制定或完善国内法律和政策、有针对性地设立专门机构，以及外交磋商等方式，为促进"二战"被掠文物返还其原所有权人而努力。公私主体通过诉讼或仲裁等司法或准司法方式追索战争期间流失文物的案例，也日益涌现。此外，随着公民社会对此类问题的关注日益高涨，致力于促进纳粹掠夺文物艺术品回归其原所有权人的非政府组织亦不断增多，其中一些具有极强专业性的机构，在协助原所有权人追索并促进现保有者返还被掠文物方面发挥了广泛影响和重要作用。

本章旨在梳理冷战后主要欧美国家为解决"二战"被掠文物返还问题进行的立法、司法、仲裁、外交谈判等方面的努力，以及民间非政府组织为促进文物返还而采取的主要措施。通过对相关法律规则、实施机制以及具体案例的考察，评估和分析上述途径的效果与局限、发挥作用的条件和可能遇到的问题，厘清各类途径对我国开展日掠文物追索的借鉴意义。

第一节 特别立法与专门机构

20世纪90年代，国际社会对纳粹受害者权益的关注和1998年《华盛顿原则》的发布"掀起了冷战结束后向受害者进行返还和补偿运动的新浪潮"①。为促进欧洲民主、人权事业发展及经济、社会一体化建设，欧洲委员会和欧盟也对这一历史遗留问题作出回应，为落实《华盛顿原则》，通过了1205号《关于被掠犹太人文化财产的决议》②、《将被劫掠财产返还犹太社区的决议》③和《关于大屠杀受害者财产返还的决议》④。为更有针对性地解决被掠文物艺术品返还问题，进一步唤醒公众意识，2003年3月，欧洲议会还进行了一场专门听证会，分析了落实华盛顿会议、欧委会第1205号决议和维尔纽斯论坛所确立的各项原则须做出的努力，审查了成员国被掠文物鉴定和返还相关的现有项目行动，确立了对被掠或来源存疑

---

① 王云霞：《从纳粹掠夺艺术品的返还看日掠文物返还可行性》，载《政法论丛》2015年第4期，第57—58页。

② *Resolution 1205（1999）of the Parliamentary Assembly on Looted Jewish Cultural Property*, available at: http://assembly.coe.int/nw/xml/XRef/Xref-XML2HTML-en.asp?fileid=16726, accessed on 10-08-2019.

③ *Resolution of 14 December 1995 on the Return of Plundered Property to Jewish Communities*, OJ C 17,22.1.1996, p. 141.

④ *Resolution of 16 July 1998 on the Restitution of Property Belonging to Holocaust Victims*, OJ C 292, 21.9.1998, p.112.

文物进行鉴定和处理的统一标准及其法律法规依据。[1]欧洲议会法律事务和国内市场委员会也先后于2003年和2017年在《关于所有权存疑物品国内市场自由流通法律框架的报告》[2]和《关于在武装冲突和战争中被掠艺术品和文化财产跨境返还的决议》的议案[3]中，鼓励成员国政府就解决有关战争时期通过暴力行为掠夺、征收或强制交易文物的返还问题达成共识，通过完善区际法制和国内私法制度等多样化方式，消除武装冲突和战争中被掠艺术品和文化财产跨境返还所面临的法律障碍，并在此基础上探索除司法诉讼之外可能的多样化争议解决机制。

一、出台特别立法或政策

在《华盛顿原则》等国际软法和欧洲区际法制、政策的影响及框架下，20世纪末开始，许多欧洲国家亦将解决战后初期未彻底解决的被掠文物返还的问题提上议程。重新制定有关这一问题的特别立法或政策，成为许多国家的共同选择。

---

[1] See Explanatory Statement of European Parliament Resolution (2003), in Evelien Campfens (eds.), *Fair and Just Solutions? Alternatives to Litigation in Nazi-Looted Art Disputes: Status Quo and New Developments*, Eleven International Publishing, 2015, pp.259-260.

[2] Willy CEH De Clercq, *Report on a legal framework for free movement within the internal market of goods whose ownership is likely to be contested*, European Parliament-A5-0408/2003.

[3] See *Draft Report & Motion for a European Parliament Resolution on cross-border restitution claims of works of art and cultural goods looted in armed conflicts and wars* (2017/2023［INI］), available at: http://www.europarl.europa.eu/sides/getDoc.do?type=COMPARL&reference=PE-622.144&format=PDF&language=EN&secondRef=05, accessed on 22-11-2018.

(一) 各国特别立法或政策概述

欧美国家在上世纪末本世纪初为纳粹掠夺文物返还制定的特别立法，体现出鲜明的问题针对性和现实适应性的特点。

欧陆国家的特别立法聚焦了战争期间的（文化）财产劫掠和转移行为及促进劫掠财产返还原属国或原所有权人的不同方式。如俄罗斯联邦国家杜马（下议院）于1997年通过《因"二战"被转移至苏联现存于俄罗斯联邦境内的文化珍品的联邦法》（*Federal Law on Cultural Valuables Displaced to the U.S.S.R. and Located on the Territory of the Russian Federation*，以下或简称《战争被转移文化珍品法》），对"二战"结束时被转移至苏联、现仍存于俄罗斯的文物的归属及返还问题进行了全面规范。在奥地利，1998年《关于从奥地利联邦博物馆和收藏机构返还文物的联邦法》（*Federal State Act on the Return of Cultural Objects from Austrian Federal Museums and Collections*，以下简称《返还法》）的制定，与越来越多"二战"受害者后裔向战后接收了德国返还文物的国家收藏机构或对已经转让给第三人的被掠文物艺术品提出的返还请求，以及1998年纽约地区检察官应犹太艺术品交易商里亚·邦迪-杰里（Lea Bondi-Jeray）后人的请求扣押了正在纽约现代艺术博物馆公开展出的纳粹掠夺画作《比尔德尼斯·沃利肖像》（*Bildnis Wally*）引起的热议有直接关系。[①] 该法还于2009年进行了修改，通过拓宽界定财产

---

① Annemarie Marck and Eelke Muller, National Panels Advising on Nazi-looted Art in Austria, France, the United Kingdom, the Netherlands and Germany, in Evelien Campfens (eds.), *Fair and Just Solutions? Alternatives to Litigation in Nazi-Looted Art Disputes: Status Quo and New Developments*, Eleven International Publishing, 2015, p.46.

劫掠或流失发生的时间、空间和文化财产范畴的方式，扩展了适用范围。捷克在 1989 年实行自由选举后开始探索通过法律途径解决因历史原因被剥夺或转移的财产的返还问题，以加快私有化进程①，并于 2000 年出台了关于 1938—1945 年第二次世界大战期间被扣押个人和机构文化财产返还问题的《犹太人财产返还法》(Act no. 212/2000 Coll. of 23 June 2000 concerning the restitution of Jewish property，以下简称"2000 年返还法"）。匈牙利议会也于 2013 年 10 月通过一系列法律修正案，对此前颁行的有关保存在公立机构但所有权存在争议的文化财产返还的法律规则进行了统一修改，建立了一种特殊的、简化的无争议程序，使得没有继承证书或遗嘱认证令的主体也可以通过表面证据（prima facie）证明他们的继承合法性不受质疑，从而向国家主张此类财产的返还。②两德统一后，联邦政府承担起执行赔偿和返还相关工作的责任，依据《财产处置法》(Property Settlement Act) 和《国家社会主义制度时期受损害主体的联邦赔偿法》(Federal Indemnification Act concerning Persons who Suffered Damage at the hand of the National Socialist Regime) 对纳粹征收艺术品进行返还或赔偿。德国虽未颁布专门的特别立法，但 1998 年签署《华盛顿原则》后，联邦政府、各州以及地方政府协会于 1999 年就该问题发布的《联邦政府、联邦州及全国地方政府联合会关于追索纳粹没收艺术品（尤指犹太人财产）的联合宣言》（以

---

① Richard W Crowder, Restitution in the Czech Republic: Problems and Prague-nosis, in *Indiana International & Comparative Law Review*, Vol.5, 1994, p.236.

② See Parliament, *The heirs of the owners of artworks will be able to recover the estate more easily from the state,* available at: https://www.lootedart.com/web_images/pdf2013/131113%20H%20govt%20press%20release.pdf, accessed on 23-11-2018.

下简称《联合宣言》)①,勾勒出返还和赔偿程序的基本框架。

英美国家则是以"放宽限制"的方式实现促进纳粹掠夺文物返还原属国的效果。如在英国,文化、媒体与体育部于2006年进行了一项有关纳粹时期被掠财产返还问题的调查,来自艺术品遗失登记中心(Art Loss Register)、大英博物馆、大英图书馆、欧洲被掠艺术品委员会(Commission for Looted Art in Europe)、国际博物馆协会英国国家委员会等18份机构和个人的反馈意见显示,大多数国有博物馆并不希望将纳粹掠夺艺术品留存在其收藏中。②然而,根据英国当时的立法,公立博物馆非经法律特别授权,不得任意向国有收藏机构以外的主体或个人转让其藏品。③因此,英国于2009年11月出台《大屠杀(文物返还)法》,允许指定国家收藏机构以向原所有权人或其继承人返还该物为目的,放弃1933—1945年纳粹统治期间失窃后由其保有的藏品的所有权。为落实1998年《大屠杀

---

① Joint Declaration by the Federal Government, the Länder (Federal States) and the National Associations of Local Authorities on the tracing and return of Nazi-confiscated art, especially Jewish property, 14 December 1999, available at: https://www.lootedart.com/MFEU4B68721, accessed on 20-11-2018.

② Consultation on Restitution of Objects Spoliated in the Nazi-Era 2006, available at: https://www.lootedart.com/MN0TR2955751, accessed on 18-11-2018.

③ 根据英国1983年《国家遗产法》第6条,维多利亚和阿尔伯特博物馆、科学博物馆等文物收藏保护机构可以通过购买、互易、赠与等方式获取文物以增加藏品,但它们不能通过买卖、互易、赠与等方式自由处置其藏品,除非是复制品或者不适宜继续保藏的物品,后者的交易不能损害其他公共成员的利益。1992年,英国又颁布了《博物馆与美术馆法》,根据该法第4条和第6条,国家美术馆理事会(The National Gallery Board)、泰特美术馆理事会(the Tate Gallery Board)与国家肖像美术馆理事会(the National Portrait Gallery Board)可以为丰富其藏品之需,通过购买、互易或接受赠与等方式获取任何相关的物品。但除非得到法律的授权,它们不得处置其获得的或保有的藏品。《博物馆与美术馆法》还在补充规定中确定了一个文物艺术品收藏机构清单,清单中所列明的任何机构,相互之间可销售、赠与或互易其藏品或具有财产权的其他物品,但不可将这些物品的所有权转让给其他主体。

受害者救济法》(Holocaust Victims Redress Act)提出的返还大屠杀受害者之公私财产的要求以及《华盛顿宣言》和《特雷辛宣言》的精神，美国国会也于2016年颁布了旨在促进纳粹被掠文物艺术品受害者通过诉讼实现所有权恢复和财产返还的《大屠杀时期被没收艺术品返还法》(Holocaust Expropriated Art Recovery Act)。该法的核心内容在于通过设置特殊的时效规则来突破普通法或者州法中的一般时效规则对此类特殊返还诉讼造成的障碍，以确保诉讼程序在纳粹被掠文物返还争议中的适用性。

（二）特别立法或政策规定的主要内容

由于国家体制、文化财产历经"二战"掠夺的具体情况、战争遗留的具体问题，以及处理这些问题的方式等方面的不同，各国立法在详略程度和主要内容等方面有较大差异。然而，这些在已形成共识的国际秩序框架下制定的特别立法或政策，都对以下关键问题作出了明确的规定。

1. 适用该法予以返还的文物范围

为增强法律的可执行性，各国在冷战后出台的有关"二战"被掠文物返还的特别立法，主要适用于"二战"期间被掠夺或因战争而流失，战后因未查明原所有权人或其继承人而暂由国家或公立机构保管，或因此宣布"国有化"的文物。

如奥地利《返还法》第1条明确指出，可依据该法予以返还的文物包括下列三类：(1)原属于私人所有，但在1945年5月8日以后根据《具有历史、艺术或文化价值的物品禁止出口的法律》(Act on the Prohibition of Export of Objects of Historical, Artistic or Cultural Value, StGB1.no. 90/1918)在未获得赔偿的情况下被收归联邦所有，且至今仍为联邦财产的物品；(2)原属于私人所有，但因1946年5月15日根据《关于撤销德军占领奥地利期间发生的法律转让或法律行为的宣言》(Declaration of Annulment of Legal Transactions or Other Legal Acts which Occurred During the German Occupation of Austria)而被没收为联邦财产且至今仍在联邦名下的物品；(3)在此前的相关返还程序结束后仍未归还原主，至今还处于联邦名下的物品。

捷克2000年《犹太人财产返还法》主要适用于在1938年9月至1945年5月期间进行的财产转让、移交或被扣押为1945年第5号总统令或者1946年第128号立法所撤销，并因此收归国有的财产，具体包括：(1)除位于国家公园、国家自然保护区、国家自然古迹和特定景观保护区的农林用地或其建筑物，以及依据国家法律规则为承担国家职能所必须的财产之外，原为犹太社区或相关机构所有的财产(Section 1)；(2)原为个人(自然人)所有的艺术品(Section 3)。该法的第三部分还具体列明了现为国家所有但依据本法应予返还的文物艺术品清单，并明确了这些文物艺术品的现收藏机构。

俄罗斯《战争被转移文化珍品法》则适用于所有因第二次世界大战而遗失，并在俄罗斯境内重新发现的文化物品(Art.3)，包括敌方财产，因"二战"期间全部或部分为敌方占领而遗失所有权，且战后未能依法及时提出返还请求的财产，以及所有权人不明确的无主财产(Art.5)。凡证明原为白俄罗斯、拉脱维亚、立陶宛、摩尔多瓦、乌克兰和爱沙尼亚等苏联国家或被占领国家所有(Art.7)，或原为宗教机构或私人慈善机构所有、一直用于宗教或慈善目的，且未服务过纳粹(法西斯)或者其地方占领军的财产，以及原为个人所有，但因其积极反纳粹或反法西斯的行为(包括参加针对敌方占领军的国家抵抗运动)或因其种族、宗教或附属国籍等原因而被剥夺所有权的财产(Art.8)，除依法归联邦所有之外，均可依据该法予以返还。

美国《大屠杀时期被没收艺术品返还法》明确界定可依据该法适用特殊诉讼时效的诉讼标的为"因纳粹迫害而在本法规定期间遗失的任何艺术品或其他财产"(Art.5)。该法规定期间自1933年1月1日起，至1945年12月31日止；"纳粹迫害"指在上述期间内由德国政府、其盟国或代理人、纳粹党成员或其同伙基于纳粹意识形态而对个人或群体实施的迫害行为。"艺术品和其他财产"则广泛地包括各种形式的文化财产，如照片、油画和绘画，雕像艺术和雕塑，雕刻、版画、石版画和图形艺术作品，应用艺术和原创艺术组合或混合，书籍、档案、乐谱和手稿，声音、摄影和电影档案及其媒介，以及圣物、宗教物品及犹太教物品等(Art.4)。

2. 返还条件、方式和有关主体的义务

不同国家返还"二战"被掠文物的条件和方式也存在一定的差异性，主要体现于两个方面的分歧：一是被掠文物的归还是否以原所有权人或其他有权主张返还的主体支付相应补偿金为条件；二是除原物返还之外，是否允许以其他方式对因战争劫掠而受损的文物艺术品财产权进行补偿。

对于文物返还是否须以原所有权人支付相应补偿金为条件的问题，奥地利、捷克、匈牙利三国在特别立法中明确规定，依据本法进行的联邦或国有文物艺术品的返还，都应无偿进行。[①] 俄罗斯《战

---

① See *Federal State Act on the Return of Cultural Objects* (Austria), art.1; *Act no. 212/2000 Coll. of 23 June 2000 concerning the restitution of Jewish property* (Czech Republic), arts.1,3; *Act of 2013 on the amendment of certain laws related to the return of cultural assets held in public collections whose ownership status is disputed* (Hungary, 2013), §2.

争被转移文化珍品法》规定,所有返还须经专门机构进行个案审议同意后,依俄罗斯联邦根据现保有方与有权或被授权接收该文物的机构或家族代表达成的协议进行。接收文物的机构或家族代表应依据该协议向现保有机构支付该文物鉴定、专家审查、保存和修复以及归还所需运输费用等方面的开支(Art.18)。英国《大屠杀(文物返还)法》和德国《联合宣言》对此问题未作明确规定,原所有权人是否应支付相应补偿,应由有权机构视现保有该文物的公共机构取得该文物的方式,经个案分析和考察决定。

从返还方式来看,非原物返还在多数国家得到了支持。如德国《联合宣言》认可除原物返还之外的其他实质性赔偿(material compensation)——如永久租赁、资金或等价物补偿等方式,作为原物返还之外的其他返还方式(Part Ⅰ)。俄罗斯《战争被转移文化珍品法》则特别引入了"赔偿性返还"(compensatory restitution)的概念,作为原物返还已不能实现时采取的一种返还方式,即返还与被掠文物艺术品相同类型的物品。作为例外,奥地利却明确拒绝承认除原物返还之外的其他返还或赔偿方式。①

此外,一些国家还在特别立法或政策中为有关主体设置了一定权利,并要求或呼吁保有纳粹掠夺文物的公私文化机构履行返还或协助返还的义务。如根据捷克"2000年返还法",该法第三部分所列文物艺术品的所有权,应自该法生效后30天内无偿转让给布拉

---

① Questionnaire Beirat (n.29), cited from Annemarie Marck and Eelke Muller, National Panels Advising on Nazi-looted Art in Austria, France, the United Kingdom, the Netherlands and Germany, in Evelien Campfens (eds.), *Fair and Just Solutions? Alternatives to Litigation in Nazi-Looted Art Disputes: Status Quo and New Developments*, Eleven International Publishing, 2015, p.52.

格犹太人博物馆(Art.1)。捷克犹太人社区联盟应在2002年6月30日以前向政府提交属于该法返还范围的文化财产名录,并包含每件待返还文物的归还对象(Art.2)。俄罗斯《战争被转移文化珍品法》也规定,各级公立博物馆、档案馆、图书馆和其他科学、教育、娱乐和培训机构,以及教育、科学、文化领域的其他公共文化机构,根据民法有关规定受托管理属于返还范围的文化财产的,有权在符合其机构宗旨和返还目的的条件下,行使对这些财产的所有、使用和处分权,但这些文化财产的转让应在该法和联邦其他立法的框架下进行(Art.13 [1])。在提出返还请求的期限届满之前,这些文化财产亦不能在各公共文化机构之间流转(Art.20)。联邦其他文化机构都不感兴趣的,上述文化机构管理的属于返还范围的文化财产的复制品(如相关书籍、版画及其他刊印的出版物等),可用于与国外相关组织和机构进行文化交流(Art.13 [2])。德国《联合宣言》更是呼吁有关机构就返还的范围、程序和方式等问题,与被掠文物原所有权人进行个案协商;博物馆、档案馆、图书馆等国家公共机构应继续通过向有关主体开放相关数据的查阅和使用权,对其新获得文物藏品的来源和有关信息进行详细调查,在其藏品、展览和出版物中提供纳粹征收相关历史信息等方式,或通过其他与其机构宗旨相符的活动,支持纳粹征收艺术品的追踪(Part Ⅱ);私法机构和个人也被呼吁适用华盛顿会议确立的文物返还原则和程序(Part Ⅳ)。此外,《联合宣言》各签署机构还应建立一个专门网站用于公布以下信息,为各有关机构之间共享和交流纳粹掠夺文物相关信息资源搭建一个网络平台:(1)博物馆为公开其来源不明并有可能为纳粹征收艺术品的相关信息而做出的努力;(2)可能为原所有权人寻找并请求返还的文物艺术品名录,以及有关公共机构的调查报告;(3)

战争及战后纳粹征收艺术品在国外交易的有关信息(Part Ⅲ)。

二、设立专门机构

此外,一些国家还通过上述特别立法或其他专门立法,设立了解决"二战"被掠文物返还争议的特别委员会,受理原所有权人、其继承人或其他适格主体提出的被掠文物返还请求,在个案审议的基础上向政府及有关公共机构出具返还或补偿的咨询意见,从而为战争掠夺受害者提供传统诉讼之外的维权途径。此类争议处理机构在英、法、荷、德、奥地利等国广泛存在。

(一)组织形式及成员构成

作为专门处理"二战"劫掠文物返还历史遗留问题的争议解决机构,此类特别委员会多下设于某一政府部门,以具有一定独立性的专门委员会的形式设立,其成员较司法或准司法机构而言,在调查和审议战争劫掠文物艺术品返还争议方面更为专业和多元。

在奥地利,1998年《返还法》在联邦教育与文化事务部下设立独立的咨询机构"返还咨询委员会"(Beirat),其职能在于为教育与文化事务部作出是否依据《返还法》向主张所有权返还的主体归还现为联邦公立机构保有的文物的决定提供咨询意见(Art.2)。该委员会成员包括:(1)联邦经济事务部、联邦司法部、联邦教育与文化事务部及联邦国防部代表各一名;(2)财务检察官(the finance procuratum)代表一名;(3)由(欧洲)校长会议(Conference of Rectors)提名的历史和艺术史专家一名(Art.3)。2009年《返还法》修改后,委员会成员由7人增加到8人(§3[2][3]),并增加内设部门"来源调查委员会"(Commission for Provenance Research

[Kommission für Provenienzforschung]）作为专门的调查机构，不仅在适格主体提出返还请求的个案中承担事实和法律调查工作，也须应政府有关机构的要求对1938年至今联邦设立机构保有的所有收藏品的来源进行系统调查。

法国"被掠夺受害者赔偿委员会"（Commission pour l'Indemnisation des Victimes de Spoliations，简称CIVS）于1999年9月根据设立该机构的第99-778号法令（*Décret 99-778 du 10 Septembre 1999 instituant une commission pour l'indemnisation des victimes de spoliations intervenues du fait des législations antisémites en vigueur pendant l'Occupation*）成立，是直接隶属于法国总理办公室的独立咨询机构和行政主体，职责在于对"二战"及维希政府占领期间受害者或其家属因反犹立法受到财产损害、却因时效问题而无法为司法机关受理的赔偿案件进行审议、研究，并提出适当的赔偿、恢复原状或补偿措施（Art.1），以寻求在有关主体之间达成和解协议，或在调解失败的情况下提出其认为有用的任何建议（Art.2）。被掠私人文化财产和艺术品返还也是其职责范围。[①] 根据上述机构组织法，委员会成员应包含：（1）上诉法院系统之外的现任或荣誉地方法官两名；（2）现任或荣誉国务委员两名；（3）审计法院主要顾问两名；（4）大学教授两名；（5）其他具有相关专业资质的人员两名（Art.3）。

英国文化部也于2000年设立作为咨询性非政府公共部门（advisory non-departmental public body）的"被掠夺文物建议委员

---

① CIVS, *Cultural Personal Property and Works of Art*, website of CIVS, available at: http://www.civs.gouv.fr/en/getting-compensation/cultural-personal-property-and-works-of-art/, accessed on 25-11-2018.

会"(Spoliation Advisory Panel),专门处理在第二次世界大战中失去文物的当事人的返还诉求。2010年4月,"被掠夺文物建议委员会"的法律地位由咨询性非政府公共部门转变为一个专家顾问小组,作为国务大臣根据2009年《大屠杀(文物返还)法》指定的咨询机构,继续以委员会名义履行职责。

荷兰的"返还请求评估咨询委员会"(Advisory Committee on the Assessment of Restitution Applications,简称"返还委员会"[The Restitutions Committee])于2001年经特别立法①成立,旨在应教育、文化和科学部长的请求,就纳粹统治期间非自愿丧失,而现为国家所保有的具有文化价值的物品返还争议的处理提供咨询意见(Art.2[1][2])。委员会成员人数不超过7人,由教育、文化和科学部长委任。其中,主席和副主席应当是具有专业资质的法律工作者,成员中还须至少分别包含一位在"二战"研究、艺术史和博物馆学领域具有专长,且能为委员会工作做出实质贡献的专家。每届委员会任期不超过3年,且只能连任一次(Art.3)。

2003年,德国联邦文化和媒体事务委员、各州以及地方政府联合会共同发起成立了"纳粹迫害被扣押文化财产返还咨询委员会"(Advisory Commission on the return of cultural property seized as a result of Nazi persecution),委员会由联邦宪法法院原院长领导,成

---

① Decree issued by the State Secretary for Education, Culture and Science, F. van der Ploeg, establishing a committee to advise the government on the restitution of items of cultural value of which the original owners involuntarily lost possession due to circumstances directly related to the Nazi regime and which are currently in the possession of the State of the Netherlands (Decree Zoetermeer establishing the Advisory Committee on the Assessment of Restitution Applications), WJZ/2001/45374 (8123), 16 November 2001.

员包括两名哲学家、一名法学教授，以及艺术史学家、历史学家和资深政治家等共 10 名成员组成。委员会的职能在于受理现为德国公立机构保有的纳粹时期被掠文化财产的返还请求，充当系争财产原所有权人与现保有人之间的调解人，受理、审议相关案件并给出咨询意见。①

（二）工作程序与工作机制

作为传统诉讼程序之外的一种特殊的争议解决途径，上述专门机构在工作机制与工作程序的许多方面，与司法机构相比表现出许多鲜明的特色，体现在从案件受理到出具最终建议的各环节中。

1. 争议受理

此类专门机构受理的文物所有权争议案件须满足实质要件和程序要件。

实质要件即争议标的属于该特别委员会法定管辖范围之内，主要适用于战后国家依据《伦敦宣言》颁布特别法律宣告纳粹占领或控制区域发生的财产转让行为无效而被撤销转让的财物中，因未查明其原所有权人或其继承人而交由国家或公立机构保管，并因此宣布"国有化"的部分，一般须满足以下条件：(1) 原所有权人在"二战"期间因纳粹占领或统治而非自愿失去对该文物艺术品的所有或实际控制；(2) 上述使原所有权人失去其正当财产权利的征收、转让或转移行为，在"二战"后根据《伦敦宣言》及相关国内立法被宣布无效；(3) 该文物现为国家或公立机构所有或保有，未有其他已证实

---

① See A brief Introduction of the Advisory Commission on the return of cultural property seized as a result of Nazi persecution (Beratende Kommission), available at: https://www.lootedart.com/MFEU4E88305, accessed on 25-11-2018.

成立的私人所有权。前述奥地利《返还法》第 1 条规定的文物返还范围,即为一个典型例子。英国《大屠杀(文物返还)法》和德国《联合宣言》中未见有关上述三个条件的完全的、明确的表述。然而,在英国,须依据该法放弃其藏品所有权的主体,本身即为《大屠杀(文物返还)法》第 1 条规定的特定国立博物馆(私人博物馆藏品流转和退出馆藏不受博物馆立法的限制);且该法明确要求,这些博物馆向私人转让其藏品所有权的行为,只能以向"二战"大屠杀时期被掠文物原所有权人或其继承人返还文物为目的,亦基本符合上述三个条件。德国《联合宣言》也呼吁博物馆、档案馆和图书馆等公立的文物收藏机构在"纳粹迫害被扣押文化财产返还咨询委员会"下将其收藏的纳粹掠夺文物予以返还。

形式要件即上述适格主体以正确的方式向受理机构提出请求,包括应当提交的请求材料,也包括应符合正式受理返还请求的前置程序。在这一阶段,有的机构要求请求人必须知道系争文物艺术品当前所在具体机构,如英国"被掠夺文物建议委员会"规定请求人应提交的材料中,应包含对系争文物的描述和当前所在收藏机构信息;① 荷兰"返还请求评估咨询委员会"程序的启动,也要求请求人明确系争文物艺术品当前的保有者。该文物艺术品是否属于荷兰国立收藏机构,还将对该委员会受理返还请求的程序和条件产生影响。② 此外,请求人与系争文物艺术品的现保有者就由该专门机构

---

① Spoliation Advisory Panel, *Guidance notes for the parties on providing information relating to a claim*, n.5(a), available at: https://www.gov.uk/government/groups/spoliation-advisory-panel#rules-of-procedure, accessed on 01-08-2019.

② Restitutiecommissie, Dutch State Collection or not?, available at: https://www.restitutiecommissie.nl/en/who_is_the_current_possessor.html, accessed on 01-08-2019.

处理此案达成一致意见，也是一些特定情形中此类机构受理案件的条件。如在德国，至少有一方是公立机构，且双方当事人同意由该机构进行调解并接受其调解建议，是"纳粹迫害被扣押文化财产返还咨询委员会"受理案件的前提条件；① 荷兰"返还请求评估咨询委员会"在受理请求人对非国立收藏机构的文物艺术藏品提出的返还请求时，也要求请求人与该收藏机构共同做出愿意由该委员会调查处理此案并出具约束性处理意见的声明。②

2. 调查取证

一般而言，一旦案件符合受理条件，此类机构将成立一个专门处理此案的审议调查组，并委任一名专门负责人。如在英国，该审议调查组由国务大臣从"被掠夺文物建议委员会"的专家委员中委任，并指定其中一名专家委员作为该案调查组的组长。国务委员还将为该调查组顺利行使其职能提供必要的行政支持和各方面资源。③ 法国"被掠夺受害者赔偿委员会"和德国"纳粹迫害被扣押文化财产返还咨询委员会"也为每一个案件指派一名主要的特派调查员、若干调查员及秘书。④

---

① German Lost Art Foundation, *Rules of Procedure of the Advisory Commission on the return of cultural property seized as a result of Nazi persecution, especially Jewish property as of 2 November 2016*, § 3 (1), available at: https://www.kulturgutverluste.de/Webs/EN/AdvisoryCommission/Rules-of-Procedure/Index.html, accessed on 01-08-2019.

② Restitutiecommissie, Step-by-Step Plan for Other Collections, available at: https://restitutiecommissie.nl/en/step_by_step_other_collections.html, accessed on 01-08-2019.

③ Spoliation Advisory Panel, *Terms of Reference*, n.3,4,5, available at: https://www.gov.uk/government/groups/spoliation-advisory-panel#terms-of-reference, accessed on 01-08-2019.

④ See CIVS, The diagram of a case file processing, available at: http://www.civs.gouv.fr/images/pdf/Presentation-schematique%20d-un-dossier-CIVS-EN.pdf; German

第四章 冷战后欧美国家文物返还的途径与实践

此外，与西方传统司法程序只能对当事双方所提交的证据材料进行真实性和有效性判断，并在此基础上作出事实认定与法律裁决相比，此类专门争议处理机构，大都可以在当事人提供的信息和证据之外，依职权独立展开案件事实调查，这些独立调查所取得的信息也将成为其作出最后建议的依据。这种主动性和灵活性有效地弥补了当事人因时间久远、情势复杂而受到的举证能力的限制，也是此类机构之专业性的突出体现。如在法国，"被掠夺受害者赔偿委员会"的特派调查组将通过一系列相关档案机构的协助，对案件事实和法律问题展开深入调查。为此，该委员会在许多地方，如柏林、国家档案馆、巴黎档案馆等都设置了分支调查机构，并且会根据实际需要在巴黎警察总部（Parisian Police Headquarters, PP）、缴存和寄存管理局（Caisse des Dépôts et Consignations, CDC）和当代犹太人文献中心（Contemporary Jewish Documentation Centre, CJDC）等机构展开信息和文献检索和调查。[①] 在被掠文物艺术品返还案件的调查中，外交部，各个获得"法兰西博物馆"称号的档案馆，国家档案馆及巴黎和外省档案馆，德国《联邦赔偿法》（又称 BRüG 法案）档案馆以及美国、奥地利、荷兰、英国等各地档案馆保存的与个人财产及利益办公室（Office des Biens et Intérêts Privés, OBIP）和艺术品恢复委员会（Commission de Récupération Artistique, CRA，1945—1953）相关的档案，以及法、美、德、瑞士等国有关被

Lost Art Foundation, *Rules of Procedure of the Advisory Commission on the return of cultural property seized as a result of Nazi persecution, especially Jewish property as of 2 November 2016*, § 3（1），available at: https://www.kulturgutverluste.de/Webs/EN/AdvisoryCommission/Rules-of-Procedure/Index.html, accessed on 01-08-2019.

① See CIVS, Research Coordination Department, available at: http://www.civs.gouv.fr/en/the-civs/services/#anchor4, accessed on 01-08-2019.

掠文物艺术品的网络数据库等，都是委员会开展调查的重要依托。[①]

为更好地就"二战"掠夺文物下落与所有权流转状况展开调查，一些国家还设立了专门的调查研究机构。如1998年荷兰据教育部令成立以其首任主席埃卡尔（R.E.O.Ekkart）教授的名字命名的"来源调查机构"（Origins Unknown Agency, BHG）埃卡尔委员会，是受政府委托协助荷兰"返还请求评估咨询委员会"就文物艺术品来源展开调查的专业机构，并对"二战"期间被盗和交易艺术品的情况进行全面调查和研究。该机构已对作为国家艺术收藏品组成部分的所有"荷兰艺术财产收藏品"（Netherlands Art Property Collection, NK）的来源展开了调查，并建立起一个专门的数据库。在委员会受理的其他返还请求中，该机构也可在调查系争文物艺术品来源方面发挥咨询作用。自2015年开始，该机构还以荷兰艺术财产基金会（Netherlands Art Property Foundation, SNK）档案中约15,000份索赔表和相关材料所记载的遗失艺术品登记信息为基础，启动了一个旨在认定战争期间在荷兰丢失的艺术品并将其相关数据进行数字化和公众传播的新项目，已追踪了几个重要文物，有关表格和图片数据都经扫描进入一个对公众开放的数据库。[②]2018年9月20日，荷兰政府通过新法令，在战争、大屠杀和灭绝种族研究所（Institute for War, Holocaust and Genocide Studies）下新成立独立的"文物返还和二战专家中心"（Dutch Centre of Expertise for

---

[①] See CIVS, Cultural Personal Property and Works of Art, Research Undertaken by the CIVS, available at: http://www.civs.gouv.fr/en/getting-compensation/cultural-personal-property-and-works-of-art/, accessed on 01-08-2019.

[②] 有关该机构的具体信息参见其网站：http://www.herkomstgezocht.nl/en，2019年8月2日访问。

the Restitution of Cultural Goods and the Second World War，以下或简称"专家中心"），取代原"来源调查机构"。与"来源调查机构"相比，新的"专家中心"是一个更具独立性的专门研究中心，应"返还请求评估咨询委员会"的请求，专门对审议案件的事实开展独立调查。① 美国大屠杀资产总统顾问委员会（Presidential Advisory Commission on Holocaust Assets in the United States, PCHA）根据1998年《美国大屠杀资产委员会法》（Holocaust Assets Commission Act of 1998）② 设立，其主要职责是在于对美国联邦政府持有的大屠杀受害者资产的下落进行研究并建立档案，基于对私人及非联邦政府机构持有的相关资产的研究进行综合评述，并就促进大屠杀时期被掠财产返还给受害者及其家属的可能途径与方案、联邦政府应提倡的大屠杀被掠财产政策与态度、国防部应为应对此类问题做出的准备，以及国会为排除大屠杀受害者财产认定及其返还障碍应制订的法律等问题，为总统提供可行的咨询意见。委员会的主要工作成果包括：对9,000多起大屠杀时代资产索赔案件信息进行整理；对"黄金列车案"③ 进行调查解密；出具位于德国林茨的希特勒博物

---

① Dutch Centre of Expertise for the Restitution of Cultural Goods and the Second World War, available at: https://lootedart.com/TAS3MM587791, accessed on 10-04-2020.

② Pub. L. 105-186, June 23, 1998, 112 Stat. 611（22 U.S.C. 1621 note）.

③ 1945年5月，纳粹德军在匈牙利大屠杀中抢夺了许多黄金珠宝，装载这些财宝的列车在"二战"末期被美军截获，这列火车因此被称为"黄金列车"。然而，美军把这些财物错误地归为不明财产和敌方财产，并未返还匈牙利受害者和原所有权人。据路透社报道，有美国政府官员承认，部分财物已经被一些美军军官挪用，有的用于装修办公室和住所，有的被部队军官变卖，有的落入私人手中成为藏品。60年后，大屠杀中幸存的匈牙利人把美国政府告上法庭，要求返还"黄金列车"中的财物。幸存者家属和美国司法部于2004年4月21日向法官证实，美国政府已经同意通过调解方式解

馆及戈林艺术品收藏调查报告等等。此外，委员会致力于就联邦政府持有的贵重物品的历史信息进行研究，并组织了一个专家研究小组，在艺术品及文化财产和非黄金金融资产领域开展原创性研究，其成果与美国大屠杀委员会、银行及保险公司、国际大屠杀委员会及其他机构共享。①2000年，该机构出版了《掠夺及返还：美国和大屠杀受害者资产，美国大屠杀资产总统顾问委员会的发现及建议暨研究报告》，其"发现及建议"部分着重关注返还政策的执行情况，分析这些政策未得到充分实施的原因，并概要地介绍该委员会与公共及私人部门——如美国国会图书馆、国家美术馆及银行业达成的一些协议。②

3. 审议依据和程序

此类专门机构作出是否予以返还的审议意见的依据，与司法判决也有明显的不同，不仅考虑相关法律和政策，还包含对诸如道德因素等许多非法律因素的考量，通常以公平合理为基本依据。

英国"被掠夺文物建议委员会"的评估因素包括：请求人被剥夺该物的方式（盗窃，强迫出售，低估售卖等）；在可能性平衡的基础上评估认定请求人对系争文物艺术品原始所有权的有效性；适当

决此案并达成初步协议。参见张妍妍：《"纳粹黄金列车案"曝光》，原载《扬子晚报》2004年12月22日，转引自中国网：http://www.china.com.cn/chinese/WISI/735258.htm, 2019年11月10日访问。

① See A brief Introduction of the Presidential Advisory Commission on Holocaust Assets in the United States（PCHA）1998 - 2001, available at: https://www.lootedart.com/MFEU4S36784, accessed on 02-08-2019.

② See *Plunder and Restitution: Findings and Recommendations of the Presidential Advisory Commission on Holocaust Assets in the United States and Staff Report*, available at: https://govinfo.library.unt.edu/pcha/PlunderRestitution.html/html/Home_Contents.html, accessed on 02-08-2019.

考虑请求人在该案中的道德正当性程度；当前保有该文物艺术品的机构享有有效所有权的可能概率；该收藏机构的目标以及其藏品处置限制相关法律规定；规制收藏机构作为受托人之权利义务的信托机制及其信托责任；系争文物当前或在其他适当时期的市场价值；以及其他任何可能影响赔偿的情况，包括收藏机构针对第三方提出的潜在索赔的价值。在此基础上，委员会应以书面形式拟定并向申请人及系争文物现收藏机构告知其处理意见并说明理由，并向国务大臣提交报告的副本。委员会认为必要的，也可就请求人提出的普遍性问题和／或针对该案的特殊情况需要采取的行动向国务大臣提出建议，说明其理由，并将该建议抄送请求人和该收藏机构。①

在法国，案件调查员根据前期的事实调查报告和申请人对此报告的意见，完成一份包含处理建议的完整报告呈交"被掠夺受害者赔偿委员会"。该报告经负责该案的主要特派调查员审查后，根据案件及其处理建议的不同类型，决定应由委员会主席、委员会三人会议还是委员会全体会议程序确定最终的处理意见。② 不论采取哪一种决策程序，调查员都应当出席该决策会议并回答决策成员的提问；请求人及其代理人也可出席该会议。③ 委员会依据事实调查

---

① Spoliation Advisory Panel, *Terms of Reference*, n.15, available at: https://www.gov.uk/government/groups/spoliation-advisory-panel#terms-of-reference, accessed on 01-08-2019.

② Questionnaire CIVS (n.103); République française-Premier Miistre-CVIS 2007 (N.112), cited from Annemarie Marck and Eelke Muller, National Panels Advising on Nazi-looted Art in Austria, France, the United Kingdom, the Netherlands and Germany, in Evelien Campfens (eds.), *Fair and Just Solutions? Alternatives to Litigation in Nazi-Looted Art Disputes: Status Quo and New Developments*, Eleven International Publishing, 2015, pp.61-62.

③ Annemarie Marck and Eelke Muller, National Panels Advising on Nazi-looted Art in Austria, France, the United Kingdom, the Netherlands and Germany, in Evelien

报告、事件发生时的证词,以及将系争文物纳入掠夺文物艺术品目录的证明文件出具最终审议意见;如果没有委员会独立调查发现的实际证据,最终审议意见也可根据返还请求人提供的文件或证词作出。① 请求人的陈述对于最终处理意见的作出具有重要意义。②

在公平合理的标准和原则下,荷兰"返还请求评估咨询委员会"对此类案件的处理,亦并非完全依据本国民法进行,而是在考察下列各方面因素的基础上,作出平衡原所有权人与当前保有人权益的处理意见:为国际和国内所认可的原则(如《华盛顿原则》)以及政府有关被掠文物返还的政策指南;原所有权人失去文物占有的情形;请求人为追索该文物所付出努力的程度;当前保有人获得该文物的情形及在获取该物前展开调查的情况;该物对于原所有者和现保有者的重要程度;以及一般公共利益等。③

根据德国"纳粹迫害被扣押文化财产返还咨询委员会"2016 年

Campfens (eds.), *Fair and Just Solutions? Alternatives to Litigation in Nazi-Looted Art Disputes: Status Quo and New Developments*, Eleven International Publishing, 2015, p.62.

① See CIVS, Cultural Personal Property and Works of Art, Research Undertaken by the CIVS, available at: http://www.civs.gouv.fr/en/getting-compensation/cultural-personal-property-and-works-of-art/, accessed on 01-08-2019.

② Questionnaire CIVS (n.103); République française-Premier Miistre-CVIS 2007 (N.112), cited from Annemarie Marck and Eelke Muller, National Panels Advising on Nazi-looted Art in Austria, France, the United Kingdom, the Netherlands and Germany, in Evelien Campfens (eds.), *Fair and Just Solutions? Alternatives to Litigation in Nazi-Looted Art Disputes: Status Quo and New Developments*, Eleven International Publishing, 2015, p. 62.

③ *The Regulations* (n. 196), art.3; cited from Annemarie Marck and Eelke Muller, National Panels Advising on Nazi-looted Art in Austria, France, the United Kingdom, the Netherlands and Germany, in Evelien Campfens (eds.), *Fair and Just Solutions? Alternatives to Litigation in Nazi-Looted Art Disputes: Status Quo and New Developments*, Eleven International Publishing, 2015, p. 79.

程序规则,该机构争议解决建议,应以为国际公认的有关原则(如1998年《华盛顿原则》和2009年《特雷辛宣言》),以及本国1999年的《联合宣言》及该宣言2001年《实施指南》为标准,在特别考虑导致原所有权人遗失文化财产的具体情形以及当前保有者获得该文化财产及为此展开调查的具体情况的基础上,经2/3多数成员同意而作出。①

4. 决策结果及效力

由于性质、目的、程序等方面的差别,专门机构处理此类争议的方式也有所不同。然而,除奥地利等少数机构只能就是否返还向责任部门长官提出建议,而不能提供"折中"方案,且未设置对该建议或决定的申诉途径②之外,大部分国家的返还委员会机构都具有灵活而广泛的建议权,可根据个案的实际情况、在平衡争议双方利益的基础上,提出诸如原物返还和金钱赔偿等多样化的解决方式,并就涉案文物艺术品公开展出时应注明的来源信息提出意见。由于此类机构大多为政府咨询机构,其处理意见从理论上来说,并

---

① See German Lost Art Foundation, *Rules of Procedure of the Advisory Commission on the return of cultural property seized as a result of Nazi persecution, especially Jewish property as of 2 November 2016*, §6(2)(3), available at: https://www.kulturgutverluste.de/Webs/EN/AdvisoryCommission/Rules-of-Procedure/Index.html, accessed on 01-08-2019.

② 自成立至今,奥地利"返还咨询委员会"就超过300件返还请求向政府部门出具了咨询意见,所有案件的咨询报告都在其官网公布。但由于该委员会除原物返还外,无权建议采取"部分返还"或者"替代性返还"等更加灵活的返还方式,从结果来看,在绝大多数案件中,委员会都作出了不予返还的审议意见。See Annemarie Marck and Eelke Muller, National Panels Advising on Nazi-looted Art in Austria, France, the United Kingdom, the Netherlands and Germany, in Evelien Campfens (eds.), *Fair and Just Solutions? Alternatives to Litigation in Nazi-Looted Art Disputes: Status Quo and New Developments*, Eleven International Publishing, 2015, p. 52.

不具有法律效力。然而实践中，涉及国家收藏品之返还的，政府都鲜有不遵守此类专门机构处理意见的情况。针对非国立收藏机构的文物返还请求也可向此类机构提出，但在这种情况下，其处理意见的约束力则有赖于双方对该结果的认可。

在英国，"被掠夺文物建议委员会"经调查和评估，原则上支持将系争文物返还给请求人的，可提出的建议包括向请求人返还原物；向原所有权人支付委员会根据各方面因素酌定的赔偿金；向请求人支付抚恤金；在展示该文物时标明其纳粹掠夺历史和来源信息并特别关照与请求人的联系及请求人的合理利益；尽快与请求人进行谈判以便早日落实该意见等。此外，委员会还可在其认为必要时，向国务大臣提出应采取适当行动的建议，特别是建议将该文物从《大屠杀（文物返还）法》所列收藏机构的藏品中退出。[①] 然而，该机构作出的所有处理意见和建议，无论对于争议双方还是对于国务大臣来说，都不具有正式的法律约束力。[②] 自成立至 2019 年，英国"被掠夺文物建议委员会"共处理了二十余起返还争议案件，案例报告全部公布于英国政府网站[③]。其中，原物返还或部分返还的案件有 11 起；政府特惠金或赔偿金等替代性返还的有 4 起；不予返还的 8 起。替代性返还意见多是考虑到现收藏机构获取该文物时的合

[①] Spoliation Advisory Panel, *Terms of Reference*, n.17-18, available at: https://www.gov.uk/government/groups/spoliation-advisory-panel#terms-of-reference, accessed on 01-08-2019.

[②] Spoliation Advisory Panel, *Terms of Reference*, n.10, available at: https://www.gov.uk/government/groups/spoliation-advisory-panel#terms-of-reference, accessed on 01-08-2019.

[③] 参见：https://www.gov.uk/government/collections/reports-of-the-spoliation-advisory-panel，2019 年 8 月 27 日访问。

法性以及英国博物馆立法对于原物返还设置的障碍①,在原所有权人同意②的情况下作出;拒绝返还意见的作出,则多是出于请求人所提交证据不足以证明其原所有权,或不足以导致现收藏机构承担道德义务③。但即使在给出不予归还或替代性返还意见的案件中,委员会也多要求继续保有该文物的博物馆在展出该文物时标注与请求人的关系及该物可能属于纳粹掠夺文物的信息④。

在德国,"纳粹迫害被扣押文化财产返还咨询委员会"可提出的建议包括:将文化财产原物返还原所有权人或其继承人;在原所有权人支付一定补偿金的前提下将文化财产予以返还;在满足其他

---

① See Report of the Spoliation Advisory Panel: Four drawings in the British Museum, available at: https://www.gov.uk/government/publications/report-of-the-spoliation-advisory-panel-british-museum, accessed on 27-08-2019.

② See Report of the Spoliation Advisory Panel: A painting now in the possession of Glasgow City Council, available at: https://www.gov.uk/government/publications/report-of-the-spoliation-advisory-panel-a-painting-now-in-the-possession-of-glasgow-city-council, accessed on 27-08-2019.

③ See Report of the Spoliation Advisory Panel in respect of a painting held by the Ashmolean Museum in Oxford , 1 March 2006; available at: https://www.gov.uk/government/collections/reports-of-the-spoliation-advisory-panel; Report of the Spoliation Advisory Panel in respect of a Gothic relief in ivory, now in the possession of the Ashmolean Museum, Oxford, 10 February 2016, available at: https://www.gov.uk/government/publications/report-of-the-spoliation-advisory-panel-in-respect-of-a-gothic-relief-in-ivory-now-in-the-possession-of-the-ashmolean-museum-oxford, accessed on 27-08-2019.

④ See Report of the Spoliation Advisory Panel in respect of an oil painting by Pierre-Auguste Renoir, 'The Coast at Cagnes', now in the possession of Bristol City Council, 16 September 2015, available at: https://www.gov.uk/government/publications/report-by-the-spoliation-advisory-panel-in-respect-of-an-oil-painting-by-pierre-auguste-renoir-the-coast-at-cagnes; Report of the Spoliation Advisory Panel: 14 clocks and watches in the British Museum, available at : https://www.gov.uk/government/publications/report-of-the-spoliation-advisory-panel-in-respect-of-fourteen-clocks-and-watches-now-in-the-possession-of-the-british-museum-london, accessed on 27-08-2019.

条件的情况下予以返还；原物留在当前保有者或持有者手中，但向原所有人支付赔偿金；将文化财产及其来源信息公开展览；以及拒绝该返还请求。委员会还可根据个案的具体情况，建议采取其他措施。① 当然，作为一种主要通过调解寻找解决办法的特殊程序，委员会的处理意见同样没有法律约束力。②

  法国"被掠夺受害者赔偿委员会"在被掠文化财产和艺术品返还案件中可给出的处理意见包括：（1）原物返还：若系争文物在"国家博物馆返还工作清单"中，并且当前构成国立博物馆藏品的一部分，则该文物必须返还其原所有人或其继承人。（2）金钱赔偿：若无法明确该文物或艺术品的确切位置，则由委员会根据物品被掠夺时的价值以及其他调查掌握的实际情况，酌情给予原所有权人或继承人一定的金钱赔偿。赔偿金数额的确定应参考请求人提供的文件和证词、相关历史档案和该物品交易文件信息，以及1935—1955年艺术家作品的一般拍卖价格等因素。在对此类物品进行估价时，不仅应确定其创作者和真实性，还必须对其质量和特征进行研究，例如保存状态、形式、主题、特定艺术品质和在艺术市场中的地位。（3）补充赔偿金：由于德国《联邦赔偿法》（BRüG法案）给予掠夺受

---

① See German Lost Art Foundation, *Rules of Procedure of the Advisory Commission on the return of cultural property seized as a result of Nazi persecution, especially Jewish property as of 2 November 2016*, §6（4）（5）, available at: https://www.kulturgutverluste.de/Webs/EN/AdvisoryCommission/Rules-of-Procedure/Index.html, accessed on 01-08-2019.

② See Annemarie Marck and Eelke Muller, National Panels Advising on Nazi-looted Art in Austria, France, the United Kingdom, the Netherlands and Germany, in Evelien Campfens（eds.）, *Fair and Just Solutions? Alternatives to Litigation in Nazi-Looted Art Disputes: Status Quo and New Developments*, Eleven International Publishing, 2015, pp. 86-87.

害者的赔偿通常只相当于预估损失的50%，若请求主体已根据该法得到赔偿，委员会在确定赔偿金时，应将这部分数额从补偿金中扣除。(4)拒绝请求：在请求人提供的材料和委员会开展的文献调查都完全无法确认请求人主张的文物所有权成立性的情况下，其请求将被拒绝。①实践中，支付赔偿金或补充赔偿金的方式，占所有获得支持的请求中的绝大部分；且在缺乏有关损失情况的明确证据的情况下，建议赔偿金数额通常会受到相应限制。②原物返还决定的作出，一般只局限于在"国家博物馆返还工作清单"中的文物。截至2014年，只有4例在"国家博物馆返还工作清单"中的文物通过委员会程序得以原物返还。③"被掠夺受害者赔偿委员会"出具的审议意见，理论上也不具有法律约束力，然而其意见在实践中通常都得到了接受。当然，委员会的法律性质及其灵活性，意味着其有时也充当调解员的角色。④

荷兰"返还请求评估咨询委员会"审议国家艺术收藏品返还请求的机制与处理其他非国有收藏品返还请求不同，前者只确定系争文物艺术品的所有权分配，而在后一种情况下，其审议结果则广泛

---

① See CIVS, Cultural Personal Property and Works of Art, Research Undertaken by the CIVS, available at: http://www.civs.gouv.fr/en/getting-compensation/cultural-personal-property-and-works-of-art/, accessed on 01-08-2019.

② Annemarie Marck and Eelke Muller, National Panels Advising on Nazi-looted Art in Austria, France, the United Kingdom, the Netherlands and Germany, in Evelien Campfens (eds.), *Fair and Just Solutions? Alternatives to Litigation in Nazi-Looted Art Disputes: Status Quo and New Developments*, Eleven International Publishing, 2015, p. 62.

③ 同上。

④ See CIVS, Cultural Personal Property and Works of Art, Research Undertaken by the CIVS, available at: http://www.civs.gouv.fr/en/getting-compensation/cultural-personal-property-and-works-of-art/, accessed on 01-08-2019.

地包括向请求人返还原物、建议现保有人考虑以某种方式返还给所有人、在一定条件下将物品返还给请求人、建议现保有人在维持占有的情况下考虑以一定方式返还给申请人、在申明该物之来源及与原所有权人（及其继承人）之关系的前提下将该物公开展出，以及拒绝申请人的请求等。① 委员会的决定只具有建议性质，因此从理论上说不具有法律拘束力。但在针对国家艺术收藏品的返还请求中，荷兰政府已宣布总理只能在极少情况下（marginally）质疑委员会是否在其授权范围内出具处理意见。事实上，除在极个别案件中政府曾提出与委员会不同的论证理由之外，委员会出具的绝大多数意见都被接受。② 即使是在针对非政府收藏机构的案件中，双方当事人也可自愿选择一种确认专家意见具有约束力的程序。③

三、通过专门机构实现劫掠文物返还的典型案例

以下三个由此类专门机构实现文物返还的典型案例，更直观地展现了此类机构在处理和解决纳粹掠夺艺术品的返还争议时不仅对所有权证明等关键法律问题予以考量，更关注法律之外的道德因

---

① *The Regulations* (n. 196), art.11; cited from Annemarie Marck and Eelke Muller, National Panels Advising on Nazi-looted Art in Austria, France, the United Kingdom, the Netherlands and Germany, in Evelien Campfens (eds.), *Fair and Just Solutions? Alternatives to Litigation in Nazi-Looted Art Disputes: Status Quo and New Developments*, Eleven International Publishing, 2015, p. 80.

② Annemarie Marck and Eelke Muller, National Panels Advising on Nazi-looted Art in Austria, France, the United Kingdom, the Netherlands and Germany, in Evelien Campfens (eds.), *Fair and Just Solutions? Alternatives to Litigation in Nazi-Looted Art Disputes: Status Quo and New Developments*, Eleven International Publishing, 2015, p. 77.

③ 同上文，第78页。

素,综合评价纳粹掠夺给当事人及其家族带来的伤害及博物馆或公共机构继续占有该物品的后果,寻求尽可能公平与公正合理的补救措施的突出特点。

(一) 200 幅画作案[①]

雅克·古德史迪克(Jacques Goudstikker)是欧洲最富有的艺术品交易商之一,精通荷兰和弗兰德艺术大师的画作。1940年德军入侵荷兰东部地区后,古德史迪克一家逃往英国,雅克·古德史迪克本人也于逃亡途中死亡。雅克·古德史迪克在逃亡前曾委托他人负责管理其生意和藏品,但受托人在其死亡后不久也去世了。至此,古德史迪克的画廊由德国银行家阿洛伊斯·密德(Alois Miedl)接管。1940年7月1日,密德与古德史迪克画廊的雇员达成了一份销售协议,约定由密德购买古德史迪克的全部资产及公司商号。但该合同被同对古德史迪克的收藏十分感兴趣,并因此在入侵后试图获取的纳粹党官员戈林否决。7月13日,画廊雇员登·布鲁克(Ten Broek)代表古德史迪克与密德达成协议,以55万荷兰盾的价格转让古德史迪克的不动产、公司商号以及与他人共有的画作的所有权。同时,密德与戈林也签署合同,合同标的为1940年6月26日在荷兰境内所有属于古德史迪克的艺术品,售价为200万荷兰盾。该协议将古德史迪克的藏品分成两部分,约定戈林对古德史迪克与他人共有的画作享有优先购买权。根据上述两份协议,古德史迪克的画廊雇员们获得了40万荷兰盾,而古德史迪克的犹太裔母亲则获得了密德的庇护,免受反犹主义的迫害。幸运的是,古德史迪克

---

① See *200 Paintings – Goudstikker Heirs and the Netherlands*, available at: https://plone.unige.ch/art-adr/cases-affaires/200-paintings-2013-goudstikker-heirs-and-the-netherlands, accessed on 09-11-2019.

的妻子德西蕾·古德史迪克（Désirée Gouddstikker）一直仍然保留着她丈夫拥有的1113幅画作的记录，这份记录促进了该批流失画作的搜寻，并促使欧洲、以色列和美国博物馆及私人藏家自愿向其返还画作。

"二战"后，盟军从戈林住处扣押了几百件艺术品，但将这些藏品返还给其原所有者对盟军来说却是个难题。根据当时的"外部返还政策"，暂时无法物归原主的被掠艺术品，应先予返还给这些物品的流出国。在盟军向荷兰返还的艺术藏品中，有300件来自古德史迪克的收藏。德西蕾·古德史迪克于1946年初首次要求荷兰政府返还其丈夫的艺术藏品，并于1952年与荷兰政府就部分藏品的返还达成协议。未被归还的部分被认定为"荷兰国有财产"，后被荷兰各国有博物馆所收藏。

1998年1月，雅克·古德史迪克唯一在世的继承人马雷·冯·扎厄（Marei Von Saher）向荷兰政府提交申请，要求返还密德和戈林1940年交易中涉及的全部艺术品。考虑到1952年的协议是终局性的，荷兰政府拒绝了此项请求。马雷·冯·扎厄因此向法院提起所有权返还诉讼。法院认为，在1952年的协议中，原所有权人的妻子德西蕾在1952年与荷兰政府达成返还部分藏品的协议时，已经放弃了未包括在此协议中的藏品的追索权。此外，法院指出，尽管继承人的主张值得考虑，但其返还请求已经超出了荷兰法律规定的诉讼时效，因此驳回了原告的返还请求。

荷兰"返还请求评估咨询委员会"成立后，古德史迪克的继承人于2004年就古德史迪克收藏的267件艺术品向委员会提出返还请求。委员会依托"来源调查机构"对涉案的267幅画作的来源和现所有权状况展开了调查。经调查，委员会认为，雅克·古德史迪克的财产损失是非自愿的。然而，其中的 40 幅画作可能与其本人无关；21 幅画作属于密德，已包含在 1952 年的协议中；4 幅画作已丢失或损耗。此外，1952 年协议仅仅涉及 1940 年交易中属于密德的部分，并不涉及被戈林买走的那部分画作的权利。因此，委员会出具了返还 202 幅画作的处理意见。2006 年 2 月 6 日，荷兰政府决定遵循委员会意见，把 202 幅画作返还给古德史迪克的继承人。作为感谢，继承人把归还画作中的一幅，即巴托洛梅乌斯（Bartholomeus Van der Helst）于 1645 年画的《临终儿童》（*Child on Deathbed*），捐赠给荷兰政府。

此案促使欧洲博物馆纷纷就是否藏有原属于古德史迪克的画作展开调查。2006 年，科隆的瓦尔拉夫-理查尔茨（Wallraf-Richartz）博物馆和德累斯顿的国家艺术品收藏馆又将 3 幅画作返还给古德史迪克后人。

(二)《风车》案[①]

马克斯·吕登贝格（Max Rüdenberg）是一名犹太商人和艺术品收藏家，由于纳粹政策，吕登贝格一家被迫出卖了许多艺术藏品，其中就包括卡尔·施密特-罗特卢夫（Karl Schmidt-Rottluff）的画作《风车》。《风车》于 1939 年被斯普伦格尔夫妇（Margrit and Bernhard Sprengel）购得。吕登贝格夫妇的孩子恩斯特·吕登贝格（Ernst Rüdenberg）和伊娃·吕登贝格（Eva Rüdenberg）在 1936—1939 年间先后逃亡到南非和英国。而马克斯·吕登贝格和妻子则于 1942 年秋在集中营被杀害。

[①] See *The Windmill – Rüdenberg Heirs v. City of Hannover*, available at: https://plone.unige.ch/art-adr/cases-affaires/the-windmill-2013-rudenberg-heirs-v-city-of-hannover, accessed on 09-11-2019.

1969年，斯普伦格尔夫妇将画作《风车》捐给了汉诺威市，该画因此为斯普伦格尔博物馆（Sprengel Museum）的收藏。吕登贝格的继承人得知该画作的下落后，于2013年4月向汉诺威市请求返还。双方于2015年7月达成协议将本案交由"纳粹迫害被扣押文化财产返还咨询委员会"处理（以下简称"返还委员会"）。

　　吕登贝格的继承人通过斯普伦格尔博物馆藏品的清单目录和卡尔·施密特-罗特卢夫作品专家君特·蒂姆（Gunther Thiem）编辑的清单目录证明自己的所有权。前一项文件载明："1939年，汉诺威，于法伊弗（Pfeiffer）处购得；前手所有人，未知。"后面有一条关于前手所有人的记载，据推测可能是玛格丽特·斯普伦格尔于20世纪60年代的修改："马克斯·吕登贝格家族，汉诺威利莫（Hannover Limmer）"。后一件清单目录文件则清晰地记录了《风车》的两个出处："汉诺威利莫的马克斯·吕登贝格；汉诺威的伯恩哈德·斯普伦格尔。"然而，汉诺威市却质疑这些证据有违"表面证据"（prima-facie-evidence）准则①，认为此案中，无论是吕登贝格获取该画作，还是因纳粹迫害导致其在20世纪30年代被出售，这两方面事实都无法被证明。

　　然而，在返还委员会这种特别审议机制中，证据规则并不像正式诉讼程序一样严格，返还委员会可基于请求人与被请求人拥有争议物品合法所有权的概率对比作出处理意见。因此，尽管该案证据链相对薄弱，吕登贝格家族拥有《风车》以及在受胁迫的情况下售

---

① "表面证据"准则是最高返还法庭（Supreme Restitution Court）发展起来的，它要求建立起文化财产损失和纳粹立法之间的因果关系，具体要求包括：(1)损失的背景能够被证明；(2)历史知识能够在此类案件中提供有关典型步骤（typical procedures）的信息。

卖该画的事实都未得到确证，但返还委员会还是基于马克斯·吕登贝格更有可能是该画的原所有者，于 2017 年 1 月作出了汉诺威市应向作为原所有权人之继承人的请求人无条件返还水彩画《风车》的审议意见。汉诺威市政委员会遵守了该意见，于同年 6 月 27 日向请求人返还了该画作。

（三）瓷器案①

1938 年，盖世太保在维也纳掠夺了海因里希·罗斯伯格（Heinrich Rothberger）的数件瓷器，其中的一件维也纳瓷盘（Viennese porcelain dish）和一件大瓷碗（Sèvres seau crennelé）现在分别由大英博物馆和剑桥大学菲茨威廉博物馆收藏。贝尔莎·古特曼（Bertha L. Gutmann）女士作为其叔叔海因里希·罗斯伯格的唯一继承人，向"被掠夺文物建议委员会"提出返还请求，要求两个博物馆返还这两件劫掠艺术品。

此案的主要争议在于请求的提起是否已经超过时效以及两博物馆是否为善意受让人。根据劫掠发生时的 1939 年《时效法》（*Limitation Act*），请求人的诉讼时效已过，大英博物馆和菲茨威廉博物馆对藏品的所有权是不受影响的。然而，在返还委员会的争议处理机制下，此案争议的关键在于古特曼女士可否根据委员会《工作规程》第 12 条 e 款规定的"道德优势"（the moral strength）来主张权利。关于善意受让问题，委员会认为，1939 年大英博物馆从威廉·金（William King）处获取瓷盘的行为是善意的。虽然当前要

---

① See Report of The Spoliation Advisory Panel in Respect of Pieces of Porcelain now in the Possession of the British Museum, London and the Fitzwilliam Museum, Cambridge, available at: https://assets.publishing.service.gov.uk/government/uploads/system/uploads/attachment_data/file/250265/0602.pdf, accessed on 09-11-2019.

求博物馆在收购藏品时应采取调查藏品来源的预防措施，但1939年的通行做法并非如此，我们不能苛求大英博物馆在当时调查藏品来源。菲茨威廉博物馆从前馆长路易斯·克拉克（Louis C.G. Clarke）那里获取大瓷碗的行为也是善意的，因为大瓷碗本来即为路易斯·克拉克的私人藏品，后来把它遗赠给菲茨威廉博物馆。然而，根据克拉克藏品的估价清单和标签，很明显可以认定大瓷碗来自于罗斯伯格的收藏。菲茨威廉博物馆是否应在获取该藏品时调查其来源的问题，确实存在争议。

虽然两博物馆均有善意持有的正当原因，但"被掠夺文物建议委员会"仍根据请求人的道德优势，作出了有利于请求人的审议意见。委员会咨询报告明确：大英博物馆可以继续保有维也纳瓷盘，但是英国政府需要向古特曼女士支付18,000英镑政府特别补偿金，并在该瓷盘展览时注明其来源信息；菲茨威廉博物馆需要向古特曼女士返还大瓷碗。

四、特别立法和专门机构对促进劫掠文物返还的意义

欧洲国家有关纳粹掠夺文物返还的特别立法和专门处理此类争议的特别机构，正视了纳粹掠夺文物返还问题的特殊性，呈现出目标明确、立足实际、重点突出的特点。虽涉及财产所有权问题，但这些特别立法、政策或工作机制主要处理国家与其他机构或个人主体之间的关系，有的国家甚至将本国与其他国家之间的关系也纳入调整范围。特别法律或政策设定的有关主体在文物返还中的权利义务及其行为方式，也与调整平等主体之间普通财产法律关系的私法中的财产返还规则有明显的不同，更多地体现出公法意义上的

法律关系的性质。作为贯彻《华盛顿原则》和其他有关国际软法精神的重要方式,这些举措不论对于"二战"受害者提出被掠文物返还请求,通过追索流失文物而铭记历史、保障个人和集体人权,还是对于国有文物收藏机构逐步实现收藏合法化、规范收藏秩序,都是一种鼓励和引导。此外,特别立法和专门委员会工作机制的创立,对于更广阔范围内的"二战"历史问题的解决,以及在更广泛意义上促进流失文物回归其原主国,亦具有深远影响。

(一)弥补其他途径在实现战争流失文物返还方面的局限

传统的战争流失文物追索与返还,主要通过争议双方的友好谈判、国家之间的外交磋商、仲裁,以及原所有权人或继承人提出的所有权返还诉讼等方式进行。然而,这些方式应用于"二战"流失文物返还,都存在不可预见或不可逾越的障碍。特别立法和专门委员会机制关注到了此类纠纷争议主体的复杂性和可能出现的地位不平等,对于向国家提出的返还请求和其他主体之间返还争议的受理设置了不同的条件,兼顾了"强制性"与"自愿性"。专业的调查审议队伍不仅有效弥补了请求人在此类案件中取证能力的不足,也保证了调查结果的客观性和权威性。特别的时效规定、在法律制度和规则因素之外更注重道德性因素考察的案件审议标准,以及除原物返还之外多元的返还方式的灵活性,对于弥补法律的僵化性和局限性、平衡争议双方正当利益,同时找到双方都更易于接受的解决方案,都具有显著的现实效果。

(二)为解决"二战"流失文物返还问题建立国际国内合作机制提供样板

从国内资源整合层面看,专门委员会机制确立了一种由专业的独立机构与政府合作解决"二战"被掠文物返还问题的模式。无论政府是否是争议当事人或争议是否与政府相关，专门委员会在与案件相关的档案资料的获取方面，与其他争议处理机构相比，都具有无可比拟的优势。与此同时，委员会开展的专项调查，或者提出的专业建议，不仅在大多数情况下是政府作出是否返还、如何返还的个案决策的直接依据，对于政府根据实际形势的变化制定和修改有关政策，或计划采取具有针对性的措施，亦具有重要的意义。

从国际合作层面看，专门委员会作为所在国政府致力于解决"二战"流失文物返还问题作出的努力，其工作不仅是面向所在国的，也是面向全世界所有纳粹掠夺受害者的。各国委员会在有关调查和返还工作中，与国外有关机构，或者相关国际组织保持必要的沟通和合作，尤为必要。各国的专门委员会之间也可为扩大返还范围、提升工作效果和影响力而开展深入合作。如在2017年由英国政府及其"被掠夺文物建议委员会"组织召开国际会议"70年并继续：最后的机会？"之后，英、法、德、奥地利和荷兰的"返还委员会"共同组成了一个"欧洲返还委员会网络"，以促进各国委员会之间广泛深入的合作和信息共享。该网络组织已统一出版五个委员会面向原所有权人之继承人和其他请求主体的工作指南①，为在更广泛范围内促进该领域国际合作提供了示范与样板。

（三）加强软法的实践效力，推动更广泛的国际共识和法律规则的形成

特别立法和专门委员会机制作为欧洲各国对纳粹掠夺文物的

---

① UK joins network of European countries to increase cooperation on returning Nazi-looted art, available at: https://www.gov.uk/government/groups/spoliation-advisory-panel#uk-joins-network-of-european-countries-to-increase-cooperation-on-returning-nazi-looted-art, accessed on 27-08-2019.

返还采取的特别措施,是落实《华盛顿原则》及与此相关的其他国际软法和道德原则的重要方式,对于加强《华盛顿原则》《维尔纽斯宣言》和《特雷辛宣言》等一系列"二战"流失文物返还国际软法和道德原则的实践效力,有着重要意义。国际软法规则实践效力的日益增强,有利于在更广泛的范围内推动国际社会就"二战",甚至历史上发生的其他战争期间被劫掠或流失文物的返还问题的解决,达成更加明确细致而可执行的共识,从而进一步推进该领域真正具有法律效力的国际法原则或国际习惯法规则的形成,增强战争流失文物归还其原主国的法律依据和可能性。

(四)推动博物馆和国际艺术品市场管理秩序的完善

特别立法和专门委员会的个案审议、专项调查和在该领域开展的有关国际合作,不仅是执行和落实《华盛顿原则》等有关文物返还国际软法和道德原则的实践,也是进一步落实和强化有关文物返还的"1970年公约"和"1995年公约"要求的重要方式;促进了许多博物馆以"专门委员会"的个案审议调查为契机,对其藏品来源信息和所有权流转状况开展了全面和细致调查,也警醒交易商在国际市场进行文物艺术品交易时,对交易文物来源的合法性进行更加细致和审慎的调查,对于博物馆和国际艺术品市场管理秩序的日益完善具有积极的推动作用。

第二节 诉讼途径

诉讼是纳粹掠夺受害者可选择的另一种追索被掠文物的方式。作为一种终局性和具有强制拘束力的裁决程序,诉讼为原所有权主体提供另一种有力的追索途径,弥补了前述专门委员会受案范围的有限性。然而,由于此类文物流失与国家之间的战争密切相关,许多文物艺术品在因战争劫掠、没收或者在战乱中流失以后,又因文物艺术品市场不断高涨的需求的刺激,几经倒手,快速流转至世界各国。此类诉讼在实践中也存在许多实体法依据与程序法规则方面的制约,给实现被掠文物所有权返还造成了阻碍。

一、影响纳粹劫掠文物返还诉讼的主要因素

跨国诉讼通常被认为面临着管辖、时效、举证、准据法选择、外国法承认以及判决执行等方面的不确定性。从司法实践来看,法院对"二战"被掠文物所有权返还案件的裁决,主要受到以下几方面因素的影响。

(一) 国家豁免权

"二战"结束后,许多无主文物艺术品仅通过"外部返还"政策被移交至被掠夺国家政府,并因此成为藏于其国立博物馆的国家财产。由于一些战争受害者后裔已入籍或定居他国,与掠夺发生国的联系日益减少;他们中的一些人也担心或在文物追索过程中已遭遇文物所在国不公正对待[①]。因此,一些原所有权人选择在其现国

[①] 如在"霍钦斯基诉波兰"(*Khochinsky v. Poland*)一案中,现居纽约并入籍美国的原告亚历山大·霍钦斯基(Alexander Khochinsky)在与波兰政府交涉要求返还自己从父亲那里继承而来的油画《与鸽子在一起的女孩》(*Girl with Dove*)的过程中,被波兰政府以故意交易被盗文物为由受到刑事指控,波兰还企图通过美国外交部将其引渡回国。为此,霍钦斯基以波兰政府为被告,向有涉外诉讼管辖权的美国哥伦比亚特区法院提起诉讼,要求法院确认自己对该油画作品的所有权,并要求波兰政府赔偿在执行引渡程序过程中给其造成的损失。See *Khochinsky v. Poland*, United State District

籍国或住所地／居住地有管辖权的法院对文物所在国政府提起返还诉讼。

以一国为被告的诉讼，即涉及国家豁免权问题。国家豁免又称"国家及其财产的管辖豁免"，即一国及其财产免受其他国家管辖的权利，通常包括司法管辖豁免和执行豁免，前者指不得将国家作为被告，不得将国家财产作为诉讼标的在外国法院起诉；后者指对国家所有的财产不能在别国法院采用诉讼保全措施和强制执行措施。[①]

作为国家主权原则的体现和国际法上的一个重要原则，欧美国家有关国家豁免的理论与立场已由绝对豁免向限制豁免发展，即将国家行为区分为主权行为和非主权行为，只有主权行为及与之相关的财产才享有上述豁免权，其非主权行为和用于该行为的财产则不享有豁免权。然而，有关国家豁免的立场和具体制度，在各国依然存在具体的不同。英、美两国分别颁布了有关国家豁免的专门成文法。英国《国家豁免法》(*State Immunity Act, 1978*)于1978年颁布，在确立主权国家享有豁免权的同时，明确列举了国家不享有豁免权的例外情形。该法还将国家从事或参与的"任何不涉及主权行使的其他交易或活动（无论是商业，工业，金融，专业或具有其他类似特征的领域）"归为豁免例外之一的"商业交易"的组成部分（Art.3［3］［c］）。1983年，英国又通过"党代会一号"案[②]确立了以行为

Court for the District of Colombia, Case No. 18-1532, available at: https://lootedart.com/web_images/pdf2018/Khochinsky%20v.%20Poland（B2298407）.pdf, accessed on 03-08-2019.

① 韩德培主编:《国际私法》,高等教育出版社、北京大学出版社2007年版,第70页。

② *I Congreso del Partido*［1983］AC 244, available at: http://www.uniset.ca/other/css/19831AC244.html, accessed on 03-08-2019.

性质而非行为目的来确定国家行为是否属于"主权行为"的标准。根据美国 1976 年颁布的《外国主权豁免法》(Foreign Sovereign Immunity Act, 1976)，国家以明示或默示的方式主动放弃豁免，在美国境内从事、参与或进行与美国有直接关联的商业活动，与上述商业活动相关的违反国际法进行的财产权征收，通过继承、赠与等手段获得的美国境内的不动产，在美国境内造成人身伤害或私人财产损失的作为或不作为，以及与其他私主体约定的仲裁等行为，不享受国家豁免(28 U.S. Code §1605)。该法也明确了将行为性质而非目的作为判断"商业活动"的标准(28 U.S. Code §1603[d])。法、德两国至今没有关于国家豁免的成文立法。法国的限制豁免理论源于内国法对于公法行为和私法行为的划分，对国家行为性质的判断兼具行为目的与行为性质的标准，在实践中较为灵活。① 德国也依其国内法作出国家行为是"主权行为"还是"非主权行为"的判断，通常以"行为性质"为标准，实践中倾向于拒绝豁免请求。② 意大利是由绝对豁免论到限制豁免论改革的"先锋"，自 1926 年"罗马尼亚诉特鲁塔"案即开始出现限制豁免论的倾向，以"性质说"为标准，对国家从事的私人性质的行为既不给予管辖豁免，也不给予执行豁免。特别是在"二战"以后，由于战争后的赔偿问题一向通过政府间协议解决，德国对于个人提出的此类诉讼一般不予受理，而"意大利毅然打破了这种稳定的秩序，不仅允许个人在意大利的法院起诉德国，还执行了德国的国家财产。对稳定的战后法律秩序的

---

① 参见杨玲：《欧洲的国家豁免立法与实践——兼及对中国相关立场与实践的反思》，载《欧洲研究》2011 年第 5 期，第 138 页。
② See Joseph W. Dellapenna, Foreign State Immunity in Europe, *New York International Review*, Vol.5, 1992, pp. 58-59.

挑战，令意大利成为其他国家眼中的'搅局者'，却也成为人权主义者眼中的'灯塔'"①。然而，此举并不为国际法院所支持，被认为侵犯了德国的国家豁免权。②

(二) 国家行为原则

与国家主权豁免相关的，还有"国家行为原则"（Act of state doctrine），或称"外国行为的不可审判性"原则，指一国在其管辖领域内实施行为的有效性不受他国法院的司法判断。国家行为原则是国家主权原则的结果和延伸，但与国家主权豁免并不等同，二者的根本区别在于：主权豁免原则是一种管辖权规则，指未经国家的明示同意，不能将其作为被告在他国法院进行起诉；而国家行为原则是一项可审判性原则，它要求法院直接推定外国国家在其管辖领域内实施的行为有效，从而避免对该国家行为法律效力的审查。该原则属于外国主权的肯定性抗辩，即使在该国并非案件当事一方时也可适用。③

国家行为原则在英国和美国略有不同。在英国，该原则既是法院在审理有关案件时应遵守的原则，也是在由英国政府及其机构在本国境外的行为引发的诉讼中的一种特殊抗辩理由④，与国家主权

---

① 王佳：《意大利的国家豁免立场探析》，载《时代法学》2018年第1期，第105页。

② See Jurisdictional Immunities of the State (*Germany v Italy: Greece Intervening*), Judgement of International Court of Justice, 3 February 2012, available at: https://www.icj-cij.org/files/case-related/143/143-20120203-JUD-01-00-EN.pdf, accessed on 30-03-2020.

③ See Natalie Rogozinsky, Stolen Art and the Act of State Doctrine: An Unsettled Past and an Uncertain Future, in *DePaul Journal of Art, Technology & Intellectual Property Law*, Vol.26:1, 2015, pp.1-3.

④ Matthew Nicholson, The Political Unconscious of the English Foreign Act of State and Non-justiciability Doctrines, *International and Comparative Law Quarterly*, Vol. 64:4, 2015, p.745.

或国家豁免原则联系得更为紧密；而在美国法中，国家行为原则自经"安德希尔诉赫尔南德茨"案① 被确立为一个独立于国家主权的原则② 以来，学者更倾向于将国家行为原则视为避免司法审查对行政机关的对外政策造成干涉的措施，是司法谦抑的体现，并非国家主权原则的必然结果。③ 如果法院的审查并不影响行政机关的权力，而更有利于维护司法公正和保护当事人利益，法院亦可不适用该原则进行自我约束。④

"二战"期间，纳粹德国进行的大量文物和艺术品掠夺，多是以国家行为的名义进行，这使国家行为原则成为此类文物艺术品返还的障碍。此外，依据一些国家在战后颁行的专门立法对纳粹被掠文物进行的错误返还，也可能由于"国家行为原则"的适用而阻碍该物的真正原所有权人通过诉讼途径寻求所有权恢复。如在"凡·谢尔诉诺顿·西蒙艺术博物馆"（*Von Saher v. Norton Simon Museum of Art*）一案中，第九巡回法院认为，荷兰政府根据战后颁行的劫物返还特别法律和特殊程序征收系争文物并将其转让给乔治·斯特加诺夫（George Stronganoff）的行为，属于在本国领土上做出的国家主权行为，应适用"国家行为原则"，直接推定该行为有效。因此，法院作出了对从乔治·斯特加诺夫手中购得该文物的诺

---

① *Underhill v. Hernandez*, 168 U.S. 250, 250 (1987).

② Michael J. Bazyler, Abolishing the Act of State Doctrine, *University of Pennsylvania Law Review*, Vol.134, 1986, p.331.

③ See Deborah Azar, Simplifying the Prophecy of Justiciability in Cases Concerning Foreign Affairs: A Political Act of State Question, *Richmond Journal of Global Law & Business*, Vol.9:4, 2010, pp.491-493.

④ 齐静：《国家豁免立法研究》，人民出版社 2015 年版，第 24 页。

顿·西蒙艺术博物馆有利的判决。①

(三)准据法选择

准据法选择也是影响跨国文物追索诉讼的重要因素。法院依据不同的冲突法规则作出不同的法律适用选择,直接影响案件的判决结果。尽管物权/财产权诉讼适用物之所在地法是国际私法领域争议较少的一个冲突法规则,自 19 世纪晚期以来已被两大法系国家广泛采纳。②然而,一方面,该冲突法规则并非在所有案件中绝对适用。如动产交易案件中,美国法官时常采取"最密切联系"原则确定准据法选择,交易进行时涉诉动产所在地只是衡量"最密切联系"的诸多因素之一。另一方面,即使在普遍认可及适用"物之所在地法"为财产纠纷冲突法规则的国家,各国甚至不同地方法院在对何为"物之所在地法"的解释和认定方面,也存在差异,可能解释为诉讼标的物进行所有权转让时的所在地③,或者诉讼时物之所在地④。

实体法方面,不同国家对文物善意取得和时效取得等问题的规定,也存在较大差异。一般来说,英美法系国家财产法奉行相对财

---

① *Von Saher v. Norton Simon Museum of Art at Pasadena*, No. 16-56308 (9th Cir. 2018)。

② Lawrence Collins(ed.), *Dicey & Morris on The Conflict of Law*, 13th ed., 1999, p.917.

③ 如英国法院在"文克沃斯诉佳士得、曼森及伍兹公司"(*Winkworth v. Christie, Manson & Woods Ltd.*[1980])案中,将涉案被盗文物所在地解释为该文物所有权转让时的所在地。

④ 法国法院在"谢巴托夫诉本西蒙"(*Stronganoff-Scherbatoff v. Bensimon*, 56 Rev. crit. de.dr. int. privé 120 [1967])案和"阿方斯·奥斯瓦德"(*Case of Société D.I.A.C v. Alphonse Oswald*, 60 Rev. crit. de.dr. int.privé 75 [1971])案中则认为,涉及动产的涉外纠纷,应适用诉讼发生时的诉讼标的物所在国法律,而非所有权转让发生时的物之所在国法律。

产权理论，秉承"无效权利规则"，即"任何人不得将大于其所有的权利给与他人"①，为被掠文物原所有权人向善意第三人追索被掠文物提供了有力支撑。如在美国首个通过诉讼实现被掠文物返还的案例"门泽尔诉李斯特"案②中，美国法院主张的"窃贼不应从真正的所有人处取得所有权"，以及"保护善意买受人的法律条文不应适用于纳粹没收文物返还的案件"，即为英美法中财产权相对理论的集中体现。这一原则在"魏玛诉艾利卡佛"案③中再次得到确认。而大陆国家民法中的动产善意取得制度仍有适用于文物交易的空间，承认善意第三人的权利在满足一定条件的情况下具有阻断原所有权的效果；一些大陆法系国家还确立了时效取得制度，即物品不论其来历，也不问其取得时是善意还是恶意，无权占有人在法定条件下占有他人财产持续地经过法定期间，即具有阻断原所有权人权利、取得该物之合法所有权的法律效果。此类法律规定显然对被掠文物追索案件中的原所有权人不利。如在"谢巴托夫诉本西蒙"案④中，原告向法国法院起诉，主张对原苏联政府在俄国十月革命中收归国有并在柏林出售给被告的艺术品享有所有权，要求被告予以返还。法国塞纳大审法院适用"物之所在地"规则确定了诉讼发生时文物所在的法国法为准据法，认为购买人明知买受物品所有权存在争议依然予以购买的行为，不能适用善意取得制度，但却仍可

---

① 史尚宽：《物权法总论》，中国政法大学出版社 2000 年版，第 558 页。
② *Menzel v. List,* 24 N.Y.2d 91, 246 N.E.2d 742, 298 N.Y.S.2d 979, 6 UCC Rep. Serv. 330.
③ See *Two Dürer Paintings – Kunstsammlungen Zu Weimar v. Elicofon*, available at: https://plone.unige.ch/art-adr/cases-affaires/2-durer-paintings-2013-kunstsammlungen-zu-weimar-v-elicofon, accessed on 10-12-2019.
④ *Stronganoff-Scherbatoff v. Bensimon*, 56 Rev. crit. de.dr. int.privé 120, 1967.

因其和平和持续占有该物的行为，主张对这些艺术品的时效取得，因此不予支持原所有权人的返还请求。

（四）诉讼时效制度

时效问题是流失文物返还诉讼可能面临的另一个关键问题，如果法院认定诉讼时效届满，原告即使有充分证据证明自己的合法所有权，依然会丧失胜诉的可能。时效规则在各国司法规则中均存在，同诉讼时效与决定实体权利归属的取得时效并行的大陆法系相比，英美法系国家单一的诉讼时效制度，对于原所有权人通过司法途径实现所有权返还更为有利。然而，在纳粹劫掠文物返还诉讼数量较为集中的美国，诉讼时效仍是阻碍纳粹被掠文物追索案件中原所有权人胜诉的最主要，也是最常见因素。在布鲁斯·黑尔（Bruce L. Hay）整理出的美国近 20 例纳粹被掠文物艺术品返还诉讼中，因时效规则而败诉的就有 5 例，成为占比最高的败诉原因[①]。

美国各州的诉讼时效及其起算方法并不相同。以新泽西州为代表的大部分州采用"发现规则"（Discovery Rule）来解决文物返还诉讼的时效问题。该规则包含两个构成要素：第一，它以原告是否获知构成其诉因的事实为衡量标准，其中必须包括"文物的现持有人是谁或至少这个人的具体下落的事实"。第二，为防止文物原所有人怠于行使权利，鼓励其追寻文物下落，它要求原所有人必须"合理地审慎调查、追索文物"。以纽约州为代表的少数州则采取"要求并被拒绝规则"（Demand and Refusal Rule），即善意购买人对文物及艺术品的占有自原所有人向其提出返还请求并遭拒绝之日起方为"非法占有"；换言之，原所有人的追索时效从其向善意

---

① See Bruce L. Hay, *Nazi-Looted Art and the Law: the American Cases*, Springer, 2017, pp.2-5.

购买人要求返还并被拒绝时起算,较"发现规则"而言对于文物原所有权人更为有利。不过,如果原所有人疏于主张其权利或有不合理的拖延,善意购买人可以依此提出"延误"抗辩。[①]1998年,美国联邦通过《大屠杀受害者救济法》,倡导国家应本着良善宗旨,采取措施致力于促进纳粹统治期间被没收的财产返还其原所有者。但该法并不包含明确的打破诉讼时效限制的规定,给法院的解释留下了空间。如在"奥尔津诉泰勒"案[②]中,上诉法院认为,该法的条款只是请求性/建议性(precatory)的,并不创设任何实体权利,也不包含具体的执行性规则,并因此由于原告的返还请求远超过加利福尼亚州依据"发现规则"起算的诉讼时效期间,而驳回原告起诉。

即使是依据纽约州的"要求并被拒绝规则",也有许多案件因为原所有权人未依据纽约州的《诉讼时效法》在首次要求并被拒绝后3年内起诉,或者因被法院认定为不合理延误而被驳回。前者如"格罗茨诉当代艺术博物馆"案[③],法院认为,原告在向被告提出返还请求于2005年7月为被告所明确拒绝之后与被告进行的进一步协商和沟通,并不构成诉讼时效中止或停止的理由,因此原告于2009年4月提起的诉讼,已超过纽约州3年的诉讼时效期间。后者如"德威尔斯诉巴丁格"案[④],法院认为,原告作为一名富有且成熟的艺术品收藏家,在1957—1981年这24年间,缺乏与其能力相符的调查和寻找系争文物的足够努力,因此构成不合理延误。

---

① 霍政欣:《追索海外流失文物的法律问题探究——以比较法与国际私法为视角》,载《武大国际法评论》(第12卷),武汉大学出版社2010年版,第99—103页。

② *Orkin v. Taylor,* 487 F.3d 734(9th Cir.). cert. denied, 552 U.S. 990(2007).

③ *Grosz v. Museum of Modern Art,* 772 F. Supp. 2d 473(S.D.N.Y. 2010), 403 Fed. Appx. 575(2d Cir.2010), cert. denied., 565 U.S. 819(2011).

④ *DeWeerth v. Baldinger,* 836 F. 2d 103(1987).

(五)外国法承认

跨国民事诉讼的准据法选择还受到两条基本原则制约,一是公共秩序保留原则,即若依据一定的冲突法规则应适用某国法,但该国法的适用被认为与法院地国的公共秩序或基本道德相违背的,法院可不予适用该国法,而以所在地本国法代之。二是如若冲突法规则指引的准据法在性质上属于公法,则法院没有义务承认该法的域外效力。作为国际私法上的重要原则,这两条原则对于维护法院地国家主权、道德传统和社会公共秩序有着重要作用,但也明显具有灵活性和不确定性的特点,实践中在很大程度上扩展了法官对个案进行自由裁量的空间,也加剧了原所有权人通过司法途径追索被掠文物的难度。如法国法院曾以"维护物之自由流转"和"保障善意购买人利益"为本国公共秩序的重要组成部分,在一起信托文物追索案件中排除了根据诉讼时物之所在地法规则指引的更有利于原所有权人的英国法的适用。[①] 而由于出口禁令通常被视为公法,"传统上,在没有双边或者多边公约的情况下,一国依据其文物出口禁令要求另一国返还走私出境的文物,基本上不会得到后者的响应与支持"[②]。

二、实践与制度的发展对于制约因素的突破

尽管通过诉讼途径解决纳粹掠夺文物追索与返还争议存在上

[①] *Van der Heydt & Burth v. Kleinberger*, 1901 Chunet 812. 转引自霍政欣:《追索海外流失文物的法律问题》,中国政法大学出版社2013年版,第90页。

[②] 霍政欣:《追索海外流失文物的法律问题》,中国政法大学出版社2013年版,第92页。

述诸多不确定因素与制约，法院在日益增加的此类诉讼案件中对于这些争议点的判定和解释，日益呈现出在现行法制度下作出有利于保障原所有权人正当权益的解释或判定的大趋势。随着国际社会对于促进纳粹掠夺文物返还原所有权人的必要性及重要性的共识的形成与扩展，加之实践中通过诉讼和各种非诉讼纠纷解决机制实现此类文物返还的案例的增多和经验的丰富，近年来，许多国家对相关法律制度和规则进行了完善，也促进了通过诉讼实现纳粹掠夺文物归还原所有权人的可能性。

（一）司法实践突破主要制约因素的尝试

随着诉讼追索"二战"期间被掠或非法转移文物的案例的增多和司法经验的丰富，法院对于此类诉讼案件日益呈现出积极管辖，并且在现行法制度下作出有利于保障原所有权人正当权益的解释或判定的趋势，主要体现在以下几个方面：

1. 通过适用豁免例外规则确立对此类案件的管辖

一般而言，由于涉及国家豁免权问题，对于与"二战"战后赔偿相关的问题，多数国家都通过政府间协议或其他特别机制解决，法院对个人向德国提出的战争赔偿或返还请求，一般不予受理。[①] 然而，对于战后未完成的劫物返还——特别是纳粹劫掠文物艺术品返还诉讼，不少国家法院都通过豁免例外规则的解释和适用，在司法实践中对此类案件采取一种相对积极的管辖态度，以美国为典型代表。

[①] See Jurisdictional Immunities of the State (*Germany v. Italy: Greece Intervening*), Judgement of International Court of Justice, 3 February 2012, available at: https://www.icj-cij.org/files/case-related/143/143-20120203-JUD-01-00-EN.pdf, accessed on 30-03-2020.

美国传统上通过行政部门,即国务院(相当于其他国家的外交部)向法院提出"豁免建议"的方式给与其他国家绝对豁免。[①]1952年《泰特公函》(*Tate Letter*)的发布声明了国家豁免只适用于国家主权或公共(法定法律行为)的立场[②],标志着美国由绝对豁免向相对豁免的转变。然而,由于《泰特公函》并未赋予法院对于是否适用国家豁免的独立决定权,亦未改变国务院在这一问题中的建议权,因此《泰特公函》在司法实践中的影响相对较小,在很多情况下,法院只能依据先例原则,遵循国务院从前的决定,造成实践中国家豁免使用的混乱。这一现象一直持续到1976年《外国主权豁免法》出台。然而,对于纳粹掠夺文物返还案件而言,限制豁免规则适用涉及两方面问题:第一,1976年《外国主权豁免法》对于发生于"二战"期间的文物流失返还诉讼的溯及力问题;第二,对该法中一些豁免例外条款的解释和适用问题。

"奥特曼诉奥地利共和国"(*Altmann v. Republic of Austria*)一案即对《外国主权豁免法》的溯及力问题进行了探讨。本案原告诉称,奥地利在1948年以限制其叔父的其他艺术品出口的方式,强迫其家族承认保存于国立博物馆的几件文物系博物馆受其家庭成员捐赠所得,故要求奥地利政府返还这些文物。此案历经初审和联邦巡回法院上诉审,最后上诉至最高法院。尽管三级法院采取了不同的论证方式,但对于奥地利政府不享有国家豁免权的结论保持

[①] David P. Stewart, *Federal Judicial Center International Litigation Guide: The Foreign Sovereign Immunities Act: A Guide for Judges*, 2013, available at: https://www.fjc.gov/sites/default/files/2014/FSIAGuide2013.pdf, accessed on 22-11-2019.

[②] Letter from Jack B. Tate, Acting Legal Adviser of the U.S. Dep't of State, to Acting Attorney General Philip B. Perlman(*May 19, 1952*), reprinted in Department of State Bulletin, Vol.26, 1952, pp.984-985.

一致。初审法院引用最高法院在"兰德格拉夫"(*Landgraf v. USI Film Products*, 511 U.S. 244 [1994])案中确立的规则,认为决定法院管辖问题的程序性法律规则与影响当事人权利义务的实体法规则在溯及力方面遵循不同的标准:实体法规则不可溯及其生效之前的行为;而决定法院管辖权的程序性法律规则确定的是法院在案件管辖方面的权利,理应在该规则生效后发生的所有诉讼行为(而非诉因行为)中予以适用。上诉法院未采纳初审法院的意见,认为管辖豁免权的实质,在于美国为了以一种友好的方式处理和解决与其他国家的争议、维护两国友好关系而赋予该国的一种更加"优雅和友好"(grace and comity)的政策。也即是说,外国接受管辖是原则,而管辖豁免才是为了外交友好而赋予某些国家的例外权力。此外,美国国务院在1946年第一起纳粹掠夺财产返还的案件"伯恩斯坦案"[①]后发布政策,要求"消除美国法院在对纳粹官员行为的法律诉讼中的管辖限制,确认法院对此类案件管辖的有效性"[②],"为以后所有的大屠杀诉讼设定了广泛模式"[③]。在这种情况下,本案中的奥地利政府不能被授予国家豁免权。最高法院亦驳回了初审法院所援引的"兰德格拉夫"案确立的有关规则在本案中的适用,通过

---

① *Bernstein v. N.V. Nederlandsche-Amerikaansche Stoomvaart-Maatchappi*, 173 F.2d 71, 73 (2d Cir. 1949), amended by 210 F.2d 375 (2d Cir. 1954).

② Jurisdiction of U.S. Courts Re Suits for Identifiable Property Involved in Nazi Forced Transfers, Apr. 27, 1949, The Department of State Bulletin, Vol. XX, No.514, Publication. 3507, May 8, 1949, p.592.

③ Michael Allen, The Limit of Lex Americana: The Holocaust Restitution Litigation as a Cul-de-Sac of International Human Right Law, Yale Law School Legal Scholarship Repository Student Scholarship Papers, Paper 93, p.8. available at: https://digitalcommons.law.yale.edu/cgi/viewcontent.cgi?article=1093&context=student_papers, accessed on 29-11-2019.

对国家豁免权的目的的分析，支持上诉法院关于"接受管辖是原则、管辖豁免是例外"的主张，指出国家豁免权的设置并非为保护外国对于有关行为享受司法管辖豁免的预期，而是避免司法管辖行为可能对友好的国际关系造成的破坏。在决定是否适用国家司法豁免时，通常应遵循有关政治机关的决定。《外国主权豁免法》作为国会最近一次就此问题作出的决定，为法院决定是否成立司法管辖豁免及其限制情形提供了明确的标准，不能仅仅由于发布于涉案行为之后即否定此类决定的适用性。如若允许法院依据"合理预期"来自主创设决定某些国家而非另一些国家适用国家豁免规则的具体标准，则违反和减损了该法实施的两个目的，即"为法院明确上述标准"以及"消除此类诉讼中个案可能受到的政治性干预"。[①]《外国主权豁免法》对于纳粹被掠文物返还案件的普遍适用性终于确立下来。

"二战"掠夺文物返还案件中的国家诉讼，多涉及《外国主权豁免法》明确规定的"豁免例外"条款中有关"与商业活动相关的违反国际法进行的财产权征收"规则的适用。"商业行为例外"条款的适用应同时满足以下两个条件：第一，受诉国违反国际法的行为必须与商业行为相关联；第二，涉诉行为必须在美国境内产生直接效果。如在"韦斯特菲尔德诉德国"案中，原告诉称德国政府没收并随后向私人艺术品市场拍卖了其亲属的艺术品。初审法院认为，该案中与刑事处罚相关的征收或者补偿是为主权国家基于其职能实施的行为，不属于与商业相关联的行为，不符合以"商业行为

---

① See *Altmann v. Republic of Austria*, 142 F. Supp.2d 1187 (C.D. Cal.2001); 317F. 3d 954 (9th Cir. 2003); 541 U.S. 677, in Bruce L. Hay, *Nazi-Looted Art and the Law: the American Cases*, Springer, 2017, pp.43-56.

例外"成立司法管辖权的第一个条件。而上诉法院认为,由于德国纳粹政府没收本案争议标的行为系以筹资为目的,且该艺术品在没收过后确被纳粹政府转卖至私人艺术品市场。无论从没收行为的目的还是从随后的出售行为来看,纳粹德国政府剥夺原所有权人艺术品确系与商业行为相关联的行为。虽然上诉法院主张本案中原告仅有将争议文物售卖到美国的计划,而未事实上形成对美国境内买受人的交付义务,因此,纳粹德国没收该物的行为并未在美国境内产生直接影响,即不符合上述第二个条件,并以此为由否定了"商业行为例外"的豁免例外规则在本案中的适用。① 然而,我们仍然可以推断,如若在原所有权人与美国境内的艺术品交易商就争议文物达成买卖协议、负有将该物交付至美国的合同义务或其他法律义务,而由于遭遇纳粹德国以筹资为目的的财产没收和转卖行为而无法履行交付义务的情况下,"商业行为例外"的国家豁免例外规则,仍具有予以适用的空间。

2. 对"国家行为原则"进行限制解释

美国司法实践中首个纳粹受害者后裔成功追索被掠文物的案件"门泽尔诉李斯特"案明确提出了"国家行为原则"的适用条件,将此类案件中该原则的适用限制在十分严格的范围内。该案提出,"国家行为原则"的适用须同时满足以下几个条件:(1)财产剥夺行为确由一个外国主权政府做出;(2)财产剥夺行为必须发生在该国的管辖范围之内;(3)该外国政府在诉讼进行时必须依旧存在,且得到该国承认;(4)财产剥夺行为未违反条约义务。法院认为,本

---

① *Westfield v. Federal Republic of Germany*, 2009WL 2356554(M.D. Tenn. 2009); 633 F. 3d 409 (6th Cir. 2011), in Bruce L. Hay, *Nazi-Looted Art and the Law: the American Cases*, Springer, 2017, pp.69-84.

案中系争财产扣押行为的实施主体为"国家社会主义思想教育研究中心",只是纳粹党的机构之一,并非一个主权国家政府。财产剥夺的行为发生在比利时;即使认为属于纳粹占领的领土范围,该国存续至今的政府亦绝非纳粹政府;此外,无论是纳粹入侵比利时,还是在"二战"中剥夺系争财产的行为,违反了有关《海牙公约》确立的民用财产和文化财产／文化机构免受破坏的战争法规则,都是违反国际条约义务的行为。基于此,法院否定了"国家行为原则"的适用,确认了自身对纳粹掠夺行为的法律效果进行判断的权利。①

3. 积极援引国际公约精神和软法原则

在准据法选择方面,公共秩序保留原则和外国法承认原则的灵活性,在很大程度上扩展了法官对个案进行自由裁量的空间。"二战"结束以后,随着世界范围内民主化运动的兴起和人权体系的不断发展,与文化身份和民族认同密切相关的文化遗产的保护和返还问题日益受到国际社会的重视。1954年《海牙公约》、"1970年公约"和"1995年公约"等一系列文化遗产保护和返还相关国际公约陆续出台,国际社会联合预防和打击战争劫掠或非法出口文物的力度不断加强,有关促进战争劫掠或非法出口文物返还其原属国的共识与法律规则框架日益完善;《华盛顿原则》《维尔纽斯宣言》和《特雷辛宣言》等一系列国际软法文件陆续发布,也确立了妥善解决纳粹劫掠文物返还问题的基本道德共识和原则。这些国际公约和宣言与1943年《伦敦宣言》一样,虽然缺乏在纳粹掠夺文物返还案件中直接适用的效力,但其促进劫掠或流失文物返还其所有权人的基

---

① *Menzel v. List,* 24 N.Y.2d 91, 246 N.E.2d 742, 298 N.Y.S.2d 979, 6 UCC Rep. Serv. 330.

本精神和原则,却日益影响着此类案件的司法实践。

"朱塞佩后裔诉卢浮宫"(Gentili di Giuseppe Heirs v. Musée du Louvre)案正是法院积极适用《伦敦宣言》的体现。本案的原告是 5 幅收藏在卢浮宫的意大利油画的原所有权人的继承人,这些画作在原所有权人去世后,以偿还原所有权人债务为由遭到拍卖,并随后为纳粹德国掠为己有。1943 年《伦敦宣言》发布后,法国临时政府议会即颁布了一系列特别法律,明确规定一切被占领土地上的财产转移、掠夺、没收、抢占及交易行为均为无效;并要求被掠财产的原所有权人在停止敌对行动的法定日期后六个月内提出返还请求,无人认领的财产则由临时政府负责进行监管。得依此法律主张返还的财产包括纳粹占领期间被征收或者强制交易的财产,以及法国成文法规制范围以外的交易行为和未经卖方同意而进行交易的财产①。"二战"结束后,联邦德国政府于 1950 年将这 5 幅油画返还给法国,由卢浮宫收藏。原告自 1951 年开始先后三次向卢浮宫提出返还请求,但均遭到拒绝,理由主要包括:第一,原告方无法证明这些画作的拍卖行为与纳粹当局的强制性主导有关;第二,该返还请求已过诉讼时效。1998 年,原告向巴黎初审法院起诉,请求法院确认纳粹占领期间对 5 幅油画的拍卖行为无效,要求原告返还这些画作并赔偿其经济损失。初审法院认为,虽然对 5 幅画作的拍卖发生于纳粹占领期间,但其目的在于优先清偿这些画作原所有权人的债务,通过拍卖实现所有权转让,亦符合法国成文法有关财产

---

① See Ordonnance n°45-770 du 21 avril 1945 portant deuxième application de l'ordonnance du 12-11-1943 sur la nullité des actes de spoliation accomplis par l'ennemi ou sous son contrôle et édictant la restitution aux victimes de ces actes de leurs biens qui ont fait l'objet d'actes de disposition, arts. 1,2, 4, 11~16.

转让的规定，故而这一行为并不在 1945-770 号法律规定的应宣布无效的财产转让行为中。然而，上诉法院对这一问题提出了不同见解。法院认为，对系争文物拍卖行为合法性的判断，应以拍卖财产的合法继承与管理人——本案中即原所有权人的子女的同意为前提，而这些继承人在拍卖当时逃亡至海外；作出同意拍卖的决定的判决①亦是缺席判决，财产权益人的同意无从谈起。此外，拍卖行为的法律依据《认定犹太人身份之法令》是纳粹在法国所扶持的傀儡政权维希政府为配合纳粹行动而颁行的发令，其内容充斥着种族主义、反民族、反人类的条款，实则为纳粹种族清洗和掠夺政策的组成部分。因此，当时的法院依据这一法令授权第三方拍卖系争文物的行为，是维希政府为自身利益需要而采取的非法没收行为，属于《伦敦宣言》及为实施该宣言所颁布的 1945-770 号法令规定应宣布无效的范围。基于此，法院支持了原告的文物返还请求。

在"萨克斯后裔诉德国历史博物馆"（Sachs Heirs v. Foundation German Historical Museum）案中，德国联邦最高法院在作出判决时，更是积极援引了《华盛顿原则》作为判决现保有者德国历史博物馆将系争文物归还其原所有权人的依据。②本案作为德国最高法院作出的支持纳粹被掠文物返还的案例，综合运用了诉讼与非诉等手段，体现了德国对于返还战时掠夺文物的基本态度，尤其是《华盛顿原则》在司法实践中的作用与影响。本案历经柏林地方法院、

---

① 1940 年，5 幅画作原所有权人的债权人曾在巴黎第一民事法庭起诉，主张其债权。法院以缺席判决的方式支持了原告债权人的请求，并授权了指定第三人清算原所有权人遗产，以清偿债务。对 5 幅画作的拍卖即为其债务清偿的方式之一。

② *Poster Collection – Sachs Heirs v. Foundation German Historical Museum*, available at: https://plone.unige.ch/art-adr/cases-affaires/poster-collection-2013-sachs-heirs-v-foundation-german-historical-museum, accessed on 09-11-2019.

柏林上诉法院和德国联邦最高法院民事诉讼第五法庭三审程序,当事双方对系争文物手绘艺术海报系原所有权人被纳粹没收财产的基本事实并不存在争议,案件的争议焦点集中于以下两个方面。第一,当事人已获得战后赔偿是否影响其提出文物所有权返还请求。本案系争文物的原所有权人汉斯·萨克斯(Hans Sachs)博士作为纳粹受害者,不仅被没收了所有的争议文化财产,自身也受到纳粹监禁。"二战"结束后,萨克斯博士得到释放,并获得了联邦德国政府一次性给予的赔偿金。由于系争文物彼时一度收藏于民主德国的东柏林德国历史博物馆,原告当时未提出返还请求。柏林地方法院和联邦最高法院认为,原所有权人萨克斯博士作为纳粹受害者,获得的赔偿金仅为侵害救济性质,在其被掠夺财产的原物依旧存在的情况下,并不影响其主张原物所有权返还。换言之,政府赔偿金与文物所有权返还并不冲突。此外,萨克斯从未明确表示放弃对争议标的的所有权,法院不得凭借其信件中的相关语句,推定其具有放弃所有权的意思表示。第二,文物返还争议的依据问题。本案在进入诉讼程序之前曾提交"纳粹迫害被扣押文化财产返还咨询委员会"处理,争议双方在委员会审议程序中对于《华盛顿原则》的适用性产生了争议。尽管委员会在综合考虑萨克斯博士生前意愿且已获得德国政府赔偿等事实后,出具了不予返还的咨询意见,但联邦最高法院认为,委员会在综合考虑基础上出具咨询意见的依据,正是《华盛顿原则》第8条和第10条有关通过特别成立的委员会和其他实体在司法程序之外以"个案分析、公正合理和灵活处理的方式"解决此类返还争议的规定。更为难得的是,德国联邦最高法院在对此案作出判决时,也慎重考虑了案件的实际情况与当事人的诉求,积极援引了《华盛顿原则》第8条作为判决现保有者德国历史博物馆将系争文物归还其原所有权人的依据。这充分体现了《华盛顿原则》等本不具有法律约束力的软法规则对国家司法审判程序的深远影响,及在解决纳粹受害者劫掠文物返还问题中发挥的日益重要的作用。

此外,在更大范围内的殖民地文物返还诉讼中,上述有关国际公约精神也作为"公共秩序"的体现,受到法院的援引。如意大利最高行政法院在"昔兰尼的维纳斯"(Case of the Venus of Cyrene)案中,参照并援引了相关国际公约精神作为"公共秩序"之保留,用以限制善意取得制度的适用,认为将文物返还其原属国是一项国际习惯法义务,符合国际道德原则,是"公共秩序"的体现。①

4. 附加诉讼时效起算规则的适用条件

诉讼时效制度的目的在于督促权利人及时行使其权利,不管是"发现规则"还是"要求并被拒绝规则",要求请求人自知晓其诉讼对象和标的的具体信息或者向系争标的物的现保有人提出返还请求并被拒绝之日起一定期间内提起返还诉讼的法律规则,其初衷无可厚非。然而,由于在纳粹掠夺文物返还案件中,文物流失时间已久、原因特殊,流失以后的所有权流转情况更是纷繁复杂,加之国际艺术品交易的专业性和不透明性,原所有权人即使发现了文物的下落并与其现保有人进行了初步接触,在有限的时间内开展证据收集、前期协商沟通与诉讼准备等方面工作的难度,也远远大于其他的一般返还诉讼。为此,一些法院在审理此类案件时,为平衡原被

---

① See Alessandro Chechi, The Return of Cultural Objects Removed in the Times of Colonial Domination and International Law: the Case of the Venus of Cyrene, *The Italian Yearbook of International Law*, Volume XVIII 2008, Martinus Nijhoff Publishers, 2009, pp.159-181.

告双方诉讼能力的悬殊差距，采取减轻原所有权人积极义务、附加使用条件等方式，对诉讼时效的起算规则进行解释，以减小僵化的诉讼时效规则给被掠文物的原所有权人造成的不公正。

如在"古根海姆诉吕贝尔"案的上诉审中，法院认为，"要求并拒绝规则"仅要求原所有权人在得知艺术品下落之后不能有不合理迟延，但在其知道物之下落之前给其附加勤谨调查义务是不谨慎的，将给其造成过大的责任和负担，并且还可能造成鼓励被盗文物非法贩运的后果。[①] 在2007年"维埃伯格诉比松内特"案中，两审法院均主张，不合理延误抗辩需在原告"无法解释且没有缘由"的迟延对被告应诉产生了不利影响的情况下才可成立。无论原告是否尽到了积极寻找系争文物信息和下落的勤谨调查义务，本案的被告未能证明原告的迟延对其应诉能力造成了实质性损害从而导致了结果不公正，因此其"迟延"抗辩不成立，并基于此作出了支持文物返还的判决。[②]

（二）诉讼时效规则的发展对于诉讼追索纳粹掠夺文物的积极意义

不断增多的司法实践带动了近年来许多国家相关法律制度和规则的完善，对于促进通过诉讼实现纳粹掠夺文物归还原所有权人具有积极意义。通过特别立法确立特殊的诉讼时效，是解决常规诉讼时效制度对诉讼追索纳粹掠夺文物艺术品造成的制约的一种有益尝试。如德国巴伐利亚州在"古利特收藏"案之后，启动了撤销

---

① Guggenheim Foundation v. Lubell, 153 A.D. 2d 143 (N.Y. App. Div 1990), aff'd. 77 N.Y. 2d 311 (N.Y. Ct. App. 1991).

② Vineberg v. Bissonnette, 529 F. Sup.2d (D.R.I. 2007), aff'd 548 F. 3d.

此类诉讼追诉期限制的法律修改程序①。

美国在这一方面的探索则更加丰富：早在1999年，加利福尼亚州就在其《民事诉讼法典》中对纳粹受害者提起的返还赔偿诉讼的特殊时效作出规定，宣布对于纳粹时期未偿付保险和强制劳工进行求偿两类特别诉讼，其诉讼时效可在普通的三年期间的基础上予以延展。②至2002年，这一有关诉讼时效的特别规定的适用范围扩展至纳粹掠夺文物返还案件。大屠杀的受害者及其继承人可在2010年年底之前起诉任何博物馆或美术馆，以追回因纳粹劫掠或迫害而流失的艺术品。该时效规则也适用于在本法案发布前诉讼时效已届满的案件。③2002年法案在其序言部分列举了延长此类诉讼时效期间的理由，指出依照现行一般诉讼时效的规定，返还请求人在发现流失艺术品下落之后，应在三年时间内提起诉讼；然而，由于大屠杀时期被掠艺术品的独特历史性质，返还诉讼的提出需要在几个国家进行详细调查，涉及众多历史文件和专家意见，三年的时间可能不足以满足请求人完成这些调查和必要信息获取过程。④在艺术品返还委员会（Commission for Art Recovery）的大力倡导和推动下，美国国会又于2016年颁布了《大屠杀时期被没收艺术品返还法》，其核心内容在于通过设置特殊的时效规则来突破普通法或者州法中的一般时效规则对此类特殊的所有权返还诉讼造成的

---

① 参见管克江：《德国拟取消被盗艺术品追诉年限，被赞政治良心》，见中国网：http://www.china.com.cn/news/world/2014-02/15/content_31482358.htm，2019年11月10日访问。

② See *Code of California Civil. Procedure*, §354.5（insurance claims），§354.6（slave labor claims）.

③ See *Code of California Civil. Procedures*, §354.3.

④ 同上。

障碍,以确保诉讼程序对于纳粹被掠文物返还争议解决的适用性。根据该法规定,对于纳粹时期流失艺术品或其他财产,请求人须在发现其信息、所在位置及自己对该物的占有利益之日起6年内提起诉讼。[1]

三、诉讼促进和解返还

还有一些被掠文物返还争议,虽进入了诉讼程序,但原被告双方在法庭的调解或影响下最终达成了返还或赔偿和解。法院在此类案件中多发挥着帮助原被告双方厘清案件事实和有关法律规则,从而为双方提供理性沟通的平台的积极意义。如在"奥斯维辛手提箱"(Case Auschwitz Suitcase)案[2]中,巴黎犹太人皮埃尔·列维·勒卢(Pierre Lévy Leleu)之子米歇尔(Michel Lévy Leleu)发现法国巴黎犹太人大屠杀纪念馆展出其父的手提箱后,通过纪念馆向借出该手提箱的奥斯维辛-比克瑙州立博物馆(The Auschwitz-Birkenau State Museum)提出返还请求。请求被拒绝后,2005年,米歇尔以该博物馆为被告向巴黎大审法院提起返还之诉。法院在查明系争手提箱确为原告之父的遗物之后,授权巴黎市政府

---

[1] See *Holocaust Expropriated Art Recovery Act of 2016* (Public Law 114-308-Dec, 16, 2016), Sec. 5.

[2] See Anne Laure Bandle, Raphael Contel, Marc-André Renold, *Case Auschwitz Suitcase—Pierre Lévi Heirs and Auschwitz-Birkenau State Museum Oswiecim and Shoah Memorial Museum Paris, March 2012*, available at: https://plone.unige.ch/art-adr/cases-affaires/auschwitz-suitcase-2013-pierre-levi-heirs-and-auschwitz-birkenau-state-museum-oswiecim-and-shoah-memorial-museum-paris/case-note-2013-auschwitz-suitcase, accessed on 15-08-2019.

扣押了该手提箱，并禁止其继续展出。在巴黎大审法院的主持下，2009年4月，原被告双方达成庭内和解协议：被告博物馆同意将系争手提箱永久租借给法国巴黎犹太人大屠杀纪念馆，而原告米歇尔则放弃继续索回该手提箱的权利。

在很多情况下，法庭给出的正式或者非正式意见，也对双方在更加全面地了解事实经过的情况下改变自己的立场、达成共识产生深刻影响。如在奥地利，黛西·赫尔曼（Daisy Hellmann）通过诉讼向林茨市追索"二战"期间被劫掠油画，虽因无法依据1947年《返还法》证明现保有此画的市立美术馆知道或应当知道系争物品为纳粹掠夺文物而败诉，此案却引起了维也纳犹太社区（Jewish Community of Vienna）的关注和声援，并促使林茨市长委托市档案馆对该美术馆的收藏品开展了来源调查。在确认美术馆购买的系争油画显然是劫掠文物的事实后，林茨市最终决定将该油画返还给赫尔曼的后裔。[①]"美国诉沃利肖像"[②]案中，被掠文物原所有权人多次向现保有人请求文物返还无果。原所有权人去世后，其继承人趁该文物在美国借展期间，向展出该文物的现代艺术博物馆提出返还请求，遭到博物拒绝后，即以该文物系被盗文物为由，向博物馆所在纽约地方检察官办公室报案，借纽约检方的力量启动了文物追索程序。纽约地区检察官向现代艺术博物馆送达了法院传票，要求法庭对博物馆展出的画作是否为被盗文物进行审理，系争文物的所有权归属正是决定所涉博物馆展览行为是否违法的关键因素。

---

① *Krumau, 1916 or 'Städtchen am Fluß' by Egon Schiele: Restitution decision by the City of Linz December 2002*, available at: https://www.lootedart.com/MISE54775461, accessed on 16-08-2019.

② *United States v. Portrait of Wally*, 663 F. Supp. 2d (S. D. N. Y. 2009).

此案经纽约州法院系统和联邦法院数次审理。经过一系列证据开示和交换，法院查明了该文物系从其原所有权人里亚·邦迪（Lea Bondi）处盗窃，且直至1997年进入美国时，仍为被盗财产。在几轮诉讼中，法院否定了提供系争文物借展的利奥波德博物馆（Leopold Museum）提出的管辖权、不合理延误、扣押程序、举证责任等一系列抗辩理由，认为该博物馆未能提供足够的证据否认该财产是被盗文物。在这种情况下，博物馆在2010年法院又一次开庭审理前，向该文物原所有权人里亚·邦迪的继承人提出购买该文物的要约，并最终获得了该继承人同意，使得长达13年的诉讼程序画上了句号。不难看出，法院在此过程中对系争文物属被盗财产的性质及其真正的所有权人的认定，是促使现保有该文物的博物馆作出购买让步的关键因素。

四、诉讼解决被掠文物返还问题的效果分析

从上述司法实践不难看出，尽管在处理"二战"劫掠文物艺术品所有权返还问题时，诉讼手段可能面临诸多制约，但该途径作为一种以国家公信力和强制力为保障的争议解决方式，在此类权利救济和纠纷解决中仍有一定的积极意义。

（一）司法裁决对于促进"二战"劫掠文物返还的积极意义

在一国境内，司法审判作出的终局结果具有强制约束力和执行力，是其他争端解决方式无法比拟的；另一方面，诉讼程序也为文物返还争议的当事双方提供了一个以事实为依据、以法律为准绳的理性和公正的沟通平台，促使双方以司法调查确认的事实和认可的法律规则为基础和依据，寻求确定有效的解决方式。

此外，司法审判是一种正式的国家行为。通过司法审判实现战争被掠文物的返还，作为国家意志的鲜明体现，影响着相关行业的发展方向。如前述"美国诉沃利肖像"案的发生，使得美国博物馆界受到了极大的震动，美国博物馆协会随即宣布，其会员单位将对自己的纳粹掠夺收藏品展开调查，同时亦承诺将对于其拟收购或者借展物品的来源展开更加细致的调查。1999年，美国博物馆协会联合国际博物馆协会美国国家委员会出台了一系列处理纳粹时期（1933—1945年）非法没收的博物馆藏品的指南。该指南建议博物馆在收购、接受捐赠或者接收藏品进行借展前，应仔细调查确认这些藏品的所有权历史和现状；同时，博物馆还应对其现有藏品展开调查，鉴别其取得于"二战"时期的藏品可能存在的来源问题。这一指南得到了多数博物馆的积极响应，许多博物馆都主动通过信息公示和文献研究等方式，对可能来源于纳粹掠夺的藏品展开了调查。[①] 法院针对此类诉讼案件作出的支持返还的判决结果和背后体现的官方意志，也为原所有权人与现保有此类被掠文物的博物馆或国家展开返还协商提供了有力武器，促使国际博物馆社区重视并以积极的态度解决此类历史遗留问题。如上述"朱塞佩后裔诉卢浮宫"案获得巴黎上诉法院的支持，直接促成了该案原告与后购买该批拍卖文物中另一部分的波士顿美术馆达成了和解，这些文物一部分由波士顿美术馆购买，另一部分则以捐赠的形式留在美术馆内。

另外，跨国司法审判行为作为国家主权的集中体现，也对国际社会宣示着一国对于处理"二战"财产掠夺这一历史问题的坚定决心与态度，并且是落实一系列有关国际公约、宣言的精神与要求，

---

① See Wayne Sandholtz, *Prohibiting Plunder: How Norms Change*, Oxford University Press, 2007, pp. 236-237.

妥善解决历史遗留问题的具体而有效的方式。如随着美国"黄金列车"案的曝光和有关调查的深入，匈牙利大屠杀幸存者于2002年向美国起诉。在此压力下，美国政府于2004年与匈牙利和解，宣布将向6.2万余名大屠杀幸存者赔偿共计2550万美元。实践中，援引有关国际公约、宣言的精神作为法院裁判依据的案例，也日益增多。

（二）"二战"劫掠文物追索中诉讼途径的局限性

然而，作为通过严格和严谨的程序规则来保障正义的"最后一道防线"，除受到诸多实体法依据或者程序性诉讼规则的限制之外，诉讼途径在解决被掠文物返还问题中存在更多不可避免的局限性。

一方面，法院是否受理，以及受理以后根据双方举证查明的事实和准据法选择作出的最终判决，都存在着不确定性。在英美国家的诉讼程序中，法院对案件事实的认定基于"优势证据规则"，很大程度上取决于原被告双方呈交的证据材料和取证程序的合法性，与双方的取证能力对比有着极大的关联。而在此类因战争掠夺丧失文物的所有权追索案件中，战争中的国家行为、战乱局势以及战后形势的复杂性，甚至时至今日年事已久、许多原所有权人或者关键证人都已不在人世等事实，都进一步加剧了追索方的取证难度，使其在相对专业且人力物力雄厚的博物馆、其他文物收藏机构或文物交易商面前越发处于弱势地位。此外，由于案件事实和举证的复杂性，此类案件的审理较一般诉讼更加漫长，几轮审理、数次上诉，甚至可持续数十年，对于原被告双方的时间、金钱和精力成本，都是一场极大的考验，也使得案件的判决结果更大程度上取决于双方诉讼能力的对比，而非客观发生的事实。

另外，与其他具有协商性质的非诉讼纠纷解决机制相比，司法审判作为一种具有较强的对抗性的方式，不追求"双赢"的解决办法。尤其是在普通法系的原物返还之诉（action of replevin）中，只有一方是最后的赢家，另一方则无法得到任何补偿[①]。由于作为被告的系争文物保有人中的很大一部分确实是在该文物几经倒手之后，在完全不知情的情况下获得该物的善意第三人，不论法院判决该文物是否应予以返还，对于败诉一方或多或少都存在实质不公正。

最后，由于一国法院的判决原则上并没有域外效力，一些跨国诉讼案件即使获得了有利于原所有权人的判决，也可能面临无法得到有效执行的问题。

第三节 仲裁手段

除正式的诉讼程序之外，仲裁作为另一种具有"准司法"性质的争端解决方式，在战争掠夺文物返还中也有使用的余地。与诉讼程序相比，仲裁须以争诉双方达成仲裁合意为基础，这意味着被掠文物原所有权人（返还请求人）和现保有者之间，可就解决争议的仲裁机构、解决争议所适用的准据法甚至证据采信和应用的规则进行选择并达成合意，这在一定程度上增加了争议双方的共识基础、减少了矛盾与分歧。正因为仲裁具有自愿性、灵活性和经济性、高效性等特点，利用仲裁程序解决"二战"劫掠文物返还争议的可能性问题，近年逐渐被提出并受到热议。

---

① See Jeremy G. Epstein, The Hazards of Common Law Adjudication, in Kate Fitz Gibbon (ed.), *Who Owns the Past? Cultural Policy, Cultural Property and the Law*, Rutgers University Press, 2005, p.125.

一、应用仲裁手段追索纳粹劫掠文物的实例

虽然国际贸易与投资领域的仲裁实践已相当成熟,但在"二战"劫掠文物追索领域,至今只有一例通过仲裁方式解决的实例,即前述"奥特曼诉奥地利共和国"案①。在漫长的司法程序中,争议双方最终达成了仲裁协议,由三名奥地利仲裁员组成的仲裁庭适用奥地利法对该案作出了裁决。

(一)案件事实

本案系争的六幅画作系古斯塔夫·克里米特(Gustav Klimit)的作品,最初都为费迪南德·布洛赫·鲍尔(Ferdinand Bloch-Bauer)和阿黛尔·布洛赫·鲍尔(Adele Bloch-Bauer)夫妇所有。1925年阿黛尔·布洛赫·鲍尔去世前留下遗嘱,请求其夫费迪南德考虑将克里米特的画作捐赠给奥地利国家美术馆。费迪南德承诺实现阿黛尔的愿望。1936年,费迪南德将六幅画作中的一幅《阿特塞三世的湖畔城堡》(Schloss Kammer am Attersee Ⅲ)赠予奥地利国家美术馆。1938年奥地利被纳粹德国吞并后,费迪南德逃离了奥地利。纳粹德国随即以逃税为借口没收了其庄园、糖厂和包括画作在内的所有个人财产。1939年,被没收庄园的临时管理人菲尔赫博士(Dr. Führer)将遗留在该庄园中的画作《阿黛尔·布洛赫·鲍尔Ⅰ》(Adele Bloch-Bauer Ⅰ)和《苹果树Ⅰ》(Apfelbaum Ⅰ)交给奥地利国家美术馆,以换取上述《阿特塞三世的湖畔城堡》,后

---

① Six Klimt paintings – Maria Altmann and Austria, available at: https://plone.unige.ch/art-adr/cases-affaires/6-klimt-paintings-2013-maria-altmann-and-austria, accessed on 27-11-2019.

者后被卖给了画作作者古斯塔夫·克里米特之子古斯塔夫·乌西基(Gustav Ucicky)。随后，菲尔赫博士又转卖了克里米特的其他画作《布痕瓦尔德》(*Buchenwald*)和《阿黛尔·布洛赫·鲍尔Ⅱ》(*Adele Bloch-Bauer Ⅱ*)，分别由维也纳市收藏馆和奥地利国家美术馆收藏，并自己收藏了另一幅画作《房屋》(*Häuser*)。最后一幅画作《阿玛莉·祖克坎德》(*Amalie Zuckerkandl*)系费迪南德赠送给祖克坎德家族，后由阿玛莉·祖克坎德的女儿赫敏·穆勒-霍夫曼(Hermine Müller-Hofmann)出售给"新美术馆"(Neue Galerie)的总监维多利亚·昆斯特勒(Viktoria Künstler)，后者于1988年3月将这幅画遗赠给奥地利国家美术馆。1945年11月，费迪南德逝世，其遗嘱中未提及这些画作，据他所知，这些画作由奥地利政府通过纳粹法律没收。然而，其遗嘱中包含由其侄子罗伯特(Robert)以及侄女路易丝(Louise)和玛丽亚(Maria)继承其财产的内容。

1946年，奥地利政府通过旨在废除1938—1945年在纳粹压迫下发生所有交易的《无效行为法》。1948—1949年，布洛赫·鲍尔家族的继承人通过其律师获得了由政府返还的大部分画作，并申请将这些画作出口至其居住地美国。然而，《返还法》为维护奥地利公共博物馆的利益，以保护国家遗产之名，要求拟离开奥地利的犹太人"捐赠"其有价值的艺术品作为获得其他珍贵物品出口许可的条件。在这种情况下，布洛赫·鲍尔的律师同意捐赠《房屋》《阿黛尔·布洛赫·鲍尔Ⅰ》《阿黛尔·布洛赫·鲍尔Ⅱ》《苹果树Ⅰ》等已为国家所持有的克里米特画作，并放弃了《布痕瓦尔德》和《阿特塞三世的湖畔城堡》两幅画作。

(二)专门委员会和诉讼追索程序

1998年的"沃利肖像案"促使奥地利政府开放了档案馆并允许

对国家藏品的来源进行调查。一位奥地利记者发现了证明费迪南德从未自由捐赠克里米特的画作,以及国家美术馆明知自己拥有被掠夺艺术品的证据。此后,奥地利颁布了1998年《返还法》并设立了专门处理此类争议的"返还咨询委员会"。

费迪南德的侄女玛丽亚·奥特曼(Maria Altmann)是其继承人之一,自1938年起就定居在加利福尼亚,并于1945年成为美国公民。1999年,玛丽亚根据1998年《返还法》向"返还咨询委员会"提出请求,要求奥地利国家美术馆归还《阿黛尔·布洛赫·鲍尔Ⅰ》《阿黛尔·布洛赫·鲍尔Ⅱ》《苹果树Ⅰ》《布痕瓦尔德》《房屋》和《阿玛莉·祖克坎德》六幅画作,但被委员会拒绝。玛丽亚曾就委员会的决定向奥地利法院提起诉讼,但最终由于昂贵的律师费而撤诉。此后,她在美国提起返还诉讼。诉讼过程中,各级法院围绕被告奥地利共和国是否享有国家豁免权展开论证,本章第二节已有详细阐释。

(三)仲裁返还

2005年5月,原被告双方达成协议,结束诉讼并将此争议提交在奥地利有约束力的仲裁机制。双方同意成立一个由三名奥地利仲裁员组成的仲裁庭,并接受该仲裁庭的决定为终局裁决,放弃任何上诉权。根据仲裁协议,仲裁庭必须裁定系争克里米特油画的所有权状况,并确定1998年的《返还法》是否适用。双方进一步同意,仲裁庭将适用奥地利的实体法和程序法,且仲裁庭决定的作出应完全基于当事各方向它提供的事实和证据。所有费用均由奥地利共和国承担。

在考察《阿黛尔·布洛赫·鲍尔Ⅰ》《阿黛尔·布洛赫·鲍尔Ⅱ》《苹果树Ⅰ》《布痕瓦尔德》和《房屋》五幅画作的所有权归属

时，仲裁庭首先考察了阿黛尔的遗嘱是否具有约束力。仲裁员一致认为，该遗嘱中有关克里米特画作的条款，仅仅是对费迪南德的请求，对后者并没有法律约束力。费迪南德承诺满足阿黛尔的愿望也仅仅是尊重她愿望的表达。仲裁庭还注意到系争画作在阿黛尔逝世前即属于费迪南德所有的事实。由于阿黛尔的遗嘱对费迪南德缺乏法律约束力，仲裁庭主张，国家美术馆对画作《阿黛尔·布洛赫·鲍尔Ⅰ》《阿黛尔·布洛赫·鲍尔Ⅱ》《苹果树Ⅰ》不享有有效所有权；菲尔赫博士向维也纳市收藏馆出售画作《布痕瓦尔德》的行为也受到1946年《无效行为法》的制约，因而该转让不成立。此外，费迪南德去世后，奥地利共和国仅对继承人拥有遗产的请求权，却不可自动获得对画作的所有权。仲裁庭认为，1948年费迪南德继承人的律师通过承认阿黛尔遗嘱的有效性而确认系争画作所有权转移给奥地利共和国的行为，目的是为了换取其他财产的出口许可证。由此，这些画作的转让属于1998年《返还法》的管辖范围。总而言之，奥地利共和国有义务根据《返还法》的条件归还五幅克里米特画作，而本案上述五幅画作的流转过程已符合这些法定条件。

另一幅画作《阿玛莉·祖克坎德》系上世纪20年代由布洛赫·鲍尔夫妇购买所得。但尚不清楚该画如何在1938—1942年间重新回到祖克坎德家族的手中。祖克坎德的继承人和奥地利共和国都声称，这幅画是费迪南德在菲尔赫博士的帮助下捐赠的。但原告玛丽亚声称，该画系菲尔赫博士的非法转移。

由于缺乏足够的证据，仲裁庭认为，最可能的事实情况是费迪南德将这幅画交给了祖克坎德家族以向其提供财务帮助。他最有可能在菲尔赫博士的帮助下从捐赠行为中受益，因为菲尔赫博士已经帮助他向瑞士出口了另外一幅画作。仲裁庭作出该事实认定的依据还包括：（1）费迪南德的继承人从未要求归还这幅画，并且（2）布洛赫·鲍尔夫妇曾经对祖克坎德家族提供过帮助。仲裁庭还认为，即使价格很低，祖克坎德家族的赫敏·穆勒-霍夫曼将画作《阿玛莉·祖克坎德》卖给维多利亚·昆斯特勒也不属于强制性的销售，因为基于案件的以下特殊情况，该交易价格并非不相称：（1）买卖双方之间的友谊；（2）买方的风险；（3）当时正在发生的纳粹镇压；（4）卖方的必要状态。因此，维多利亚·昆斯特勒已享有该画作的有效所有权，后将其捐赠给奥地利国家美术馆的行为，也是其自愿合法的意思表达，因此不属于1998年的《返还法》规定应予返还的范围。

基于此，仲裁庭裁定，奥地利共和国有义务向玛丽亚返还《阿黛尔·布洛赫·鲍尔Ⅰ》《阿黛尔·布洛赫·鲍尔Ⅱ》《苹果树Ⅰ》《布痕瓦尔德》和《房屋》五幅画作，但《阿玛莉·祖克坎德》的返还请求被驳回。

二、普通仲裁机制适用于"二战"被掠文物返还争议的优势与局限

作为一种介于正式的司法程序和纯粹的民间调解程序之间的纠纷解决方式，仲裁在国际和国内民商事领域已得到广泛应用。但实践中，利用仲裁程序解决"二战"劫掠文物所有权返还争议的案例，与其他各类途径相比却明显较少。有鉴于此，普通或特殊的仲裁机制究竟在多大程度上适用于解决"二战"文物返还争议的问题，有必要进行研究和分析。

（一）仲裁机制适用于"二战"被掠文物返还争议的优势

作为一种兼具司法性、专业性与自治性的纠纷解决方式，仲裁的灵活性无疑是弥补传统的诉讼程序之僵化性与局限的有利方式。在"二战"劫掠文物返还争议解决方面，仲裁程序的优势主要体现在以下几个方面：1. 仲裁是基于争议双方对仲裁机构的信任，经合意将争议提交该仲裁机构解决的机制，这意味着双方在仲裁地点、仲裁机构甚至仲裁员的选择方面，有很大的自主权。争议双方可以通过合意选择在近代史、艺术史、战争法以及文化遗产和艺术法等领域具有专长的仲裁员来处理战争劫掠文物返还争议问题，较一般的诉讼程序更有专业性。2. 在劫掠文物返还争议中，一旦争议双方达成仲裁合意，也就有效地规避了传统司法程序中诉讼时效对争议解决造成的制约。3. 仲裁机制的灵活性不仅体现在自主选择仲裁机构甚至仲裁人员的可能性方面，双方当事人在仲裁程序、仲裁依据（准据法）等直接影响争议结果的问题方面，甚至对争议解决方式，都有合意选择适用的空间，与诉讼程序的对抗性形成鲜明对比，在促进争议解决方面更加彻底。4. 仲裁不要求公开，具有私密性。这一特点消除了许多不愿意公开披露文物艺术品来源、现所有权人和交易信息的文物交易商、拍卖行或者私人收藏者对于诉讼将导致上述信息公开的担心，在满足他们私密性需求的基础上，促使他们接受一种具有专业性和准司法性的裁断程序和结果，并保证了裁判结果的法律约束力和可执行性。5. 与程序复杂、律师费和其他有关费用昂贵的诉讼程序相比，仲裁通常意味着相对更高效的程序机制和更低廉的成本。此外，文化财产争议的诉讼成本除了一般诉讼成本，还包含由于诉讼对系争文物的消极披露而造成的该文物贬值以及因争议方声誉损害所造成的损失。而仲裁的保密性避免了上述物质和声誉损害的发生，也意味着争议解决成本的降低[①]。

（二）"二战"劫掠文物返还争议的特殊性与现行仲裁机制局限性

与文物返还相关的争议，特别是围绕"二战"被劫文物返还的争议，与一般国际商事争议相比，情形更为复杂，表现出显著的特殊性，主要体现在，主体方面："二战"劫掠文物返还争议，可能发生在国家与国家、国家与"二战"受害者个人或其后裔，或者战争受害者及其后裔与现保有系争文物的善意持有者之间，这决定了此类仲裁，广泛地涉及国家与国家之间的"公法上的仲裁"，国家与自然人、法人之间和其他非政府团体之间的"国际混合仲裁"，以及非国家平等主体私人之间的普通"国际商事仲裁"三种不同的类型。客体方面：由于被掠夺文物不仅仅具有一般意义上的战争劫掠财产的意义，还承载着对其原属民族和国家的作为其历史文化之见证、象征并塑造其精神认同的重要公共利益，甚至作为全人类共同遗产和文化财富而对于国际社会的公共利益，当文物作为仲裁客体时，仲裁庭首先要明晰的问题即文物的一般财产属性与其在民族国家和国际社会等不同层面的公共文化属性之间的矛盾。主体和客体等方面的复杂性，更造成了当前并不存在文化财产领域统一且权威的国际仲裁规则，有关被掠文物返还争议的仲裁，只能依靠一些已有的国际或国内仲裁机构通过"选择偏安一隅的保守方式将本机构一般仲裁规则扩大适用于固定且有限的文化财产争议范畴，因而导致

---

① 李伟：《文化财产争议国际仲裁的法律问题研究》，武汉大学 2018 年博士学位论文，第 57 页。

目前文化财产争议国际仲裁制度的碎片化"①。

由于主体、客体的复杂性和现有相关仲裁规则的碎片化,针对"二战"劫掠文物所有权返还争议的仲裁,无法回避以下几个关键问题:1.仲裁机构管辖权的问题:在以两国为主体,或者一国与另一国的私主体发生的劫掠文物返还争议中,哪些仲裁机构具有管辖权,是此类仲裁程序启动首先面临的问题。由于此类案件涉及战争期间的国家行为,对于在一些案例中作为争议一方的国家而言,即使参加他国法院的审判程序,尚有将主权置于他国管辖范围之下之虞;选择仲裁则意味着将自己置于本国或他国的民间机构的裁决的管辖之下,不论是从维护国家主权还是从防止国家信息和秘密泄露的角度看,更是为大多数国家所不能接受的。2.实体法适用问题:依据仲裁的一般理论,争议双方可以通过合意选择的方式确定仲裁争议适用的实体法;双方未就此问题进行特殊约定的,仲裁庭在选择准据法方面则具有较大的自主权,一般可适用仲裁地国的冲突规则、仲裁员本国的冲突规则或者其它仲裁员认为可适当解决该争议的冲突规则,如"物之所在地法"原则、最密切联系、"政府利益分析说"等等;仲裁庭还可以不援引任何冲突规则而直接适用其认为适当的相关实体法公约。在缺乏一套成熟的针对文化财产,特别是战争劫掠文化财产返还争议的特殊仲裁规则的情况下,仲裁庭在准据法选择和适用过程中的自主性和局限,加剧了最后结果的不确定性。3.证据规则问题:尽管与英美法系的诉讼制度相比,仲裁庭一般拥有自行发现证据的权力,在决定由哪一方承担举证责任方面,

---

① 李伟:《文化财产争议国际仲裁的法律问题研究》,武汉大学 2018 年博士学位论文,第 54 页。

以及证据的认可、衡量和评估中有着较大的自由裁量权,但由于"谁主张、谁举证"仍是一般民商事争议,特别是物权争议中的基本举证责任规则,作为战争受害者或其后裔的返还请求人在证据收集方面面临的时间久远、被战争破坏、缺乏争议文物记录、难以接近和自行查阅有关历史档案和资料、跨境文物交易隐蔽性、文物市场特殊性等长期存在的制约文物来源国或原所有人证据搜集可能性的因素,以及由此导致的请求人在仲裁中的不利地位,仍是一般仲裁机制无法突破的问题。

三、建立"二战"被掠文物返还争议特殊仲裁机制的构想评析

为促进仲裁手段在纳粹劫掠文物返还案件中的应用,以弥补传统司法手段的不足,海牙常设仲裁法院(PCA)提出了构建专门的文化财产争议国际仲裁规则来解决"二战"期间纳粹劫掠文物返还争议问题的设想。本部分将就此设想进行简要介绍,并对其可行性和可能面临的主要问题进行评析。

(一)海牙常设仲裁法院设立文化财产返还争端特殊仲裁机制的可行性

海牙常设仲裁法院根据1899年第一次海牙和平会议通过的《关于和平解决国际争端的公约》成立,是第一个普遍性的国际司法机构。常设仲裁法院并非真正意义上的常设机构,而是只有一份由成员国提出的仲裁员名单。如果成员国将其争端诉诸仲裁,便可在名单中选定仲裁员,再由选定的仲裁员推选首席仲裁员组成仲裁庭。海牙常设仲裁法院成立至今,成员国已达122个,美、英、其他主要欧洲国家以及中国、日本等国,大都在"二战"前就成为其成员国。

为进一步扩大仲裁在解决国际争端中的适应性，20世纪80年代以后，海牙常设仲裁法院采取了一些改革措施，先后组织制定了一系列任择仲裁议定书，增加了程序的灵活性，并允许非国家实体和个人在该法院进行仲裁。2000年，该仲裁法院针对因实施一系列国家环境条约而引发的争议通过了《环境争端任择议定书》，在国际上首创环境纠纷的专门仲裁规则。2001年，《关于环境和/或自然资源争议仲裁的任择规则》（Optional Rules for Arbitration of Disputes Relating to the Environment and/or Natural Resources）发布，就专门的环境仲裁机制的适用范围、专门仲裁庭的组成、仲裁程序和规则以及仲裁庭可以作出的裁决结果作出了细致规定[①]，成为设立专门的文化遗产仲裁庭的有益参考。

除此之外，2004年成功解决厄立特里亚与埃塞俄比亚因武装冲突而产生的文化财产损害赔偿争议，也使海牙常设仲裁法院在仲裁解决文化财产争端方面，积累了一定经验。2000年，厄立特里亚与埃塞俄比亚在结束两年之久的边境武装冲突后签署了"和平协议"，并根据该协议成立了厄立特里亚-埃塞俄比亚"权利请求委员会"（Eritrea-Ethiopia Claims Commission）。该委员会作为独立的临时仲裁庭，在海牙常设仲裁法院进行了登记注册，主要职能即解决厄埃两国在武装冲突期间所产生的国家责任和赔偿问题。"权利请求委员会"所受理的仲裁案件中，包括厄立特里亚控诉埃塞俄比亚在战争期间蓄意破坏原属厄方的具有2500年历史的玛塔拉（Matara）纪念碑的案件。委员会裁决指出，埃方作为纪念碑所在地

---

① 《关于环境和/或自然资源的争议仲裁的任择规则》全文参见：https://pca-cpa.org/wp-content/uploads/sites/6/2016/01/Optional-Rules-for-Arbitration-of-Disputes-Relating-to-the-Environment-and_or-Natural-Resources.pdf，2019年11月27日访问。

的军事占领方,应对故意损坏纪念碑的行为承担责任并向厄方提供金钱补偿。①

（二）建立"二战"被掠文物返还争议特殊仲裁机制的"欧文方案"

2003年,海牙常设仲裁法院组织召开了关于第二次世界大战及纳粹大屠杀期间被劫掠文化财产返还法律机制研讨会,邀请众多文化财产法专家、国际法专家、艺术界人士以及资深国际仲裁员参会,共同就构建用以解决"二战"期间被纳粹劫掠文化财产争议的专门仲裁机制进行深入探讨。会上,美国伟凯律师事务所（White & Case LLP）合伙人欧文·C. 佩尔（Owen C. Pell）提出了由海牙常设仲裁法院参照其处理国际环境争议的专门仲裁机制和规则设立一套大屠杀期间纳粹掠夺文物返还争议的专门仲裁机制的较为完整的方案（以下简称"欧文方案"）②,其要点如下。

1. 文物返还争端仲裁庭

"欧文方案"提出,海牙常设仲裁法院应参照已有的环境争议仲裁机制和规则,设立专门的大屠杀掠夺文物返还争议仲裁庭。仲裁庭应建立一个来源存在争议的大屠杀劫掠文物艺术品登记中心。前来请求此类文物返还或者主张自己对系争文物艺术品正当权利的主体在提交其仲裁争议的同时,也应登记系争文物艺术品信息。

---

① See Eritrea-Ethiopia Claims Commission, *Reports of International Arbitral Awards, Jus Ad Bellum-Ethiopia's Claims 1-8*, available at: https://legal.un.org/riaa/cases/vol_XXVI/457-469.pdf, accessed on 27-11-2019.

② See Owen C. Pell, Using Arbitral Tribunals to Resolve Disputes Relating to Holocaust-Looted Art, in The International Bureau of the Permanent Court of Arbitration (ed.), *Resolution of Cultural Property Disputes*, Kluwer Law International, 2004, pp.317-322.

登记在册的文物艺术品在一段时期的特别公示之后仍无人主张返还的,即确认登记主体对该物的所有权;在此期间被其他主体主张权利的文物艺术品则进入仲裁程序。成员国政府应鼓励公立收藏机构前来登记其来源存在争议的文物艺术藏品,以激活该特殊仲裁机制。

2. 仲裁庭人员组成和资质

大屠杀掠夺文物返还争议仲裁庭的仲裁员和调解员,应从各成员国具有丰富审判或仲裁经验的法官或者律师中选任,并由各成员国共同制定仲裁庭成员和法官的选任规则。应确保仲裁庭的工作人员、仲裁员和法官具备下列领域有关历史和知识的培训或专业背景:(1)艺术品贸易;(2)大屠杀劫掠发展史;(3)大屠杀劫掠的不同方法;以及(4)"二战"前和"二战"时期大屠杀劫掠文物认定和返还原所有权人的法律规则发展。

每一个案件在正式开始仲裁程序之前,都应由一个随机委任的法官依照评估一般调解或仲裁案件中利益冲突的已有规则对仲裁庭的组成进行评估,确定个案仲裁庭中的仲裁员和工作人员是否需要回避。

3. 管辖与时效

作为一种国际仲裁机制,大屠杀掠夺文物返还争议仲裁庭管辖文物返还请求的受案范围,应限制在系争标的为具有重大价值(如参照一定价格标准进行评估)的文物艺术品,或者符合仲裁庭规定的最低限度举证标准的文物艺术品返还争议案件。

仲裁庭管辖的案件的时间范围原则上为自 1933 年 1 月 30 日至 1945 年 5 月 9 日发生的文物劫掠或流失案件。超出这一时间范围的案件的仲裁,须经成员国签署特别条约同意。

4. 约束力规则

仲裁庭作出的任何裁决对当事人双方都具有法律约束力。成员国应认可仲裁庭裁决的拘束力，并在其领土范围内切实予以执行。一旦决定提交该仲裁庭仲裁，仲裁庭的仲裁程序应优先于成员国法院程序。

5. 举证规则

仲裁庭应当建立包含诸如确定的证明过程（所有权转让信息目录）、交易账单、来源记录、附属品及其详细目录记录、艺术家记录、保险记录或者其他个人证明在内的统一的所有权登记信息（indicia of ownership）。除非当事一方提供相反证据，系争艺术品在战后盟军法庭提供的劫掠艺术品目录中，可作为推定系争品为劫掠艺术品的表面证据。请求人提供包含上述各项信息的所有权登记信息被质疑的，质疑方应承担上述信息在多大程度上可以形成优势证据的举证责任。所有权人提出系争文物的买受人并非善意购买的，善意购买的举证责任也应转移至买受方。请求人的推定所有权成立的，反对该所有权的一方应承担证明该物并非被劫掠文物的举证责任，在这种情况下，反对方提供的证据应当是清晰而有说服力的。

在需要比较评估双方证据之证明力的情况下，也可以引入调解（mediation）程序。仲裁庭的调解员可就该案在正式的仲裁程序下可能如何处理，以及拟作出的所有权归属的仲裁结果，向争议双方提供现实的评估。

仲裁庭应公布自己的证据规则，特别是在传闻证据或档案材料的真实性方面，应明确放宽证明标准的条件和限制。

6. 裁决规则

该仲裁庭不认可劫掠方及其任何后手可善意取得劫掠文物所

有权。现持有人须通过证明请求人(即原所有权人)系自愿转让或共享其所有权,或者请求人的证据不足以证明其所有权成立的方式,主张对系争文物的所有权。

仲裁庭应有权决定在此仲裁程序之前进行的有关系争文物所有权诉讼是否并在多大程度上对仲裁双方具有拘束力,并就此问题发布建议。仲裁庭应有权决定与系争文物相关的前置判决是否可以被仲裁协议所推翻。

仲裁庭作出决定应遵循先例(*stare decisis*)原则,以提高决定的可预期性,发展一种利于争议解决的成熟机制。

仲裁庭裁决应当予以公开,但应对当事人双方和所涉文物艺术品进行匿名处理。

7. 货币赔偿

虽然仲裁鼓励达成艺术品和文物返还的结果,但仲裁协议不应阻止仲裁双方通过货币赔偿实现和解。在争议双方同意的情况下,仲裁庭也可通过评估系争物品价值和有关损失,作出以赔偿一定数额的货币的方式解决争议的仲裁决定。仲裁庭也可为促进争议解决,为争议双方组织系争文物艺术品的拍卖,以便双方就拍卖所得的分配达成协议。

此外,任何一方在进入仲裁后将系争文物艺术品转让给非成员国的第三人的,对方可要求损失赔偿,赔偿金的计算应以当下该物的市场价值为基础。仲裁庭还应明确成员国是否应对职业艺术品交易商或博物馆机构在仲裁期间将系争艺术品转让给非成员国主体的行为,或者其他错误行为,如未进行被劫掠艺术品登记、未依照仲裁协议的约定在调查和证据开示环节予以配合,或者有意提供错误来源证明等行为,施加惩罚性赔偿。

8. 有关档案获取和保护

仲裁庭主席应监督仲裁庭搜集、获取、保护和维护与被掠文物相关的信息和档案,包括来自成员国的信息档案的过程。档案应当向公众公开。仲裁庭结案停止工作后,应制定和实施妥善处置这些档案的方案。

9. 成员国义务

成员国应鼓励其公立博物馆机构与该仲裁庭合作,并为请求人提出返还请求提供帮助。该仲裁庭可在多大程度上请求其博物馆机构就系争的特定文物艺术品展开调查,是否有权利传唤和要求国有博物馆提供有关其藏品的信息,以及此类要求和传唤的权利是否可扩展至经成员国许可成立的拍卖行或者私人美术馆等文物艺术品交易商和收藏机构等问题,有待成员国考虑商定。

为确保仲裁庭顺利开展案件调查,成员国须同意放弃由市政立法设置的一些保密限制。

10. 系争文物的捐赠和信托持有

该仲裁庭应允许作为争议一方的博物馆或文物收藏机构通过向仲裁庭捐赠系争文物、放弃其所有权的方式,阻断与其有关的争议。仲裁庭应在一定期限(如五年)内以信托形式保管该文物,并进行特别公告。依据市政立法享有该物所有权的主体或其后手,可在此期间内直接向仲裁庭要求返还。在此期间内未被原所有权人或其后裔主张的或确定无主的文物,由成员国商定应采取的措施。

系争文物的现保有者显然不享有该文物的正当所有权,而又无法确定所有对该物享有权利的潜在请求人时,仲裁庭应被授权以信托的方式保有该文物。仲裁庭应在一定期间内(如两年或三年)就此文物信息进行特别公告,以等待所有对该物享有权利的主体前来主张、证明并登记其正当权利。

11. 无人继承文物的处理

无人继承的掠夺文物,可追踪其原属国的,可以采用永久或者长期租借的方式,存放于该原属成员国指定博物馆;无法确定其原属国的,也可通过租借的方式交由某博物馆,或者在全世界范围内选定的一些博物馆定期组织巡展。仲裁庭也应认可文化财产回归其原属国的独立价值,因此允许成员国就有证据证明自身为原属国的无人继承财产提出所有权返还请求。

(三)"欧文方案"的积极意义与局限性

不难看出,欧文提出的在海牙常设仲裁法院下设大屠杀掠夺文物返还争议专门仲裁庭的方案,较为全面地考虑到了此类争议的特殊性,有关建立此类系争文物所有权信息登记数据库、仲裁庭在一定情形下信托保有未确定真正所有权人之文物,以及对无人继承文物的处置等方面的特殊制度与规则,也体现和贯彻了国际社会有关文化财产保护和促进大屠杀劫掠文物返还原属国或原所有权人的一系列国际公约、原则和宣言的基本精神,并具有鼓励和推动有关博物馆和文物收藏机构积极承担其责任、通过妥善解决劫掠文物返还问题,进一步规范其收藏秩序、促进其自身发展的积极意义。

此外,欧文设计的一整套仲裁程序规则,从对仲裁员和仲裁庭工作人员专业资质的要求,到对善意持有人权利的限制,再到有利于作为原所有权人的返还请求人的举证规则和证明标准的设置,以及允许以货币赔偿的方式进行"替代性返还"等,更是直接针对当前的大屠杀被掠文物追索与返还实践中出现的一些具有典型性的关键问题,给出的具有现实意义的解决方案。

然而,该方案不仅是一种程序性的设计,更要求成员国在建立和运转这一机制的过程中,就许多关键的实质性问题达成共识,并切实履行一系列协助义务。诸如有关仲裁程序及结果的法律效力优先于成员国诉讼程序的规则、仲裁庭有权决定内国法有关裁决证明力的规则,以及要求成员国在一定程度上放弃保密限制的规则等,都极有可能由于涉嫌干涉成员国主权或违反成员国公共秩序,而引起成员国的反对;仲裁庭在一定情形下对争议文物的信托所有权,以及有关无主物和无人继承文物的处分规则,也极易引起不同成员国之间的分歧。这些要求成员国作出的妥协或给其加诸的负担,很大程度上阻碍了这一特殊仲裁机制的建立进程。

第四节 外交磋商与双边协定

"二战"期间被劫掠或者因战乱而造成的流失文物的追索,因涉及国家行为和战后赔偿与世界秩序重建问题,更多地与国际关系和国家外交政策相联系。两国之间的外交磋商以及在此基础上达成的文物返还双边协定,对于促进战争掠夺或流失文物返还而言,具有不可或缺的意义。

一、外交磋商对解决战争掠夺文物返还问题的积极意义

文化财产是国家和民族历史的见证和文化发展的成果,其历史、艺术、科学价值及对民族延续和文化发展的独特意义,决定了一国在其民族文化遗产的保护和管理方面具有不可推卸的责任。将战争期间流失或掠夺的民族遗产追索回国,是一国保护其文化遗

产、彰显其文化主权的鲜明体现；也是对这些遗产进行自主管理的重要前提。第二次世界大战这一特殊的时代背景，也决定了外交磋商和双边协定是追索这一时期劫掠或流失文物的不可或缺的一种重要方式；通过国家间的磋商与谈判解决此类问题，较具有对抗性的司法、准司法或者其他方式而言，亦具有明显的优势。

（一）解决战争遗留问题的重要方式

首先，法西斯国家在"二战"期间进行的大肆掠夺，广泛地覆盖许多公立博物馆、图书馆或档案馆收藏的历史文物和图书档案，虽然其中的一部分在战后和约和赔偿中得到了归还，但是仍有部分当时下落不明的掠夺文物未实现返还。这些文物一旦在他国"重见天日"，是为"二战"历史遗留问题。

此外，"二战"重新塑造了包括欧洲在内的世界格局，使得欧洲一些国家，尤其是中、东欧国家的边界发生了变化，亦因此遗留了一些邻国领土争端。虽然在冷战后期，一些国家已签订了双边和平条约，明晰了两国的边界，但这些曾争议领土上的被掠财产，特别是文化财产的归属和返还问题，却由于这些地区多同时具有临界两国多民族和普遍性的历史、文化和社会特征，而产生较大的争议和分歧。国家之间通过外交磋商明确这部分文物的所有权、实现返还，亦是两国协商解决战争遗留问题的延续。两国就这些文物返还的方式和条件进行的磋商，也可成为加强国家间文化领域的密切联系与合作、进一步改善双边关系的重要契机。

（二）弥补司法手段在文物追索与返还问题中的局限性

此外，正式的司法或者准司法程序，对作为战争受害者和被掠文物原所有权人或其继承人的诉讼资格和诉讼能力等方方面面都提出了较高的要求，在战争掠夺和流失文物追索的复杂情形中，发挥作用的空间和方式都十分有限：一些彰显民族文化特征或对民族国家具有重要意义的文化财产因战争掠夺或在战争期间流失出境，但或所有权归属于国家，或暂无法明确其具体的原所有权主体。前一种情况下，国家作为所有权主体，一般情况下不会选择有减损主权之虞的司法或准司法程序解决该文物返还问题；而后一种情况则面临着诉讼或仲裁之原告的适格性问题。即使一些因战乱而被掠夺或流失的私有文化财产，其原所有权主体多为战争迫害与掠夺的受害者，由于时间久远，返还诉讼的原告多为这些人的继承人或者信托财产管理人，作为非专业个体，这些主体的返还请求对抗的是国家、具有国家背景的博物馆或专业知识和经验丰富、信息获取能力也具有明显优势的文物艺术品收藏机构或交易商，大跨度时间和空间范围的调查和取证过程更是加剧了此类案件审理过程的复杂性，极大地增加了诉讼成本，并因此加剧了判决结果的不确定性。实践中，私主体或个人成功追索被掠文物、实现返还的案例也极为有限。

在这种形势下，国家通过外交磋商途径，为承载重大的国家和民族利益，却因战争掠夺而流失海外的重要公私文化财产的追索和回归做出努力，是弥补严格的司法和准司法程序的局限性、彰显国家文化主权和国际实力的重要方式。

（三）深化和落实国际法规则和原则的重要方式

另外，有关文化财产保护和返还的专门国际公约，如1954年《海牙公约》、"1970年公约"和"1995年公约"，以及围绕文化财产保护与流失文物返还形成的一系列国际或区际规则和秩序，大多都对于"二战"期间遗留的历史问题缺乏溯及力，无法为解决战争劫掠或流失文物的返还问题提供直接明确的国际法依据。即使是《华盛顿原则》《特雷辛宣言》等一些专门针对"二战"被掠文化财产的返还问题所形成的国际共识,在通过内国法内化为正式法律规则与制度之前,亦并不可作为跨国文物返还中认定战争劫掠文物应予返还的法律依据,而仍须一系列复杂的个案的考量,在保障和平衡各方合法利益的基础上才能寻找到切合实际的解决方案,这仍少不了友好磋商的环节与努力。

二、外交磋商实现战争劫掠文物返还的可行性

表面看来,外交磋商几乎是所有文物追索方式中最无据可循的一种,谈判的进程和效果也在很大程度上受到国际局势和两国关系的深刻影响。但事实上,在解决战争掠夺文物返还这一问题方面,外交磋商与双边谈判无论是效率还是效果,往往都胜过正式的司法或者准司法程序,是一种更具有针对性和可行性的文物追索方式,其可行性体现在以下几个方面。

（一）制度框架

现代国际秩序始建于欧洲,以《威斯特伐利亚和约》的签订为开端,诸如国家主权独立,通过国际会议协商处理国家之间争端,集体制裁,设立常驻外交代表机构等一系列至今依然行之有效的国际关系原则,即确立于这一时期。① 一战结束后,美国总统威尔逊提出"十四点和平原则"（亦称"十四点计划"）,包含"公开订立和

---

① 参见张少冬:《现代国际秩序的历史变迁及当代启示》,载《甘肃理论学刊》2017年第6期,第31页。

平条约,无秘密外交",平等对待殖民地人民,允许民族自治与民族自决,成立国际联盟等促进和平稳定的国际秩序形成等内容,被认为是和平谈判的基础,但这一套重构世界秩序的理想规则因为随后的"二战"进程而未能得到彻底实施。"二战"过后,以《联合国宪章》为标志的新的国际秩序基本规则得以建立并发挥作用至今,确立了维护国际和平与安全、制止侵略行为,"以尊重各国人民平等和权利自决为基础的友好关系"为宗旨,尊重各成员国主权平等、以和平方式解决其国际争端、不得对其他国家进行武力威胁或使用武力,以及不得干涉他国内政等一系列当代国际关系重要原则,为国家间通过平等友好的磋商解决对某些关键事宜或意见的分歧提供了基本价值和原则指引,以及一个具有较广泛认可度的平台。

战争法(国际人道法)规则亦构成现代国际法秩序的重要组成部分。诸如"特殊战利品应当予以返还"的国际人道法原则、禁止破坏与军事目的无关的民用财产或掠夺私人财产,以及不得没收、损毁或有意破坏用于宗教、教育、艺术、科学或者慈善目的的公私财产及历史古迹等战争法规则,特别是战时保护文化财产特殊规则的形成,为国家间就战争中文化财产破坏和劫掠问题展开赔偿或返还磋商提供了坚实的国际法规则和秩序基础。

(二)已有经验

实践中,近代国际秩序形成之初已有通过国家之间的磋商与协定实现文物返还的实例,并在一战后得到进一步普及。通过条约的方式解决战争遗留的文化财产返还问题,已具备一些成功的经验和较为成熟的借鉴。

早在战争法规则正式形成之前,欧洲一些国家之间通过条约进行战争劫掠物品返还——特别是其中的文化财产返还的实践已经出现。根据1648年《威斯特伐利亚和约》有关战利品处置的规定，在被割让或返还领土发现且在和约签订时仍然位于该地的档案记录、文字作品、文件以及其他可移动财产（包括文化财产），应当随该土地一起进行交割或者返还。①尽管从严格意义上来说，这与现代意义上的被劫掠文化财产返还并不完全一致，因为返还财产的范围并不完全都是战争期间被劫掠或转移的文化财产，但以此和约为基础，欧洲一些国家之间基于"互惠"和"善意"的文化财产返还行动逐渐产生。如在1659年法国与西班牙签订的《比利牛斯和约》(Traité de Paix des Pyrénées)②对相互返还战争期间劫掠的对方王室财产进行了规定，明确双方应各指定一名大臣，以便解决对方"在收回根据本条约应当重新占有和享有的财物时可能遇到当前占有人以各种借口对恢复其权利造成困难和阻碍，或在执行上述各项规定时可能出现的任何其他障碍"（Art.112）。1660年，瑞典根据《奥利瓦条约》(Treaty of Oliwa)，向波兰返还了在北方战争中从波兰王宫劫掠的珍贵档案和图书。③1814年拿破仑战争结束时，尽管除同年5月31日的《巴黎条约》第31条涉及与被占领土及其管理相关的档案的返还之外，一系列和约中并不包含要求法国返还战争掠夺文化财产和艺术品的明确规定，但1814—1815年间，在普鲁士

---

① See *The Treaty of Müster*, article CXIV; *The Treaty of Osnabrück*, article XVI. Quoted from Andrzej Jakubowski, *State Succession in Cultural Property*, Oxford University Press, 2015, p.33.

② 该和约全文参见：http://mjp.univ-perp.fr/traites/1659pyrenees3.htm，2016年11月18日访问。

③ 参见王开玺：《流失海外的圆明园文物怎样才能回归祖国？——论流失文物的回归方法和途径与国际法理》，载《北京师范大学学报》（社会科学版）2014年第6期，第51页。

王国的带领下,许多国家都通过武力或者外交强制等不同方法,迫使法国返还掠自其王国的文化财产和艺术品。①

至第一次世界大战结束时,1899年和1907年两部《海牙公约》奠定了战争中文化破坏和掠夺行为的违法性质,为战后和谈中包含文物返还或赔偿的内容奠定了基础。为此,《凡尔赛条约》在第238条笼统地规定德国及其盟国须归还所有可识别动产、任何性质的物品和有价证券的基础上,在第245—247条还具体规定了德国在赔偿委员会组织下向法国、土耳其和比利时归还文化财产的事宜。赔偿委员会由5名代表组成,各自参与赔偿审查程序,审查受害者的请求,为德国提供陈述理由的机会,并在此基础上进行独立投票。委员会的审查并不局限于严格的法律规则、证据或程序,而是以"公平、正义和良善为指导",是否归还决定的作出遵循所有类似案件中适用的相同原则和规则。②《凡尔赛条约》规定的归还范围和方式,包括送回(repatriation)、同类返还(repatriation-in-kind)、艺术品复原(reconstitution of works of arts)以及国家文化财产复原(reconstitution of national cultural patrimony)四个维度,不仅包括对一战期间劫掠的古迹、艺术品、书籍等文化财产的原物返还;以及通过提供同等数量、同等价值的手稿、档案、书籍、地图和收藏品等的方式就战争期间毁坏的此类物品对鲁汶大学进行的"同类返还";还包括向比利时返还虽非战争劫掠,但后存于德国收藏机

---

① See Xavier Perrot, De la Restitution Internationale des Biens Culturels aux XIXe et XXe Siècles: Vers Une Autonomie Juridique, thèse doctorat de l'université de Limoges, 2005, pp. 27-37.

② Ana Vrdoljak, Enforcement of Restitution of Cultural Heritage through Peace Agreements, *The Enforcement of International Legal Protection of Art and Cultural Heritage*, Vol. 1, 2012, p. 25.

构的两件特定艺术品,以使其得以复原;甚至在更大范围内包含了德国当局在1870—1871年普法战争期间从法国掠走的奖杯、档案、历史纪念品或艺术品等作为法国国家文化遗产的文化财产的归还。这体现出《凡尔赛条约》在解决战争赔偿问题之外,对构筑和平稳定的欧洲乃至世界秩序的努力,以及文化财产返还在其中的重要意义。

《凡尔赛条约》之后,一系列由同盟国和协约国(或其政府继承国家)签署的和约亦包含了文物返还方面的规定。如1920年《特里亚农条约》(*Treaty of Trianon*)第177条明确提出匈牙利应以互惠为基础,通过友好协议的方式,将原属奥匈帝国政府和王室收藏的所有具有考古、艺术、科学或历史价值的物品或者文献,悉数返还其原属国。1919年《圣日耳曼条约》(*Vertrag von Saint-Germain/ Treaty of Saint-Germain-en-Laye*)不仅包括上述类似规定(Art.196),还要求成立一个专门处理文物返还事宜的委员会,调查附件中所列"奥地利占有的物品或手稿,是否被哈布斯堡王朝及其他进行过统治的王朝转移。若发现其行为有违意大利各省权利,赔偿委员会将出具报告要求返还相关物品或手稿"(Art.195);条约附件中所列在调查和返还范围内的文物,不仅涵盖了哈布斯堡家族在一战期间从各国掠走的文化财产,还包括此前很长时间内该家族统治期间劫掠的文物。① 根据1921年宣告波兰复国的《里加条约》(*Traktat Ryski*),苏俄应向波兰返还一战爆发至1920年年底掠

---

① 返还目录参见《圣日耳曼条约》,附件一至附件四。参见林德尔·V. 普罗特:《文物返还历史及返还程序的发展》,载〔澳〕林德尔·V. 普罗特主编:《历史的见证:有关文物返还问题的文献作品选编》,国家文物局博物馆与社会文物司(科技司)译,译林出版社2010年版,第11页。

夺的包括藏书、档案、艺术品、古董以及具有历史、民族、艺术、宗教与科学价值的所有国有的和私人的财产；对于自1772年至一战之前被俄国掠夺的文化财产，除与波兰历史和文化紧密相关、构成波兰民族遗产的文化财产仍应予以原物返还之外，其他的文化财产可用具有相同科学与艺术价值的财产作为替代，实行"同类返还"（Art.11, §1, §9）。

（三）磋商基础

第二次世界大战欧洲战场结束后，美国、法国、英国和苏联在伦敦签署了《关于追诉和惩罚欧洲轴心国主要战争罪犯的协定》（*Agreement for the Prosecution and Punishment of the Major War Criminals of the European Axis*）。据该协定和构成其一部分的《纽伦堡国际军事法庭宪章》（*Charter of the International Military Tribunal*），对欧洲轴心国首要战犯进行审判的纽伦堡国际军事法庭组织成立。该宪章第6条规定，犯有以下几类罪行的主体，不论是个人还是作为行为主体之团体的成员，都应承担个人责任：1.违反和平罪：策划、准备、发动或进行侵略战争或违反国际条约、协定或保证的战争，或为实现上述行为而参与共同计划或密谋。2.战争罪：对战争法规或惯例的违反，其行为包括但不限于谋杀、为奴役或为其他目的虐待或放逐占领地区平民、谋杀或虐待战俘或海上人员、杀害人质、掠夺公私财产、蓄意破坏城镇乡村，或非基于军事必要的毁灭行为。3.违反人道罪：在战前或战时对平民实施谋杀、灭绝、奴役、放逐或其他非人道行为，或基于政治、种族或宗教的理由实施的与本法庭管辖权内的罪行有关的迫害行为，不论其是否违反犯罪地的国内法。凡参与犯有上述任何一种罪行的共同计划或阴谋的决定者或执行领导者、组织者、教唆者或共犯，对于执行此种计划的任何人所实施的一切行为，亦均负有责任。虽然该宪章对主要罪行的规定没有明确涉及文化财产相关行为，但检察机关在起诉书中对破坏和掠夺文化财产的行为进行了指控，详细列举了纳粹军队对德国本土和他国被占领土的博物馆、宫殿、图书馆及其文物、艺术品进行的大肆劫掠和由此造成的文化财产的损失，揭露了纳粹政府通过劫掠他国文物丰富本国收藏的意图。起诉书认为，这些行为与国际公约——特别是1907年《海牙公约》及其附件《陆战法规和惯例规章》，以及从所有文明民族的刑法中归纳出的刑法的一般原则相悖，不仅符合应适用的国内刑法，也足以构成《纽伦堡国际军事法庭宪章》中的战争罪。① 纽伦堡审判还对文化掠夺行为的主要负责人阿尔弗雷德·罗森博格进行了审判。法庭认为，罗森博格通过"行动人员罗森博格"和"犹太人问题探索研究所"劫掠被侵略国家的公私财产，特别是掠夺博物馆和图书馆，以及没收艺术珍品、藏品及被占私人住宅的行为，是为战争罪和反人道罪的组成部分。除罗森博格之外，其他一些战犯，如赫尔曼·戈林、威廉·凯特尔（Wilhelm Keitel）等人参与掠夺文物艺术品的行为，也被认为构成战争罪的重要表现之一。②

对"二战"中文化财产掠夺行为的审判，使得此类行为的严重违法性在国际秩序——乃至最严厉的国际刑法秩序层面确立下来，成为一种违反全人类基本共识和共同基本利益的严重的犯罪行为，

---

① 黄树卿：《文化遗产国际司法保护的里程碑——纽伦堡审判意义的新发现》，载《沈阳工业大学学报》（社会科学版）2014年第1期，第11页。
② See *International Military Tribunal (Nuremberg) Judgement of 1 October 1946*, available at: https://crimeofaggression.info/documents/6/1946_Nuremberg_Judgement.pdf, accessed on 20-08-2019.

这种具有广泛共识的行为定性，为欧美国家间就解决战争遗留的劫掠文物返还问题进行磋商，奠定了谈判的底线共识和基调。

此外，战后欧洲各国就文物劫掠和返还展开的专门调查，提升了通过磋商解决遗留文物返还问题的可能性。1943年《伦敦宣言》出台以后，各国为落实该宣言采取了一系列行动。许多国家在战后采取了包括搜集和制作被劫掠物品清单、阻止此类物品出口以及向博物馆、艺术品交易商和一般公众公布该清单等在内的各项措施。①1945年11—12月战胜国在巴黎召开赔偿和会，就德国赔偿问题达成协议。在该协议的附件《归还决议》中，阿尔巴尼亚、比利时、捷克斯洛伐克、丹麦、法国、希腊、印度、卢森堡、荷兰和南斯拉夫等国家的代表就战时被掠财产的返还问题达成补充意见，提出盟国可派专家团前往德国寻找财产，查明和返还其原籍国。作为上述原则的例外，具有艺术、历史、科学（不包括工业性质的设备）、教育或宗教特征的物品（包括书籍、手稿和文件），如果无法原物返还，可以用同类物品代替。②据此，"外部返还政策"得以确立，即法西斯国家对掠夺文物艺术品的返还，以该物品原所在国家为对象，即只需鉴别和证明物品是在法西斯侵占期间从该国领土流出，不论该财产具体因何种原因、以何种方式流出，都是向该国进行返还的对象，再由该国作为物品的保管人，通过国内程序归还其原所

---

① See Evelien Campfens, Source of Inspiration: Old and New Rules for Looted Art, in Evelien Campfens (eds.), *Fair and Just Solutions? Alternatives to Litigation in Nazi-Looted Art Disputes: Status Quo and New Developments*, Eleven International Publishing, 2015, p.17.

② *Final Act of the Paris Conference on Reparation* (21 December 1945), available at: https://www.cvce.eu/content/publication/2003/12/15/5c0dfcd9-2af2-431b-8cbf-e8e288aef30e/publishable_en.pdf, accessed on 20-08-2019.

有权人。诸如荷兰等一些国家,不仅开展了战时被占领土劫掠情况调查,还自愿兴起了20世纪30年代以来艺术品市场危机时期的艺术品交易情况调查。① 这一系列针对和促进战争期间劫掠财产,特别是文化财产调查和返还的措施,以及相关调查工作留下的大量历史资料和证据材料,也为国家间继续通过友好谈判解决历史遗留问题奠定了有利基础。

三、外交磋商促进劫掠文物返还的实例

随着冷战结束后被掠文物返还的诉求日益增多,许多国家开始尝试通过外交磋商或双边协定的方式,为促进战争掠夺文物返还做出努力。有的返还协议的签订具有良好的基础,文物返还通过交换形式实现。如德国柏林市史前史博物馆(Museum für Vor-und Frühgeschichte)在得知其收购的一批艺术品全部来源于1943年或1944年纳粹军队对乌克兰贺尔松博物馆(Kherson Museum)的掠夺后,于1994年决定将该批文物返还给乌克兰科学院,为1996年乌克兰和德国依据签署的条约通过交换实现文物艺术品返还奠定了友好协商的基础。② 有的返还则是在舆论或者其他方面的压力下实现的。如1997年,格鲁吉亚依据与德国的双边协议,向德国返还

---

① Evelien Campfens, Source of Inspiration: Old and New Rules for Looted Art, in Evelien Campfens (eds.), *Fair and Just Solutions? Alternatives to Litigation in Nazi-Looted Art Disputes: Status Quo and New Developments*, Eleven International Publishing, 2015, p.18.

② Wayne Sandholtz, *Prohibiting Plunder: How Norms Change*, Oxford University Press, 2007, p. 212.

了战争期间从德国图书馆转移的 10 万册图书;[①] 在匈牙利计划就一批战争掠夺艺术品对俄罗斯提起国际诉讼的压力下,2005 年,俄罗斯国家杜马终于同意将战争时期征收的 134 册宗教书籍藏品归还匈牙利,而这只是俄罗斯保有的匈牙利掠夺文物艺术品的一小部分。[②] 返还协议的达成有时也须经艰难和漫长的协商过程。如经意大利自"二战"结束数年来锲而不舍的努力,德国终于在 1999 年向意大利交还 3 座"二战"时期由赫尔曼·戈林获得的雕像。[③]

然而,对于战争历史和与之相关的法律问题认识上的分歧,也导致一些双边磋商和谈判遭遇困难,或条约执行陷入瓶颈。

(一)德国与波兰的文物返还磋商

"二战"后,1945 年《波茨坦协定》并未最终确定波兰西线边界(即与德国的边界),但波兰政府在苏联的支持下强占了奥得河–尼斯河以东的德国领土。1970 年,波兰与联邦德国签订标志着两国关系正常化的《华沙条约》,接受《波茨坦协定》后形成的事实边界划分,但这一边界至今仍受到学界争议。有鉴于此,德国与波兰之间有关文化财产的争议,主要包括四部分:(1)现保存于波兰的原东德领土上的可移动和不可移动文化财产;(2)德国从此片领土上发掘出来并运往本土的文化财产,以及由波兰发掘并运往波兰东部的文化财产;(3)原生于这片领土的可移动文物,在波兰或者德国的管控下流失、主要是由苏联掠走的可移动文物;(4)由于纳粹文

---

① Wayne Sandholtz, *Prohibiting Plunder: How Norms Change*, Oxford University Press, 2007, p. 212.
② 同上书,第 214 页。
③ 同上书,第 212 页。

化政策和军事行动而遭到损毁或者掠夺的文化财产。①然而,冷战时期并未形成解决这些文化财产之归属及其返还问题的明确方案。

两德统一之后,两国重新开启了通过双边条约解决这一问题的历程。两国在1991年签署《睦邻友好合作条约》,该条约第28条将两国的文化遗产纳入欧洲遗产这样一个更广阔的范畴内,要求两国在欧洲文化和自然遗产保护框架下进行合作。在这一框架下,许多涉及历史古迹保护的项目和行动,都消除了国家或民族感情的偏向,而建立在共同的、多边的或者欧洲共同体的基础上。②根据此条约,在上述文化财产争议地区,缔约国双方将本着理解与和解的精神,在各自的相关法律框架下采取保护和照管文化财产的共同行动。该条约还明确指出,两国本着同样的精神从个案开始寻求解决文化财产和档案的争议问题,对于解决上述为两国人民同时请求的文化财产的未决争议而言有着重要意义,奠定了两国以个案为基础开展文物返还磋商的基础。随后,1992—1995年,德国和波兰双方就争议文物的返还展开了一系列卓有成效的磋商。

然而,一组由德国统治者于"二战"末期在上述战后移交波兰的领土区域内发掘,并因此成为普鲁士州立图书馆档案藏品的文物的归属问题,却引起了两国的极大分歧与争端,并因此阻碍了两国文化财产协议返还的进程。由于波、德两国在"二战"前都已成为1907年《海牙公约》的缔约国,德国主张波兰应根据该公约第56条返还这批文物。此外,德国认为,这批普鲁士州立图书馆藏品构成德意志文化历史的标志,因此与德国而非波兰的联系更加紧密。

---

① See Andrzej Jakubowski, *State Succession in Cultural Property*, Oxford University Press, 2015, pp.276-277.

② 同上书,第277—278页。

另外，波兰对这片领土的主权并非不存在争议。与此针锋相对的是，波兰主张自己享有对这批文物的合法所有权，并提出以下两个理由：1. 根据1945年《波茨坦协定》，波兰已获得这片被移交波兰的领土上所有的国家财产，包括文化财产；2. 普鲁士州立图书馆的这批藏品，应被视为纳粹对波兰民族文化遗产所造成损失的同类返还或者赔偿，因为这些损失在冷战时期从未得到赔偿。[①] 由于双方各执一词，互不妥协，德国停止了向波兰返还与"二战"相关劫物的行动。直至2013年，尽管两国已通过多样化方式深化了在共同管理领域的合作，但仍未就此问题找到解决方案。

自"古利特收藏"案使德国博物馆的返还政策发生显著转变以来，波兰对德国的回应明显改善，波、德两国上述争端的解决出现好转趋势。2014年，在"二战"时期由波兰华沙博物馆偷窃并在斯图加特被发现的、波兰主张返还已久的弗朗西斯科·格拉蒂（Francesco Guardi）的油画作品《宫殿楼梯》（*Palace Stairs*），终于被移交给波兰。然而，上述新发展究竟能在多大程度上促进两国之间与"二战"相关流失文化财产争端问题的解决，仍不明晰。[②]

（二）波兰与乌克兰的文物返还协议

与波、德谈判类似的问题，也出现在波兰和乌克兰就由于苏联入侵和战后领土变化而导致的文化财产争议问题的谈判中。波、乌两国的文化财产返还争议主要集中在保存于奥索林斯基研究院（National Ossoliński Institute）中的文物和图书藏品。该机构于1817年由私人捐赠者约瑟夫·马克西米利安·奥索林斯基（Józef

---

① See Andrzej Jakubowski, *State Succession in Cultural Property*, Oxford University Press, 2015, pp.278-279.

② 同上书，第279页。

Maksymilian Ossoliński)建立，1827年在现为乌克兰境内的利沃夫（Lviv）境内开放，至1939年时，发展为由一个奥索林斯基图书馆、出版社和卢博米尔斯基（Lubomirski）博物馆组成的藏有大量的表现波兰民族文化的书籍和文物的波兰文化中心。1939年，包括利沃夫在内的原波兰东部领土为苏联所侵入，并交由彼时为苏联组成部分的乌克兰联邦管辖。战后苏联并未解决由此造成的波兰和乌克兰之间的文化财产的归属问题。奥索林斯基研究院于1948年在波兰东南部城市弗罗茨瓦夫（Wroclaw）重建，但曾随利沃夫划入乌克兰领土而转移至乌克兰的大批文化财产中，只有很小一部分被运往了西部波兰的弗罗茨瓦夫，剩下的绝大多数都留在了乌克兰联邦。

苏联解体后，波兰随即就此部分文物向乌克兰提出了返还请求。但彼时波、乌两国间尚没有解决此类问题的条约，一些政府专家主张要求乌克兰政府将因领土割让而导致现由乌克兰管辖的全部文化财产予以返还，另一些人则持一种更为温和的观点，认为文化财产的大规模完全返还，可能导致对波兰的文化清洗和对波兰共和国原东部领土历史的错误解读，并因此主张应仅要求乌克兰返还由沙皇俄国转移的波兰最后一个王朝时期奥索林斯基图书馆所收藏的具有重大公共利益的藏品。[①]

1992年，波、乌两国签署《睦邻友好条约》确认了彼此现管辖的领土边界，并共同将两国的文化遗产保护纳入欧洲文化建设框架。1996年，两国政府即签署一项有关"二战"期间流失或非法转

---

① Wojciech Kowalski, *Liquidation of the Effect of World War I in the Area of Culture*, Institute of Culture, 1994, at 101, cited from Andrzej Jakubowski, *State Succession in Cultural Property*, Oxford University Press, 2015, p.281.

移文化财产保护与返还合作的条约①。在此基础上，1997年5月中旬，一个由两国代表共同组成的联合委员会成立。波兰提出了一个包含了1939年之前为波兰国有以及私立机构和个人所有的内容广泛的应予返还文物清单，是月，两国又签订《在文化，科学和教育领域的合作协定》②，其中第17条再次确认了非法转移的文物应当予以返还。该委员会的第二次会议在同年12月中旬召开。但1998年3月，乌克兰政府正式回复波兰称，波兰要求返还的文物藏品构成乌克兰国家财产的一部分，是合法取得的，因此不能予以返还。后续谈判也未能对解决这批文物的返还问题产生积极效果。1998年，利沃夫历史中心由于体现多民族文化交融的突出普遍价值被列入世界遗产，该地许多重要宗教场所的使用权被归还给被剥夺了其享用半个多世纪之久的当地社区居民。③

（三）德国与俄罗斯的文物返还谈判

德国和俄罗斯之间就战争掠夺文物返还问题进行的谈判也因曲折多变而引人注目。这两国"二战"文物返还问题的特殊性在于，

---

① Porozumienie między Rządem RP a Rządem Ukrainy o współpracy w dziedzinie ochrony i zwrotu dóbr kultury utraconych i bezprawnie przemieszczonych podczas Ⅱ wojny światowej（Agreement between Government of the Republic of Poland and Government of Ukraine on Co-operation in Protection and Restitution of Objects of Cultural Interest Lost and Illegally Removed during World War Ⅱ), signed on 25 June, 1996, available at: https://traktaty.msz.gov.pl/getFile.php?action=getfile;0&iddok=7979, accessed on 10-11-2019.

② Umowa między Rządem RP a Rządem Ukrainy o współpracy w dziedzinie kultury, nauki i oświaty（Agreement between the Government of the Republic of Poland and the Government of Ukraine on cooperation in the field of culture, science and education), available at: https://traktaty.msz.gov.pl/getFile.php?action=getfile;0&iddok=7989, accessed on 10-11-2019.

③ See Andrzej Jakubowski, *State Succession in Cultural Property*, Oxford University Press, 2015, pp.282-283.

不仅涉及德国向苏联返还纳粹时期掠夺的文物艺术品,还涉及俄罗斯向德国返还苏联在攻占柏林之后作为战利品转移的大量为德国博物馆及周边有关机构保存的文物艺术品和档案、图书资料。

早在1990年德俄两国签订的《苏联与德意志联邦共和国睦邻友好合作伙伴协议》中,即包含"同意将各自境内遗失或者非法转移的文化财产返还给原所有权人或其继承人"(Art.16)的内容。两德统一和苏联解体后,两国又在1992年于莫斯科签署的《德意志联邦政府与俄罗斯联邦政府文化合作协议》的第15条重申了上述约定。在此协议框架下,两国有关文物返还的具体协商自1993年在德累斯顿展开。德累斯顿会议建立了一个共同委员会,委员会在约一年半以后分别在莫斯科和波恩进行了两次会谈,一个联合成立的法律问题专家组也历经两次会晤。

然而,谈判并不顺利:德方抱怨俄方拖沓不前,原地踏步;而与此同时,作为战利品的艺术品应合法属于俄国所有、无需考虑返还德国的观念,在俄国却有广泛和积极的支持者。包括前苏联官员、普希金博物馆馆长以及克格勃支持下的文化部长,都通过态度鲜明的行动阻止叶利钦总统向德国归还文物的努力和行动,极大地抑制了返还谈判的进程。民族主义者更是极力煽动反对将"二战"征收文物返还德国的情绪,认为这些文物艺术品是证明"民族尚未失败的最后的胜利果实",并极力抵制数次文物归还的努力。如在1994年,叶利钦总统以出访德国为契机,计划向德国返还1946年从哥达图书馆转移的4200卷图书(包括不少珍稀善本)时,一帮"右翼科学家和知名学者"在《真理报》联合发表公开信,反对任何向哥达图书馆归还书籍的行动,声称这些书籍构成俄罗斯"国家遗产"的一部分,高涨的民族情绪和右翼政治势力的影响,使得这次返还行动最终流产。一个月之后，上议院举办了有关返还政策的听证会，一大帮民族主义者对俄罗斯返还委员会的工作表示抗议，并通过焚毁文化部长叶夫根尼·西多罗夫（Evgeny Sidorov）肖像的方式，对向德国返还艺术品表示强烈反对。此外，还有包括国家科学院法学研究所专家在内的很多人主张，德国在苏联的文物掠夺和苏联对德国文化财产的征收，行为性质并不可混为一谈，后者是作为战胜国从敌方获得赔偿的一种合法手段；他们甚至认为，从德国征收与苏联受损和流失的类型和价值相当的文物艺术品，是《凡尔赛条约》及1947年与意大利、匈牙利和保加利亚等国签署的和平条约之内容的组成部分。随着谈判进程停滞不前，德国方面也开始表现出恼怒情绪。1995年德国外长克劳斯·金克尔（Klaus Kinkel）在接受媒体采访时表示，"向德国返还'二战'时期艺术品和珍稀图书并非无关紧要的问题，而是检验德俄两国关系的试金石"，并指出俄罗斯在1990年和1992年条约框架下应履行此义务，感叹其强硬态度。[①]

1997年，俄罗斯通过《战争被转移文化珍品法》，宣布"二战"结束时从德国运回苏联的艺术品属于俄罗斯财产，除非这些艺术品属于反抗纳粹或受纳粹迫害的私人或与纳粹无关的宗教机构，否则禁止返还至德国或其它协约国。尽管叶利钦总统以该法违反国际公认的准则为由拒绝签署，并两次启动对该法的违宪审查程序，但宪法法院都认为该法不具违宪性。然而，在第二次违宪审查过程中，宪法法院确实对部分条文进行了重要修改，如被私主体所征收

[①] See Wayne Sandholtz, *Prohibiting Plunder: How Norms Change*, Oxford University Press, 2007, pp. 215-218.

的物品属于非法征收，不能被国有化（Art.8）；法院还要求俄罗斯政府公布一份俄罗斯境内的无主艺术品清单，允许原所有权人或者其继承人主张其权利。

2000年，德、俄两国的文物返还事宜终于取得了一个小突破：俄总统普京在圣彼得堡附近的一个宫殿的当选仪式上，接受了德国文化部长归还的两件"二战"期间纳粹掠夺文物。为此，俄向德国归还了由苏联官员于1945年从不来梅美术馆（Bremen Kunsthalle）运走的101件画作。然而，这一返还进程并未改变大部分俄罗斯人对于文物返还问题的看法，许多人仍旧将战后苏联从德国转移的文物视为德国对掠夺文物的"同类返还"，而将这101件画作的返还视为例外，因为这些画作并非由苏联官方机构而是由私人取得的。普京总统上任之后，继续推动文物返还进程，并为此推动国家杜马于2000年对《战争被转移文化珍品法》进行了修改。2001年德国总理施罗德来访后，普京宣布俄罗斯将"持续和耐心"地寻求解决"二战"后从德国掠夺的艺术品返还问题的办法。德国方面，文化事务官员也宣称，两国专家数月以来正在编撰丢失艺术品清单，和谈走上一个"发展阶段"。此后，一些艺术品返还得到实施。如2002年5月，德国向俄罗斯归还了7幅油画，其中包括俄沙皇家族画像。一个月以后，俄罗斯向法兰克福的圣玛丽教堂归还了约111个14世纪的彩绘玻璃窗。① 然而，俄罗斯国内关于文物返还的分歧依然存在，一些具体的文物返还实践仍受到俄执法机构的阻挠。

---

① See Wayne Sandholtz, *Prohibiting Plunder: How Norms Change*, Oxford University Press, 2007, pp. 220-221.

四、外交磋商实现劫掠文物返还的制约因素

通过外交磋商和双边协定实现返还，本质上来说是国家与国家之间的一种自愿协商机制。尽管越来越丰富和完善的文物返还国际法律和道德规则，以及体现在一系列国际文件中的理念共识和协作框架，为系争文物的原属国和所在国进入专门的返还磋商提供了许多有利条件，但实践中，此种方式的应用依然受到较大限制。

首先，外交磋商是一种国家行为，对于追回所有权属于国家的文化财产而言具有当然的正当性和显著优势；但对于被掠文物的现保有者是为非国立机构或私人的情形而言，外交磋商手段则缺乏直接适用的正当性：简而言之，在解决被掠文物返还问题时，外交磋商手段作为国家与国家之间的协商，其适用对象是有限的，无法解决涉及私主体民事权利和正当利益的问题。

此外，作为国家间通过平等自愿协商来解决历史遗留问题的方式，磋商的过程和双边协定执行的情况，都缺乏真正具有强制拘束力的程序性或者实体性规则：一方面，两国在磋商谈判中秉持的原则和态度，与本国国家利益密切相关；另一方面，谈判双方对于战争历史问题的立场和态度，以及对于对方的外交关系现状认识与未来期待等与战争掠夺文物返还直接或者非直相关的因素，都会影响磋商谈判的进程和走向。甚至在双方已达成双边协定的情况下，国内外政治和舆论形势的变化，仍会影响协定履行的程度和效果。

另外，实践中可能涉及战争文物掠夺的国家，除参与"二战"的欧洲主要国家之外，更多地发生在原殖民地与其宗主国之间，即宗主国对已沦为其殖民地的国家的文化财产进行的掠夺。在这种

情况下，战后新建立的民主国家，与原宗主国之间综合国力差距悬殊，甚至在经济、文化等方面对于其原宗主国尚存在一定程度的依附性。这种差距和依附性，显然不利于双方展开真正平等的对话与磋商：处在弱势的原殖民地国家一方，既缺乏与原宗主国进行互惠交换的足够资源，也缺乏在参与国际秩序中的足够话语权，双边谈判的主导权依旧在现保有文物的原宗主国一方，谈判结果亦更多地取决于该国对国际法规则和有关道德准则的认可和遵守程度，而缺乏确定规则的保障。

第五节　民间机构促进

一般而言，文物返还，特别是战争劫掠文物的返还，大都需通过国家间磋商或者正式法律程序实现，但这一问题的复杂性，也决定了作为当前最主要解决方式的正式手段，或受到国际局势和国家间关系的深刻影响，或受到严格的法律追溯力和司法时效性的制约，无法有效应对所有的返还请求所涉及的情形。此外，战后去殖民化运动和人权理论的发展，使得文化身份意识和文化权利观念在更广泛的人群中日渐觉醒和不断深入；随着社会治理方式的创新和公众参与理论与实践的发展，公众在社会建设和治理中的角色亦发生明显转变，在许多领域不再仅是公共政策的相对人和服务对象，而成为政府强有力的合作者，在协助政府开展许多不宜由行政主体过多干预的工作方面发挥了不可替代的作用。

正是在上述背景下，作为公民运动发展到一定阶段产物的民间社会组织，也日益扩展到传统意义上由国家及其行政和司法机关所垄断的文物返还的领域。这些民间组织在声援和协助文物原所有权人通过诉讼、仲裁或协商等方式展开纳粹掠夺文物追索、协助其开展相关调查等方面发挥着重要作用，也可代表原所有权人或其继承人与现保有被掠文物的国家主体或者公私博物馆和文物收藏机构展开协商，促进现保有主体自愿返还。许多国家也日益重视民间机构在解决文物返还这一历史问题中的作用，逐步扩展该领域的公私合作。

因此，虽然从严格意义上来说，民间机构促进并非协商、特别机构审议，以及仲裁、诉讼之外的一种独立的开展纳粹被掠文物追索与返还的直接方式，这些机构作为返还双方主体一方的委托代表，仍需通过上述途径达到寻求和解、实现返还的目的。然而，由于其专业性和在协调解决返还争议、促进返还或和解达成的过程中所发挥作用的方式的独立性和重要性，对这些民间机构在促进纳粹掠夺文物返还中所发挥作用的方式及其效果和意义进行专门探讨，对于考察我国是否可以，以及如何通过类似组织或机构的协助和促进展开日掠文物追索，也具有一定的参考意义。

一、民间机构促进被掠文物返还的主要方式

当前许多犹太人社团和致力于协助纳粹受害者进行战争索赔的非政府组织，日益将促进被掠和流失文物返还原所有权人纳入其活动范围。此外，还有一些致力于遗产保护和研究的非政府机构，也凭借其在文物艺术品调查研究方面的专业性，为促进被盗或流失文物返还其原所有权人提供某些方面的支持与协助。这些非政府组织主要通过以下几种方式为促进流失文物返还做出努力。

（一）被掠或流失文物数据库建设

建立被掠或被盗文物数据库并公开流失文物相关信息，是促进文物追索和返还的重要基础。一些民间机构通过此类信息整理和传播平台建设，为纳粹受害者及其后人搜寻其流失文物下落，以及为政府开展文物返还工作，提供基本的信息服务。如"国际艺术研究基金会"（International Foundation for Art Research，简称IFAR）于上世纪70年代建立了第一个向公众开放的被盗艺术品国际档案数据库，并于1991年组织成立了专门扩展和运营该数据库的"企业艺术品遗失登记中心"（Art Loss Register）。基金会在头七年时间内自行承担了该企业的美国业务的管理工作，直至1998年才在保留对该数据库所有权的前提下将其管理权全权交由公司独立行使。[①]2017年，由各州文化基金会（Kulturstiftung der Länder）、普鲁士文化遗产基金会（Stiftung Preußischer Kulturbesitz）发起，德国流失艺术品基金会（Germany Lost Art Foundation）资助，并由柏林自由大学、多个博物馆和研究机构参与的德国首个公私合作开展被盗艺术品调查搜寻的组织"莫斯艺术研究计划"（Mosse Art Research Initiative，简称MARI）也建立了由德国文化财产损失中心（Deutsches Zentrum Kulturgutverluste）负责运营的艺术品数据库。[②]

（二）文物返还的宣传教育和公众传播

另一个美国非营利组织"为人人拯救文物"（Saving Antiquities for Everyone，简称SAFE）则致力于提高公众对文物掠夺及其非法

---

① See website of the International Foundation for Art Research, available at:http://www.ifar.org/about.php,accessed on 23-08-2019.

② See website of the Mosse Art Restitution, available at: https://www.mosseartproject.com/resources.php, accessed on 23-08-2019.

贸易的破坏性影响的认识，鼓励流失文物返还中的公众参与。SAFE 利用经典的广告和传播技术，结合教育和学术专业知识，组织世界各地的学生设计了许多线上线下公众传播产品，包括载明被掠文物关键信息的被掠博物馆目录卡片、明信片和海报等①。罗斯柴尔德欧洲基金会（Rothschild Foundation Hanadiv Europe）作为一个协助档案馆、图书馆、博物馆、大学和犹太社区组织了解和欣赏犹太文化和遗产在当代社会积极意义的非政府组织，也建立了专门网站，传播欧洲各地犹太古迹和遗址的各类相关新闻、信息和资源。②此外，前述 IFAR 在艺术品所有权和盗窃相关法律、道德教育事务中也保持着活跃的参与，并与公司密切合作编辑基金会期刊"被盗艺术警报"部分的相关内容。

（三）被掠文物位置、来源和流转情况调查

根据国际博物馆协会《博物馆职业道德准则》，博物馆应明确其藏品来源信息，拒绝收藏来源不明的文物。因此，许多文物收藏机构都设置了专门的文物藏品来源调查部门或人员。然而，除此之外，一些以帮助原所有权人进行流失文物追索为目的、主要致力于开展被掠文物来源调查的民间机构也于近年成立，通过对文物流转状况和相关历史事实的调查，为将文物返还所有权人提供明确依据。这些民间机构在促进被掠文物返还方面也发挥了积极作用，甚至成为政府合作的对象。如 2014 年成立的"H.E.I.R.S. 来源调查公司"（H.E.I.R.S. Provenance Research Inc.），在正式成立之前已经

---

① See website of Saving Antiquities for Everyone, available at: http://savingantiquities.org/our-work/downloads/, accessed on 23-08-2019.

② See website of the Rothschild Foundation Hanadiv Europe, available at: https://rothschildfoundation.eu/resources/, accessed on 23-08-2019.

有 17 年的艺术品返还相关研究和调查经验，集结了由世界各地的艺术史学家、学者、研究人员、翻译人员和国际法律专家等人员组成的全球专家网络，为客户开展"二战"被掠艺术品相关调查。① 前述德国 MARI 组织的设立，亦以对莫斯基金会（Mosse Foundation）这一由战争受害犹太人后裔建立的私人基金会公布的被掠收藏品清单上文物进行来源调查为契机，是德国首个公私合作开展纳粹被掠和被盗艺术品调查搜寻的专门组织。

（四）支持和帮助原所有权人或其继承人提出返还请求

还有一些民间机构致力于为纳粹受害人及其后裔向被掠文物的现持有人提出返还请求提供全方位的专业声援和帮助。如早在"二战"结束之后的 1951 年，"犹太人对德财产索赔会议"（Conference on Jewish Material Claims Against Germany，简称 Claim Conference）即作为一个组织成立，代表全世界犹太人就纳粹受害者及其继承人的财产返还或赔偿问题与德国政府展开谈判。该组织运行 60 余年至今，依旧在支持大屠杀返还赔偿和为受害者提供帮助支持方面，发挥着重要作用。在奥地利，"大屠杀犹太幸存者信息和支持中心"（Holocaust Victims' Information and Support Center［HVISC］for Jewish Holocaust Survivors in and from Austria and their Heirs，即维也纳犹太人社团的返还事务部）也自 1999 年开始关注和以各种方式参与大屠杀被掠艺术品返还和赔偿事宜，通过对个案开展深入调查、追踪文物的来源与流转历史，在国家有关机构针对此类文

---

① H.E.I.R.S. Provenance Research Inc.（Holocaust Era Investigation and Research Services），available at: http://heirsprovenanceresearch.com/index.html, accessed on 24-08-2019.

物返还请求的决策程序中为大屠杀受害者辩护发声。①依托其在专门的"来源调查委员会"中担任合作成员以及在维也纳返还委员会中担任无表决权的成员的员工,维也纳犹太人社团定期与作为主管当局的联邦教育、艺术与文化部(BMUKK)以及有关博物馆进行接触,作为公共机构的调解人,以确定艺术品返还案件中的合法继承人并促进被掠文物归还。②

除此之外,还有专门对被掠文物返还赔偿案件提供声援和支持的机构,其中最知名的包括设立于伦敦的"欧洲被掠艺术品委员会"(The Commission for Looted Art in Europe,CLAE)和设立于纽约的"艺术品返还委员会"(Commission for Art Recovery)。它们不仅帮助许多被掠文物原所有权人或其继承人成功追索了文物,还与各国政府和各大博物馆广泛开展合作,通过开展相关研究、提供咨询,促进有关法制、政策和行业规范或标准的完善,在世界范围内具有广泛影响力。

二、欧洲被掠艺术品委员会

欧洲被掠艺术品委员会创立于1999年,是一个国际的专业性非营利机构,代表全世界的家庭、社区、机构,对被掠艺术品进行研究、甄别,追踪其合法所有者,并通过与政府和文化机构就相关政策和程序展开谈判,促进其返还。

---

① A brief Introduction of the Holocaust Victims' Information and Support Center (HVISC) for Jewish Holocaust Survivors in and from Austria and their Heirs, available at: https://www.lootedart.com/MFEU4427850 , accessed on 25-08-2019.

② See website of Jewish Community Vienna, Department for Restitution Affairs, available at: http://www.restitution.or.at/index_e.html, accessed on 25-08-2019.

(一)创立者及其团队背景

欧洲被掠艺术品委员会的创立者是大卫·刘易斯(David Lewis)和安妮·韦伯(Anne Webber)。大卫·刘易斯是牛津大学希伯来和犹太研究中心(Oxford Centre for Hebrew and Jewish Studies)的负责人和该中心图书馆的原主席。他还于1992—1999年间担任欧洲犹太社区理事会(European Council of Jewish Communities)主席。刘易斯同时还是维也纳图书馆的董事会成员以及以色列特拉维夫艺术博物馆的董事会成员和名誉院士。安妮·韦伯是欧洲委员会《有关被掠犹太文化财产的1205号决议》起草小组的成员之一,以及2000年"维尔纽斯国际论坛"和2009年通过《特雷辛宣言》的"布拉格会议"的组织委员会成员。她还是欧洲大屠杀遗产研究所(European Shoah Legacy Institute)咨询委员会的成员。自1998年开始,韦伯还担任英国"被掠夺文物建议委员会"成员,一直为大英博物馆的藏品来源调查提供咨询意见。[①]除创立者之外,欧洲被掠艺术品委员会还拥有一支由艺术史学家、历史学家和律师组成的团队,广泛地分布在英、美、德、荷和其他国家与地方,他们都是在国际范围内开展来源、档案、历史、法律、政策和家谱研究的专家。[②]

(二)委员会主要职能

总的来说,欧洲被掠艺术品委员会主要通过为有关政府和文化

[①] Website of the Commission for Looted Art in Europe, *Co-Chairs David Lewis and Anne Webber*, available at: https://www.lootedartcommission.com/PX622H90041, accessed on 12-11-2019.

[②] Website of the Commission for Looted Art in Europe, *Commission Team*, available at: https://www.lootedartcommission.com/PY3EKG66111, accessed on 12-11-2019.

机构提供政策咨询，对个案中被掠夺的文化财产加以识别并对其合法所有者进行追查，以及促成系争文物艺术品原所有权人或其继承人与现保有主体或相关机构之间达成友好协议，来实现被掠文化财产返还的宗旨。具体而言，委员会主要业务包括：1. 为全球的被掠艺术品索赔人提供指导、专业知识和协助，并代表他们甄别、寻找被掠文化财产并促进其追索；2. 与博物馆、政府和其他机构合作，甄别和查找他们所保有的被掠文化财产，并促进其归还原所有者；3. 支持并参与国家的返还要求和程序；4. 以公正解决被掠文物返还问题为目标，促进整个欧洲有关公共政策和法制变革；5. 促进文化财产返还国际原则的实施和发展；6. 为拍卖行和艺术品贸易制定行为守则，特别是其中关于来源信息和所有其他必要记录的条款；7. 推广解决被掠文化财产返还问题的非诉讼争议解决机制。①

此外，该机构还建立了一个专门的劫掠艺术品网站（www.lootedart.com），不仅整合和公布国际和欧美国家纳粹劫掠文物相关法律、政策及其变化，以及通过各种途径实现成功返还的案例，还为贯彻《华盛顿原则》第 6 条的要求，于 2001 年在牛津大学希伯来和犹太研究中心的支持下建立了作为国际研究中心和一个独立慈善机构的"1933—1945 年被掠夺文化财产信息中央登记处"（Central Registry of Information on Looted Cultural Property 1933-1945），即包括 49 个国家与此相关的详细研究成果、新闻资讯和 2.5 万件被掠文物信息的在线数据库。②

---

① A brief Introduction of the Commission for Looted Art in Europe, available at: https://www.lootedartcommission.com/Services, accessed on 25-08-2019.

② Website of the Commission for Looted Art in Europe, *Co-Chairs David Lewis and Anne Webber*, available at: https://www.lootedartcommission.com/PX622H90041, accessed on 12-11-2019.

至2013年，委员会已促进超过3,500件绘画、银器、书籍和手稿等纳粹被掠文物艺术品归还其合法所有者。①2017—2018年，委员会又促进伦敦市政府向荷兰的纳粹受害者斯密特·范·盖尔德家族返还了1945年1月在阿纳姆（Arnhem）掠夺中丢失的鹿特丹著名画家雅各布的画作《牡蛎餐》（The Oyster Meal）②；以及德国塞勒（Celle）的鲍曼博物馆（Bomann Museum）向原所有权人阿尔弗·杰菲（Alphons Jaffé）的后裔返还了1941年在莱顿布料厅市立博物馆（Museum De Lakenhal）被纳粹军队征夺（鲍曼博物馆于1943年从纳粹战犯海因里希·霍夫曼［Heinrich Hoffmann］手中购得）的荷兰画家西蒙·德·维里格尔（Simon de Vlieger）的画作③。

（三）委员会促进被掠文物返还的案例：《牡蛎餐》画作返还案④

《牡蛎餐》是由雅各布·奥赫特维尔特（Jacob Ochtervelt, 1634—1682）于1664—1665年间创作的一幅布面油画，曾为斯密特·范·盖尔德（Smidt van Gelder）私藏，与其他13幅油画一起保存在阿纳姆的一个银行金库中。1945年1月阿纳姆战役之后，

---

① A brief Introduction of the Commission for Looted Art in Europe, available at: https://www.lootedartcommission.com/Services, accessedaccessed on 25-08-2019.

② *Old Master painting looted by Nazis in WW2 reunited with Dutch family: from the City of London Corporation and the Commission for Looted Art in Europe*, available at: https://www.lootedartcommission.com/SPX58N28006, accessedaccessed on 29-08-2019.

③ 24 April 2018: Restitution of an Old Master painting by Simon de Vlieger seized from the Alphons Jaffé collection by the Bomann-Museum in Celle, available at: https://www.lootedart.com/TADP7D272891, accessed on 29-08-2019.

④ See Mick Brown, Hunting for a lost Dutch masterpiece looted by the Nazis… and finding it 70 years later, 9 June 2018, available at: https://www.telegraph.co.uk/luxury/art/hunting-lost-dutch-masterpiece-looted-nazis-finding-70-years/, accessed on 12-11-2019.

该城镇被德国劫掠,上述 14 幅画作也被洗劫一空。尽管战后对这批画作进行了广泛的搜索,但《牡蛎餐》和其他 5 幅画依旧下落不明。1965 年,《牡蛎餐》在瑞士艺术品市场上重现,并于 1971 年由哈罗德·塞缪尔(Harold Samuel)收藏。1988 年塞缪尔勋爵将包括该画在内的 84 件艺术作品赠予伦敦市政府之后,该画就在伦敦市市长官邸(The Mansion House)中展出。2015 年,盖尔德 96 岁高龄的女儿夏洛特· 比绍夫·范·海姆斯克(Charlotte Bischoff van Heemskerck)在市政厅参观荷兰和弗莱芒收藏展时发现了这幅原属于其父的画作,故而委托欧洲被掠艺术品委员会作为其代理人,向伦敦市政府提出返还该画作的请求。

1. 欧洲被掠艺术品委员会的来源调查与返还请求的提出

欧洲被掠艺术品委员会在接受委托后即展开了针对这幅名画的调查工作。安妮·韦伯与其调查员团队查阅了盖尔德于 1945 年战后提交荷兰政府的财产损失登记表,其中包括有关该画作的详细信息。通过深入调查,委员会查明了这幅画的流转情况:哈罗德·塞缪尔 1971 年系从一个伦敦交易商爱德华·斯皮尔曼(Edward Speelman)手中购得该画,后者在 4 年前的 1967 年从一位美国投资银行家和外交官 J.威廉·米登朵夫(J.William Middendorf)手中购得。而米登朵夫时任美国驻荷兰大使,在苏黎世的库尔特·迈斯纳美术馆(Galerie Kurt Meissner)购买了此画作。

尽管没有明确的证据说明瑞士的美术馆是如何得到该画作的,但欧洲被掠艺术品委员会的调查仍取得了突破性进展:委员会发现,美术馆在向米登朵夫出售该画作时,向其提供了一份由德国艺术史学家沃尔特·伯恩特(Walther Bernt)出具的鉴定书。在鉴定书中,伯恩特将该画作形容为艺术家"无懈可击"的作品,并提供了详细,甚至被删节的出处,包含了该画自 1874 年为一位莫尼伯爵(Comte de Morny)所收藏至 1927 年被一位阿姆斯特丹商人收购的历史。"二战"结束后,伯恩特向盟军投诚,并帮助盟军搜寻和鉴定纳粹掠夺艺术品。但安妮·韦伯的调查组表示,伯恩特曾以沃尔特·伯恩德(Walther Berndt)之名,帮助布拉格的盖世太保,就纳粹德国征收的收藏品的价值提供咨询意见,因为伯恩特对这一切非常熟悉,曾为犹太所有者选择购买这些画作提供建议。在哈佛大学持有的伯恩特的档案中,调查人员还发现了《牡蛎餐》的照片,照片背面标注有位于德国杜塞尔多夫(Düsseldorf)的佩弗美术馆(Gallery Peiffer)的名称。

佩弗美术馆是一家小型企业,战后初期为两兄弟所有,但他们早已去世,且现在的管理人也没有当时的任何记录。然而,委员会设法找到了曾在该画廊当学徒,且后来继承了这一事业的制图师。令人难以置信的是,他还记得 1956 年两幅大师作品是如何到达该美术馆的,其中一幅正是系争的《牡蛎餐》。该制图师还能从照片中辨认出这幅画作,指出图片中的画作"与原画作相同,但画框不同",这与本案请求人盖尔德女儿的描述一致。制图师证实,该美术馆咨询了当时名为伯恩德的伯恩特的意见,毫无疑问,伯恩特明知该画作为纳粹掠夺财产,并且他还安排了与苏黎世的迈斯纳美术馆的交易。然而,1945—1956 年间该画作的流转情况,仍然未知。

经过细致的调查,2017 年 4 月,欧洲被掠艺术品委员会向伦敦市城市管理协会(City of London Corporation)[①]告知了《牡蛎餐》画

---

① 伦敦市城市管理协会为伦敦市一平方英里的市中心,主要是金融和商业中心提供地方政府和警务服务。该机构的主要职能包含以支持伦敦社区为目的,与邻近的市镇合作开展经济复兴、教育和技能项目;协助管理包括塔桥、伦敦博物馆、巴比肯艺术中心、

作的来源和历史,并代表原所有权人盖尔德的继承人夏洛特· 比绍夫·范·海姆斯克正式向该机构提出了返还画作的书面请求。

2.伦敦市城市管理协会积极返还该画作

根据英国法的诉讼时效制度,伦敦市并没有归还这幅画作的义务。然而,伦敦市城市管理协会仅用3个月时间就答应了返还请求,他们在查阅了委员会提供的所有证据材料之后,认为返还该画作有"令人信服的理由",并且很高兴将画作归还其合法所有者。值得注意的是,哈罗德·塞缪尔在捐赠该批画作的协议中,曾提出该批画作应在伦敦市长官邸永久展出的条件。然而,在得知该返还请求之后,塞缪尔的女儿也同意放弃该捐赠条件,将画作返还其原所有权人后裔。①

2017年11月,伦敦市长安德鲁·帕姆利(Andrew Pamley)在其官邸主持了《牡蛎餐》画作的返还仪式,正式将该画作返还给夏洛特· 比绍夫·范·海姆斯克及其家族。2018年,该画作在苏富比被拍卖,拍卖所得将分给有权继承该画作的20名继承人。

三、艺术品返还委员会

艺术品返还委员会成立于1997年,该机构通过鼓励并帮助博物馆和政府开展相关研究,识别和公布他们所拥有的可能来源于纳

城市花园等在内的伦敦的主要遗产和绿地以及重要的公共场所。参见伦敦市政府网:https://www.cityoflondon.gov.uk/about-the-city/about-us/Pages/default.aspx,2019年11月12日访问。

① See Jo Davy, Dutch masterpiece looted by Nazis returned home, 8th November 2017, available at: https://www.citymatters.london/dutch-courage-oyster-meal-lord-mayor/, accessed on 12-11-2017.

粹时期被掠夺的艺术作品，并通过与政府、博物馆和其他国际机构展开沟通和协商，借助道德劝说和法律工作，致力于支持在纳粹大屠杀期间被没收、掠夺和非法转移的艺术品的返还请求，并倡导和说服各国政府简化此类战争劫掠遗留问题的理赔程序并消除现行法律规则方面的障碍，为促进这一问题解决创造有利的环境。[①]

该委员会认为，返还不仅包括艺术品的实际归还，还包括实现这种归还的过程，如研究、鉴定和鼓励原所有权人提出请求，以及可以没有程序障碍地进行所有权主张的法律环境。恢复历史也是这一过程的组成部分，因为返还不仅铭刻和纪念大屠杀期间因纳粹迫害而丧失的物质与生命，还铭刻和纪念与受害者一起消失的文化。因此，返还也是一种纪念活动。更为重要的是，返还和赔偿对纳粹受害者子孙后代而言也很重要，为我们了解纳粹时期种族灭绝和大规模文化毁灭的过程和方法提供了具体和系统的信息，以期利用相关知识来防止未来大规模的文化破坏行动，或使其文化破坏最小化。

（一）主要业务活动

艺术品返还委员会主要开展以下五项具体业务工作[②]。

1."历史研究行动"：试图说服政府和博物馆机构研究、甄别和公布他们所藏、在纳粹时代（1933—1945）被盗的作品，并为大屠杀受害者找到失踪的艺术品。如委员会与世界犹太人大会共同协助美国和俄罗斯政府联合开展了一个"展示遗产"（Heritage Re-

---

[①] Website of the Commission for Art Recovery, available at: http://www.commartrecovery.org/about, accessed on 24-08-2019.

[②] Website of the Commission for Art Recovery, available at: http://www.commartrecovery.org/mission, accessed on 24-08-2019.

vealed）项目，其目的在于资助和指导为调查和发现第二次世界大战后被作为战利品转移至苏联的文化财产所作的努力。该项目调查了在俄罗斯获取的与战利品有关的研究材料，并出版了包含几十年来一直不为人所知的文化珍宝的三份目录。最近，艺术品返还委员会又与"犹太人对德财产索赔会议"和美国大屠杀纪念馆合作，将首次汇总调查得到的 2 万多件来自德占法国地区的犹太人的艺术品照片和剩余信息登记卡片的电子副本组成的"ERR-Jeu de Paume 数据库"，扩展至包括来自比利时、荷兰、德国等各地区更丰富和详细的信息。

2."知识交流计划"：一项专业培训和知识共享计划，重点关注欧洲各档案馆和政府机构持有的文献资料。当前从文化、历史和社会学视角对战争时期劫掠或流失文物的返还进行的全面研究尚属阙如。许多欧洲遗产和政府机构持有与犹太收藏家、收藏品和犹太艺术家相关的档案记录，但是它们之间的信息交流是零散而不尽如人意的。大量专家聚集在相对孤立的学术社区中。该项目旨在解决这一问题，将拥有大量档案记录的欧洲机构中的档案专业人员聚集在一起。截至目前，该项目的合作伙伴机构广泛地包括法国国家档案馆、比利时国家档案馆、德国艺术历史中心、巴黎德国艺术历史中心、法国"被掠夺受害者赔偿委员会"、盖蒂研究所、法国文化部、美国国家档案总署、苏富比拍卖行、美国大屠杀纪念馆（USHMM）等欧美主要国家政府和博物馆组织[①]。

3."立法改革倡议"：倡导支持返还或索赔相关政策，消除被

---

① List of the Project Partners, available at: http://jdcrp.org/founders/, accessed on 12-11-2019.

掠艺术品归还的法律障碍。委员会致力于与有关政府和博物馆展开对话，以促进文物返还相关法律、政策和行业规则的改善。通过与律师、学者、艺术专家和其他相关组织展开密切合作，委员会策划和促进了许多艺术品归还其合法所有者，维护了大屠杀受害者及其继承人的合法权利，并不断呼吁和倡导为被掠艺术品返还问题的解决提供一个更好的法律环境。如委员会支持2016年美国《大屠杀时期被没收艺术品返还法》的出台与施行，使大屠杀幸存者及其后裔能够通过向法院起诉获得大屠杀期间被掠文物艺术品的所有权返还。此外，在最近通过的德国《文化财产保护法》（Gesetz zur Neuregelung des Kulturgutschutzrechts）中，委员会倡导的对被纳粹掠夺的艺术品实行出口例外的原则受到重视。

4."司法追索支持"：鼓励将国际惯例和原则应用到诉讼中，通过诉讼返还来纠正艺术品被掠的不公正。尽管艺术品返还委员会并未将自己定位为索赔组织，但是当此类诉讼可能对进一步推动促进艺术品返还政策的制定和实施产生影响时，委员会仍将通过"法庭之友"[①]的方式，为原所有权人提起返还诉讼提供支持。如前述"奥特曼诉奥地利共和国"案就有艺术品返还委员会的参与，委员会支持原所有权人通过诉讼和仲裁的方式成功追回古斯塔夫·克里米特的画作《阿黛尔·布洛赫·鲍尔》，是一个具有里程碑意义的案例，该案使美国法院向大屠杀受害者及其继承人提起文物艺

---

① "法庭之友"制度是存在于英美法国家特殊的司法诉讼习惯，指在诉讼案件中，没有直接涉案利益的私人或团体，出于向法院说明其对该案件相关法律争议的意见、澄清立法意旨、理清模糊的法律规定、通知法院关于案件事实的真实情况等目的，主动向法院提出书面报告，以协助法院更公正地作出裁决。

品返还诉讼敞开了大门。委员会还为其他美国案件撰写了"法庭之友"摘要，并支持公爵（Herzog）家族的继承人对匈牙利政府提起诉讼，要求匈牙利博物馆返还目前持有的 40 多件艺术作品。

5."公众教育实践"：协助专业人员进行文物来源研究，并向公众公开研究结果，提高公众对劫掠艺术品及其返还的认识。艺术品返还委员会还通过举办讲习班并鼓励和支持其参加有关研讨会等方式，为律师、艺术史学家、策展人和执法人员提供包括文物艺术品来源调查等项目在内的专业培训。如委员会 2008 年在哈佛大学法学院举办了一场聚焦被苏联红军转移至苏联境内的艺术品返还的研讨会；2011 年又与米兰佳士得拍卖行（Christie's Auction House）一起组织了有关意大利法西斯主义和纳粹艺术品掠夺问题的研讨活动；2014 年，艺术品返还委员会与哈沙瓦（Hashava）和"犹太人对德财产索赔会议"一起，在以色列组织了一场艺术品来源调查培训研讨会。委员会还为创建和传播与第二次世界大战期间掠夺艺术品有关的教育材料提供支持，并支持出版有关学术论文、书籍以及发行纪录片。

（二）"法庭之友"的参与机制："格罗茨诉当代艺术博物馆"案

利用美国司法程序中的"法庭之友"制度促进"二战"被掠文物返还案件的司法实践，是艺术品返还委员会促进被掠文物返还、实现个案公正的常用方式。向法庭阐述对案件的意见及其理由，不仅是影响法院进行个案裁决的方式，也具有呼吁和倡导法院关注此类案件特殊性，从而逐步推动司法改革的意义。"格罗茨诉当代艺术博物馆"案中法庭之友意见，即为一个典型案例。

1. 案由与诉讼过程

本案的系争文物艺术品有三件，最初都为德国艺术家乔治·格罗茨（George Grosz）所有。由于格罗茨对纳粹政策表现出强烈批评，为逃避纳粹迫害，其本人及家庭于1933年移居美国，而将其所有画作交由长期保持寄售关系的柏林艺术品交易商阿尔弗雷德·弗雷克海姆（Alfred Flechtheim）保管。弗雷克海姆自身也是犹太人，因此也于同年逃离了德国前往英国定居，他随身携带了一部分艺术藏品，但剩下的大多数都留在德国。1937年弗雷克海姆死亡后，其信托财产处理人拍卖了其一部分作品，包括两幅格罗茨的作品。其中一幅《模特自画像》（Self-Portrait with Model）被卖给第三方，随后又被转卖给一个加拿大收藏家，而另一幅作品《自治共和国》（Republican Automations）则由拍卖人直接购买并转卖给一个美国收藏家。与此同时，被弗雷克海姆留在柏林的第三幅格罗茨作品《马克思·赫尔曼尼-内斯的诗》（The Poet of Max Hermanne-Neisse）则在弗雷克海姆的企业解散时被一名德国艺术史学家带往纽约，并宣称是从弗雷克海姆处继承的财产。此后，当代艺术博物馆通过不同途径先后购得了这三幅画作。格罗茨得知其画作《马克思·赫尔曼尼-内斯的诗》自1953年1月即在当代艺术博物馆展出之后，曾写信给他的妹夫，谈到画作被盗并为当代艺术博物馆占有的事实，但也认为自己没有恢复权利的办法。1959年，格罗茨回到德国并于不久逝世。画作返还的事情由此搁置。

2003年，乔治·格罗茨财产执行人与当代艺术博物馆取得联系，声称他通过研究坚信上述三幅画作系被盗艺术品。随后，博物馆与该执行人进行了几次沟通，但至2005年，博物馆依然声称已有的证据可以证明自己对这三幅画作的所有权是合法的，并于此后拒绝回应这一问题。博物馆亦提出一个由博物馆和财产所有人共享画作《马克思·赫尔曼尼-内斯的诗》的妥协方案，但被财产执行人拒绝。2006年4月，博物馆方面又明确宣布，由于没有足够证据证明该画作在20世纪30年代的流转过程，其理事参照专门委员会出具的审议报告中给出的咨询意见，决议拒绝返还该文物。

2009年4月，乔治·格罗茨之子马丁（Martin）及其遗孀彼得（Peter）向纽约联邦地区法院起诉当代艺术博物馆，主张画作《马克思·赫尔曼尼-内斯的诗》为声称继承该画的柏林收藏家所偷窃，而阿尔弗雷德作为其父的信托管理人转让另外两幅《模特自画像》以及《自治共和国》的行为，也未经授权。因此要求博物馆返还三幅画作，并赔偿损失。博物馆则以不合理迟延导致诉讼时效届满为由提出抗辩。地区法院接受了被告的主张，驳回了原告的起诉。原告向联邦第二巡回法院提出上诉，但再次被驳回，二审法院认同一审法院有关迟延和诉讼时效规则的主张。

2. "法庭之友"意见[①]

针对这一结果，艺术品返还委员会联合美国犹太人大会以及其他一些具有影响力的个人，出具了"法庭之友"意见，认为法院驳回原告请求的判决应当被推翻。该意见主要提出三个核心观点：

第一，联邦法院应该遵守1998年《华盛顿原则》和2009年《特

[①] Brief Amicus Curiae of American Jewish Congress, Commission for Art Recovery; Filippa Marullo Anzalone, Yehuda Bauer, Michael J. Bazyler, Bernard Dov Beliak, Michael Berenbaum, Donald S. Burris, Judy Chicago and Donald Woodman, Talbert D'Alemberte, Marion F. Desmukh, Hedy Epstein, Hector Feliciano, Irving Greenberg, Grace Cohen Grossman, Marcia Sachs Littell, Hubert G. Locke, Carrie Menkel-Meadow, Arthur R. Miller, Carol Rittner, John K. Roth, Lucille A. Roussin, William L. Shulman, Stephen D. Smith and Fritz Weinschenk, In Support of Plaintiffs-Appellants and Reversal, *Grosz v. Museum of Modern Art,* available at: https://papers.ssrn.com/sol3/papers.cfm?abstract_id=1628670, accessed on 12-11-2019.

雷辛宣言》中所包含的重要外交政策目标。这些重要文件鼓励采用成本更低，效率更高的方式解决"二战"掠夺文物的返还，并以案件事实，而非司法技术为依据解决此类问题。这些文件还要求对当前反对大屠杀时代财产归还问题中司法推定的最新趋势予以重新评估。

第二，和解谈判和勤谨调查的努力不应成为在有限制性基础上没收财产的基础。《联邦法规》第408（a）条表明，和解沟通不表明返还请求无效，该法规第408（a）（2）条也明确允许在有限的目的内，将和解沟通作为不当延误——包括时效、迟延和滞纳的抗辩理由。只有通过冗长而复杂的调查，才能揭示纳粹时代看似自愿的财产转移行为的真实性质。而在此过程中，一些博物馆和其他拥有这些艺术品的人可能诱使请求人花过多的时间进行谈判，以使时效期间在请求人意识到需要将该争端诉诸法院之前就开始起算。因此，"法庭之友"特别关注上述规则的正确构建，主张必须鼓励谈判和解，以非诉讼的方式解决历史上伟大艺术品劫掠案中被掠财产所有权返还争端问题。

第三，联邦法院在确定诉讼是否可受理时，应充分考虑历史原因和档案记录的证明作用，尽量避免此类诉讼被驳回。更具体地说，由于有关文物来源的证据与解决所有权争议、确定系争文物合法所有权高度相关，联邦法院不应将此类证据视为机密或特权，或如本案中的地区法院一样，在没有进行证据开示程序之前就将其视为无法支持原告主张的"无端传闻"。

基于以上三个核心论点，"法庭之友"意见主要提出了三条呼吁推翻原判决的理由：1.联邦法院应鼓励对复杂案件进行有效和合理的处理。法院在处理纳粹掠夺艺术品返还案件时，应该对原始盗窃案的背景给予司法考察，以充分了解该物品是如何"丢失"的。法院还应关注可疑"交易"的普遍现实。这些通常有赖于对与该文物出处有关的证据（即所有权流转情况）的考察。总之，法院在对纳粹掠夺艺术品返还案件作出裁决时，需要承认历史事实的多面性和复杂性。2. 文物劫掠过程相关证据在大屠杀时期劫掠财产返还诉讼中，不应被忽略或者轻视：大规模驳回纳粹掠夺艺术品返还请求违反了相关标准，地方法院应关注历史事件的广泛背景并从这些事件的可靠描述中得出合理的推论，以此确定请求的合理性。法院在查明案件事实时，应包括对与案件相关事件的合理依据的历史解释；在审理纳粹掠夺艺术品返还案件时，也应考虑历史学界对于犹太人和其他受迫害团体的纳粹政治、包括政治上"国家敌人"的广泛共识。3. 法院应允许庭审中广泛获得与艺术品来源争议有关的文件。本案中，地方法院的驳回决定是基于无依据的猜测而非基于以档案记录为基础的事实认定作出的，因此应当被撤销。允许博物馆或拍卖行在证明其财产权时对艺术品所有权和销售状况予以保密，也与20世纪至今明确制定的反对财产掠夺的联邦政策完全不符。

3. 案件结果

然而，美国最高法院依然拒绝重新审理此案。根据两审法院的判决，三幅画作依然保存在当代艺术博物馆。其中，《马克思·赫尔曼-内斯的诗》成为该馆的常规展品，另外两幅则保存于博物馆库存中。

此外，在涉案艺术品来源调查的过程中向原告方提供艺术品来源文件的行为，引发了博物馆的争议。在得知原告方计划将这些文件捐赠给美国大屠杀博物馆和以色列雅德·瓦什纪念馆（Yad

Vashem Memorial）以协助学者开展大屠杀掠夺艺术品相关研究后，被告博物馆申请了强制原告返还和销毁这些文件的司法令。2011年，地区法院以保密原则为依据，颁布了该司法令。[①]

4."法庭之友"意见和艺术品返还委员会行动的意义

传统的司法途径在解决距今已久的纳粹被掠文物返还问题方面，素来存在许多难以突破的制约和障碍。"法庭之友"的意见对于裁判法院而言，仅有咨询意见意义，并无任何实际拘束力，更无改变现行法律规则的作用，其意义往往不能立竿见影地呈现出来，而是经漫长的时间、潜移默化地产生影响。这也是促进被掠文物返还的实践中，民间机构参与的局限性所在和突出特点。

虽然由艺术品返还委员会和其他民间机构、人士出具的"法庭之友"意见终未能改变本案的判决，实现文物返还的目的，但这些意见明确指出了此类案件的特殊性，并呼吁司法机关在处理此类案件时对这些特殊性予以重视和考虑，亦促使美国司法系统逐渐注意并接纳这些在传统司法诉讼中鲜有考虑的诉讼规则之外的道德规则和原则。通过在越来越多的此类案件中"发声"，这些"法庭之友"的意见，逐步打开了美国法院为纳粹掠夺受害者主张财产权返还提供法律救济的大门，促进了此类案件司法实践的不断进步。

司法实践的进步，又逐步推动了此类案件相关法律规则的改革。在艺术品返还委员会的大力倡导和支持下，2016年，时任美国总统奥巴马正式签署为大屠杀幸存者及其后裔提出的与纳粹政策和掠夺实践相关的文化财产返还案件设置特别诉讼时效的《大屠杀

[①] See *Grosz v. Museum of Modern Art*, Bruce L. Hay, *Nazi-Looted Art and the Law: the American Cases*, Springer, 2017, p.181.

时期被没收艺术品返还法》，极大地拓展了大屠杀受害者及其继承人通过向法院起诉实现被掠文物艺术品所有权返还的范围和可能性。这是美国法律和司法制度在解决纳粹掠夺文物返还问题中里程碑式的进步。

第五章 亚洲国家对日追索被掠文物面临的困境

亚洲战场的返还状况与欧洲战场相比存在明显的不同。战后即时进行的赔偿与返还工作受到国际关系的影响,极不彻底,在掠夺文物返还方面表现得尤为突出。这使得包括中国在内的亚洲国家及其战争受害者的文物追索较欧洲国家面临着更大的困境和阻力。

本章从亚洲战场的历史情况出发,以中国为范本,对当代亚洲国家及其战争受害者通过司法诉讼、外交磋商和民间机构促进等方式请求日本返还掠夺文物,较欧美的纳粹劫掠文物追索可能面临的特殊问题进行分析,厘清各种常规返还路径在亚洲战场日掠文物返还中的适应性及可能面对的困境。

第一节 旧金山和会与亚洲国家的战后索赔政策

战后初期,盟军司令部在处理日本战争赔偿问题时,基本未脱离雅尔塔会议和《波茨坦公告》的主要框架。然而,随着冷战局势的形成和远东地区国际形势的变化,美国对日政策发生显著转变,逐步抛弃了雅尔塔会议和《波茨坦公告》精神以及盟国一致的原则，在处理对日媾和问题时独断专行，以谋求其在太平洋地区的政治利益。与此同时，作为战争受害国的中国、朝鲜半岛，以及东南亚各国的国内政治形势亦发生重大变化。在复杂的国际和国内形势下，与欧洲战场相比，亚洲战场战后赔偿和劫物返还格局，以及主要受害国签署的对日和约，表现出更加鲜明的妥协性与不彻底性，导致了诸多历史遗留问题，这也是造成当前对日文物追索困难局面形成的重要历史原因。

一、亚洲战场战后赔偿格局的特点

在欧洲战场，战后德国由英、法、美、苏四国盟军分区占领、分而治之的格局，以及涉及返还文物最多的美占区采取的"外部返还"政策，辅之以欧洲广泛采用的财产信托制度，使大量暂未查明其原所有者的"无主文物"，仅需有证据表明是在纳粹占领期间从其原主国掠夺或转移出境的，即先行归还了该国，再由原主国依据其国内法制实现对原所有权人或其继承人的返还。在这种"两步走"的返还方式和格局下，原主国在返还程序中的自主权显著增大，为许多暂时未找到确切原所有权人的文物艺术品后续的"物归原主"创造了有利条件。相比之下，亚洲战场上，由于美国在主持战后赔偿和劫物返还秩序中的绝对优势，作为被掠文物原主国的中国、朝鲜和东南亚国家，在制定返还政策及其规则实施中的发言权十分有限。虽中国代表在远东委员会讨论和议定《归还劫物新案》时极力主张"对于日本自动呈缴不能证明原主之劫物，可从外表辨别者，应不待申请，一律归还其原属国，饬其应予各国以充分审查机会，不能辨别原主时再加以变卖"①,但显然未被采纳。国民政府的劫物追索,完全受制于盟军司令部确定的严苛标准和程序,直接导致了因有限的时间内无法查明或证明被掠文物的原所有权人而阻碍文物回归的后果,也使得后续由国家或原所有权人自行进行的文物追索面临更大的阻力和难度。

此外,受战后国际关系的影响,亚洲战场战后即时进行的战争赔偿与劫物返还极不彻底,在掠夺文物的返还中表现得尤为突出。美国出于反抗和防范东亚共产主义发展的考虑,对日本的态度由主张严惩向积极支持、暗中包庇罪责转变,亚洲战场的劫物返还政策对可请求返还之劫物的条件要求较欧洲更为严苛,适用此规则可获得返还的文物的范围极其有限:一方面,与欧洲战场大都以1933年1月30日至1945年5月8日纳粹德国无条件投降的"大屠杀时期"作为战争劫物返还特殊规则的适用期间不同,亚洲战场对于其应予赔偿或返还的战时劫掠行为的时间界定,始终未达成明确的统一意见。民国政府极力主张日本战争侵略和掠夺行为的时间起算点为1931年"九一八事变",与盟军司令部前期对日政府发出的查报战争期间在中国及其他亚洲国家强征或夺取财产的命令以1937年"七七事变"为时间起点相悖。虽民国驻日代表团将这一问题在远东委员会上提出,并促使委员会在1946年7月通过的《归还劫物旧案》(FEC-011/12)中,删除了对于应予返还财产劫掠时间的限制,但盟军司令部在实践中似乎从未遵守这一规定,一直执行着1946年5月确定的时间标准,即只有在1937年7月7日以后在日

---

① 参见中国第二历史档案馆编:《中华民国史档案资料汇编》(第5辑第3编·外交),江苏古籍出版社2010年版,第51页。

军占领领土上被掠夺或偷窃,且已明确具体位置并可识别的财产,才可受理返还申请①。根据1946年《归还劫物旧案》,文物只有"在战时占领区中原位于盟国境内、而后为日方及其代理人以欺诈或者胁迫手段取得的",才可申请返还。此外,直至1948年《归还劫物新案》通过实施以前,盟军司令部一直株守"验物视证"的严格的劫物返还标准,不仅要求原物主的所有权证书,还要求明确劫夺主体诸如所属部队番号等一系列详细信息。1946年3月25日,远东委员会曾审议"被劫文物若查无下落,应以日本相似文物作为赔偿"的提案,但亦因日本国宝是否可转充此项赔偿问题存在争论而久悬不决②,至中国代表团在远东委员会议定《归还劫物新案》时再次提出③,终未获采纳,进一步否认了对查无下落的文物进行同类返还的可能性。这些较欧洲战后劫物返还严苛得多的返还条件和标准,事实上大幅缩小了可依据该政策及其实施规则获得返还的文物的范围。

二、旧金山和会与"旧金山对日和约"

依据《开罗宣言》及盟国历次会议和协定的基本精神,对日媾

---

① History of the Non-military Activities of the Occupation of Japan-Foreign Property Administration. Folder: 1. SCAP Monographs Drafts, 1945-1951. CPC. OLA. GHQ SCAP, NARA, cited from Peter Keppy, *The Politics of Redress, War Damage Compensation and Restitution in Indonesia and the Philippines, 1940-1957*, Leiden: KITLV Press, 2010, p.228.

② 参见中国第二历史档案馆编:《中华民国史档案资料汇编》(第5辑第3编·外交),江苏古籍出版社2010年版,第47—48页。

③ 同上书,第51页。

第五章 亚洲国家对日追索被掠文物面临的困境

和问题需在铲除日本军国主义之后,由盟国共同协商并与日本签署和平条约加以解决。美国自 1946 年起即开始筹划对日媾和问题,并曾于 1947 年提出一个坚持盟国基本方针,以限制日本军事力量、防止日本军国主义再起为核心的"博顿方案"。然而,随着冷战局面的展开和初期为美国所支持的中华民国政府在大陆地区统治的崩溃,美国国家安全委员会于 1949 年 12 月通过了 NSC48/1 号和 NSC48/2 号文件,正式将日本纳入其远东遏制共产主义的防御体系①,日本成为美国防止东亚共产主义化的重要"桥头堡",在其对外政策中的地位显著提升。在这种情况下,美国的对日政策发生显著转变,并利用自己在对日媾和事务中的绝对影响力,逐步抛弃同盟国达成的基本原则和共识,不断加强本国在处理对日和谈问题中的主导权。

事实上,日本与美国就媾和问题的商议与博弈早在日本宣布投降之后就已展开。两大阵营形成之后,两国国家利益的交集急剧增加,美国希望通过媾和将日本拉入其阵营,从而为集团利益和美国利益出力;日本则希望通过媾和获得美国的军事保护,以提高其国际地位及发展经济②。双方各自的诉求推动了媾和进程的加快。在 1951 年 2 月 7 日美国代表杜勒斯与日方吉田外相及双方相关人员召开的协调会议上,双方同意达成三个相互联系的条约,其中第一个和平条约赋予日本主权,但不包括其他日本的前敌国想要强加给日本的主要的限制。根据该和约,日本没有赔偿的义务。条约的签字国将没收日本在其国家的资产,但是无权收回日本在战争中掠夺

---

① 孙瑜:《战后初期美国外交与旧金山媾和》,社会科学文献出版社 2014 年版,第 81 页。
② 同上书,第 84 页。

的财产。① 此后,美国又就中国的参会方以及赔偿方式等问题,与日本和英国充分交换了意见,于 1950 年 9 月公开发表"对日媾和七原则",成为缔结正式和平条约的基础。

(一)旧金山和会与"旧金山对日和约"有关战争赔偿与返还的规定

1951 年 9 月,经美国主导和策划,盟国与战败国日本在旧金山召开和平会议,签署了"对日和约"(又称"旧金山对日和约"或"旧金山和约"),宣告结束缔约国与日本的战争状态,恢复日本主权。表面看来,旧金山和会的直接目的在于解决第二次世界大战后战败国日本的领土及国际地位问题,重新建立和平的亚洲新秩序。然而,通过假借联合国旗号否定《开罗宣言》并自行选择参加和谈的国家的方式,美国彻底摆脱了盟国,特别是苏联等社会主义国家在对日和谈中的发言权,旧金山和会实际沦为美国实现其亚洲冷战体系战略目标的工具。

旧金山和会从参会国选择开始,就体现了美国的绝对主导权和通过该会议实现其亚太利益的意图。为了抵制以苏联为首的共产主义,美国不承认新成立的中华人民共和国,而是主张由已败退台湾的蒋介石领导的"中华民国政府"作为中国政府的"合法"代表参加会议,然而,这一提议不仅为已承认新中国的英国所反对,在远东委员会所有成员国中,也仅得到菲律宾一国的支持。② 为防止盟国关系破裂,美国最终与英国达成"莫里森-杜勒斯协定",形成

---

① Howard B. Schonberger, *Aftermath of War: Americans and the Remaking of Japan, 1945-1952*, The Kent State University Press, 1989, p.258.
② 参见刘利伟:《中日战争遗留问题的源头——东京审判与〈旧金山和约〉》,载《沧桑》2013 年第 2 期,第 124 页。

以下两点共识：第一，不邀请中国参加和会以及签署多边对日和约；第二，当日本恢复行使主权，而且多边条约已赋予其独立地位后，由其自主决定对华态度①。以此为基础，英美密切配合，通过会议程序规则否决了苏联邀请中华人民共和国参会的多次提议，使中国最终被排除在会议之外。在朝鲜半岛，李承晚成为大韩民国首任总统后，曾请求作为盟国之一员参加对日媾和会议，但亦因韩国"二战"时属日本的殖民地，因此在一定意义上被视为日本侵略的协助者或"帮凶"而并非战胜国，被美国拒绝。和会也曾邀请印度、缅甸、南斯拉夫等国参加，但这些国家因反对美、英起草的和约草案而拒绝派代表出席。

1951年7月20日，美、英两国单方面决定，对日和会将于同年9月4日在美国旧金山举行。对日和约草案也由两国草拟。会议开幕后，苏联代表团团长、外交部第一副部长葛罗米柯（Andrei Gromyko）曾提出对该和约草案进行修订，但美国代表、国务卿艾奇逊（Dean Acheson）以不符合会议议程为由，拒绝和会讨论苏联提案。出于对美国独断和霸权的抗议，苏联、波兰和捷克斯洛伐克等国拒绝在和约上签字。

"旧金山对日和约"②承认朝鲜独立（第2条）。该和约第五章就日本赔偿各国的范围、形式和时效等问题作出了规定，肯定了没收日本在国外的部分海外资产和劳务赔偿③，但其他有关赔偿的条

---

① *Foreign Relations of the United States*, 1951, Vol.6, Part 1, pp.1134-1135.

② "旧金山对日和约"文本，参见《国际条约集（1950—1952）》，世界知识出版社1959年版，第333—349页。

③ 所谓劳务赔偿，即在受偿国提供原材料的基础上，由日本向受偿国提供劳务和生产技术，加工成制品后赔给受偿国。

款"事实上要求各盟国放弃对日索赔。如单独要求赔偿,则需要同日本政府谈判解决"①。该和约第15条也规定了有关日本归还盟国劫掠财产的内容,要求日本在缔约国申请之日起6个月内,归还自1941年12月7日起至1945年12月2日止通过胁迫或欺诈手段掠夺的、属于该国及其国民所有的有形和无形财产以及其他任何形式的权利或利益。上述财产应无偿返还原所有权人。但返还申请应于和约在该国生效之日起9个月内提出。被掠财产已无法归还或因战争而受损坏的,将依据日本内阁1951年7月13日通过的《盟国财产赔偿法》予以赔偿。由于所有权人或其政府的原因无法于规定期限内申请的,日本政府得处分其财产。

(二)"旧金山对日和约"的法律效力

"旧金山对日和约"虽然是一个确定日本"二战"赔偿责任的国际条约,但由于其缔约国资格以及缔约过程等原因,其法律效力一直受到诟病。新中国更是依照国际法规则,坚定地否定该和约的合法性和有效性。

1.国际法视角下"旧金山对日和约"法律效力的瑕疵

国际条约是国际法的基本渊源之一,既包括两国间签订的双边条约,也包括多国共同缔结的多边条约。国际条约的缔结包括缔约能力和缔约权。缔约能力指的是国家和其他国际法主体根据国际法所享有的缔结条约的能力,是国家主权的体现;换言之,每个拥有独立主权的国家都具有缔约能力,可以参与国际条约的缔结。缔约权则是指国家和其他国际法主体内部某个机关或个人代表国家行使缔结条约的权限,通常由国家或其他国际法主体的内部法律决

---

① 徐勇、张会芳、史楠:《战争遗留问题的源头——东京审判与〈旧金山和约〉》,黑龙江人民出版社2011年版,第210页。

定。由于主权不可分割，国家的缔约权通常只能由国家的中央政权机构统一行使，一国的地方政权机构，一般都无权与外国缔结条约。至于在一国内部哪些政权机关可以行使缔约权，各国规定则有所不同。①国际条约的生效日期及生效方式，依该条约之规定或依谈判国之协议确定；未有此种规定或协议的，自所有谈判国同意承受条约之拘束时即行生效；除条约另有规定外，一国同意承受条约之拘束如在条约生效之后的某个日期的，条约自该日起对该国生效。②一国还可在签署、批准、接受、赞同或加入条约时提具保留③，凡为条约明示准许之保留，无须其他缔约国事后予以接受④。

  旧金山和会旨在解决第二次世界大战后战败国日本的领土及国际地位问题、明确日本在"二战"中的责任，并在此基础上结束交战国之间的战争状态、重新建立和平的国际秩序。然而，旧金山和会的参加国中，亚太地区或参与了亚洲战场反法西斯战争的国家仅有美国、英国、苏联及战前或战后独立的亚洲部分英联邦国家，以及东南亚地区的印尼、老挝、菲律宾、越南等战后独立国家。诸如英属殖民地马来亚、新加坡等国，以及泰国、越南民主共和国⑤均未参会。战争最主要受害者和为战争胜利做出重要贡献的中国

---

  ① 江国青：《国际法与国际条约的几个问题》，载中国人大网：http://www.npc.gov.cn/npc/c541/200004/df5c33ac36384944b3c851e6efd2b0fc.shtml，2020年6月27日访问。

  ② 《维也纳条约法公约》，第24条。虽然《维也纳条约法公约》制定于1969年，生效于1980年，且其第4条明确规定本公约不溯及既往，但是国际社会通常认为，该公约中有关条约缔结和生效程序的许多内容和规则已经属于国际习惯法，是对习惯国际条约法的编撰。

  ③ 《维也纳条约法公约》，第19条。

  ④ 《维也纳条约法公约》，第20条。

  ⑤ 越南民主共和国是自1945年至1976年越南北方建立的一个共产主义政权国家。1976年越南统一后，改国名为越南社会主义共和国。

更是被有意排除在参会国之外。同样饱受日本殖民和战争痛苦的朝鲜半岛国家也未获得参会资格。诚然，其他参会国家受到日本法西斯侵略的损失以及为反法西斯战争的胜利付出的努力都值得正视，这些国家也的确有通过谈判和条约重新与日本恢复和平外交关系的权力。然而，作为反法西斯同盟国家与日本达成和解并重新确立日本主权和国际地位的和谈会议，在缺乏日本法西斯主要侵略国和反法西斯战争主要交战国参会的情况下，其他国家是否能够代表全体同盟国的意志对日本发动战争的罪责予以表态，存在争议。此外，该和会中议定的诸如领土放弃等问题，与未参与该会议议和的中国、韩国等国家也都有直接或密切的关系。换言之，旧金山和会的性质以及议和的具体内容，决定了实际参加该和会的国家在实现会议宗旨方面存在代表权不足的瑕疵。

此外，旧金山和会上对日和约（即"旧金山对日和约"）的形成和议定过程，更是完全不符合《联合国宪章》框架下各成员国主权平等、相互尊重并以沟通对话等和平方式解决国家间争端的原则和宗旨，而是"从开始就成为苏联阵营和美国阵营角力的没有硝烟的战场"，在代表权存疑的参会国中，真正意义上参与草拟或议定和约约文的谈判国更是十分有限。在会议开幕式上，会议发起国之一美国的杜鲁门总统便通过"今天世界正面临着新的侵略的威胁。出席今天会议的许多国家为了支持联合国正在同不法国家进行战斗"，"国家之间也有盗匪"，"谁要追求和平，谁要阻止和平，谁要结束战争，谁要继续战争"等言论，对苏联和中国等参会或未参会国家进行冷嘲热讽，从而使得该和会火药味伴随始终。[①] 发起该

[①] 孙瑜：《战后初期美国外交与旧金山媾和》，社会科学文献出版社2014年版，第173页。

和会的美英两国还采取了通过议事程序规则来减少草案修改可能性的策略，先是以第一次正式会议仅讨论程序规则问题为由拒绝了一些国家邀请中国参加该和会的提议，并选出了由美、澳两国代表分别担任会议永久主席和副主席的阵容，对以苏联为主的社会主义国家阵营明显不利，致使苏联阵营提出的多个程序建议案接连被否决，奠定了和会依照美英的既定方针进行的基调。在后续会议中，美国和英国在发言中相互支持和配合，却严格限制苏联代表的发言时间，并以各种方式打断苏联及其他社会主义国家代表的发言，以此对与自己不同的意见和建议进行打压和抵制，对苏联阵营进行孤立。美国在和会召开过程中采取的一系列程序上或者事实上主导会议进程、垄断会议言论的做法，甚至遭到其阵营内部一些国家的不满，他们认为美英的草案也不是很令人满意，而只是聊胜于无①。而苏联、波兰和捷克斯洛伐克等国更是拒绝在"旧金山对日和约"上签字。菲律宾和印尼则在国内强烈的抗议声中，拒绝批准在和会上签署的"旧金山对日和约"。

"旧金山对日和约"的内容，更是体现出由于美国对日政策的转变而导致的对《开罗宣言》《波茨坦公告》之原则和精神的违背。仅以该和约中有关财产赔偿和返还的内容为例，日本投降初期盟军司令部在日本主持的战争赔偿和劫物返还，尚以1937年"七七事变"为起始时间节点，虽然在对中国进行赔偿和返还是否应当坚持更早的时间起点的问题上存在争议或者模棱两可，但这至少表明，彼时盟国对于日本法西斯自1937年已经发起侵略战争这一事实是存在共识的。然而，作为战后清算和追究日本战争责任、重建世界

---

① Mallappa Amravati, *The Japan- US Alliance: A Histroy of Its Genesis*, Naurang Rai Concept Publishing Company, 1985, p. 178.

和平秩序的和约，"旧金山对日和约"有关赔偿和财产返还事宜的规定，仅以1941年美日正式宣战为起始时间节点，置广大亚洲国家在此之前遭受的财产掠夺和损失于不顾；以法律意义上宣布交战而非事实上的侵略和战争行为为起始时间节点，更有在一定意义上否定日本发动侵略战争的反人类性，而将其简单化为不同国家之间普通的战争争端之嫌。

2. 中国政府声明"旧金山对日和约"非法性的明确立场

国际条约的法律效力以国家签字认可为前提。由于旧金山和会和"旧金山对日和约"在准备、拟定、谈判和最后的通过签字环节都没有中国的参与，中国政府一贯主张，"旧金山对日和约"是非法的，无效的，因而是绝对不能承认的。早在旧金山和会召开之前，中国政府就公开表明了对日媾和态度。1950年12月4日，时任中国政务院总理兼外交部长周恩来就代表中国政府发表了《关于对日和约问题的声明》①，首次全面阐述了中国有关对日媾和问题的观点和立场。该文件明确提出以下几点立场：

> 第一，……中国人民经过八年英勇抗战，击败了日本帝国主义，取得了抗日战争的胜利。因此，对日和约的准备、拟制与签订，我中华人民共和国必须参加，乃属当然之事。……中华人民共和国中央人民政府是代表中国人民的唯一合法政府，它必须参加对日和约的准备、拟制与签订。中国国民党反动残余集团绝对没有资格代表中国人民，因而它没有资格参加任何有关对日和约的讨论和会议。对日和约的准备和拟制，如果没

---

① 新华社1950年12月4日电，转引自(国台办)中国台湾网：http://www.taiwan.cn/wxzl/zhyyl/zhel/200212/t20021223_91331.htm，2019年12月9日访问。

有中华人民共和国的参加，无论其内容与结果如何，中央人民政府一概认为是非法的，因而也是无效的。

第二，……中华人民共和国中央人民政府的基本方针是在力求于尽可能的短期内，缔结共同对日和约，以便早日结束对日战争状态，使日本人民早日获得民主与和平。

第三，《开罗宣言》《雅尔塔协定》《波茨坦宣言》及1947年6月19日远东委员会各国所同意通过的对投降后日本之基本政策……乃是共同对日和约的主要基础。……美国政府备忘录，显然是企图将他自己的建议及所谓可能获得的协议，作为对日和约的基础，来代替已经为盟国所达到的符合世界人民利益和日本人民利益的国际协议，……并且企图将他自己的建议及所谓可能获得的协议，强迫其他盟国予以接受。

在此基础上，该文件郑重声明：

美国政府在关于对日和约问题的备忘录中所拟定的方案，完全违反盟国共同对日作战的目的，并破坏所有有关对日政策的国际协议，同时，更抹杀我中国人民抗日奋战的基本利益，也无视日本人民的未来愿望。……这一关于对日和约问题的备忘录的建议，是不符合中国人民和日本人民的利益的。中国人民极愿与第二次世界大战时期其他盟国尽速订立共同对日和约，但和约的基础必须完全依照开罗宣言、雅尔塔协定、波茨坦宣言及对投降后日本之基本政策。

得知美、英单方面决定召开旧金山和会后，1951年抗战胜利

6周年之际,周恩来再次代表中国政府发表声明,不接受和约草案,不承认将中国排除在外的旧金山和会。他提出:"美英两国政府所提出的对日和约草案是一件破坏国际协定、基本上不能被接受的草案",而"由美国政府强制召开、公然将中华人民共和国排斥在外的旧金山会议也是一个背弃国际义务、基本上不能被承认的会议",重申"不论从它的准备程序上或它的内容上讲,都是彰明较著地破坏了 1942 年 1 月 1 日的《联合国家宣言》《开罗宣言》《雅尔达协定》《波茨坦公告和协定》及 1947 年 6 月 19 日远东委员会所通过的对投降后日本之基本政策等重要国际协定","美国政府这一违背国际协定的行动,在英国政府支持之下,显然是在破坏日本与所有与它处于战争状态的国家缔结全面的真正的和约,并正在强制日本与某些对日作战国家接受只有利于美国政府自己而不利于包含美日两国在内的各国人民的单独和约",因此实际上是一个"准备新的战争的条约,并非真正的和平条约"。"中华人民共和国中央人民政府现在再一次声明:对日和约的准备、拟制和签订,如果没有中华人民共和国的参加,无论其内容和结果如何,中央人民政府一概认为是非法的,因而也是无效的。"① 对日和约签署后,1951 年,"九一八事变"日本侵华战争爆发 20 周年当天,周恩来代表中国政府发表《关于美国及其仆从国家签订旧金山对日和约的声明》,谴责美国政府"公然违反一切协议,排斥中华人民共和国",强调"旧金山会议中强制签署的没有中华人民共和国参加的对日单独和约,

---

① 《中华人民共和国中央人民政府外交部部长周恩来关于美英对日和约草案及旧金山会议的声明》,载《人民日报》1951 年 8 月 16 日。

不仅不是全面和约,而且完全不是真正的和约"。① 此后,中国政府又多次在不同场合、以不同方式重申拒绝承认"旧金山对日和约"的基本立场。如2012年日本基于"旧金山对日和约"主张钓鱼岛主权时,《人民日报》发表"钟声"文章《"旧金山和约"何足为凭?》,再次重申"旧金山对日和约""把为世界反法西斯战争胜利作出重大贡献和牺牲的苏联、中国等国排除在外",且"多处内容不符合《开罗宣言》和《波茨坦公告》的精神",因此"对中国没有任何拘束力,根本不是中日双方解决战后领土归属问题的法律基础"。②

三、主要受害国的对日和约及财产赔偿和返还

"旧金山对日和约"因为其程序和内容方面的瑕疵而未被中国、韩国等战争受害国所承认。即使是已经签署了该"和约"的国家,也可在该"和约"第14条的框架下,就财产的赔偿事宜与日本再行协商。在这种情况下,亚洲战场主要国家对日媾和以及战争赔偿和劫物返还的情况更为复杂。

(一)中国

1949年,中华人民共和国成立,国民党败退台湾。英国于1950年率先对新中国予以承认,并因此主张应由新中国代表参与旧金山的对日和会,与扶持国民党的美国产生分歧。两国经多次协商,终于达成"莫里森-杜勒斯协定",即同时拒绝中华人民共和国或台湾当局任何一方出席旧金山和会,由日本在"旧金山对日和约"

---

① 《中华人民共和国中央人民政府外交部部长周恩来关于美国及其仆从国家签订旧金山对日和约的声明》,载《人民日报》1951年9月19日。

② 参见钟声:《"旧金山和约"何足为凭?》,载《人民日报》2012年10月19日。

生效后选择与其中一方单独缔约。

在美国的胁迫与利诱下，日本开始了与台湾当局的和谈进程。在这场和谈中，日方除以不影响与美国的密切关系为原则之外，最大的诉求就在于减少赔偿甚至不予赔偿，因此主张以承认中国有权处分在华日产为条件，要求台湾当局放弃包括劳务赔偿在内的一切赔偿要求。而台湾方面却将签订该和约作为维护其代表中国"法统"地位的一种有力武器。蒋介石亲自订立了和谈商订事宜的基本原则："一、如果日本不希望与中国签订一项正式的和平条约，则日本代表团不必来台。二、中国政府系代表整个中国，并非仅为台湾或其他现时辖治下之领土。三、中日和平条约应与旧金山和约同一类型。"[①] 虽然台湾当局最初也向日本主张劳务赔偿，但在国际社会孤立的压力和美国、日本的"趁火打劫"下，劳务赔偿最终成为国民党在谈判中，最大限度地争取其作为中国"法统"之代表的政治利益而讨价还价的筹码[②]。最终，蒋介石不得不采取"以德报怨"策略，不仅放弃了战胜国之权利，甚至放弃了盟国根据"旧金山对日和约"所享受的劳务补偿之权利。最终达成的"日台和约"正文共14条，并附有"议定书""照会"和"同意记录"，并未对战争损毁或劫掠财产的赔偿或返还作出具体规定。日本和台湾当局在谈判过程中，更是未涉及战争劫物返还的问题。仅有该"和约"第11条则明确规定："除本条约规定的条款之外，由于台湾当局与日本停止战争状态产生的各种问题，均依照'旧金山和约'的规定来处理。"

---

① 张龙吟：《中日和平条约签订过程回顾》，(中国台北)幼狮文化事业公司1991年版，第52页。

② 参见孙瑜：《战后初期美国外交与旧金山媾和》，社会科学文献出版社2014年版，第239—242页。

这一严重践踏中国主权、出卖民族利益的非法和约，遭到中华人民共和国的严正抗议。中国政府在第一时间表明了"旧金山对日和约"及"日台和约"的非法性及不予承认的立场，指出"美国政府强令日本吉田政府和在台湾的中国国民党反动残余集团缔结所谓'和平条约'，显然是企图用这个所谓'和约'，把它所一手培植的两个走狗联合起来，妄想借此构成对我中华人民共和国的军事威胁"；"对于美国所宣布生效的非法的单独对日和约，是绝对不能承认的；对于公开侮辱并敌视中国人民的吉田蒋介石'和约'，是坚决反对的"[①]。该"和约"在日本国内也引起了很大争议，许多日本议员认为，此举屈从美国的压力，将使日本在亚洲变得孤立和隔绝[②]。事实上，日本不论是在最初选择和谈对象时表现出的尽量拖延、静观其变的犹豫态度，还是迫于美国压力与台湾当局展开谈判的过程，始终表现出不愿意彻底否认中华人民共和国的明显倾向，该"和约"中有关适用范围的规定表述为"现在在中华民国控制下或将来在其控制下之全部领土"，可以说在法律上并没有禁止其采取与中华人民共和国建交的行为[③]，隐含着制造两个中国的意味，也为日本根据自己的利益需要自由选择脱离于台湾当局的控制而与中华人民共和国建交提供了空间[④]。

随着中国外交局面的打开和《中美联合公报》推动中美关系迅

[①] 参见《中华人民共和国中央人民政府外交部周恩来部长关于美国宣布非法的单独对日和约生效的声明》，载《人民日报》1952年5月7日。
[②] 参见宋成有、李寒梅等：《战后日本外交史（1945—1994）》，世界知识出版社1995年版，第117页。
[③] 叶潜昭：《当代日本条约析论》，台湾中华书局1977年版，第92页。
[④] 参见徐勇、张会芳、史楠：《战争遗留问题的源头——东京审判与〈旧金山和约〉》，黑龙江人民出版社2011年版，第231页。

速发展，中日双方民间往来和政界高层的互动日益增多，两国邦交正常化进程逐步加快。为早日实现这一目标，改善与西方国家的关系，并体现作为联合国安理会常任理事国的大国意识，同时考虑到曾经代表全中国主权实体的中华民国政府和其他盟国也已经主动或被动放弃了战争赔偿这一历史事实，1972年签署的《中日联合声明》，在明确日本对过去的战争给中国人民造成重大损害的责任表示深刻反省、承认中华人民共和国政府是中国的唯一合法政府、充分理解和尊重台湾作为中国不可分割的一部分并坚持遵循《波茨坦公告》第8条等基本立场的同时，也明确声明："中国政府宣布：为了中日两国人民的友好，放弃对日本国的战争赔偿要求"。至此，中日之间有关"二战"责任的问题终于得到历史性解决。

然而，《中日联合声明》的签署，充满了妥协。特别是在"日台和约"的效力问题上，日本仅表示"理解"中国的立场，但同时提出，"日台和约"是"旧金山对日和约"的产物，也经过了日本国会的批准；根据"旧金山对日和约"，日本放弃了对台湾的一切权利，已不能独自认定现在台湾的法律地位；而"日台和约"已终结中日之间的战争状态，且战后问题也处理完毕。因而，日本与台湾当局缔结的和平条约无效的表达是日本所不能同意的。① "如果日中间关于国交正常化问题达成协议，外交关系得以建立，作为其自然的结果，

---

① 《日中共同声明日本側案の対中説明》，载石井明等：《日中国交正常化？日中平和友好条約締結交渉》，岩波书店2003年版，第80—86、110—118页；《田中総理・周恩来総理会談記録》第一回首脳会談(1972年9月25日)，東京大学東洋文化研究所田中明彦研究室：《世界と 日本》ラータヘース(database)：http://www.ioc.u-tokyo.ac.jp/~worldjpn。转引自李寒梅：《从邦交正常化的原点看中日"1972年体制"》，载《中国国际战略评论》，2013年，第114页。

中华民国政府与我国的外交关系就无法持续。"① 可以看出，对于台湾问题和与之密切相关的"旧金山对日和约"、"日台和约"的效力问题，日本一直坚持前后一贯的所谓"法律解决"的立场，并未做出实质性改变，即："旧金山对日和约"是其解决战争遗留问题的基本依据；"日台和约"并非自始无效，而是自日本与中华人民共和国建交、同时与"中华民国"断交而失效。中国在无法与日本达成一致的情况下，转而寻求实现"政治解决"，对最初提出的"复交三原则"②的立场进行了大幅让步，事实上仅在第一个原则，即"承认中华人民共和国政府是中国的唯一合法政府"的问题上达成了共识并明确载入《中日联合声明》中，而在第二、第三原则方面则采取了"搁置争议"的沉默态度。

中国在争取日本承认"一个中国"即中华人民共和国、与台湾当局断绝"外交"关系的基础上，达成了复交谈判的至上目标。然而，对于日本而言，与中国恢复邦交的前提条件，第一是不损害日美关系；第二是不支付战争赔偿。③ 日本官方从未考虑过对中国的战争赔偿：其外务省鲜有讨论对华战争赔偿问题的痕迹；当时的日本外务省官员回忆，田中角荣首相和大平正芳外相是抱定中方"如

---

① 《わが国の中国政策について》(1972年8月3日)，《情報公開による文書(写)の一般公開目録》，整理番号02－1137－1，外交資料館＝。转引自张跃斌：《试析田中角荣实现中日邦交正常化的原因》，载《日本侵华史研究》2013年第3卷，第49页。

② 所谓中日"复交三原则"，即：(1)中华人民共和国是代表中国人民的唯一合法政府；(2)台湾省是中华人民共和国领土不可分割的一部分；(3)"日台条约"是非法的、无效的，应予废除。这些原则原为1971年6月日本公明党第一次代表团访华时《中国日本友好协会代表团、日本公明党访华代表团联合声明》的前三点，从同年11月起被中国政府正式提出并确立为"复交三原则"，是中日恢复邦交的前提和核心。

③ 李寒梅：《从邦交正常化的原点看中日"1972年体制"》，载《中国国际战略评论》，2013年，第114页。

果提出赔偿要求就立刻回国"的决心到北京的[①];大平外相的秘书森田一也回忆说,如果当时中国提出战争索赔问题,那么邦交正常化就不可能实现[②]。换言之,"正是由于中国政府已决定放弃对日战争索赔的要求,两国间部分其他战后处理的法律问题也由远东国际军事法庭予以完成,因而双方对历史问题的处理,实际上被简化成为了日本反省侵华历史的'措辞'问题"[③]。日本政府的基本立场始终是:"旧金山对日和约"以及"日台和约"是合法、有效的,结束战争状态问题以及战争赔偿问题均已在"日台和约"中解决完毕。这正是日本政府企图在国际法意义上逃避战争赔偿责任,从而为否认战争历史责任奠定基础的手段,并为日本后来拒绝处理侵华战争受害者提出的战争赔偿请求,或者处理其他方面的战争遗留问题,奠定了理论基础。

（二）韩国

"二战"后,朝鲜半岛摆脱日本殖民统治获得独立,南朝鲜美占区于1947年在军政厅之下成立"南朝鲜过渡政府"并于同年设立"对日索赔问题对策委员会",开始整理对日索赔相关资料并研究对日索赔问题。1948年大韩民国政府成立后,首任总统李承晚宣布韩国保留对日索赔的权利,成立"请求对日索赔委员会"并向盟军司令部提交《对日索赔要求调查报告》。

---

① 《条约论からみ确执》,载《朝日新闻》1997年8月28日,转引自刘建平:《中日"历史问题"的过程性结构与"历史和解"可能的原理》,载《日本学刊》2019年第6期,第84页。

② 服部龙二:《日中国交正常化:田中角荣、大平正芳、官僚挑战》,第69、64页,转引自李寒梅:《从邦交正常化的原点看中日"1972年体制"》,载《中国国际战略评论》,2013年,第115页。

③ 李寒梅:《从邦交正常化的原点看中日"1972年体制"》,载《中国国际战略评论》,2013年,第115页。

第五章　亚洲国家对日追索被掠文物面临的困境

然而,韩国的对日索赔过程同样受到美国对日政策转变的影响,使得韩国政府在对日索赔中的基本立场,从过渡政府时期的"为恢复因(日本的)暴力与贪欲造成的损害而必然使其履行的义务",转变为"为挽回和恢复所蒙受的牺牲而提出的公正的、理性的合理要求"。1952年日韩第一次会谈时,韩国向日本提出的《韩日之间的财产及请求权协定纲要案》与此前提交盟军司令部的《对日索赔要求调查报告》相比,更强调了基于确切根据的现物"归还"及损失"补偿"而非"战争赔偿"主张,在要求上已经有了明显的让步。然而,日方不仅不予接受,反而对日本人遗留在韩国的财产提出了"逆财产请求权"主张,并在此后的会谈中采取纠缠技术性问题、要求韩国进一步提供更详细的相关资料的手段和策略,逼迫韩国不断作出让步,终使韩国于1965年6月与日本达成《日韩基本条约》及一系列附属文件,以"经济援助"的"一揽子"模式,"完全且彻底解决了两国及两国人民(包括法人)之间存在的财产请求权问题"。①

值得注意的是,《日韩基本条约》的附属文件中,还包含一份专门的《日韩关于文物和文化合作协定》(文化財及び文化協力に関する日本国と大韓民国との間の協定),日本承诺在协定生效之日起6个月内,向韩国归还协议附件所列的陶瓷、考古材料和石材艺术品等文物、图书和其他有关历史文件(逓信関係品目)等(第2条)。两国还约定,提供尽可能多的便利,使另一国公民有机会研究本国博物馆、图书馆和其他学术与文化设施所拥有的文化财产(第3条)。②然而,这些被返还的文物与日本在朝鲜半岛劫掠文物的数

---

① 参见安成日:《二战后韩国对日索赔要求的演变》,载《日本学论坛》2005年Z1期,第52—55页。

② Available at: https://ja.wikisource.org/wiki/文化財及び文化協力に関する日本国と大韓民国との間の協定, accessed on 03-10-2019.

量相比,仅如九牛一毛。

(三)东南亚国家

东南亚国家中,参与和会并在"旧金山对日和约"上签字的有菲律宾、印度尼西亚、老挝、柬埔寨和法属印支联邦越南国(以下简称"法属越南")。因此,日本在对东南亚赔偿问题上采取了援引该"和约"第14条有关"劳务赔偿"的条款,严格坚持劳务赔偿原则,不以金钱、产品进行赔偿。然而,"旧金山对日和约"既没有明确规定赔偿的对象,也没有规定具体的赔偿数额,只规定将赔偿问题交由索赔国与日本双边协商决定。印度尼西亚、菲律宾和法属越南在同日本进行赔偿谈判时产生了很大分歧,并以此为由,一直未批准"旧金山对日和约",导致日本事实上无法同这些国家结束战争状态和实现邦交正常化。这成为日本发展同东南亚经贸关系的头号障碍。

为此,日本对东南亚国家赔偿问题的态度开始由消极走向积极。1954年,日本与未参加旧金山和会、未签署"旧金山对日和约"的缅甸签署《日本与缅甸联邦和平条约》及《赔偿及经济合作协定》,推动了日本同其他东南亚国家解决赔偿问题的进程。以日缅赔偿协议为范例,日本与东南亚国家建立起以赔偿和经济合作为纽带的政治经济关系,开展赔偿外交,通过赔偿方案的补偿性质改善日本与东南亚国家之间的关系,安抚其反日情绪。然而,这些赔偿方案也具有明显的逐利性动机,意图通过赔偿与经贸合作达到经济目的。① 在这一理念指导下,日本与东南亚国家达成的赔偿和约,

---

① 参见史勤:《日本和缅甸关于战争赔偿的交涉》,载《世界历史》2018年第5期,第93—94页。

第五章　亚洲国家对日追索被掠文物面临的困境

在赔偿方式上具有灵活多样的特点,如与受偿国共同开办企业,提供资金、设备、技术和人才培养的"经济合作",以及向受偿国提供低息贷款或专项贷款等,可以说渗透受偿国社会经济生活的方方面面。这些赔偿和约不以赔偿谢罪、弥补罪责为目的,而是将赔偿作为修补同东南亚各国关系,打开东南亚市场的手段[①],对于战争掠夺财产,特别是掠夺文物艺术品返还的问题鲜有涉及。

第二节　司法途径存在的障碍

冷战结束后,流失文物追讨问题在世界范围内日益受到关注,原所有权人,特别是战争受害者或其继承人通过诉讼方式追讨劫掠和流失文物艺术品的案例不断增多。亚洲不少民间组织和个人也开始了通过诉讼追讨海外流失文物的探索。如在中国,2009年,北京律师刘洋倡议并号召60余名中国律师组成"追索圆明园流失文物律师团"在法国巴黎提起诉讼,阻止佳士得拍卖行公开拍卖圆明园被掠兽首的行为。[②]2015年,福建省为追讨被盗的"章公祖师"肉身坐佛,由阳春村和东埔村村民委员会代表全体村民授权中荷律师团队在中国和荷兰两国分别提起平行诉讼。[③]韩国也有通过诉讼追索流失文物的尝试:2010年,韩国一

[①] 参见李垣莹:《战后日本的东南亚赔偿外交研究》,山东大学2017年硕士学位论文。

[②] 《法国法院驳回停止圆明园兽首铜像拍卖的诉讼请求》,2009年2月24日,见中国网:http://www.china.com.cn/law/txt/2009-02/24/c,2019年10月3日访问。

[③] 参见《章公祖师肉身坐佛案首次在国内开庭,村民补新证据》,2018年7月31日,见凤凰网:https://fo.ifeng.com/a/20180731/45092578_0.shtml,2019年10月3日访问。

个名为"文化联合"的市民团体就1866年丙寅洋扰之时被法国军队掠夺走的外奎章阁图书的返还向法国法院提起诉讼；①2014年，民间团体"找回文化遗产"向日本法院提交调解申请，要求东京国立博物馆停止收藏34件日本强占韩国时期被盗掘的朝鲜王朝王室文物及庆州金冠冢和昌宁出土的文物，并将其返还给韩国。②然而，与欧洲国家的犹太人后裔提出的纳粹掠夺文物返还诉讼相比，亚洲国家战争受害者或其代理人（继承人）直接针对日本在"二战"期间掠夺文物提起返还诉讼的案例在数量上更为稀少，实践中，此类文物追索诉讼也多以法院不受理或被驳回告终。其中面临的问题和阻碍，主要体现在以下几个方面。

一、直接法律依据缺失

在"二战"日掠文物返还问题上，无论是内国法还是国际法层面，都缺乏明确而直接的法律依据。现有法律框架无法提供解决问题的明确方案。这是通过诉讼追索日掠文物面临的最大障碍。

（一）亚洲国家普遍缺少战争被掠文物追索与返还的专门法规

如前所述，欧美国家在上世纪末或本世纪初纷纷制定了解决纳粹掠夺物品，甚至专门针对被掠文物艺术品返还的特别立法。这些立法，或是明确确立解决此类历史遗留问题的专门机制，并设立专门就此问题展开全面调查、评估并提供审议咨询意见的机构；或是

---

① 《韩国追讨流失海外文物 诉讼被法国法院驳回》，2010年1月8日，见环球网：https://world.huanqiu.com/article/9CaKrnJmREP，2019年10月3日访问。

② 《日本法院驳回"返还韩国文化遗产"调解申请》，2014年11月6日，见中国新闻网：http://www.chinanews.com/gj/2014/11-06/6759525.shtml，2019年10月3日访问。

针对此类诉讼的特殊之处，就诉讼主体、时效、举证责任等方面与普通物权追索不同的特殊规则进行明确规定。这些专门立法和依托立法形成的专门处理机制，为被掠文物的原所有权人寻求通过诉讼或者与诉讼具有类似作用和效果的专门正式程序和机制解决历史遗留问题，提供了重要支持和明确指引，也表明了国家在处理这一问题中的鲜明态度。

欧美国家解决纳粹掠夺文物艺术品返还问题的专门立法或特别机制的确立和实施，离不开以下社会条件的支撑：1.德国对"二战"历史的深刻反省和对战争责任的积极承担。2.战后初期盟国对本土纳粹财产的没收，以及德国的赔偿与"外部返还"的行动，使得大量战争期间被掠夺的文物艺术品，事实上多位于战胜国收藏机构中。这些国家本身即为纳粹秩序的坚决反对者，主观上更愿意通过被掠文物和艺术品返还实现正义秩序。3.各国犹太人组织因共同的被迫害和被掠夺遭遇而产生的共同的索赔愿望，并因此为原所有权人提起返还诉讼或通过其他方式追索纳粹劫掠文物提供大力声援和支持。4.战后欧洲走向联合、致力于重新构建统一共同体的愿望和努力。

而反观亚洲，无论是中国、韩国还是东南亚国家，都鲜有针对"二战"期间日本法西斯掠夺财产或者文物艺术品进行追索或要求返还的专门立法，战争受害者或文物原主通过司法途径追索其战时被掠文物，缺乏直接明确的国内法依据；这些国家更没有针对此类特殊争诉设置专门的特别解决机制或规则。究其原因，亚洲战后秩序与发展模式与欧洲有着显著不同，缺乏制定和执行此类法规的有利环境和条件：首先，由于战后即刻开展的"一步到位"的返还程序和标准过于严苛，实现返还的文物的数量十分有限，大量未予返还的文物至今仍位于日本或美国，或几经流转流落其他国家，并未被原属国所实际掌控，这导致原属国即使参照欧洲进行特别立法或设立特别处理机制，也无法对日本或其他境外文物艺术品收藏机构形成有效制约，其效果十分有限。其次，欧洲在"二战"之前已进入工业社会、具有较高的社会发展程度，而亚洲国家在"二战"之前多已沦为殖民地或半殖民地，基础薄弱，战后又历经国内民主解放运动，新成立的国家在半个世纪的起步发展中面临着许多更为迫切的现实问题，无暇顾及战争掠夺财产，特别是文物艺术品的返还。有关专业人才的稀缺也构成亚洲国家追索"二战"日掠文物的现实障碍。此外，日本对待战争责任及遗留历史问题表现出的强硬态度，与德国对纳粹大屠杀历史和责任的深刻反省形成鲜明对比，加剧了战争受害者向日本要求劫掠文物返还的难度。另外，"二战"后亚洲局面较欧洲更为复杂，各国与日本和美国的关系各不相同，战前及战时的长期殖民统治，也使当今亚洲国家民众的文化背景和文化认同呈现出多元化特点，无论是国家层面还是民间层面，都难以凝聚起共同开展对日索赔和要求劫物返还的统一力量。在上述各项不利因素的影响下，特别立法的制定，以及原所有权人依据该特别立法提起诉讼或通过专门机制寻求被掠文物返还，在亚洲国家的对日文物追索中恐难以实施。

（二）现有国际公约无法为"二战"被掠文物追索提供明确的法律依据

国际法层面，直接涉及文物返还的是联合国教科文组织1970年《关于禁止和防止文化财产的非法进出口及其所有权转让方法的公约》（"1970年公约"）和国际统一私法协会《关于被盗或非法出口文物的公约》（"1995年公约"）。1954年《海牙公约》则是适用于战争或者武装冲突情况下文化财产保护的国际公约。通常认为，这三个公约是最可能作为被掠或被盗文物返还依据的国际法文件。然而，这些公约都签订于"二战"结束之后，无论其核心宗旨和内容，还是国际法效力规则，都决定了这些公约无法为"二战"被掠文物返还提供直接的法律依据。

1. 国际公约核心宗旨和内容的局限性

"1970年公约"和"1995年公约"主要针对"二战"后由于非法盗掘和跨国贸易造成的文物流失问题，虽未排除对战时情况的适用，但须以缔约国或其他主体的行为违反公约的明确规定为前提。此外，两个公约都明确界定了属于其保护范围的文化财产的具体类型，其中，"1970年公约"所保护的文化财产，还须满足"特定机构所有"和"登记在册"两个条件；也就是说，该公约所保护的文化财产，是为国家所登记确认的、所有权主体明确的有限的文化财产。未在国家登记的指定名录中的文化财产，即使因其他缔约国违反公约行为而遭受非法出口或流失，也无法援引该公约作为要求返还的依据。

1954年《海牙公约》专门关注战争或武装冲突时期文化财产的保护问题，确立了对国家和民族具有重大意义的可移动和不可移动文化财产，以及文化财产的保护机构，不论为公有或私有，在战争或者武装冲突时期都受到特别保护的基本原则；并为战时尊重、保护和运输这些文化财产设定了一系列具体规则。这些公约原则和规则，确立了战争时期肆意掠夺文化财产行为的非法性基础。然而，该公约本身并没有直接关于非法掠夺文化财产返还的规定。事实上，1954年《海牙公约》有关缔约国在战争或武装冲突时期应采取措施阻止文化财产非法出口（第1条），禁止战胜国将战败国文物作为战争赔偿予以没收留置,以及在敌对状态结束时向被占领国当局返还违反公约及前述规定非法转移出该国文化财产的义务(第3条)的规定,见于其第一议定书中,但这些义务仍是一些较为抽象的规则。

2. 公约实施机制局限

国际公约的制定充满着缔约国之间为维护本国利益、适应本国实际情况而互相博弈的过程;文物返还相关国际公约的制定,更是充满了文物来源国和文物市场国在保护立场方面的激烈冲突和对立,许多规则得以通过,反映的是多方沟通和妥协之后达成的共识,一般而言不会涉及过于具体的实施或操作性规则。另一方面,国际公约作为主要为主权国家设定权利义务,并依赖各缔约国签字认可而产生法律效力的规范,也需尊重和依赖国家在其领土范围内落实公约之规定的自主权。

如"1970年公约"即并不是一个可以直接适用的公约,它需要各缔约国通过国内法和在该公约框架下达成的双边或多边协议,制定具体的实施方案。缔约国对该公约可能存在不同解释,其国内立法也因此而有所不同①,这直接影响公约的实施效果。保有大量战争掠夺或非法盗窃文物的日本作为"1970年公约"的缔约国,制定了《文化财产非法出入境等事务规制法》以配合公约实施。但日本对外国可移动文物实施入境管理的主要依据是"特定外国文化财产"的认定,其认定条件和程序都非常严格,很大程度上取决于国家对于有关问题的立场和态度。截至目前,日本文部科学省仅在

---

① 王云霞主编:《文化遗产法学:框架和使命》,中国环境出版社2013年版,第515页。

2003年和2012年两次指定过共三件"特定外国文化财产",分别来自土耳其和马达加斯加。① 这虽然并非与文物返还问题直接相关,但鲜明地体现了国际公约在国内实施所面临的局限性。

3. 公约效力问题

即使抛开有关国际公约内容和实施机制本身存在的局限性,上述公约都没有溯及力,无法适用于在其生效之前因"二战"掠夺或招致流失的大量文化财产的返还,更是导致文物返还请求缺乏国际法依据的根本原因。

国际公约的法律效力来源于缔约国的认可。根据"法不溯及既往"原则,国际公约在符合生效条件后,在缔约国生效的时间,仅从该国有权机关批准该公约开始。然而,上述三个公约都制定于第二次世界大战之后,亚洲各国和美国加入这些公约的状态和时间更是各不相同(见下表)。这成为将上述公约适用于解决"二战"期间被掠文物返还问题的最大障碍。

表2 各国加入相关公约的时间和状态

国别	1954年《海牙公约》（1956年8月7日正式生效）	《海牙公约》第一议定书	"1970年公约"	"1995年公约"
美国	2009年3月13日	未加入	1983年9月2日	未加入
日本	2007年9月10日	2007年9月10日	2002年9月9日	未加入
中国	2000年1月5日	2000年1月5日	1989年11月28日	1997年5月7日 1998年7月1日生效
朝鲜	未加入	未加入	1983年5月13日	未加入

---

① 参见《文化财产非法出入境等事务规制法》,第3条第2项;《基于文化财产非法出入境等事务规制法第三条第二项规定对特定外国文化财产的指定省令》。

续表

国别	1954年《海牙公约》（1956年8月7日正式生效）	《海牙公约》第一议定书	"1970年公约"	"1995年公约"
韩国	未加入	未加入	1983年2月14日	未加入
缅甸	1956年2月10日	1956年2月10日	2013年9月5日	2018年6月20日 2018年12月1日生效
老挝	未加入	未加入	2015年12月22日	2017年5月18日 2017年11月1日生效
越南	未加入	未加入	2005年9月20日	未加入
柬埔寨	1962年4月4日	1962年4月4日	1972年9月26日	2002年7月11日 2003年1月1日生效
印度	1958年6月16日	1958年6月16日	1977年1月24日	未加入
泰国	1958年5月2日	1958年5月2日	未加入	未加入
马来西亚	1960年12月12日	1960年12月12日	未加入	未加入
印度尼西亚	1967年1月10日	1967年7月26日	未加入	未加入
菲律宾	未加入	未加入	未加入	未加入

通常而言，国际公约没有溯及力是不言自明的原则。1954年《海牙公约》及其议定书和"1970年公约"均没有对溯及力进行明确规定。事实上，"1970年公约"制定过程中曾尝试为承认其溯及力而努力，以便为大部分在欧洲霸权和殖民时代从原主国流失的文化财产的返还提供法律支持，但均因为溯及力问题遭到拒绝。因此，溯及力仍是该公约解决历史上流失文物的追索与返还问题的最大局限与障碍。"1995年公约"则明确规定，被盗文化财产的返还只适用于该公约对返还请求国生效后从该国盗走的文化财产或位于公约已生效缔约国境内的文化财产；非法出口文化财产的归还只

适用于该公约已在返还请求国和被请求国均生效之后非法出口的文物（第10条之[1][2]）。尽管公约又规定这既不意味着将公约生效前的文化财产盗运合法化，也不影响各国对此前的流失文物进行追索的权利（第10条之[3]），但"1995年公约"仍没有溯及力，因为它已明确规定只适用于在缔约国生效后发生的文化财产的盗窃和非法出口行为。公约的限制性解释可以理解为国际社会并不放弃未来在适当时机以适当方式解决公约生效前流失文物返还问题的努力。

（三）亚洲国家对日和约亦无法为解决被掠文物返还问题提供依据

与此同时，多数亚洲国家出于各种各样的原因，也未在与日本签订的和平条约中涉及战争被掠财产返还问题。不少国家的对日和约还有宣布放弃战争赔偿或表明战争赔偿问题已通过此条约完全解决的内容，成为日本援引用来拒绝赔偿或返还的借口。

如前所述，中国政府在坚决否认"旧金山对日和约"和台湾当局与日本签署的"日台和约"之后，于1972年与日本共同签署了标志中日邦交正常化的《中日联合声明》。该声明虽明确了日本在侵华战争中的历史责任，并表明了其坚持遵循《波茨坦公告》和《开罗宣言》的态度，但未涉及战争劫物，包括战时掠夺文物的返还问题。1978年中日两国正式签署的《中日和平友好条约》，也未涉及日掠文物或战争劫物返还问题。

东南亚国家战后多走亲美路线，并在美国的影响下与日本签订了以与日本开展"经济合作"，或者由日方提供低息贷款或专项贷款等灵活多样的方式代替战争赔偿的和平条约或协定，由此实现了与日本关系的正常化。此类和平条约中，亦未特别关注战争掠夺财产，特别是掠夺文物艺术品的返还。

韩国与日本签订的《日韩基本条约》中确实包含一份专门的《韩日关于文物和文化合作协定》，明确了日本在一定时间内向韩国返还一批文化财产的义务。但返还的范围仅限于该协定附件中所列明的十分有限的文化财产，亦未为后续开展其他更多的被掠文物的追索与返还行动提供可供援引的依据。

（四）日本和其他文物所在国亦没有针对这一问题的立法

从欧美的经验来看，在一般立法存在溯及力和时效（包括涉及物权本身的取得时效，也包括涉及诉权或胜诉权的诉讼时效）等规则和制度制约的情况下，依托专门制定的特别立法促进"二战"掠夺物品，特别是文物艺术品的返还，是解决这一问题的有效途径。流失文物的现所在国出台此类特别法规，对于促进文物返还其原所有权人而言，更具有重要意义。然而，战后日本对战争历史责任表现出逃避甚至否认的态度，多次以与战胜国签订的和平条约已彻底解决战争赔偿问题为借口，拒绝正视和解决战争历史遗留问题，有关机构亦在这些赔偿请求面前采取不赔偿、不道歉、不认罪这种极不负责任的"三不"态度。据统计，自1995年开始，一些南京大屠杀、慰安妇、强掳劳工、化学战和细菌战等事件的受害者及其遗属，在爱国人士和日本友人的帮助下，走上诉讼索赔的道路，但令人遗憾和愤懑的是，1995—2016年，中国抗战受害者或其遗属在日本提起的20余起索赔诉讼案，均被东京地方法院和高等法院以"诉讼时效已过"或"国家无答责"等为由，宣判败诉。① 日方还声称，"中国政府在《中日联合声明》中宣布放弃对日战争赔偿要求，包括个

---

① 赵金兰：《中日历史遗留问题对当代中日关系的影响研究》，沈阳航空航天大学2016年硕士学位论文，第40页。

人等主体的索赔权"①。在这种情况下,日本自然不会主动就战争劫物赔偿和返还,特别是劫掠文物的返还问题,出台有利于归还的特别法律。此外,在劫掠文物可能流向的其他西方国家中,虽然许多都陆续颁布了若干针对"二战"被掠文物返还的法律法令,但这些法律法令大都针对纳粹大屠杀时期犹太受害者的文物返还以及欧美国家之间"二战"被转移文物的返还问题,亦未将日掠文物包含在其适用范围之内。这也给日掠文物的原所有权人向这些国家起诉追索被掠文物增加了阻碍。

二、诉讼程序与规则的障碍

除缺乏可依据的明确法律规则外,选择诉讼方式追索"二战"时期日掠文物,还存在与一些西方国家类似的诉讼程序或规则方面的障碍或局限,表现在诉讼主体资格、诉讼时效与举证能力等方面。

(一)诉讼主体资格

流失文物追索诉讼是所有权返还的民事诉讼。此类诉讼的适格主体,一般须符合两个条件:第一,主体是具有权利能力的法律意义上的"人",包括自然人和法人;第二,主体必须对诉讼标的享有所有权利益,即曾经或理应享有对该标的物的所有权。在跨国文物追索诉讼中,前者通常依据法院地法决定,后者则需法院通过对涉诉标的物性质的识别来决定予以适用的准据法。对于动产而言,一般适用文物原属国法律。②

---

① 刘江永:《中日关系二十讲》,中国人民大学出版社 2007 年版,第 213 页。
② 参见霍政欣:《追索海外流失文物的国际私法问题》,载《华东政法大学学报》2015 年第 2 期,第 106—110 页。

日本在"二战"期间展开的文物劫掠，广泛地覆盖大量公私博物馆、文物收藏机构和私人收藏，从所有权属性来看，既包括公有文物，也包括私有文物。依据诉讼对原告适格的要求，公有文物一般为国家或者地方所有，由政府代表行使权利，在我国则存在国家所有权和集体所有权两类。鉴于"二战"距今已过去70余年，很多流失文物的原所有权人都已离世，依据民法的财产权继承规则，私有被掠文物追索诉讼的适格原告，一般为原所有权人的继承人。

1. 国家成为诉讼原告

尽管我国和其他许多东南亚国家曾在不同场合明确表示放弃对日本的战争赔偿，或者通过和平条约"一揽子"解决日本战争赔偿问题，但在国际法规则中，战争赔偿和战争劫物返还，是两个相互独立的问题，不能混为一谈。因此，国家以所有权人的身份向文物掠夺方或现持有者提起诉讼，要求所有权返还，在理论上并不存在障碍。即使在历经政权更迭的中国，根据国际法上的国家继承理论，当今中华人民共和国政府也有权通过诉讼追索"二战"期间被掠夺的公立博物馆或收藏机构所有的文物。

然而，实践中，国家对参与跨国诉讼多持谨慎态度，在错综复杂的文物追索诉讼中更是如此。从理论上说，国家作为原告参与跨国诉讼，有将国家主权置于一国司法机关（法院）管辖之下之虞，有违国家主权平等原则。这是一些国家所不能接受的，也是国家豁免权产生的理论根基[①]。随着近年来文物追索成为备受关注的热点问

[①] 尽管在西方国家，国家豁免理论已经由"绝对豁免"发展到"相对豁免"，即只有国家主权相关行为，才可享受豁免；与主权行为无关的一般民商事行为则无豁免权。但"相对豁免"理论目前还未被所有国家接受。包括我国在内的一些亚洲国家，多对"相对豁免"采取谨慎态度，目前尚未表现出接受这一原则的立场。

题,一些学者对于国家是否适宜成为跨国文物返还诉讼的原告也进行了理性思考,其结果与当前我国政府在这一问题中采取的谨慎态度一致,认为国家不宜通过诉讼追索流失文物。主要的反对理由包括:第一,当前国际社会有关文物返还的公约体系只是框架性的,缺乏完善的体系性和有效的约束机制。此外,公约效力无法溯及缔约国生效之前的行为;跨国民事诉讼也面临着诉讼时效这一难以逾越的问题。总之,国家通过诉讼追索文物的法律障碍很大,胜诉可能性很小。第二,我国政府坚持绝对豁免的立场,即中国政府以及代表中国政府行事的人员以及财产完全免除外国法院的管辖。但根据国际法规则,享有豁免权的国家如果主动起诉或应诉,则视为放弃主权豁免,与我国的立场不符。一些西方法官还可能将不相关的案件合并审理,给我国外交造成政治压力。第三,西方国家的诉讼费和律师费通常都极其高昂,且诉讼程序复杂,若国家参与诉讼,难免需要聘请外国律师,并向其告知我国相关立场。这可能涉及国家秘密的外泄,有很大的风险。[①]为此,当前由国家作为所有权人通过提起涉外民事诉讼的方式追索被掠文物,实践中存在很大障碍。

2. 集体组织作为诉讼原告

集体组织作为原告追讨被掠文物的案例,存在两种具体情形。一是文物原属国的一定社会组织或团体为追讨对本国具有重要意义的文物而向该文物的现持有人提起诉讼,在这种情形中,原告对诉讼标的物并不享有直接的财产利益,就性质和目的而言,是为国

---

① 《谢新胜:国家不宜提起诉讼追索流失文物》,原载《长江商报》2009 年 2 月 26 日,见新浪网:http://news.sina.com.cn/pl/2009-02-26/101717293394.shtml,2019 年 10 月 4 日访问。

家追讨文物的公益诉讼。二是集体组织以文物所有权人的名义起诉。两种情形在实践中都已出现具体案例,但都受到了不同缘由的阻碍。

(1)追讨流失文物的公益诉讼

近年来,亚洲国家对于本国流失海外文物回归的愿望日益迫切,已有一些组织或团体,自身虽非原所有权人,但出于为国家和民族追讨流失文物的公益目的,向流失文物的现持有者提起返还诉讼。如前述2009年以北京律师刘洋为首的中国律师团在法国对佳士得提出的圆明园被掠兽首追讨的诉讼,以及2014年韩国民间团体"找回文化遗产"向日本法院提交的要求东京国立博物馆返还34件日掠文物的调解申请。然而,由于原告并非诉讼标的物的物权人,这两个案例在实践中都陷入了诉讼主体不适格的尴尬境地。

选择适格原告的难题,困扰着中国律师团追索圆明园被掠兽首的始终,也是受诉的巴黎大审法院驳回其请求的直接理由。律师团最初的计划是由中国政府及圆明园管理机构作为原告,因为圆明园国有化之后,二者正是被掠兽首的合法所有权代表。律师团同时联系了中华社会文化发展基金会的分支机构中华抢救流失海外文物专项基金,认为基金会作为"工作与案件有实际关联性的团体和协会",也符合法国民事诉讼法有关原告主体适格的要求。但中国政府与圆明园管理机构最终未应允成为诉讼原告,基金会也出于各种考虑,选择不参与这桩没有先例的诉讼。① 在这种情况下,律师团转而选择"全球爱新觉罗家族宗亲会"这样一个由清皇室爱新觉

---

① 《律师团追讨圆明园兽首遭遇困局:谁来当原告》,2009年2月12日,见中国网:http://www.china.com.cn/news/txt/2009-02/12/content_17265877.htm,2019年10月5日访问。

罗家族后人在香港注册成立的民间社团作为原告并启动诉讼程序。首席律师刘洋认为,爱新觉罗家族曾是皇室家族,圆明园曾是皇家园林,被劫掠时属于皇家所有,该"宗亲会"在事实上与圆明园被掠文物有一定关联性,符合法国法中的有关诉讼利益。①然而,由于"宗亲会"担任本案原告的意愿一直以来都很勉强,在系争的圆明园兽首被拍卖前数日,律师团临时变更原告为法国人高美斯(Bernard Gomez)组建的"欧洲保护中华艺术协会",原因是律师团认为,该团体作为依法国法组建的社团法人,将减小诉讼阻力,且该团体承诺在胜诉后让系争兽首无偿回归中国。由于原自愿成为出庭代理人的法国律师对"宗亲会"作为原告的信心不足退出了案件代理,此案的在法诉讼代理人还临时变更为持有法国执业律师资格的法籍中国女律师。②然而,禁拍申请紧急开庭当日,经过2个多小时的法庭辩论,法庭还是认为"起诉方无权代表中国,也无权代表'公众利益'",并以原告主体不适格为由,驳回了禁拍申请。而原告及其代理人对于这个结果并不意外。③2014年,韩国民间团体"找回文化遗产"向日本东京法院提交调解申请,认为东京国立博物馆收藏的朝鲜王朝王室文物、庆州金冠冢出土文物、昌宁出土文物等34件文物,系日本强占韩国时期盗掘所得,要求博物馆停止收藏,并

---

① 《全球爱新觉罗家族宗亲会授权律师团启动诉讼》,2009年2月11日,见西安新闻网: http://www.xiancn.com/gb/news/2009-02/11/content_1480485.htm,2019年10月5日访问。

② 《律师今日将赴法阻止圆明园兽首拍卖》,载《北京晨报》2009年2月21日,第2版。

③ 《刘洋:圆明园兽首禁拍诉讼案是"程序上的败诉"》,2009年2月24日,见中国新闻网: http://www.chinanews.com/cul/news/2009/02-24/1575373.shtml,2019年10月5日访问。

要求博物馆管理部门，即调解的被申请方日本国立文化财机构予以返还。东京法院同样以"找回文化遗产"并非相关文物的所有人为由，驳回其请求。①

不论是法国还是日本，并非不存在公益诉讼制度，但对公益诉讼的事项范围及有权提出公益诉讼的原告资格都有非常严格的限制。如根据法国《遗产法典》第 L.114-6 条，依法注册成立并经有关机构认定 3 年以上的文化遗产社团，才有资格依据该法典的规定提起公益诉讼。日本《行政事件诉讼法》中的"民众诉讼"制度亦将民众诉讼的事由限于对地方公共团体在文化遗产保护和活用过程中的财政违法情况进行监督。文物原属国追索被劫掠文物的诉讼，涉及特定主体的公私所有权利益，且原告多为外国人，切合受诉国公益诉讼主体条件和要求的可能性，微乎其微。

（2）集体组织作为文物所有权人

集体所有权是我国特有的所有权类型，是我国集体所有制经济在财产的法律权属方面的表现，其主体包括各个集体组织，如农村中的村集体经济组织、合作社、乡镇企业等，还包括城市中的城镇集体企业、合作社等。根据我国《民法典》第 260 条规定，集体所有权除不动产和自然资源外，还可涵盖生产设施、农田水利设施、教育、科学、文化、卫生、体育等设施，以及其他形式的动产和不动产。

在我国，村委会作为所有权人代表提起集体所有权民事诉讼的原告资格，已为法院所认可。然而，在跨国文物追索诉讼中，村委会作为所有权返还诉讼适格主体的正当性，却仍受到国外法院的

---

① 《日本法院驳回"返还韩国文化遗产"调解申请》，2014 年 11 月 6 日，见中国新闻网：http://www.chinanews.com/gj/2014/11-06/6759525.shtml，2019 年 10 月 3 日访问。

质疑。前述福建阳春村和东埔村村委会同时在中、荷两国起诉追索"章公祖师"肉身坐佛的案例,正是这一问题的鲜明体现。2015年3月,匈牙利自然科学博物馆展出被盗的"章公祖师"肉身坐佛,引起阳春村和东埔村关注。该佛像现为荷兰藏家奥斯卡·凡·奥沃雷姆(Oscar Van Overeem)所有。在协商沟通无果后,为追回该佛像,阳春村和东埔村村民委员会代表全体村民,授权中荷律师团队,于2015年11月和2016年5月分别在中国和荷兰两国向法院同时提起"章公祖师"肉身坐佛的追索诉讼,要求法庭判决被告将其所持"章公祖师"肉身坐佛归还普照堂。在国内诉讼程序中,村委会的诉讼主体资格并未受到质疑。但荷兰阿姆斯特丹地区法院在2017年和2018年两次听证后,仍以不清楚中国的村民委员会是否有权提起法律诉讼为由,于2018年12月12日作出了驳回起诉的决定。①

3. 私有文物所有权人及其继承人起诉

由此,仅有私有文物的原所有权人或其继承人,才是可能通过诉讼途径成功追索流失文物的合适主体。这就将"二战"时期诸多日掠公有文物排除在诉讼追索的范围之外。然而,受制于劫掠受害者或其后裔(继承人)的寻找和确认问题,以及这些有权提出所有权返还诉讼的主体自身的诉讼意愿、诉讼能力和其所有权证明的问题,诉讼手段在追索这些私有被掠文物中能发挥的实际作用,亦十分有限。

(二)诉讼时效

与其他国家的战争被掠文物返还诉讼一样,这一领域的对日诉

---

① 刘芳:《荷兰法院驳回福建村民追讨章公祖师像起诉》,2018年12月13日,见新华网:http://www.xinhuanet.com/world/2018-12/13/c_1123847068.htm,2019年10月4日访问。

讼,也存在诉讼时效这样一个无法回避的问题。根据日本《民法典》第162条之规定,动产所有权的取得时效为20年,即"以所有的意思,二十年间平稳而公然占有他人物者,取得该物所有权";不动产取得时效为10年,但须以"占有系善意且无过失"为条件。其他财产权的取得时效亦同上述规定。消灭时效则是针对所有权以外的其他财产权和债权的,其他财产权为20年,一般债权为10年。此外,国家所有的文物,由于进入《国有财产法》的调整范围,遵循该法一系列特殊规则,排除时效规则的适用。

"二战"结束后的头20年,亚洲国家多历经国内革命战争,或者刚摆脱殖民统治走向独立,处在各项现代制度初建时期,加之冷战格局的形成,极大地增加了跨国诉讼的阻力,许多劫掠受害者无论是通过诉讼索赔的意识、提起或参与跨国诉讼的能力,还是展开所有权追索诉讼的可能性,都与当代不可同日而语,对日提起跨国诉讼的可能性微乎其微。就中国而言,中日两国间的战争状态,直至1978年《中日和平友好条约》签署并生效时方正式在法律上宣告结束,在此之前,中国战争受害者全无行使诉讼权利之可能。而1978年距离"二战"结束和日本侵华行为停止,也已经过了30余年。时至当代,据"二战"结束已经70余年,距离法定诉讼时效已过去半个世纪。因此,在一些民间对日战争索赔诉讼中,有的日本法院即使认定了被告行为违反国际法,但绝大多数情况下却仍以受害人已经超过法定诉讼时效为由,驳回了原告的诉求。

(三) 举证能力

原告的举证能力,也是选择诉讼方式追索被掠或流失文物无法回避的问题,这一方面的困难对于以中国为代表的东亚国家而言,较西方国家文物艺术品返还诉讼更为突出,自战后至今都是阻碍文物返还的突出障碍之一。

　　在西方国家，文化艺术作品的商品化趋势自文艺复兴运动打破教会对文化艺术的垄断开始形成并不断发展，刺激了中世纪后期和近代文化艺术品市场的形成和快速成长，适应文物艺术品交易特点的特殊交易规则也随之出现并不断完善。① 至17世纪，艺术品经销商制度已在欧洲一些国家产生，逐渐发展成为西方艺术品交易的主要制度；与当今的行业协会组织相类似的艺术家兄弟组织或画家公会组织也已在一些城市出现，促使艺术品拍卖行业不断发展。② 资本主义国家建立后，纷纷编撰出台了民法典、商法典，确立了一系列具有现代性的财产确权和交易法律制度，并自19世纪开始制定一些以遗产保护为目的的特殊文物艺术品管理和交易规则，开展文物普查和登记工作。至"二战"前期，相对完善的受保护文物清单，以及较为成熟和规范的现代文物艺术品管理和交易秩序，在欧洲国家已基本形成，为文物艺术品确权奠定了良好基础。

　　然而，东亚文化圈的传统文化素来不提倡"私权"理念，商业也始终被压抑。在这种社会环境下，虽然文物艺术品收藏和交易广泛存在于民间，但一直以来主要是社会上流阶层用以赏玩或彰显自己显赫身份和社会地位的手段，并未真正形成相应的成熟产业。至"二战"前后，虽然一些国家在近代化改革过程中也制定和颁布了现代民事法规对民事行为加以引导和规范，并借鉴西方经验出台了有关文物保护的法规，着手开始文物调查。但由于政府更迭频繁、

---

① Annie Héritier, *Genèse de la nation juridique de patrimoine culturel 1750-1816*, L'Harmattan, 2003, p.15.
② 参见贾东鹏：《荷兰17世纪艺术品交易研究》，载《唐山师范学院学报》2019年第4期，第151—152页。

战乱侵扰等原因，官方开展的文物普查进展缓慢，普查数据亦十分不完善。而大量的民间藏书和珍贵文物，也因缺乏"私权"意识和现代法制管理而鲜有明确的所有权登记或其他文件证明。一旦因战乱而丢失，文物原所有权人及其合法权利则很难得到证明。无法提供明确的所有权证书，早在战后盟军司令部开展的文物归还实践中，就已成为制约劫物返还的突出问题，是时"接委会"代表在办理返还工作时就已提出：盟军司令部制定的赔偿政策中的归还劫物申请手续以核验证件为最要，"以我国而论，亦以此为最难"，因为"中日战争历时甚久，物主于被劫时迫于敌人平素之威胁，往往不能取得被劫证件；物权证件亦往往因时转境迁而遭遗失"。① 彼时战争方才结束，一些所有权人尚幸存于世，要求劫掠受害者提供劫物所有权证明尚如此艰难，更何况 70 多年后的今天！

　　许多西方国家设立的审议"二战"赔偿与劫物（文物）返还争议的专门机构，即使可自行开展或委托专业机构对系争文物艺术品所有权流转历史展开系统调查，亦时常无法查明其所有权流转的确切状况。为此，这些机构在向有权机关做出是否返还的建议时，亦并非严格依照司法规则的标准进行判断，而是在考察系争双方道德性因素对比的基础上进行综合评估考量，做出最后的建议。而由于对日文物返还中这种特殊机制的缺失，司法诉讼对于双方当事人的举证要求更为严苛。当作为文物所有权人的原告面对的是身后有强大的国家机器支持的日本公立收藏机构时，举证能力的悬殊差距无疑会使自己在诉讼中处于更加不利的地位。

---

① "中华民国"驻日代表团日本赔偿及归还物资接收委员会编：《在日办理赔偿归还工作综述》，载沈云龙主编：《近代中国史料丛刊续编》第 71 辑，（中国台北）文海出版社 1980 年版，第 93 页。

三、对日索赔诉讼中日本法院的驳斥理由

20世纪末开始,一些中国学者与"二战"受害者及其后裔开始探索通过诉讼的方式开展民间对日索赔。1995年6月28日,以耿谆为首的中国"花冈惨案"受害者代表11人在由日本律师组织的"中国人战争受害要求索赔律师团"的援助下向东京地方法院提起诉讼,成为中国民间对日索赔的第一案。哈尔滨731人体实验、南京大屠杀事件、浙江永安无差别轰炸的受害者随后也在东京地方法院起诉,要求日本政府进行赔偿。中国民间对日索赔诉讼均系中国在"二战"中的受害平民提起,针对的是日本政府及相关企业主体在战争期间进行的屠杀平民、强征慰安妇、细菌战、强制劳工、无差别大轰炸等严重违反国际人道法的行为造成的人身权利侵害,具体包括南京大屠杀,平顶山大屠杀,哈尔滨731活体实验,重庆大轰炸,永安大轰炸,以及花冈、京都大江山、北海道、福冈、西松、新潟等地的强征劳工,山西省慰安妇等性暴力案等。①

然而,绝大多数的民间对日索赔案件,均被日本法院以各种理由拒绝受理或加以驳回。除时效规则外,其他常见的驳回理由包括:

第一,受害者个人无诉权。在中国民间战争受害者对日索赔案件的审理中,日本政府多次主张:"谈及国际法,它是规范国家和国家之间关系的法律,个人一般不能成为国际法上的主体。因此,即

---

① 杨永红:《论中国民间对日索赔的演变与前景》,载《学术界》2015年第7期,第47—48页。

使国家违反国际法,造成对他国国民的损害结果的话,该国国民并不因此享有国际法上的损害赔偿请求权来直接要求加害国承担责任。"① 许多日本法院也采纳这一理由,虽在判决中承认日本军队在战时实施的行为违反国际法,但主张战争所导致的国家责任已经通过外交途径得到解决,受害者个人并非国际法主体。②

第二,国家无答责。"国家无答责"原则意指公职人员在行使职权时发生违法的侵权损害,受害者只能追究其个人的法律责任,而不能追究国家或公法人的责任,即国家得以豁免其责任。这一法理确立于明治政府时期,是从绝对主义时代,即"王权神授"时代演变而来的法理③,其理论基础在于在明治宪法下,官吏不是对人民,而只是对天皇负有责任,由官吏的权力行使行为造成的对人民的损害,不能由国家代替其承担责任④。随着1946年《日本国宪法》第17条确认了主体对因公务员不法行为受到损害有向国家或公法人请求损害赔偿的权利,在1947年《国家赔偿法》生效后,"国家无答责"原则随即被废除。尽管如此,日本一些法院在审理"二战"受害者索赔案件时,却声称根据"法不溯及既往"原则,对日军当时行为的判断须根据当时的法律进行裁量,彼时国家赔偿尚无法律

---

① 奥田安弘·川岛真ほか:《共同研究·中国戦後補償—歴史·法·裁判》,明石書店2000年版,第82页。
② 参见管建强:《国际人道法中战争受害者的救济》,载《法学》2008年第5期,第148页。
③ 王军杰,申莉萍:《驳日本拒绝中国民间索赔的两个理由——兼评中国民间对日索赔18年诉讼实践》,载《湖南大学学报》(社会科学版)2013年第4期,第4页。
④ 参见古崎庆长:《国家赔偿的研究》,司法研究报告书第8辑第3号,第4页,转引自管建强:《中国民间战争受害者对日索偿的法律基础》,华东政法学院2005年博士学位论文,第208页。

依据,因此"国家无答责"原则仍然适用。①

第三,和约已解决。日本还认为,中日间有关战争赔偿的问题,已通过两国间签订的和约得到解决。在早年的对日索赔案件中,日方多以中国在1972年《中日联合声明》中宣布的"放弃对日本国的战争赔偿要求"为依据,认为该声明中的"放弃赔偿",已经事实上解决了两国之间有关战争赔偿的所有历史问题,亦包含放弃了民间和个人的对日赔偿请求权。②自2005年起,日本政府和东京高等法院又将否认对日赔偿请求权的依据寄托在"日台和约"有效性的基础上,主张日本早年与当时中国的"合法政府"签订的"日台和约",早已结束中日两国战争状态,并就战争索赔权进行了"放弃"的处分。因此,1972年《中日联合声明》中,中方只能以"放弃对日本的战争赔偿要求"而非"放弃对日本的战争索赔权",以及以"结束两国不正常的状态"而非"结束两国的战争状态"来表达。2005年3月18日,东京高等法院在对郭喜翠等两名日本侵华战争中的中国"慰安妇"索赔诉讼的上诉审作出的判决中声称,中国国家及其国民对日本国的损害赔偿请求权,业已在1952年日本和中国台湾当局签署的"日台和约"中放弃③,试图把《中日联合声明》置于"旧金

---

① 如福冈地方法院于2002年4月26日对受害劳工索赔诉讼作出判决,虽然判令加害企业对每一原告支付1100万日元,但却以"国家无答责"否定了被告日本政府的责任。此案在二审时被驳回。北海道札幌地方法院于2004年3月23日对于受害劳工索赔诉讼作出的判决,也以"国家无答责"、已超过除斥期间为由,驳回了原告诉求。参见管建强:《中国民间战争受害者对日索偿的法律基础》,华东政法学院2005年博士学位论文,第190页。

② 参见管建强:《中国民间战争受害者对日索偿的法律基础》,华东政法学院2005年博士学位论文,第141页。

③ 《中国二战慰安妇诉讼案二审败诉,原告方声明抗议》,2005年3月18日,见人民网:http://world.people.com.cn/GB/1029/42354/3254447.html, 2019年10月8日访问。

山对日和约"框架下,认为该声明关于战争赔偿的条款,仅仅是对"日台和约"业已产生的权利关系的再次确认。从以《中日联合声明》放弃论"否定中国战争受害者个人的诉权,到鼓吹"'日台和约'有效论"来刻意歪曲和否定《中日联合声明》的法律地位,日方在不同案件、不同法院,在上述两种依据中反复摇摆徘徊,恰证明其中任何一种依据均难以经受住推敲,更体现了日本政府和部分法院不愿意正视战争遗留问题,千方百计逃避战争责任的意图和态度。

四、判决域外法律效力与执行的局限性

在某些条件下,被掠文物原所有权人可选择在文物原属国,通常也是原告所在国,向被告提起文物返还诉讼。如根据我国《民事诉讼法》第243条规定,因财产权益纠纷,对在中国境内没有住所的被告提起的诉讼,如果诉讼标的物在中国境内,或者被告在中国境内有可供扣押的财产或设有代表机构,可向诉讼标的物所在地、可供扣押财产所在地、侵权行为地或者代表机构住所地人民法院起诉。对于原告而言,此类诉讼相对于境外诉讼,在诉讼程序和有关法律规则的熟悉程度方面,都更具显著优势,判决的可预测性也相对更大;此类诉讼也更容易作出对原告有利的判决结果。

然而,在涉诉两国没有签署相互承认和执行民事判决的双边协定,亦没有相关多边条约的情况下,一国司法判决的效力仅限于本国境内。即使原告在本国法院胜诉,该判决要在另一国执行,也十分困难。当前亚洲国家与日本之间的司法协作,主要局限于刑事诉讼层面,且集中于刑事侦查和推进刑事诉讼程序等领域,尚未深入到判决承认与执行。如依据2007年《中日刑事司法协助条约》的

规定，中日两国开展司法协作的主要内容包括刑事诉讼领域的证据获取、执行搜查和扣押、专家鉴定和勘察检验、查找或辨认相关人员地点和物品、调取文件或记录、侦查起诉或启动诉讼程序、邀请证人或相关人出庭、移送在押人员、送达诉讼文书、没收犯罪工具或犯罪所得等（第1条），未包含判决的互相承认与执行。此外，对于与政治犯罪有关的请求，请求的执行将损害被请求方主权、安全、公共秩序或者其他重大利益；或者不符合条约约定的其他请求的，被请求协助方可以拒绝执行（第3条）。

劫物返还诉讼一般属于民事而非刑事诉讼的范畴，日本与亚洲国家间尚未签订此类司法协助和约，甚至在文书送达、证据调取与查明等环节，尚无法依条约展开国际合作，更毋论相互承认并执行他国的民事判决。

总之，与西方国家，特别是欧盟成员国之间在欧盟法框架下进行的司法协作和在文物返还问题上达成共识的程度相比，亚洲国家与日本之间就此问题达成共识与开展司法协作的前路，还十分漫长而艰难，这是通过文物原属国国内诉讼程序追索日掠文物无法回避的障碍。

第三节　谈判磋商可能面临的问题

事实上，与欧洲国家相比，亚洲国家"二战"劫掠受害者追讨战争劫物，特别是被掠文物的请求，遇到的阻力远不仅限于诉讼程序和规则方面。由于东京审判的不彻底性，战后很快得到释放并重新主导日本政坛的右翼势力对于战争历史和责任的否认态度，以及延续至今的对战后日本社会的深远影响,不仅反映在日本各级法院对于近年来逐渐增多的战争受害者赔偿诉讼案件的审理中,也体现在部分日本高层官员行为和一些学者的论著中,极大地影响和阻碍了新一代日本国民对于20世纪初日本在亚洲发动和实施的侵略战争的历史和性质的认知。加之中国由于历史和现实的原因未就劫掠文物返还予以足够的重视等原因,中日民间以及两国政府之间就劫掠文物返还问题展开磋商谈判、达成返还协议,也存在诸多困难和阻碍。

一、日本对"二战"历史和责任问题的态度

1945年8月,日本天皇宣布接受《波茨坦公告》,无条件投降。以《波茨坦公告》第10条[①]为依据,盟国着手实施对日本战犯的审判工作。盟军司令部根据盟国授权,参照审判纳粹战犯的《纽伦堡国际军事法庭宪章》制定了《远东国际军事法庭宪章》,成立了由中国、苏联、美国、英国、法国、荷兰、加拿大、澳大利亚、新西兰、印度、菲律宾11个国家代表组成的远东国际军事法庭,对主要负有反和平罪责的25名甲级战犯进行了审判。与此同时,犯普通战争罪和反人道罪的其他一般战争罪犯(乙、丙级战犯)共5634人,则由包括中国在内的各盟国自主设立和管辖的49个国内外军事法庭进行审判。仅中华民国国民政府就陆续在南京、上海、北平、武汉、广州、徐州、济南、太原、沈阳、台北等10地设立了审判战争罪犯

---

① 该条明确指出:"吾人无意奴役日本民族或消灭其国家,但对于战罪人犯,包括虐待吾人俘虏在内,将处以法律之裁判。"

的军事法庭,自 1946 年 2 月 15 日至 1947 年 6 月底,审理战争罪行 187611 件,被告人数 5919 人,其中被确定为乙丙级战犯者 1508 人。①

  尽管如此,对"二战"日本战犯的审判,依然是很不彻底的:首先,裕仁天皇作为 1926 年以来日本的国家元首和陆海军总司令,是日本军国主义思想的精神支柱和日本侵略战争的最高负责人,却未受到军事法庭的审判和追究②;其次,"反人道罪"没有作为独立的起诉原因,诸如 731 部队在满洲进行活体解剖试验、开发细菌武器等事件,以及慰安妇制度的国家责任等,也由于美国政府的政治利益,或者国际检察局未成功立证等原因,未受到追究。此外,对部分甲级战犯的量刑过低;一些重要的乙级、丙级战犯,由于各种各样的复杂原因,亦未得到彻底的清算和审判:远东国际军事法庭的首席检察官季南对起诉战争罪重要性的评价过低,对乙、丙级战犯的起诉并不关心,以至于曾提议停止这部分犯有普通战争罪战犯的起诉工作③;曾任华北方面最高司令长官、后期任日本中国派遣军总司令官的重要乙级战犯冈村宁次,亦由于国民党为联合其反共而一味包庇,在中华民国政府军事法庭被宣判"无罪",逃离了法律制裁。

---

  ① 郭画:《中国对日本乙丙级战犯的审判》,载《民国春秋》1995 年第 4 期,第 59 页。
  ② 有日本学者认为,根据战后盟国和远东委员会对是否将天皇列为战犯加以审判的讨论,尽管各同盟国持不同主张,但"在对待如何处置天皇的问题上从一开始就没有做过对他免责的决定",天皇之所以最终没被起诉,"是由于远东委员会的不作为,即奉行'搁置·保留'方针所致"。见〔日〕户谷由麻:《东京审判:第二次世界大战后对法与正义的追求》,赵玉蕙译,上海交通大学出版社 2016 年版,第 75 页。
  ③ 〔日〕户谷由麻:《东京审判:第二次世界大战后对法与正义的追求》,赵玉蕙译,上海交通大学出版社 2016 年版,第 130 页。

远东军事法庭对"二战"战犯不彻底的审判，对日本官民的战争史观产生了深远影响。加之美国在东京审判后不久就出于扶持日本成为亚洲反共前哨阵地的考虑，陆续提前释放了许多重要战犯①，其中的相当一部分重新走上了日本政坛，并成为战后日本右翼势力的主要领导者。如1948年被释放的甲级战犯岸信介在出狱之后不久，就组织并成立了日本最大的保守党"自民党"，并于1957年2月接任首相。在此期间，其内阁成员"由大臣到长官，曾经被清洗的人数达到了一半左右"。1950年提前非法释放的重光葵不久后就当上了外务大臣和副首相。日益强大的右翼势力一直试图否认东京审判的正当性，否认战争责任，粉饰侵略战争史实，引导着日本当代国民形成对战争责任的错误认知，使得战后日本战争史观发生急速转向。特别是安倍晋三上台以后，日本右翼不断就历史问题与亚洲邻国发生冲突、彰显的军国主义复苏趋势令人担忧。

在错误的战争史观的影响下，原本就因缺乏强有力的法律依据，以及国际局势和美国政策转变等原因而未予以彻底解决的战争赔偿和劫物返还问题，时隔半个世纪仍悬而未决，且随着时间的流逝和受害人的离世而越发模糊复杂，不仅阻碍有关司法诉讼进程，对中日官方或民间展开劫物返还磋商亦制造了巨大的困难和阻力。

(一)否认战争罪责

1945年德国法西斯灭亡后，日本在盟军强大的攻势面前投降，

---

① 1948年12月23日对7名甲级日本战犯执行绞刑的第二天，盟军总司令麦克阿瑟宣布，释放仍在巢鸭监狱中服刑的岸信介等19名甲级战犯嫌疑犯；1949年10月19日，又宣布对乙、丙级战犯也结束审判，不再逮捕、搜查此类嫌疑犯。1950年3月7日，盟军司令部更悍然颁布"第5号指令"，规定所有根据判决书仍在日本服刑的战犯，都可以在刑满前按"宣誓释放制度"予以释放。参见刘庭华：《东京审判的历史功绩与缺憾》，载《军事历史》2011年第6期，第18页。

由天皇签发《终战诏书》。这份《终战诏书》主要由当时日本内阁书记官长迫水久常、汉学家川田瑞穗与安冈正笃执笔完成,其他内阁大臣亦曾参与修订,裕仁天皇也亲自参与修改,是日本政府对于战争态度的最直接彰显。《终战诏书》①总计820字,共4个段落,主要内容分为饬令政府接受《波茨坦公告》,解释之所以"终战"的原因;向"盟邦"和"臣民"表达痛惜和遗憾;以及强调战后日本复兴的信念。然而,这份所谓的"投降诏书",全篇都没有出现"投降""战败"或者"罪责"的字眼,而是充斥着宣扬皇国史观和"国体论",颂扬"大东亚战争"、美化侵略,否认侵略中国和战争罪行、歪曲历史以及否认殖民统治罪行、标榜"解放东亚"的内容。②如《终战诏书》认为:结束战争是天皇为避免"我民族之灭亡"和"人类之文明"遭"破坏"而做出的"圣断","帝国之所以向美、英两国宣战,实亦为希求帝国之自存于东亚之安定而出此,至如排斥他国之主权,侵犯他国之领土,固非朕之本志"。换句话说,与英美开战不是本意,发动战争的目的是为了"自存"。《终战诏书》通篇没有任何反省和悔过之意,反而继续歌颂日本军国主义分子"勇敢善战""励精图治""克己奉公"的武士道精神,并以为其侵略战争是"为东亚解放而努力"③,形象化地表明了日本官方立场的"二战史观"。其基本观点是:悔恨对美开战、回避反省侵华战争、否认侵略和殖民统治罪行、强调自存自卫等,是为战后日本右翼势力所宣扬的战争

---

① 《终战诏书》全文参见天津市政协编译委员会译:《日本军国主义侵华资料长编〈大本营陆军部〉》(下),四川人民出版社1987年版,第725页。
② 宋成有:《"终战史观"评析:战后日本右翼史观揭底》,载《日本问题研究》2019年第3期,第31页。
③ 王晓阳:《从〈终战诏书〉看日本的"二战史观"》,载《日本侵华研究》2016年第3卷,第56页。

史观的渊源。①

否定远东国际军事法庭审判的正当性,为侵略战争"正名"寻找"理论依托",是日本右翼势力在全日本构建错误战争史观的重要一步。早在东京审判时,印度法官拉达宾诺德·帕尔(Radha Binod Pal)曾出具一份完全否认日本"二战"罪责的个人意见书。这份意见书虽基本认同日军在亚洲各地实施的大量暴行,但却试图否定远东军事法庭本身的正当性以及几个世纪以来逐渐形成的国际法规则,批判西方帝国主义,并承认主权国家发动侵略战争的正当性,从而否定东京审判中所有甲级战犯的罪责。这份显然背离公正的法官意见,虽最终未被远东国际军事法庭所采纳,却获得了日本右翼势力及其支持者的好感,因为其"全员无罪论"不仅在狭义上主张 25 名甲级战犯无罪,也是在广义上反对给日本打上"犯罪国家"的烙印;此外,这份长达 1235 页并具有详细论证的意见书,在长度上与法庭 1444 页的多数意见相匹敌,在一些人眼中便成为可对抗多数意见的"另一份判决"。② 这份意见书经时任南京大屠杀主要战犯松井石根秘书的丙级战犯田中正明的推广,在日本产生了广泛影响。帕尔法官也因此被其他日本战犯及其辩护人多次邀请赴日访问、演讲。日本天皇还因为他"为世界正义与和平做出了贡献"而授予其一等瑞宝奖章。在帕尔去世时,其东京驻地本愿寺还为他举行了追悼仪式,由战争遗族组成的白菊遗族会成员 300 余人出席追悼会,日本政府亦派代表参加。1975 年,日本还为帕尔设立了纪念馆。

---

① 王晓阳:《从〈终战诏书〉看日本的"二战史观"》,载《日本侵华研究》2016 年第 3 卷,第 56 页。

② 〔日〕户谷由麻:《东京审判:第二次世界大战后对法与正义的追求》,赵玉蕙译,上海交通大学出版社 2016 年版,第 256 页。

与此同时，日本国内也陆续出版了对东京审判高唱反调的著作与论文，将东京审判视为以复仇为目的（清濑一郎《秘录东京审判》，1966）、违背法律理念的"亵渎文明"的审判（菅原裕《东京审判的真面目》，1961），是"胜者的审判"（理查德·迈尼尔《东京审判：胜者的审判》，1971），通过否定东京审判的正义性和正当性，达到否定战争罪责的目的。1986年7月25日，文部大臣藤尾正行更是多次发表具有争议性的声明，宣称南京暴行不是战争罪行，而仅仅是战争的一部分，"就国际法而言，在战争中杀人不属于谋杀范畴"③。日本政府还强调"受害者论"用以摆脱其作为"加害者"的赔偿责任，通过议题转换，加强对美国在战争中行为的加害性追问，提出"'二战'中美军实施的东京大轰炸和投放原子弹的行为是大屠杀，东京审判不过就是为了对此罪行加以掩盖"，成功转移了国际社会对东京审判效力的关注。④

（二）粉饰和否定侵略战争史实

不仅是否认罪责，日本还试图粉饰甚至否认侵略战争史实。为了逃避审判，日本议会趁投降到盟军进驻的空当期，销毁了所有与战争有关的官方和军队档案，给远东国际军事法庭的证据搜集工作造成了极大的障碍。

战后日本也长期对民众实行舆论封锁，以致战后成长起来的新一代日本人对南京大屠杀等日本在"二战"中的暴行一无所知。舆论封锁失败后，右翼人士又为占领舆论高地，撰写了大量否定南京

---

③ 侯涛：《日本多名大臣曾因胡说"南京大屠杀是捏造"而下台》，见人民网：http://history.people.com.cn/GB/198306/17307969.html，2019年10月6日访问。

④ 参见康乃馨：《当代日本战争史观与国民性因素初析——以日本1937—1945年对华侵略战争为例》，上海社科院2015年硕士学位论文，第60页。

大屠杀历史的文章,如铃木明的文章《"南京大屠杀"的无稽之谈》[①]以及田中正明论著《"南京大屠杀"之虚构》[②]等,引发了为时三十年之久的日本史学界有关南京大屠杀历史事件究竟是否存在的争论。

除了翻"南京大屠杀"铁案之外,日本近些年来还常采用篡改中学历史教科书的方式,粉饰或否定战争历史,将其"侵略"二字改为"进入",又要求将日本新版历史教科书中有关"慰安妇"内容的记载删除。日本右翼议员还曾发起"反对道歉"决议请愿书,并组织多次反对道歉的示威游行,借此向民众宣导,日本国参加"二战"的目的是为把亚洲从西方殖民主义者手中"解放"出来。[③]此外,日本多任首相、内阁成员等高层领袖,数次以公职身份正式参拜供奉着远东国际军事法庭审判的甲级战犯的靖国神社[④],把这些战犯美化成为国家事业献身的"英雄",鼓吹新国家主义、煽动军国主义情绪,成为日本与东亚国家关系改善的顽疾。

(三)用"捐赠"代替"返还"

战后日本与韩国的和谈,涉及其殖民朝鲜半岛期间从韩国转移

---

① 〔日〕铃木明:《"南京大屠杀"的无稽之谈》,载《诸君》1972年四月号。参见文道贵:《警惕日本军国主义复活》,载《武汉交通科技大学学报》(哲学社会科学版)1996年第2期,第85页。

② 〔日〕田中正明:《"南京大屠杀"之虚构》,军事科学院外国军事研究部译,世界知识出版社1985年版。

③ 参见刘惠恕:《日本右翼人士否认日本侵华战争罪责的手法与企图》,载《英明的决策,伟大的胜利——纪念抗美援朝胜利50周年抗日战争胜利55周年论文集》,第112—115页。

④ 参见苏海河:《上台不到两年已经三度参拜靖国神社 小泉意欲何为》,载《中国青年报》2003年1月15日;陈建军:《日本首相小泉表示今后每年将继续参拜靖国神社》2003年10月9日,见搜狐网:http://news.sohu.com/02/79/news214207902.shtml;《日本投降73周年纪念日 多名政客参拜靖国神社》,2018年8月15日,见人民网:http://world.people.com.cn/n1/2018/0815/c1002-30230261.html;等等。

的文化财产的返还问题,并最终依据与韩国签署的文物返还协议,向韩国归还了一部分文化财产。然而,在谈判过程中,日本始终对自己的占领和殖民行为进行"合法化"解释,提出通过"捐赠"的方式,向韩国移交(turn over)部分文化财产,试图混淆和偷换概念,否认战争历史和责任,并且为其在后续可能面对的被掠文物返还争议中占据更大的主动权奠定基础。①

二、中国在返还谈判中的不利因素

从中国方面来看,就"二战"时期被掠夺的文化财产与日本政府展开专门谈判,亦存在一些不利因素。除由历史原因造成之外,也与我国当前对针对日掠文物返还的关注和研究不充分有关。

(一)战后审判未对文物掠夺犯罪给予足够关注

首先,与纽伦堡审判将掠夺和破坏文物的行为认定为战争罪和反人道罪的重要表现不同,在战后针对日本战犯的追责中,文物破坏和掠夺的行为,由于各种原因,并未得到审判。这为日本在谈判中否认文物掠夺的事实及其犯罪性质提供了借口。

根据战后在盟军司令部主导下确定的审判日本战犯的规则和《远东国际军事法庭宪章》,日本战犯被分为甲、乙、丙三个等级,其中,由11国法官和检察官代表共同组成的远东国际军事法庭只审判犯有反和平罪的甲级战犯,仅犯有普通战争罪和反人道罪的乙、丙级战犯,则由各盟国自主设立国内军事法庭进行审判。然而,

---

① 日本与韩国签订文物返还协议的详细过程与双方的主要争议和分歧,本书第六章将进行更加详细的阐释,此处不予赘述。

不论是远东国际军事法庭还是由是时中华民国政府实际开展的对乙、丙级战犯的审判，最终都并没有对文物掠夺和破坏行为的战犯责任进行事实上的追究。

日本战犯名单的确定历经了复杂的过程。由于不同于德国战犯有"纳粹党党员"这一明确的身份界限，以及受证据和情报搜集情况所限等原因，尽管华盛顿方面在美国舆论的压力下希望采取大规模逮捕的方案，但盟军司令部始终对于过度逮捕日本战犯表现出十分谨慎甚至消极的态度。然而，即使是华盛顿方面制定的对于日本公职人员的逮捕和扣留方案，亦主要着眼于与战争决策相关的行为，未对违反人道的行为予以关注，更未专门涉及各类文化犯罪行为。① 在选定国际法庭起诉战犯的名单时，国际检察局更是根据"不选择无法以'反和平罪'起诉的人物"、"包括各阶段和各职位代表性人物"以及"确实存在该人物有罪的证据"三条标准，以各盟国提供的战犯名单为基础，严格控制起诉人数。"反人道罪"在国际

---

① 1945年8月经远东委员会分会（Subcommittee for the Far East）批准的《日本投降初期关于日本占领管理给盟国最高司令官的基本指令》（JCS1380/5）的第7项明确了"关于日本公职人员的逮捕和去留"（参见〔日〕日暮吉延：《东京审判的国际关系——国际政治中的权力和规范》，翟新、彭一帆译，上海交通大学出版社2016年版，第205—206页），列举了：

应作为嫌疑犯进行拘禁的人员包括：
(1) 军事参议院、元帅府、大本营、参谋本部、军令部的全部人员；
(2) 全体宪兵将校，以及军事民族主义和侵略重要拥护者的陆海军全体将校；
(3) 超国家主义团体、恐怖主义团体、秘密爱国主义团体的全部重要人员；
(4) 最高司令官有理由认为是战犯的全体人员，以及已移交、今后将移交给最高司令官的战犯嫌疑人名单上记录有姓名或通缉画像的全体人员。

应予以扣押的人员包括：
政治、经济、财政等其他重要领域在日本侵略计划的立案或执行上发挥了积极且有力作用的全体人员，以及大日本政治议会、大政翼赞会、翼赞政治会的机构、支部、后继组织的全体高级官员。

第五章　亚洲国家对日追索被掠文物面临的困境

法院的审判中也失去其独立性,被限定在要与"反和平罪"和"战争罪"有所关联的范围内。检察局甚至认为,实际上没有事件单独符合丙级"反人道罪",因此将这些事件全部归类到杀人或者战争罪的范畴之中。一些学者认为,至东京审判起诉书起草时,"反人道罪"已经事实上失去了存在的意义①。由此,国际检察局最终选择起诉 28 名被告②,起诉书列明的三类共 55 项诉因,涵盖对各盟国侵略战争的共同谋论、计划、准备、发动、实施,非法杀害盟国国民和解除武装军人的共同谋议、实施,以及合谋、命令、授权、许可违反战争法规惯例及无视战争法规惯例之义务等方面,事实上仅包含"反和平罪"和普通战争罪的内容③,不存在单纯对反人道罪进行的指控,对战争中破坏和掠夺文化财产的罪行更未予以关注。

值得指出的是,国民政府在战后讨论制定日本战犯名单的过程中,曾特别关注到战争中的文物破坏和劫掠行为。在 1945 年 9 月由外交部牵头,会同中央秘书处、司法行政部、军令部、中宣部、国际问题研究所联席会议上讨论制定的战犯名单中,就包含虽未在日本政府任职,但亲自或派遣其他人士率领探险队前往中亚、新疆等地挖掘、盗窃和劫掠大量文物运往日本的日本西本愿寺第 22 代法主大谷光瑞。在蒋介石最后裁定的 20 人战犯名单中,大谷光瑞和长期担任"满洲电影株式会社"董事长,并主持拍摄了很多歌颂日本军国主义、奴化中国人思想的电影的甘粕正彦亦赫然在列。然

---

① 参见〔日〕日暮吉延:《东京审判的国际关系——国际政治中的权力和规范》,翟新、彭一帆译,上海交通大学出版社 2016 年版,第 235—236 页。
② 其中的 3 人于审判期间死亡或丧失行动能力,实际审判 25 人。
③ 参见《东京审判诉因》,国家图书馆东京审判资源库:http://mylib.nlc.cn/web/guest/djsp/basicknowledge?basicKnowledge.id=E82F546621494120B2D41A6CE291A869,2019 年 10 月 17 日访问。

385

而，蒋介石在最后一次精简并报送至远东委员会的12名甲级战犯名单中，大谷光瑞和甘粕正彦被用红笔圈去。

对于在中国境内进行审判的乙级和丙级战犯，国民政府曾参照《海牙公约》中的《陆战法规和惯例公约》《战时海军轰击条约》及《日内瓦红十字会条约》等文件，于1946年7月按照联合国战犯审查委员会伦敦总会的规定，列举了34项罪行。考虑到这些罪行未必都符合中国国情，同年10月，国民政府又根据国内刑法公布《战争罪犯审判条例》，对上述罪行进行了调整和补充，不仅含括了抢劫、肆意破坏和没收财产以及强占或勒索财物等行为的罪名，甚至特别明确毁坏宗教、慈善、教育、历史建筑物及纪念物以及夺取历史艺术或其他文化珍品的行为，都应受到审判。然而，由于民众举报的材料和证据多集中于那些长驻一地、经常欺压中国百姓的日本宪兵和特务，在各地军事法庭的实际审判中，初期的主要审判对象多为日军宪兵、特务和监狱官员，对宪兵的审判和判决占到一半以上。远东国际军事法庭的审判实践也影响了中国国内的战犯审判，致使国内审判多聚焦于日军在华制造的集体屠杀事件上，重点审判负有战争罪行责任的日军将领。[①]1947年7月国民政府战犯处理委员会公布的共261名日本重要战犯名单亦以侵华日军旅团长（少将）以上军官为主，日本政府官员、经济战犯和文化战犯只占极少数。尽管一些军事法庭在审判战犯时都提到了他们毁坏民宅和劫掠财产的罪行，但这些行为大都只是日军在占领区实施"三光政策"的表现之一，亦有维持军队物资补给的目的，与日本专门对文物古迹

[①] 参见刘统:《国民政府对日本重要战犯的审判》，载《军事历史研究》2015年第6期，第8—9页。

第五章　亚洲国家对日追索被掠文物面临的困境

进行的转移和掠夺，不论从主体还是从目的上看，都存在较大差别。对于文物掠夺主要责任人大谷光瑞的审判，也因为证据不足和大谷自身的健康状况等原因，最终未能进行。

新中国成立之后，接管了苏联移交和滞留山西的共 1109 名日本战犯，分别关押在抚顺、太原两地，由中央人民政府最高人民检察署（后改称中华人民共和国最高人民检察院）负责对这些战犯进行侦查和起诉。在此期间，新中国对这些战犯进行了思想改造，安排他们赴哈尔滨、南京等地参观，以促使其悔罪。归来后，战犯们纷纷写下"自供状"。笔供"直接反映了日本帝国主义者侵夺中国主权，策划、推行侵略政策，进行特务间谍活动，制造细菌武器，施放毒气，屠杀、抓捕、奴役和毒化中国人民，强奸妇女，掠夺物资财富，毁灭城镇乡村，驱逐和平居民，违反国际法准则和人道主义原则等各项罪行"[1]。根据 1956 年 4 月 25 日全国人大常委会通过的《关于处理在押日本侵略中国战争中犯罪分子的决定》，中华人民共和国最高人民检察院于 1956 年先后分三批对在押的 1017 名罪行相对较轻、悔罪表现较好的日本侵华战犯宣布免予起诉，并立即释放；同时，对职务较高、罪行较重的 45 名日本侵华战犯，向中华人民共和国最高人民法院特别军事法庭提起公诉（其余 47 名战犯在关押期间死亡）。2014 年，国家档案局中央档案馆在其网站公布了这 45 名日本战犯的亲笔供词[2]；2015—2017 年，记载这一批战犯"自供状"的《中央档案馆藏日本侵华战犯笔供选编》全部出版。然而，

---

[1] 中央档案馆：《日本侵华战犯笔供》（第一册）"出版说明"，中国档案出版社 2005 年版，第 2 页。

[2] 这 45 名战犯名单及供词参见国家档案局官网：http://www.saac.gov.cn/zt/2014a/rbzf/rbzf/，2019 年 10 月 17 日访问。

从这些"自供状"和审判档案来看,这批战犯的罪行,仍以杀人、强奸,或者烧毁、掠夺一般的生活和生产物资,以及虐待劳工、活体解剖等为主,亦鲜有涉及文物破坏、掠夺和非法转移的供述[①]。

总之,在从远东国际军事法庭到国民政府以及新中国的人民政府实际开展的战后对日审判中,文物掠夺问题始终未得到充分的审判。这固然是由许许多多复杂的现实原因所导致的,且更深刻地反映出中国在"二战"中受害深重。然而,未通过即时的正式和正义审判程序将日本在战争中进行文物掠夺的罪行确定下来,确实为日本在 70 多年后的今天否认文物掠夺事实、逃避返还责任承担提供了借口,从而加剧了中日就这一历史问题展开磋商与谈判的阻力和难度。

(二)邦交正常化谈判也未涉及文物或者劫物返还问题

除未在正式审判中确认文物掠夺的历史事实和责任之外,中国在与日本实现邦交正常化谈判的过程中始终未涉及文物或劫物返还问题,给日本故意通过混同战争赔偿与返还来否认和逃避返还义务提供了机会。这是当今与日本就文物返还问题进行磋商与谈判的又一不利因素。

在中日关系正常化过程中,战争赔偿与返还问题始终是一个无法回避的问题。新成立的中华人民共和国政府自始不承认"旧金山对日和约"以及日本与台湾蒋介石方面签署的"日台和约"的法律效力,声明保留要求日本进行战争赔偿的权利。然而,出于顺应国

[①] 本书作者查阅了近 400 份"自供状",仅发现塚本一登在其"自供状"中提到自己曾在烧毁民房的过程中"破坏了古代的遗物金凤山的庙宇、烧毁了白阳寺的庙宇"一例特别提及了文化财产破坏的罪行。参见《中央档案馆藏日本侵华战犯笔供选编》(第一辑·48),中华书局 2015 年版。

际趋势与格局的变化、促进中日两国友好等多方面考虑，新中国愿意暂时搁置历史问题，甚至作出适当让步的态度，在1955年3月中共中央政治局讨论通过的《中共中央关于对日政策和对日活动的方针和计划》中，就已有所彰显①。1955年11月，周恩来接见日本前首相片山哲为团长的日本拥护宪法国民联合会访华团时，很明确地表明了北京政府对于战争赔偿问题的态度及其原因，他指出：

> 提出战争赔偿的要求是中国人民的权利。不能设想中日战争状态还没有结束，中日邦交还没有恢复，不提出要求；不能设想在亚洲所遭受战争灾害的菲律宾都提出了赔偿，而中国人民不要求。不过，事情的发展是会有变化的。不能设想中国人民现在同情日本人民的困难，到了那个时候，对于已经恢复邦交、和平友好的日本人民的新困难，中国人民却不加考虑。中国人民有句古话叫投桃报李。我们不仅报李，应该有更好的礼物送回。②

在此后长达近20年中日高层之间的互动直至邦交正常化的谈判中，新中国是否有要求战争赔偿的权利、日本是否有赔款的义务，

---

① 该文件将根据平等互利原则争取改善中日关系，逐步达到外交关系正常化作为中国对日政策的基本原则之一，对日本人民的处境表示同情，愿意争取日本人民，建立中日两国人民的友谊。文件还提出，在"两国关系正常化问题"中，赔偿问题和战争结束状态问题，是时都不宜提，虽然声明取消战争状态和宣布日本免付战争赔款的时间都不宜过早，而须以中日关系正常化为前提，但我方愿意解决此问题。这被认为是"目前所知最早的一份中共关于日本战争赔偿政策的文件"（徐显芬：《未走完的历史和解之路——战后日本的战争赔偿与对外援助》，世界知识出版社2018年版，第132页）。

② 中共中央文献研究室编：《周恩来年谱（一九四九——一九七六）》（上卷），中央文献出版社1997年版，第518页。

以及赔偿问题是否已经解决、中日邦交正常化谈判中中国政府放弃赔偿的原因①及如何在有关文件中加以表述②等问题,始终是两国争论的重点。

然而,在此过程中,与战争赔偿性质并不相同的"战争劫物的返还"问题,却始终未被两国提及和关注,相应地,在1972年《中日联合声明》和1978年两国正式签署的《中日和平友好条约》中,都未提及包括被掠文物在内的战争劫物返还问题。而与此同时,日本与台湾当局非法签订的"日台和约"却承认了"除本条约规定的条款之外,由于台湾当局与日本停止战争状态产生的各种问题,均依照'旧金山对日和约'的规定来处理",而"旧金山对日和约"第15条第1款对于日本归还战争劫物的要求与程序,均有明确的规定。

中日邦交正常化过程中对于战争劫物,包括被劫掠或非法转移

---

① 日本政府坚持主张,从法律上看,日本对中国的战争赔偿问题已通过"日台和约"加以解决,"日台和约"中已宣布放弃要求赔偿的权利,是新中国表示愿意放弃赔偿的根本原因,"不能承认一个国家的两次放弃索赔",因此,《中日联合声明》中不必再提赔偿问题。这实际上是在明知新中国意图的情况下,通过将赔偿问题与台湾问题联系起来,以争取在谈判中的"有利地位"的一种策略。中方对此表示了明确回应:重申新中国政府愿意放弃赔偿与台湾当局签订的非法和约毫无关联,蒋介石方面在签订"日台和约"时已并非中国政府的合法代表。中国政府之所以愿意放弃赔偿,是完全为了两国人民的友好考虑;明确强调中国是日本侵华战争的受害者,完全有权要求日本赔偿,但由于中国人民曾深受赔偿之苦,所以也不愿意日本人民尝此苦头,"恢复日中邦交应从政治上解决,而不是从法律条文上去解决。从政治上解决,比较容易解决问题,而且可以照顾对方;如果只从条文上去解释,有时很难说通,甚至发生对立"。参见中共中央文献研究室编:《周恩来年谱(一九四九——一九七六)》(下卷),中央文献出版社1997年版,第553—554页。

② 在《中日联合声明》中有关中国放弃赔偿的表述方面,中日双方代表就中方放弃的是"请求权"还是"要求(权)",以及是否限于"与战争相关"进行了商议和研究,最后的表述为"中华人民共和国政府宣布:为了中日两国人民的友好,放弃对日本国的战争赔偿要求"。

的文物归还问题的沉默,一方面给本就在谈判时以"日台和约"和"旧金山对日和约"大做文章的日本继续援引这两个"条约"主张劫物返还问题已经解决留下了空间,另一方面也为其通过有意混同"战争赔偿"与"劫物返还"的区别,在谈判中推卸文物返还的责任,提供了可能的借口。

(三)针对日掠文物返还的专门调查研究不足

除历史之外,当前我国有关日掠文物返还的调查研究不足,也是阻碍我国在有关问题谈判中处于有利地位的重要因素。

一方面,由于内战、政权更迭、新中国在发展过程中走过的一些弯路等多方面原因,战后至今,对"二战"时期日本掠夺文物情况的调查以及有关证据的收集,仍然很不充分。自20世纪末日渐兴起的研究表明,国民政府清理战时文物损失委员会在抗战胜利后开展的日本侵华战争造成文物损失状况的调查,最后的统计数据只不过是损失中的一小部分。当前我国有关日本侵华战争(抗日战争)时期文物损失情况的研究[①],多是仅从史料和档案出发,对于战争中被掠夺和遭到损毁及破坏的文物数量和类型的补充和校正,鲜有从有利于劫物或非法流失文物追索的角度出发,对文物被掠夺或非法转移出境的过程及其出境后的转手情况和当前权属状况等问题开展的专项调查和研究,更缺乏长期和专门致力于此项调查和研究的专业机构。在这种情况下,我国政府或民间有关机构若与日本就战争劫掠文物归还问题展开谈判,存在明显的证据不足的隐患。

---

① 有关抗战时期文物损失状况的研究,参见严绍璗:《汉籍在日本的流布研究》,江苏古籍出版社1992年版;戴雄:《抗战时期中国文物损失状况》,载《民国档案》2003年第2期;孟国祥:《大劫难:日本侵华对中国文化的破坏》,中国社会科学出版社2005年版;韩文琦:《抗战时期日本侵占中国文物述论》,载《南京政治学院学报》2012年第5期;等等。

另一方面，虽然海外流失文物追索自20世纪末21世纪初以来受到越来越广泛的社会关注，有关流失文物追索和返还理论、方法、路径与对策的研究成果日益涌现，实践中甚至出现了一些具有典型性和广泛关注度的追索海外流失文物的司法案例。然而，由于我国学界对这一问题的关注和研究起步较晚，以及能够从各方，特别是从日本获取的有关历史资料十分有限等原因，大量有关海外流失文物返还的研究，还处在较为宏观的理论分析和路径模式建构阶段，且多集中于有关国际公约签订后因盗窃、走私等原因非法流出的文物的返还问题，很多研究甚至并不区分文物流出的原因，有关"二战"劫掠文物返还的专门研究相对较少，针对日本侵华战争历史展开的对日掠文物追索过程中已经或可能遇到的困难、阻碍以及可行路径与对策进行的宏观或者微观层面的分析研究，更是明显阙如。与几乎同时期兴起和蓬勃的战争赔偿问题，如"慰安妇"、强制劳工等索赔问题的相关研究与实践相比，有关战时日掠文物返还的专门研究，不论从规模上还是从深度上，尚处于起步阶段，存在较大差距；对此类案件的司法程序与相对灵活的非诉讼纠纷解决机制（ADR）的理论和策略研究亦严重不足。这也制约了实践中我国适用上述多样化程序机制提出劫掠文物返还诉求的可能性和最终效果。

第四节　专门机构和民间力量发展不成熟

在欧美国家，由国家设立的专门调查、审议和解决"二战"时期纳粹劫掠或战争流失文物艺术品返还相关争议的专业机构，同一些具有极强针对性和专业性，同时又更具灵活性的较为成熟的民间力量一起，互为补充、相互配合，在促进劫掠文物的追索与返还方面发挥了重要作用，不仅在实现个案正义中效果显著，在国家甚至欧洲区际政策形成和发展的过程中亦发挥着重要影响。

反观亚洲的"二战"受害国，大多数都是在殖民和战争中逐步完成了民族认同和国家近代化进程。战后新建立的民主国家在发展初期，面临一系列比战争劫掠文物返还更为迫切的实际问题，加之战后初期美国对战争劫物返还事务的强力主导在事实上对劫掠文物归还原属国造成了极大的限制，以及社会治理中的公众参与机制和社会环境尚不成熟等原因，亚洲国家不仅鲜有像欧美国家一样针对战争劫掠文物艺术品返还问题成立的专业调查研究或争议处理机构，致力于解决此类问题的民间公众组织，较欧美国家也更为稀少。

近年来，韩国和中国逐渐关注这一问题，官方通过一些具有相对独立的法律地位的文化遗产机构迈出探索解决这一问题的第一步；一些民间力量也紧随"二战"受害者赔偿问题重新受到关注，以及实践中战争损害赔偿诉讼案例日益增多的趋势，启动了追讨"二战"日掠文物的尝试。

一、政府设立或支持的文化遗产机构的被掠文物追索行动

在当前许多亚洲国家，具有足够影响力和公信力的文化遗产保护组织，多由政府出资或在政府引导下建立，具有半官半民的特点，以受政府委托，或在其指导下开展有关工作为主要活动方式，受到政府有关政策的影响也相对较大。近年来，韩国、中国等一些此类

文化遗产社会组织，在追索战争掠夺文物方面，进行了一些探索和尝试，典型的如韩国流失海外文化遗产基金会和中华社会文化发展基金会下设专项基金开展的一系列文物追索行动。

（一）韩国流失海外文化遗产基金会的文物追索行动

成立于 2012 年的韩国流失海外文化遗产基金会，是根据韩国《文化财产保护法》第 69 条第 3 款下设于文化财厅的特殊法人。通过从事流失海外韩国文化遗产的系统调查和研究，支持非法流失海外的韩国文化财产回归本国，是基金会的重要业务之一。该基金会促进海外韩国文化遗产回流，主要通过两种途径进行：一是通过定期监视海外艺术品市场以发现非法转让的韩国文化财产，并与国内外相关机构合作促成其返还；二是通过购买稀有而有意义的韩国文化财产用于有关调查、研究、展览。[①]

基金会成立以来，在很多地方开展了韩国文化遗产调查，组织或参与了许多有关文物回归的研讨会，出版了一系列有关日本破坏文化财产状况和韩国文化财产回归状况的书籍，并与包括日本民间美术馆在内的多家机构达成了韩国文化财产转让协议。[②]

作为一个下设于国家文化遗产管理部门的专门基金会，该基金会主要致力于促进海外韩国文物的利用和交流，在促进文物回流问题上，始终与韩国政府的基本立场保持一致，主要采取友好协商的

---

① 参见韩国流失海外文化遗产基金会官网：http://www.overseaschf.or.kr/front/comm/htmlPage.do?H_MENU_CD=100301&L_MENU_CD=10030102&SITE_ID=ENG&MENUON=Y&SEQ=102，2019 年 10 月 31 日访问。

② 参见韩国流失海外文化遗产基金会官网：http://www.overseaschf.or.kr/front/comm/htmlPage.do?H_MENU_CD=100215&L_MENU_CD=10021503&SITE_ID=KOR&MENUON=Y&SEQ=95，2019 年 10 月 31 日访问。

方式促进海外民间文物的回归或回流。虽然追索因战争掠夺而流失海外的文化遗产并非该基金会的主要任务,但对日掠文物的调查和研究是其职责中的重要组成部分。该基金会还在日本和美国分别设立分支机构[①],以方便有针对性地开展日掠文物的调查和研究。

(二)中华社会文化发展基金会的文物追讨实践

据民政部"中国社会组织公共服务平台"数据显示,我国至今尚没有在民政部或者地方民政机构注册登记的专门致力于追索流失文物或促进其追索与返还的社会组织。国家文物部门主管的社会组织,如中国文物学会、中国博物馆协会和中国文物保护基金会等,亦未将劫掠或流失文物的追索与返还纳入其常规业务范围。

当前我国唯一一个包含促进海外流失文物返还活动的社会组织,是以文化部为业务主管单位的中华社会文化发展基金会。该基金会作为政府主管和资助、有资质在全国范围及经许可的其他国家和地区开展公众募集活动的基金会,于2002年起设立中华抢救流失海外文物专项基金。该专项基金是中国国内第一个以抢救海外流失文物为宗旨的民间公益组织,发起人暨首位捐赠者为中国保利集团公司。其设立宗旨在于"协助政府,动员社会力量,联合国内外尊重人类文化遗产、热爱中华文明的组织和个人,广募资金,通过回赠、回购、讨还等方式,多渠道促成流失海外的国宝早日回归祖国"。2003年起,该专项基金实施"国宝工程"项目,将活动领域和内容扩展至流失文物回归、古建筑和文物保护与修复、艺术收藏

---

① 参见韩国流失海外文化遗产基金会官网: http://www.overseaschf.or.kr/front/comm/htmlPage.do?H_MENU_CD=100303&L_MENU_CD=10030304&SITE_ID=ENG&MENUON=Y&SEQ=108, 2020年7月1日访问。

等领域的文化活动和国际合作项目,并于 2011 年在既往实施的公益项目基础上,正式更名为"国宝工程公益基金"。[①]

然而,不同于西方成熟的被掠文物艺术品追索机构或民间组织采取以对拟讨还文物开展严谨的来源和所有权流转调查为基础,协助原所有权人或其他相关机构在法制或国际道义框架下开展返还诉讼或者磋商谈判的文物追索路径,该专项基金早年追索和促进文物回归的方式并非国际社会倡导的理性追索,既无专业的来源调查过程,也没有专门的法律工作团队。该组织促成两件海外流失文物回归的案例分别为圆明园猪首铜像[②]和 20 世纪 20 年代初被盗的龙门石窟佛造像[③],都是通过在拍卖会竞拍或者协议购买等方式从海外回购取得,既非严格意义上对"二战"期间日本掠夺文物的追索,更与当前追索战争掠夺文物的法律和道德原则背道而驰。

随着反对通过回购追讨非法流失文物的舆论和政策转向[④],该专项基金亦开始尝试通过其他途径促成流失文物的回归,但其实践探索依旧未形成成熟的模式和经验,甚至受到公众质疑。例如在前文提到的圆明园流失"鼠首"和"兔首"的追索诉讼中,该专项基金

---

① 参见中华社会文化发展基金会"国宝工程公益基金"总干事牛宪锋的博客中有关该专项基金的介绍:http://blog.sina.com.cn/s/blog_474cc22e0102wl5g.html,2019年 10 月 31 日访问。

② 《国宝"猪首铜像"即将回归》,载《泉州晚报》2003 年 9 月 15 日,见:http://www.qzwb.com/gb/content/2003-09/19/content_996136.htm,2019 年 10 月 31 日访问。

③ 桂娟、方陈:《龙门石窟佛头将首次回归 曾失散海外半个世纪》,原载《北京娱乐信报》2003 年 10 月 26 日,见中国网:http://www.china.com.cn/chinese/CU-c/429406.htm,2019 年 10 月 31 日访问。

④ 廉颖婷:《追索应是流失海外文物惟一回归途径》,原载《法制日报》2015 年 7 月 22 日,见中国经济网:http://www.ce.cn/culture/gd/201507/22/t20150722_6006652.shtml,2019 年 10 月 31 日访问。

多方考量，最终决定不参与律师团对佳士得进行的诉讼活动。而在诉讼未能阻止文物拍卖的情况下，该基金收藏顾问蔡铭超又通过参与并成功竞拍，但拒不付款造成流拍的方式阻止拍卖。这一行为虽然强烈地表达了对于佳士得拍卖我国非法流失文物的反对和谴责，也表明了该专项基金已放弃通过回购实现文物回归的立场，但有损交易诚信的"耍无赖"的行为方式本身，却无法避免争议与诟病。

二、民间索赔组织开展日掠文物追索的实践

近年来，韩国和中国一些民间组织向日本有关部门提出了被掠文物返还的请求，表现了亚洲社会公众在日掠文物追索方面的觉醒。然而，与欧洲相比，亚洲国家民间组织主动开展日掠文物追索的实践尚处在探索起步阶段，无论从数量还是成功率来看，都无法与之相比。前文多次提到2014年韩国民间团体"找回文化遗产"向东京法院申请调解，要求东京国立博物馆返还掠夺文物的行动以法院不受理而告终；同年8月，中国民间对日索赔联合会（以下或简称"联合会"）通过日本驻华大使木寺昌人致函日本天皇明仁和日本政府，要求归还中国文物"中华唐鸿胪井刻石"，系中国民间首次向日本皇室追讨文物。

中国民间对日索赔联合会于2006年挂牌成立，2007年在香港登记为非政府组织。其会长童增自1990年便提出，政府赔偿和民间赔偿是两个不同的概念，并由此开始支持日本侵华战争中的民间受害者向日本提起索赔诉讼。经过十六年的努力，花冈劳工诉讼案、山西"慰安妇"诉讼案、平顶山屠杀幸存者诉讼案等25起民间索赔诉讼陆续在日本提起，但没有一起获得真正意义上的胜诉，只

有4起取得了部分胜利：有的是法院认定了侵略事实，但认为诉讼时效已过；有的是侵略事实和诉讼时效都予以认定，但被上级法院驳回；还有一种情况是通过调解结案。①

"中华唐鸿胪井刻石"原保存于大连市旅顺口区，见证了唐朝册封管辖东北的过程和日本遣唐使西去东归学习盛唐的往事，记载了中国统一的历史进程，对中国东北史、民族史、文化史的研究具有重要意义。②据日本防卫研究所图书馆收藏的《明治37、38年战役战利品捐赠档案》记载，1908年，唐鸿胪井刻石被日本海军从日俄战争激战地旅顺搬到日本，然后作为战利品献给明治天皇。中国要求返还唐鸿胪井刻石的消息最早于2006年被日本媒体关注。当年5月28日的《朝日新闻》对此事进行了报道。当时的日本媒体在介绍由前述中华社会文化发展基金会抢救流失海外文物专项基金成立的"唐鸿胪井碑研究会"和该会要求归还石碑的态度时，突出了"学术研究"和"中日友好"，淡化了国内媒体有关"正义"和"侵略罪证"等提法。日本宫内厅是时回应，唐鸿胪井刻石作为"国有财产"被保存在皇宫内的吹上御苑。由于限制入内，可提供照片，但不开放参观。对于中国要求归还鸿胪井刻石的声音，则表示"没

---

① 辛江：《中国民间对日索赔联合会成立》，2006年4月3日，见大众网：http://www.dzwww.com/dzwfz/tpxw/200604/t20060403_1405753.htm，2019年11月1日访问。

② "唐鸿胪井碑是唐朝时期的文物，系一块重逾九吨，单体十多立方米的驼形天然顽石。公元713年（唐开元元年），唐玄宗使鸿胪卿崔忻前往辽东，册封靺鞨首领大祚荣为渤海郡王。使命完成后，崔忻原路返回长安，路经旅顺都里镇，为纪念这次册封盛事，于黄金山下凿井两口、刻石一块，永为证验。1908年，日本军队将刻石、护卫亭作为日俄战争战利品掠走，藏于日本皇宫至今。"参见《中国民间首向日皇室追讨文物，要求归还唐代"鸿胪井碑"》，见人民网：http://society.people.com.cn/n/2014/0811/c136657-25441740.html，2019年11月10日访问。

有接触到这样的报道"。①

为更好地开展追讨工作,中国民间对日索赔联合会于 2014 年 8 月 5 日专门成立了文物追讨部,以中日关系研究者王锦思和知名鸿胪井刻石研究者王仁富为首。2011 年日本大地震时,王仁富曾向日本皇宫捐款并询问"唐鸿胪井刻石"是否保存完好,并称他不久后得到日本皇宫回函,表示石碑安全无恙,因此确信石碑目前仍保存于日本皇宫。②2014 年 8 月 7 日,联合会通过日本驻华大使木寺昌人致函日本天皇明仁和日本政府,要求迅速归还中国文物"中华唐鸿胪井刻石"。12 月 23 日上午,联合会文物追讨部部长王锦思一行三人,冲破大批日本警察的阻拦和围堵到达日本皇宫,代表联合会向日本皇宫传达了要求返还 106 年前被掠走的中华唐鸿胪井刻石的决心和意愿。据童增介绍,首选唐鸿胪井刻石作为对日追讨的对象,是因为通过若干中国学者多年的努力,联合会已掌握了日本掠夺该石碑及其现存处所等大量证据,有利于追讨成功。26 日,王锦思等两人当面向日本外务省官员递交文物追讨书副本,期望就中华唐鸿胪井刻石返还问题展开磋商。日方表示,8 月已获悉该文物追讨消息,会继续向政府汇报研究。2015 年 5 月,联合会又将支持追讨该文物的 22500 多人的签名递交日本驻华大使馆及多地领事馆,并通过多种途径传递给日本各方。几乎与此同时,联合会还分别向北京市高级人民法院、东京地方法院、海牙国际法院等递交诉

---

① 蓝建中、张欣:《唐鸿胪井碑,日本何时能还?》,2014 年 8 月 12 日,见中国网:http://news.china.com.cn/live/2014-08/12/content_28133379.htm,2019 年 11 月 1 日访问。

② 陈诗、罗昕来:《向日本皇室追讨唐代"鸿胪井碑",很难很难》,载《澎湃新闻》2014 年 8 月 17 日。

状，以日本皇宫宫内厅、日本首相安倍晋三、日本驻华大使木寺昌人为被告，请求法院判令其公开道歉，无偿返还唐鸿胪井刻石碑，负责将其送回中国旅顺，并承担原告为追讨文物等对日历史遗留问题活动支出的所有费用共计人民币 1301 万元，以及因侵权行为向以原告为代表的中国人民赔偿精神损失费共计人民币 14 亿元。①此后，还有一些政协委员在两会上提案，希望政府出面促成该文物之归还。2019 年 7 月 7 日，在"卢沟桥事变"82 周年之际，中国民间对日索赔联合会会长童增又通过日本驻华使馆致函日本新登基的德仁天皇，简述了唐鸿胪井刻石被掠夺和中国要求返还的主要过程，期望德仁天皇"站在当今和平与发展的时代潮流前头，带领日本国民正视和反省过去的侵略战争，认真处理好道歉、赔偿等'二战'遗留问题"，尽快采取措施，推动鸿胪井刻石的归还，并推动中日两国友好关系不断向前发展。②

三、中国民间力量参与文物返还的制约因素

从上述案例不难看出，与欧洲相对成熟的民间力量相比，中国民间力量参与战争掠夺文物追索，尚处在起步阶段，不论在工作机制还是追讨经验等方面，都十分不成熟，其局限和阻力，集中体现在以下几个方面。

---

① 马学玲：《中国民间在北京东京海牙三地起诉日本，要求归还国宝》，2015 年 6 月 9 日，见中国新闻网：http://www.chinanews.com/sh/2015/06-09/7332874.shtml，2019 年 11 月 1 日访问。

② 《童增致信日本新天皇要求归还中华文物唐鸿胪井刻石》，见中国新闻网：http://www.chinanews.com/gj/2019/07-08/8887097.shtml，2019 年 11 月 1 日访问。

(一)机构队伍不完善

与西方社会已经有专门致力于纳粹掠夺文物艺术品追索的专门机构或民间组织不同,当前中国鲜有此类机构或组织存在。一些组织或机构虽参与了促进海外流失文物追索或回归,但无论是必要的机构设置还是专业队伍建设,与西方国家专业的文物追索机构相比,还有较大的差距。

例如,西方国家的此类文物艺术品追索组织,多有自己独立的,或与之长期稳定地开展合作的专业文物艺术品来源调查机构,通过档案查阅、研究或(及)实地调查等专业化的研究调查环节,尽可能准确全面地挖掘和梳理文物艺术品自离开原所有权人之后至今的历次转手过程。而当前中国半官方或者民间组织或机构开展的促进流失文物返还或者追索战争被掠文物的行动,大多只注重对文物艺术品自原所有权人(或原属国)流出的原因的调查,对于流出之后几番转手过程的调查研究却相对较弱。在早期的一些拍卖或者协议回购、捐赠程序中,来源和后续流转情况调查在其中所起的作用更是十分有限。此外,当前这些机构用以促成磋商或者支持法律诉讼的来源调查,多依托于外部专家学者的学术研究,具有个案委托、不稳定性和缺乏足够针对性等特点,也影响了调查结果在追索文物过程中发挥实际效果。

另一方面,缺乏由足够的专业化法律人才组成的强有力的支持队伍,也是当前中国民间组织开展被掠文物追讨行动的又一大特点与局限。与来源调查的方式相类似,当前开展流失文物追索的少数几个社会组织,在涉及和处理法律方面的事务或问题时,主要通过委托国内外律师团队或事务所进行。但此类争端既广泛涉及国际公法、国际私法和相关国家国内法律规则,也涉及复杂的政治、文化、历史背景，需要具备丰富国际经验，较为成熟和稳定的专业法律团队。这也是导致当前一些文物追索实践频频遭遇阻碍、挫折而最终无法实现预期效果的重要原因。

（二）参与方式受限

由于有关制度和自身活动能力等多方面原因，中国民间组织参与被掠或流失文物返还追讨相关活动的范围和方式，与欧洲相比亦受到更大的限制。例如，与西方一些纳粹受害犹太人社团以信托所有权人的身份追索被掠文物艺术品相比，我国社会组织在通过司法手段向日本要求被掠文物返还时，最常遇到的障碍即为诉讼主体资格问题。此外，欧洲已有许多区际或者国家层面的特别立法，为受害者在专业社会力量的协助下开展被掠文物追索提供制度支撑，而亚洲国家迄今没有制定解决此类历史遗留问题的特别法律、法令，亦极大地限制了民间力量参与或进行被掠文物追索的可能途径。亚洲国家公众参与的制度和社会环境，以及公共治理中社会力量的整体发展程度，也影响着民间力量在被掠文物追索中发挥作用的程度及方式。

（三）调查取证困难

除前文已经提及的文物所有权证明获取难度较大的现实状况之外，亚洲地区战后的复杂局势，也加剧了民间力量开展有关调查取证的难度。一方面，战后日本为逃避责任，在盟军司令部进驻之前集中销毁了战争期间几乎所有的政府档案。另一方面，中国在战后的政权更迭以及遗留的台湾问题，朝鲜半岛战后形成的分治局面，以及有关档案史料开放的程度，也加剧了被掠夺文物追索过程中证据获取的难度。这些调查取证方面的困难与阻碍，对于没有官方背景或途径，且发展尚不成熟的民间社会组织而言，亦是其开展文物追索行动的巨大障碍。

（四）多方力量联动机制不足

最后，由于亚洲战场许多战胜国出于历史和现实国际关系的考虑，不同程度地放弃了战争索赔；加之由于证据、现行法律规则及有关国际公约溯及力等复杂问题，官方在战争劫物追索与返还问题方面的态度十分谨慎，至今仍多保持沉默。在这种情况下，原本就发展不甚成熟的民间力量的行动，往往无法得到政府的及时支持、声援或帮助，更无法与政府强有力的追索行动形成配合与联动，效果必将受到影响。

此外，当前我国民间力量在开展此类文物追讨活动时，多采取单枪匹马、单打独斗的方式，各方民间力量的参与相对分散，未形成相互支持、互通有无的格局和活动方式，不同力量或机构之间甚至无法就一些关键问题形成共识。多方力量联动与合作机制的欠缺，也是制约我国民间力量参与对日文物追索实践效果的关键因素之一。

第六章　中国追索被日掠夺文物的可行性及可能路径

随着文化遗产对人类社会发展的重要性日益受到重视，被掠夺和被迫失去文化财产的原属国或原所有人要求返还文化财产的诉求日益引起国际社会的普遍关注，而"二战"期间被掠夺或非法转移文物的返还始终是这个问题的焦点。国际社会为此做出了许多努力，寻求妥善解决历史遗留问题的方案，尤其是欧美国家，冷战结束后已经探索出不少有益的经验。中国是"二战"最大的受害国家，但战后并未得到足够的战争赔偿，绝大多数被掠夺的文物也没有得到返还和相应的补偿。受害者的权利得不到公正公平的救济，被掠夺文物无法实现回归，已经成为影响地区稳定的重大障碍。而在当今国际法律环境已经明显改善，越来越多的"二战"被掠文物成功返还的国际大背景下，中国对日追索战争掠夺文物的可能性也在日益提高。

第一节　国际法律环境得到改善

尽管现有的国际公约缺乏明确的溯及力，追索"二战"时期被掠或非法转移文物还存在诸如国家责任、时效限制、善意持有等方面的法律障碍,但是,国际社会已经做出许多努力来改善现有法律环境,促进被掠和非法转移文物返还给原属国。

一、"战争掠夺文物应该返还"逐渐演变为习惯国际法

如第一章所述,1899年《陆战法规和惯例公约》(海牙第二公约)和1907年《陆战法规和惯例公约》(海牙第四公约)所附《陆战法规和惯例规章》第56条均明确规定:"市政当局的财产中,属于宗教、慈善、教育、艺术和科学机构的财产,即使是国家所有,也应作为私有财产对待。对这些机构、历史性建筑物、艺术和科学作品的任何没收、毁灭和故意的损害均应予以禁止并受法律追究。"[①]虽然公约的规定未能阻止两次世界大战中大规模的破坏和劫掠文化财产,但战后国际社会根据上述规定对有关国家在战争中所犯下的罪行进行了惩罚,"二战"后更是通过纽伦堡国际军事法庭对德国战犯破坏和劫掠文化财产的罪行进行了审判,并且认定上述规定具有习惯国际法的性质,因此可以作为判决依据。[②]

1954年,为避免人类社会再度遭受两次世界大战破坏和劫掠文化财产的灾难,联合国教科文组织通过了《武装冲突情况下保护文化财产公约》(即1954年《海牙公约》),重申了1899年和1907

[①] 1899年和1907年《陆战法规和惯例公约》及其规章全文均见红十字国际委员会网站:https://www.icrc.org/zh/ihl-treaties,2019年9月20日访问。

[②] Victoria A. Birov, Prize and Plunder: The Pillage of Works of Art and the International Law of War, *New York University Journal of International Law and Politics*, Vol. 30, 1997, p.208.

年两个《海牙公约》及其规章对文化财产的保护,并且在此基础上,进一步发展和完善了武装冲突情况下保护文化财产的具体规则,包括交战各方对文化财产的保护和尊重义务、为使文化财产免受轰炸而暂时将其移出被占领土和设置保护标志等,成为武装冲突情况下保护文化财产的基本措施。1954年《海牙公约》第一议定书对公约的规则进行了补充,明确要求缔约国采取必要措施防止处于武装冲突下的文化财产从被占领土输出;一旦被直接或间接输入至任何缔约国,该缔约国必须于武装冲突状态结束后立即予以返还,不得将此财产作为战争赔偿加以留置。1999年《海牙公约》第二议定书则对缔约国在军事行动中保护文化财产的义务进一步加以规制,明确规定了"军事必要"例外的适用条件,并要求缔约国对违反公约义务,蓄意破坏和劫掠文化财产者,采取一切必要步骤进行追诉并施以刑罚或予以制裁。

尽管如此,"二战"中被劫掠或转移文物的国家很难直接援引该公约要求现占有国予以返还,因为该公约没有明确规定溯及力问题,而且对于非缔约国也没有拘束力。这是否意味着公约对于"二战"期间劫掠或非法转移文物的返还毫无意义呢?非也。因为该公约规则对于既有惯例的确认,以及相关国家和国际组织对于该公约的尊重和反复确认,使很多学者相信,该公约的相关规则已经具有习惯国际法的地位,从而对于相关国家(即便非缔约国)具有普遍拘束力[①]。概括而言,学者们认定《海牙公约》相关规则成为习惯国

---

① 例如:David A. Meyer, The 1954 Hague Convention and Its Emergence into Customary International Law, *Boston University Public Interest Law Journal*, Vol.11,1993, p.356; Victoria A. Birov, Prize and Plunder: The Pillage of Works of Art and the International Law of War, *New York University Journal of International Law and Politics*, Vol.30, 1997, p.208; 以

际法的证据主要包括以下几点：

首先，1954年《海牙公约》是1899年、1907年《海牙公约》的延续。1954年《海牙公约》第36条宣称它是1899年海牙第二公约及其附件、1907年海牙第四公约及其附件、1907年海牙第九公约的补充，并要求缔约国在具体实施保护的过程中将1954年《海牙公约》的蓝盾标志代替原来公约的标志。而1899年、1907年《海牙公约》及公约附件在纽伦堡审判和东京审判中已被确认为具有普遍约束力的习惯国际法。1899年、1907年《海牙公约》的权威性和普遍性，为"二战"后各国广泛接受1954年《海牙公约》打下了历史基础，同时1899年、1907年《海牙公约》本身的习惯国际法地位也是证明1954年《海牙公约》相关规则演变成习惯法的理论基础。

其次，国际组织决议、国际法庭审判对1954年《海牙公约》规则的遵守及推广，也构成了公约习惯法状态的有力证明。1999年8月6日，时任联合国秘书长安南发布了《关于联合国维持和平部队遵守国际人道主义法的公告》。公告6.6条涉及武装冲突中文化财产的保护，禁止联合国维和部队攻击作为人类共同文化或精神遗产的艺术、建筑或历史遗迹，考古学地点，艺术作品，圣地，博物馆和图书馆。禁止维和部队使用或直接包围上述财产，以免对其造成毁损。严格禁止对文化财产的肆意盗窃、掠夺、侵占和任何形式的故意破坏等行为。[①] 维和部队的法律义务并非来源于其所属国

及钟慧：《武装冲突中的文化遗产的非法掠夺及其返还——试论一项新的国际习惯规则》，载《国际关系与国际法学刊》第8卷，2018年，第131—158页。

① UN Secretary-General (UNSG), Secretary-General's Bulletin: *Observance by United Nations Forces of International Humanitarian Law*, 6 August 1999, ST/SGB/1999/13, available at: https://www.refworld.org/docid/451bb5724.html, accessed on 02-12-2019.

家的国内法，而是源于联合国本身应当对习惯国际人道法承担的法律责任。①联合国指挥、领导下的维和部队必须遵守这些原则，证明1949年《日内瓦公约》及议定书、1954年《海牙公约》中的许多条文都已逐渐发展成习惯法。前南斯拉夫问题国际刑事特别法庭（ICTY）和国际刑事法院（ICC）先后在规约中规定了对战争中毁坏文化财产犯罪的管辖权。ICTY的法官在审理"塔迪奇案"过程中，直接明确地指出了1954年《海牙公约》第19条已经成为习惯国际法的一部分。在该案中，被告不服一审判决，在上诉中对审判庭对此案件的事项管辖权提出异议。主审法官指出，习惯国际人道法既适用于国际争端又适用于国内争端；适用于国内武装冲突的国际规则有两类，一是习惯国际法，一是条约法，这两类法律规则相互补充、相互支持。在此过程中，一些条约法发展成了习惯法。主审法官还特别指出，1949年《日内瓦公约》第3条和1954年《海牙公约》第19条关于非国际性武装冲突各方亦有义务适用公约关于尊重文化财产的各项规定，已经由条约法发展成习惯法。②这表明，1954年《海牙公约》的基本概念和保护文化财产的规则可以突破国际争端的范围而适用于非国际性武装冲突。这是公约达到习惯法状态的重要证明。

再次，红十字国际委员会《习惯国际人道法》报告已将《海牙公约》的基本规则列为习惯国际人道法规则。1995年12月，第26

---

① Carla Bongiorno, A Culture of Impunity: Applying International Human Rights Law to the United Nations in East Timor, *Columbia Human Rights Law Review*, Vol.33, 2002, p.623.

② *Prosecutor v. Tadic*, Case No. IT-94-1-AR72, Decision on Defense Motion for Interlocutory Appeal on Jurisdiction, Paragraph 98, available at: https://casebook.icrc.org/case-study/icty-prosecutor-v-tadic, accessed on 02-12-2019.

届红十字与红新月国际大会接受"保护战争受害者问题政府间专家组"的建议，委托红十字国际委员会编写一份关于可适用于国际性与非国际性武装冲突的国际人道法习惯规则的报告。该委员会与许多国际知名专家经过近 10 年的努力，终于完成了对国际人道法领域习惯规则的研究和归纳，于 2005 年正式出版了《习惯国际人道法》的报告。该报告第 1 卷为"规则"，是对适用于国际性和非国际性武装冲突的国际人道法习惯规则的全面分析；第 2 卷为"实践"，包含了国际人道法各方面的内容，是对相关条约和相关国家实践的总结，其中包括立法、军事手册、判例法和正式声明，以及国际组织、会议与司法和准司法机构的实践。① 其第 1 卷包含 4 个保护文化财产规则：

> 规则 38：冲突各方必须尊重文化财产：(1) 在军事行动中须予以特别注意，以避免损害用于宗教、艺术、科学、教育或慈善目的的建筑以及历史纪念物，除非它们属于军事目标。(2) 禁止将对于每一民族的文化遗产具有重大意义之财产作为攻击之目标，除非为军事必要所绝对要求。
>
> 规则 39：禁止以可能使之遭受毁坏或损害的目的使用对于每一民族的文化遗产而言具有重大意义的财产，除非为军事必要所绝对要求。
>
> 规则 40：冲突各方必须保护文化财产：(1) 禁止对一切用于宗教、慈善、教育、艺术和科学目的的机构、历史纪念物以

---

① 参见《习惯国际人道法》，红十字国际委员会网站：https://www.icrc.org/zh/doc/resources/documents/publication/pcustom.htm，2019 年 9 月 23 日访问。

及艺术与科学作品予以扣押、毁坏或故意损害。(2)禁止针对就每一民族的文化遗产而言具有重大意义的财产实施任何形式的盗窃、抢劫或侵占以及任何破坏行为。

规则41：占领国须防止文化财产从被占领土非法输出，并且须将非法输出之财产返还被占领土的主管当局。①

红十字国际委员会引用了大量国家实践及其体现出的法律确信，论证了这些条文的习惯国际法地位。在对规则38、39、40的阐述解释过程中，委员会反复论证了1954年《海牙公约》的习惯法地位，并以此为基础论证上述规则的习惯法效力。②这些规则是公约基本原则的重申，涵盖了公约要求的基本义务，第41条更是将公约第一议定书规定的返还义务确定为习惯法规则。遵守这些规则的大量国际、国家实践加上红十字国际委员会对待公约地位的措辞，明确证明了1954年《海牙公约》相关条文和原则的习惯法地位。

此外，美、英等相关国家的实践体现了对公约的尊重。公约向习惯法演化的过程中，国家实践，特别是非缔约方的国家实践，起着非常重要的证明作用。美、英两国分别于2009年和2017年加入1954年《海牙公约》，但在加入公约前已经表明愿意尊重公约的精神。美国在1954年即签署了该公约，但由于担心加入公约会限制其使用核武器而迟迟不批准公约。签署虽然不具有正式的约束力，但至少证明美国概念性地接受了公约条款。③事实上，美国是

---

① 〔瑞士〕让-马里·亨克茨、路易丝·多斯瓦尔德-贝克编：《习惯国际人道法》（规则），法律出版社2007年版，第120、123、125页。

② 同上。

③ David A. Meyer, Note, The 1954 Hague Convention and Its Emergence

第一个在军事手册,即《利伯法典》上加入保护文化财产条款的国家。美国批准了1907年海牙第四公约和1935年《罗里奇公约》,这两个条约的基本原则都被1954年《海牙公约》所吸收。"二战"中,美国也一直尽力保护欧洲文化财产免受不必要的破坏,战后又积极要求纳粹向文物原属国归还战争中掠夺的文物。1987年,美国国务院发表公告谴责苏联在阿富汗违反国际人道法,违反了包括《日内瓦公约》和1954年《海牙公约》在内的五个公约[①],这也从侧面证明美国认可了1954年《海牙公约》的原则和理念。而在伊拉克战争和阿富汗战争中,美国国防部也将公约基本精神写入军事手册中,并于2007年实施了一项"遗产资源保护扑克"计划,向士兵发放文化财产保护知识扑克牌,以传播公约保护文化财产的基本理念。[②] 英国也于1954年签署了该公约,也因种种原因迟迟未予批准。2005年9月,英国发布了关于批准1954年《海牙公约》及其议定书的咨询报告,指出如果不能及时批准公约,英国可能陷入"在占领地区损坏或非法转移文化财产的严重危险",如果英国"不能按照公约条款训练军队,则可能会给英国国际名誉带来潜在的损害"。[③] 英国政府批准公约的声明和咨询报告,代表了该国对公约习惯国际法地位的正式承认,说明了该国愿意承担公约要求的在战争

---

into Customary International Law, *Boston University Public Interest Law Journal*, Vol.11,1993, p.349.

① 同上文,第349、355页。

② 何捷、丁垚:《纸牌游戏中的遗产教育——美国"遗产资源保护扑克"案例研究》,载《建筑遗产》2016年第6期,第109页。

③ *Consultation Paper on: The 1954 Hague Convention on the Protection of Cultural Property in the Event of Armed Conflict and Its Two Protocols of 1954 and 1999*, p. 63. Available at: http://www.culture.gov.uk/images/consultations/HagueConvention.pdf, accessed on 03-12-2019.

中保护文化财产义务的意向。

1954年《海牙公约》及其议定书相关原则和规定逐步演变为习惯国际法的价值,在于确立了"战争中掠夺文物应该归还"的基本原则,这为"二战"中的受害国追索被掠文物提供了重要的法律依据。在有关国际公约缺乏溯及力的情况下,战争受害国可以该基本原则为基础,通过谈判达成双边或多边协议来解决历史遗留问题。

二、促进文物返还的"软法"日益得到尊重

相对于国际公约和习惯国际法等为国际法主体设定了法定义务,从而具有强制力的"硬法"而言,各种国际宣言、原则、决议、建议、职业道德准则等文件或规范往往不直接设定法定义务,对于相关主体也通常不具有强制执行力,因此又被称为"软法"。但既然被称为"软法",说明它们在一定程度上也可以看作是法律的表现形式,在一定范围内也具有法律效力。在"二战"文物返还问题上,现有国际公约因为缺乏溯及力等因素很难直接发挥作用,因此,国际社会特别注重发挥各种软法的引导和规范作用,尤其是最近20多年里出台了大量宣言、原则、建议、决议和职业道德准则。这些软法在很大程度上成为各国政府改进现有立法或司法机构处理相关争议的重要依据,也为相关各方协商解决被掠夺或非法转移文物的返还提供了指导。

(一)"二战"文物返还的原则和宣言越来越受国际社会重视

文物返还是一个极其复杂的法律问题,国家之间的返还纠纷通常需要依靠国际公约、双边或多边协议、习惯规则来解决,而大量的私人或机构诉求需要通过国内法律来解决。许多受害者在战

后初期通过各国的法律制度安排收回了被劫掠的艺术品和其他文物,但是仍有大量受害者由于无法找到被掠文物的下落,或者无法及时提出诉求等原因,未能实现被掠文物的归还或补偿。而冷战的到来,不仅加剧了追查文物下落的难度,更由于诉讼时效已经届满,或者文物已经构成公共博物馆的藏品,或被他人善意取得等法律制度方面的障碍,使得许多受害者及其继承人陷入追索无望的困境。

冷战结束后,国际关系发生了巨大的变化,国家之间由对抗转变成相互依存,和平与发展成为各国共同的目标,为"二战"历史遗留问题的解决创造了良好的国际环境。欧美国家从20世纪90年代开始,对"二战"后未能彻底解决的纳粹掠夺犹太资产,尤其是艺术品及其他文化财产的返还问题重新展开对话和沟通,以促进和推动文物返还。第三章提到的1998年《被纳粹没收艺术品返还的原则宣言》(即《华盛顿原则》)、2000年《维尔纽斯宣言》,以及2009年《特雷辛宣言》就是这种努力的重要成果。这些原则和宣言鼓励各国政府和公共机构为解决被纳粹掠夺文物的返还提供更多的帮助和更广泛的合作,比如尽一切努力宣传那些被纳粹没收而未归还的艺术品,查找其战前的所有者或其继承者;鼓励原所有者或其继承者提出返还被纳粹没收艺术品的要求,如果他们的身份和要求被确认,必须迅速采取合理而公正的解决办法实现其权益;国家应建立相应的法律程序来实施这些原则。①《华盛顿原则》的签署,"掀起了冷战结束后向受害者进行返还和补偿运动的新浪潮"②。

---

① See *Washington Conference Principles on Nazi-Confiscated Art 3 December 1998*, available at: https://www.lootedart.com/MG7QA043892, accessed on 03-10-2019.

② 王云霞:《从纳粹掠夺艺术品的返还看日掠文物返还可行性》,载《政法论丛》2015年第4期,第57—58页。

联合国教科文组织更是一直致力于寻求解决"二战"遗留的文物返还问题的方案,从20世纪90年代开始酝酿起草《关于返还第二次世界大战被转移文物的原则宣言草案》。经过多次修改,至2009年,该宣言草案终于出台。它鼓励各国就返还"二战"被转移文物进行谈判,尽力促成这些文物返还原主国。该宣言草案先后提请第34届(2007)和第35届(2009)联合国教科文组织大会审议,虽然由于日本、波兰等国的反对,最终被决定延缓审议[①],未能正式成为解决"二战"被掠文物纠纷的道德原则,但这个举措本身已经说明国际社会对该问题的极度重视。

虽然以上原则、宣言不具有法律约束力,但它们都是相关国家政府或国际组织为解决历史遗留问题召开的专门会议通过的,或者是专门为此目的起草的,对于各国确定纳粹掠夺艺术品返还的法律和政策具有直接的推动作用。例如,2018年,德国联邦文化媒体事务署、德国联邦外事办公室文化传媒总干事,美国国务院大屠杀时期财产返还事务顾问、国务院处理大屠杀事务特别使节,代表德美两国政府,发布了德美《1998年以来关于〈华盛顿原则〉实施情况的联合声明》,重申了两国政府恪守1998年《华盛顿原则》和2009年《特雷辛宣言》的原则,承诺对大屠杀时期被掠夺艺术品来源进行调查,并尽可能将其返还给幸存者或其后裔。两国政府代表认为,《华盛顿原则》提高了国际社会对于纳粹掠夺艺术品问题的关注,深刻地改变了艺术品世界的规则。依据该原则,德美两国和其

---

① More information about the drafting and delibration of the draft declaration, see *Draft UNESCO Declaration of Principles Relating to Cultural Objects Displaced in Connection with the Second World War 2009*, available at: http://www.lootedartcommission.com/OVNKN480270, accessed on 05-10-2019.

他国家的博物馆对于大屠杀时期从欧洲转手的艺术品的来源进行了大规模调查,并将成千上万的艺术品、文物和书籍归还给原主,或寻找到更加公正、公平的解决办法。20年来,德国已经将16,000多件私人艺术品归还给幸存者或他们的家庭。两国确认,数字技术的发展有助于对于被掠艺术品来源的确认,对于那些无法识别原主或没有继承人的被掠艺术品,则需要寻求创造性的解决方法,诸如利用这些艺术品进行国际展览,为反大屠杀教育提供相关实物证据等。近年来,两国再次重申博物馆在艺术品来源鉴别方面的责任,鼓励他们在返还问题上做出更大的努力,号召所有的占有相关文物的政府部门和机构,以及私人收藏者,尊重《华盛顿原则》并履行自己的责任。[1]

这些宣言和原则对于欧美国家的司法机构处理相关诉求也产生了积极作用,引用《华盛顿原则》作为判决考量依据的案例也屡见不鲜。如在第四章提到的"萨克斯后裔诉德国历史博物馆"案中,德国联邦最高法院在作出判决时,积极援引了《华盛顿原则》第8条,判决德国历史博物馆将争讼文物归还给原所有人的后裔。[2]而在司法之外的可替代性纠纷解决机制中,《华盛顿原则》等软法更是经常被当作双方谈判协商的重要依据。这一点将在下一节详细阐释。

(二)国际组织关于非法转移文物返还的决议作用凸显

冷战结束后,联合国、欧洲委员会、欧洲联盟等许多国际组织

---

[1] See Germany-USA Joint Declaration Concerning The Implementation of the Washington Principles from 1998 dated 26 November 2018, available at: https://www.lootedart.com/TDRWD3782861, accessed on 04-10-2019.

[2] 参见霍政欣、刘浩、余萌:《流失文物争夺战——当代跨国文物追索的实证研究》,中国政法大学出版社2018年版,第335—343页。

颁布的相关决议在促进非法转移文物，尤其是历史上因为战争、殖民统治造成的非法转移文物的返还方面，对成员国相关法律和政策起到了重要引导作用。

如第三章所述，联合国作为致力于促进国际安全、经济发展、社会进步、民主自由和永久和平的重要国际组织，从20世纪70年代开始，就不断呼吁各国加强合作，打击文化财产的非法贩运，返还因战争、殖民及盗窃、走私等原因非法转移的文物。联合国大会在20世纪70年代每年均将该主题列入讨论议题，都要通过一个正式的《归还各国被掠夺艺术品》或《文化财产应送回或归还原主国》的决议，提请成员国政府加入联合国教科文组织1970年公约，制定相关法律和政策，与相关国家展开磋商与合作，积极解决历史上发生的以及正在发生的非法转移文物返还问题。20世纪80—90年代，联合国大会通过涉及该主题决议的频率从每年一次，改为每两年一次；进入21世纪以后，联大会议通过此类决议的频率改为每三年一次。虽然频率降低了，但是涉及的措施和内容更加广泛，措辞更加强硬。如1993年第44/18号《文化财产送回或归还原主国决议》不仅重申了"归还一国艺术品、历史文物、各种珍品、档案、手稿、文件和任何其他文化或艺术珍品"对于促进发展中国家与发达国家合作的重要性，还呼吁各国制定法律保护本国和他国文化遗产，并与"促进文化财产返还或归还原属国政府间委员会"密切合作，鼓励相关国家之间通过双边协定解决文物返还问题。① 再如2015年第70/76号《文化财产返还或归还原主国决议》敦促各国政府采取一切措施，包括制定或修改法律，将文化财产贩运，包括在

---

① 1993年第44/18号《文化财产送回或归还原主国决议》，https://undocs.org/pdf?symbol=zh/A/RES/44/18，2019年10月4日访问。

考古及其他文化场所进行偷盗和掠夺的行为定为《联合国打击跨国有组织犯罪公约》第 2 条所界定的严重犯罪,以期充分利用该公约开展广泛国际合作,打击一切形式的贩运文化财产及相关犯罪;敦促各国采取措施,确保所有参与文化财产贸易的行为主体,如拍卖行、艺术品经销商、艺术品收藏者和博物馆专业人员,都须酌情提供与进出口或出售(包括通过互联网交易)文化财产有关的来源地文件及出口证书;大力鼓励会员国适用《关于贩运文化财产及其他相关犯罪的预防犯罪和刑事司法对策国际准则》,以期加强这一领域的国际合作。① 联合国大会的决议不仅重新确认和肯定了既有的国际公约禁止和防止文物被盗和非法进出口、促进非法转移文物返还原主国的国际合作机制,同时也敦促各国采取一切措施打击文物非法贩运行为,并将非法转移文物返还或送回原主国。在联合国的努力下,文化财产非法贩运犯罪在成员国国内法律框架下得到最大程度的打击,极大地促进了非法转移文物的返还。

为了促进欧洲国家之间关于"二战"掠夺和非法转移文物的返还,欧洲议会于 1998 年通过《关于大屠杀受害者之财产返还的决议》②,要求欧盟理事会和欧盟委员会对相关国家施加压力,保证大屠杀时期被掠犹太人财产能够被发现,并返还给其所有人或其合法继承人,但该决议涉及所有类型的犹太人被掠财产,而非针对被掠文物艺术品返还争议的专门规则。与此不同的是,欧洲委员会于 1999 通过的第 1205 号《有关被掠犹太文化财产的决议》具有更强

---

① 2015 年第 70/76 号《文化财产返还或归还原主国决议》,https://www.un.org/zh/documents/view_doc.asp?symbol=A/RES/70/76, 2019 年 10 月 4 日访问。

② See *Resolution on the restitution of the possessions of Holocaust victims*, available at: https://wjro.org.il/cms/assets/uploads/2016/10/European-Parliament-Resolutions-on-Property-Restitution.pdf, accessed on 05-10-2019.

的针对性，它呼吁各成员国通过改变相关现有的国内法律制度，包括延长相关诉讼时效、废除对特定文化财产的转让限制、暂时搁置出口限制等方式，促进被掠犹太文化财产的返还。①

在这些决议的号召和推动下，欧美许多国家改变了既有的法律和政策，纷纷出台专门的法律和政策，对大屠杀时期被掠夺的文物返还作出特别制度安排。

（三）相关国际机构的职业道德准则在文物返还领域具有促进作用

国际文物交易和收藏活动的规范化，是促进"二战"被掠和非法转移文物返还给原所有人或其继承人的重要保障。联合国教科文组织和国际博物馆协会作为国际文物保护标准和博物馆管理规则的引领者，最近几十年在促进文物交易和收藏规则的改善和进步方面做出了巨大的贡献。

如本书第三章提到，联合国教科文组织制定的《国际文化财产交易商职业道德准则》，要求文化财产交易商不进口或出口有理由相信是属于被盗、非法转移、秘密挖掘或非法出口的文化财产，也不改变其归属。如果交易商已获得了该财产，而原有国要求归还该财产，交易商应采取一切法律许可的措施予以配合，将其归还原有国。② 该职业道德准则作为最低道德标准，对于鼓励各国政府规范

---

① See *Resolution 1205（1999）of the Parliamentary Assembly on looted Jewish cultural property*, available at: https://www.lootedart.com/MG7Q7P50270, accessed on 03-10-2019.

② See *UNESCO International Code of Ethics for Dealers in Cultural Property*, available at: http://www.unesco.org/new/en/culture/themes/illicit-trafficking-of-cultural-property/legal-and-practical-instruments/unesco-international-code-of-ethics-for-dealers-in-cultural-property/, accessed on 10-10-2019.

本国的文物交易规则,提醒国际文物交易商对来源可疑的文物加强调查,起到了非常重要的作用,并鼓励各国或行业团体采纳更严格的道德标准来促进文物和艺术品的公平、合法和负责任交易。事实上,鉴于不规范的文物交易会进一步刺激文物的盗窃、非法进出口以及所有权的非法转让,而任何非法转移的文物,包括"二战"被掠文物一旦经过再次交易就会增大返还的难度,一些国家(如英国、瑞士)的交易商团体已经实施了本国的《文化财产交易商职业道德准则》。① 比如瑞士是文物贸易大国,其文物行政管理相对比较宽松,也尚未加入国际统一私法协会1995年《关于被盗或非法出口文物的公约》,但是,其文物和艺术品交易商的职业道德准则在市场国中相对较为严格。一个比较突出的例证是:2014年,由克里斯蒂拍卖行、瑞士艺术法基金会(Art Law Foundation)和日内瓦大学艺术法中心等艺术交易商和专业机构共同发起了一项"负责任的艺术市场倡议"(Responsible Art Market Initiative, RAM),将有关国际公约和国内法律规则融入交易职业道德准则,出版了《负责任的艺术市场指南》,号召艺术品商人、画廊、拍卖行、艺术品咨询和服务者,联合律师、艺术专业人员,共同了解并遵从有关艺术市场的道德准则,其中包括对文物和艺术品交易的"勤谨调查"(Due Diligence)、反洗钱等方面的基本准则。② 尽管这项倡议只是行业自律行为,没

---

① See Lyndel V. Prott & O'Keef Patrick, Feasibility of an international code of ethics for dealers in cultural property for the purpose of more effective control of illicit traffic in cultural property: a report for UNESCO, available at: https://unesdoc.unesco.org/ark:/48223/pf0000098554, accessed on 05-10-2019.

② See *RAM Guidelines*, available at: http://responsibleartmarket.org/art-market-guidelines/, accessed on 05-10-2019.

有任何法律拘束力，但是基于瑞士本身的文物市场国地位，该倡议的广泛传播对于提升全球文物和艺术品市场的道德水准具有重要的标杆作用。

国际博物馆协会对于促进"二战"被掠或非法转移文物的返还也发挥了重要作用。鉴于这类文物中有相当一部分已经通过种种途径被世界各地的博物馆收藏，国际博物馆协会制定的《博物馆职业道德准则》[①]要求世界各地的博物馆对藏品出处及其流转历史进行调查、保证不获取所有权不合法的藏品；要求博物馆遵从有关法律规定，杜绝购买或收藏来自被占领地区的文物；如有关藏品确属非法出口或违反国际法的非法转移物品，应在法律允许的情况下配合该物品返还给原属国或原权利人。这些规定对于世界各地博物馆促进其职业道德准则提升的重要作用已在第三章有所讨论，在此不再赘述。1999年，国际博物馆协会根据该道德准则的要求，发布了《关于犹太人被掠艺术品返还的建议》，建议各地博物馆对所有藏品，尤其是"二战"期间或"二战"刚刚结束后获得的可能属于犹太人的被盗、被掠或被强制转移的艺术品，进行主动调查和鉴别；公布有关信息促进被质疑的物品的调查和鉴别，并积极参与国际国内有关法律程序的确立；根据相关法律将原属犹太人的艺术品返还给合法所有人或其后裔。[②]该建议为世界各地收藏有"二战"中被

---

① 国际博物馆协会于 1986 年首次出版了完整版的《职业道德准则》(ICOM Code of Professional Ethics)，于 2001 年经过修正，更名为《博物馆职业道德准则》(ICOM Code of Ethics for Museum)。现行版本是 2004 年的修订版。

② See ICOM Recommendations concerning the Return of Works of Art Belonging to Jewish Owners, available at: https://www.lootedart.com/OXSHM8852201, accessed on 07-10-2019.

掠或非法转移的犹太人艺术品的博物馆展开相关藏品调查和鉴别，并与相关权利人及其后裔开展协商与谈判，寻求解决方案提供了重要指导。

上述职业道德准则也在很大程度上促进了国际社会关于打击和预防文物犯罪新准则的建立。比如2014年联合国大会第69/196号决议通过的《关于贩运文化财产及其他相关犯罪的预防犯罪和刑事司法对策国际准则》就肯定了这些职业道德准则的价值，并在准则5中明确规定："各国应当鼓励文化机构和私营部门采纳行为准则并传播有关文化财产收购政策的最佳做法。"[①] 联合国毒品和犯罪办公室为实施该刑事准则编制的实用援助工具，也将联合国教科文组织的《国际文化财产交易商职业道德准则》和国际博物馆协会的《博物馆职业道德准则》均列为推荐各国采纳的行为准则。[②]

三、欧美国家相继以特别立法或政策解决"二战"劫掠文物返还问题

在上述原则、宣言、决议、建议及职业道德准则等软法的影响下，尤其是为了落实《华盛顿原则》《特雷辛宣言》等国际软法确立的原则和精神，欧美许多国家针对犹太人被掠文物、艺术品或者"二

---

① See *International Guidelines for Crime Prevention and Criminal Justice Responses with Respect to Trafficking in Cultural Property and Other Related Offences*, available at: https://un.org/en/A/RES/69/196, accessed on 07-10-2019.

② 参见《协助执行〈关于贩运文化财产及其他相关犯罪的预防犯罪和刑事司法对策国际准则〉的实用援助工具》，https://www.unodc.org/documents/organized-crime/Publications/practical_assistance_tool_cultural_property_ebook_Chinese.pdf，2019年10月9日访问。

战"中被非法转移文物的返还,相继制定了特别立法,或采取特殊政策,对现有法律制度加以修订和完善。

  德国于 1999 年 12 月 14 日颁布了《联邦政府、联邦州及全国地方政府联合会关于追索纳粹没收艺术品(尤指犹太人财产)的联合宣言》,重申了自"二战"结束以来德意志联邦共和国向纳粹受害者提供返还和赔偿的一贯立场,要求德国的公共机构,如博物馆、档案馆和图书馆,继续开展被纳粹没收艺术品的追查,并要求他们对这些艺术品的数据库研究成果及档案进行开发及开放①。奥地利国民议会于 1998 年 12 月 4 日颁布了《关于从奥地利联邦博物馆和收藏机构返还文物的联邦法》,规定应授权财政部长将联邦博物馆和收藏机构的那些原属于纳粹受害者,由于战后返还程序结束而成为联邦政府的文物,无偿返还给其原所有人或他们的继承人;若无法确定原所有人或其继承人,则将这些文物移交给为纳粹受害者而设的奥地利国家基金。② 英国于 2009 年 11 月出台《大屠杀(文物返还)法》,赋予被指定的国家收藏机构以受托人的权利,允许这些机构放弃在 1933—1945 年大屠杀期间纳粹制度下被窃并由其保管藏品的所有权,以便将这些藏品归还给原所有人或其继承人,改变了以往因为国家所有权限制,国有博物馆和其他国有机构无法将藏

---

  ① See *Joint Declaration by the Federal Government, the Länder (Federal States) and the National Associations of Local Authorities on the tracing and return of Nazi-confiscated art, especially Jewish property,* available at: https://www.lootedart.com/MFEU4B68721, accessed on 03-10-2019.

  ② See *Federal State Act on the Return of Cultural Objects, 4 December 1998,* available at: https://www.lootedart.com/MFEU4438589, accessed on 03-10-2019.

品归还原主的法律规定。①美国总统于 2016 年 12 月 16 日签署了国会通过的《大屠杀时期被没收的艺术品返还法》,该法旨在落实《华盛顿原则》和《特雷辛宣言》等美国政府签署的国际会议原则宣言精神,为受时效制度限制无法得到司法救济的大屠杀受害者及其继承人提供法律支持。②俄罗斯国家杜马在 1997 年 2 月通过了《因"二战"被转移至苏联现存于俄罗斯联邦境内的文化珍品的联邦法》③,对于"二战"结束时被转移至苏联、现存于俄罗斯的文物的归属及返还问题进行了全面规范。对白俄罗斯、乌克兰和爱沙尼亚等苏联加盟共和国被德国及其盟国掠夺出境的文化珍品的返还,以及保加利亚、匈牙利、意大利、芬兰、德国等相关利害国根据双边协定提出的返还等问题进行了全面规定。

此外,法国、匈牙利、捷克、比利时、荷兰等许多国家也都制定了类似的特别法律解决"二战"被掠文物返还这一历史遗留问题。这些在有关国际共识基础上制定的特别法,体现了 20 世纪末以来人道法理念下文化遗产保护法律原则以及相关国际法秩序的新发展;彰显了制定这些法律的国家正视"二战"对民族文化和全人类共同遗产造成的损害、对被掠夺主体所造成财产和精神伤害的重视,以及逐步解决这一问题的决心;也切实为许多"二战"被掠文

---

① See *Holocaust (Return of Cultural Objects) Act (2009)*, available at: https://www.lootedart.com/NQ2TYV515471, accessed on 03-10-2019.

② See *About the Holocaust Expropriated Art Recovery (HEAR) Act*, available at: http://www.commartrecovery.org/hear-act, accessed on 03-10-2019.

③ *Federal Law on Cultural Valuables Displaced to the USSR as a Result of World War II and Located on the Territory of the Russian Federation 1997*, available at: https://www.lootedart.com/Q4FJ7E505201, accessed on 03-10-2019.

物原所有权人提出文物返还要求提供了明确程序和法律依据，消除了一些既有法律制度方面的障碍。法律颁行后，依据这些特别法提出的返还请求逐渐增多，这也促使博物馆等文物收藏机构在获得和登录文物藏品信息时更加注意对其来源合法性的调查，在一定意义上改善了其藏品管理水平和秩序。

虽然欧美国家的历史遗留问题有一定的特殊性，但其解决"二战"文物返还问题的特别立法对中国仍具有一定的启示意义。首先是各国都对"二战"遗留问题给予足够的重视，愿意按照国际社会确立的基本原则采取一切措施，包括公开档案、公布藏品来源信息、改变现有法律规则等，最大程度地保障受害者的权益得到实现。如果日本也能关注受害者的诉求，愿意接受国际社会的基本原则，那就能打破僵局，为进一步采取法律措施奠定重要基础。其次，不能无限夸大现有法律障碍的制约作用。欧美国家的经验表明，如果真诚希望解决历史问题，完全可以通过修改法律或制定专门立法的形式，重新制定包括时效、国家所有权限制、善意取得等特别规则，为受害国家及其机构或个人追索被掠文物提供制度保障。

总之，国际法律环境正在朝着支持返还战争劫掠以及殖民地转移文物的方向发展。虽然包括中国在内的许多亚洲国家并未针对"二战"被掠文物制定相关特别法律，但在习惯国际法规则和众多国际软法的支持下，在欧美国家普遍通过相关特别法律并设立专门机构解决"二战"被掠或非法转移文物返还的有利环境下，中国应该利用这些有利法律环境，及时向日本提出返还被掠文物的诉求，并为追索日掠文物做好充分准备，与日本及国际社会开展相关合作，妥善解决历史遗留问题。

第二节　ADR 返还实例增多创造了有利的道义环境

冷战结束以来，欧美国家通过政府间的谈判、专门机构审议以及诉讼等途径对"二战"期间掠夺及非法转移文物的返还争议进行解决，本书第四章已经对此进行了详细阐述。此外，还有大量的实例是通过非政府机构的协调和帮助，或者原所有人的后裔与博物馆直接协商达成协议，实现无条件或有条件返还的。而在进行协调的过程中，《华盛顿原则》等国际软法精神则是现占有文物的博物馆考虑的重要因素。在欧美地区，许多专门帮助犹太人及其后裔实现财产返还的非政府机构数据库，以及相关的报纸杂志，公布了许许多多这样的实例，在一定程度上反映了"二战"文物返还已成为一个国际潮流。本节从日内瓦大学艺术法中心的文物返还数据库（ArThemis）公布的 145 个典型案例中选择其中最具有代表性的实例加以介绍和评论，从中分析其社会意义。这些协议可以说是可替代性纠纷解决机制（ADR）在"二战"文物返还领域得到越来越广泛运用的一个缩影。

一、在非政府机构协调下成功返还的实例

在被掠艺术品的返还过程中，专业的非政府机构的协调和协助有时能起到关键的作用，尤其是在查找证据方面能够发挥突出的专业特长。而他们本身的非政府背景，又会让当事人感觉更加中立、可信，因此在返还实践中发挥了不可替代的推动作用。

(一)画作《风景中的麦当娜和孩子》返还案[①]

1. 案情概要

维也纳籍犹太人菲利普·冯·冈佩兹(Philipp von Gomperz)所拥有的众多藏品中,有一幅是大卢卡斯·克拉纳赫(Lucas Cranach the Elder)的画作《风景中的麦当娜和孩子》(Madonna and Child in a Landscape)。当奥地利被纳粹德国入侵时,冈佩兹先生一家逃离了奥地利,而将其众多藏品留在了原地。1940年,纳粹没收了包括该画在内的冈佩兹先生所有的藏品。此后,该画被纳粹领导人鲍德·冯·施拉赫(Baldur von Schirach)购得。1948年,冈佩兹先生在瑞士的蒙特勒逝世。20世纪50年代,该画出现在纽约,来自加利福尼亚的艺术品收藏家玛丽安·库纳(Marianne Khuner)通过拍卖购得此画。1964年,玛丽安·库纳将前述画作委托给北卡罗来纳艺术博物馆保管,约定在她逝世后画作的所有权为博物馆取得。1984年,玛丽安·库纳逝世,画作也由北卡罗来纳艺术博物馆取得,并成为其永久收藏的重要藏品之一。

1999年,博物馆收到世界犹太人大会艺术品返还委员会(Commission for Art Recovery of the World Jewish Congress)的来信。委员会在信中说明,来自奥地利的玛丽安(Marianne)和克赖丽娜·海妮思科(Cornelia Hainisch)两位老姐妹声称,画作《风景中的麦当娜和孩子》属于她们的叔叔菲利普·冯·冈佩兹,并详细描述了画作的历史情况。博物馆经过调查,证实了该画作确系纳粹掠

[①] See *Madonna and Child in a Landscape – Philipp von Gomperz Heirs and North Carolina Museum of Art,* available at:https://plone.unige.ch/art-adr/cases-affaires/madonna-and-child-in-a-landscape-2013-north-carolina-museum, accessed on 19-10-2019.

夺艺术品。2000年，北卡罗来纳艺术博物馆据此将该画移交给菲利普·冯·冈佩兹的继承人玛丽安和克赖丽娜·海妮思科。根据双方协议，博物馆将画作返还给玛丽安和克赖丽娜·海妮思科，而两位继承人则将画作以市价的一半，即60万美元的价格出售给博物馆，作为对其返还行为的表彰。

2. 法律问题分析

本案所涉及的一个核心的法律问题是博物馆是否已经取得了画作的所有权。博物馆在本案解决过程之中进行的调查也主要是针对这一问题展开的。就此，北卡罗来纳艺术博物馆的时任馆长约翰·科菲（John Coffey）表示："这幅画可能并不属于我们，纳粹的掠夺作为与之相关联的一部分历史在某种程度上证明了这一点。"值得一提的是，博物馆并没有以时效问题作为抗辩理由，而是遵从了1943年的《伦敦宣言》和1998年《华盛顿原则》等相关国际软法关于所有权的规定。

本案的解决较好地体现了《伦敦宣言》和《华盛顿原则》的要求。这些非约束性的原则要求各国在道义上承诺，对被纳粹没收但未归还的艺术品进行识别和宣传，协助艺术品返回原所有人，并鼓励战前所有人及其继承人对这些艺术品提出索赔要求。《华盛顿原则》第8条原则指出："如果发现被纳粹没收但未被归还的战前艺术品，且其所有人或其继承人能够被确定，应迅速采取步骤，采用公正和公平的解决办法，但认定标准可根据具体案件的事实和情况而有所不同。"双方在本案中达成的解决方案被认为是一个公正和公平的解决办法。冈佩兹的继承人和北卡罗来纳博物馆在道德原则的基础上，商定出了一个互惠互利的解决方案。然而，同样应当注意到，画作是被捐赠给博物馆的，对于博物馆而言，能够相对容易地作出放弃画作所有权的决定,因为这一决定几乎不会给博物馆造成任何经济上的损失,而且还能够为其带来好的声誉。

(二)画作《从狱中释放圣彼得》返还案①

1. 案情概要

2002 年夏天,一位美国教授从报纸上看到了费尔德曼(Arthur Feldmann)对大英博物馆的指控,并对教授自己继承的由早期绘画大师所作的名为《从狱中释放圣彼得》(the Liberation of Saint Peter from Prison)的一幅画的来源提出了质疑。这幅画最初属于冯·赖恩(Rembrandt van Rijn),后来由他的学生弗林克(Govaert Flink)所收藏。教授的父亲在 20 世纪 70 年代从阿姆斯特丹的一家画廊购买了这幅画。教授从新闻中得知费尔德曼是纳粹掠夺的受害者,而其继承人之一皮来德(Uri Peled)正在积极寻求赔偿。

教授需要找到"客观中立的学术机构"来证实她对这幅画的怀疑,于是联系了非营利机构国际艺术研究基金会(IFAR)。IFAR 证实了她的怀疑,并与欧洲被掠艺术品委员会(CLAE)合作担任调解人,使费尔德曼的继承人和教授之间达成和解协议。2004 年,美国教授同意归还这幅画,没有要求金钱上的补偿,只要求匿名。这幅画于 2004 年 11 月 30 日归还给费尔德曼的继承人,他们随后将这幅画捐赠给了大英博物馆。

2. 法律问题分析

归还这幅画是基于道德而不是法律。教授没有采取法律行动,

---

① See *Liberation of Saint Peter from Prison – Feldmann Heirs and Private Person*, available at: https://plone.unige.ch/art-adr/cases-affaires/liberation-of-saint-peter-from-prison-2013-feldmann-heirs-and-private-person, accessed on 19-10-2019.

第六章　中国追索被日掠夺文物的可行性及可能路径

寻求一个法院判决，以"沉默的所有权"反对可能的赔偿。相反，她只是要求 IFAR 确定这幅画是否属于费尔德曼后裔，以及是否被纳粹所掠夺。从严格的法律角度来看，鉴于荷兰法律中关于取得时效和诉讼时效的规定，教授的财产权很难通过诉讼来质疑。然而，这位教授从未提出过那样的辩解。

这位美国教授主动寻找这幅画的出处以及进行评估和归还行为的自发性，使这个案例引人关注。在这位教授"前所未有的主动性"的推动下，在 IFAR 和 CLAE 的大力支持下，这幅画重返继承人。她的努力表明，国际机构和国际会议在提高公众对纳粹掠夺艺术品问题的认识方面开展的工作和作出的努力，取得了可喜的成果。

（三）评述

上述两个案例的协商过程，揭示了被纳粹掠夺艺术品的受害者及其继承人在要求归还被掠夺财产时，面临的主要障碍之一是：难以证明之前对艺术品的所有权，以及所有权的丧失也非自愿，而是因为纳粹的掠夺行为。在促进和实现大屠杀时期被掠艺术品成功归还的过程中，像 IFAR 和 CLAE 这样的专业机构的参与是非常必要的。这些机构的专业知识技能，其非政府、非营利背景，以及灵活和自愿的解决方法，也更容易令相关当事人接受。

通过这些非政府机构的协调达成的协议不仅使双方都能互相谅解，也往往能够获得较好的社会效果。冈佩兹的继承人和北卡罗来纳博物馆达成的协议是返还画作的所有权，但继承人仅以市场价格的一半将画作售予博物馆，使博物馆得以继续拥有并展出该画作。那位匿名的美国教授没有要求任何物质奖励归还画作，也得到了道德上的满足，因为她认识到纳粹掠夺对费尔德曼家族造成了伤害，而她的返还行为对这个家族受到的伤害多少是个弥补。同样，费尔德曼的继承人也没有要求任何物质补偿，而是自愿将这幅画捐赠给大英博物馆，以示对"英国人民"的感激，皮来德说："他们帮助我的父母、当时2岁的妹妹以及我的其他家人，能够躲避纳粹分子的迫害并得到庇护。"

二、博物馆与请求人直接达成返还协议

大量的返还请求是对博物馆直接提出的，这对于博物馆而言是个艰难的抉择。一方面，他们承担着文化传播的功能，因此需要用各种类型的藏品来向公众展示和解读这些藏品的文化和艺术价值。另一方面，他们也需要履行博物馆职业的基本道德准则，对每件藏品的出处进行"谨勤调查"，万一发现出处可疑的藏品，即需要采取措施，尽量返还给它的原所有人或其后裔。但这种谨勤调查并不那么容易，而且谨勤调查的要求是后来才确立的，博物馆以此为理由为自己当初不谨慎的收藏行为辩解也很常见。

（一）画作《裁缝学堂》返还案[①]

1. 案情概要

马克斯·希尔博贝格（Max Silberberg）是一名富有的实业家，同时也是一名艺术品收藏者。1934年，对犹太人的从业禁令使他陷入财政危机，被迫向纳粹售卖了数量庞大的收藏品。通过一名叫布鲁诺·卡西雷尔（Bruno Cassirer）的艺术品商人，他以16,000

[①] See *Nähschule – Max Silberberg Heirs and Bündner Kunstmuseum Chur*, available at: https://plone.unige.ch/art-adr/cases-affaires/nahschule-2013-max-silberberg-heirs-and-bundner-kunstmuseum-chur, accessed on 19-10-2019.

林吉特(马来西亚货币单位)的价格将一幅由画家马克斯·利伯曼(Max Liebermann)于1876年创作的名为《裁缝学堂——阿姆斯特丹孤儿院的工作间》(Nähschule—Arbeitssaal im Amsterdamer Waisenhaus)的画作出售给了瑞士信贷协会前董事长阿道夫·乔弗(Adolf Jöhr)。1992年，阿道夫·乔弗去世，其妻子玛丽安娜(Marianne Krüger-Jöhr)继承该画作，并依遗嘱将该画转让给位于库尔的美术馆(Bündner Kunstmuseum)。

1999年8月，马克斯·希尔博贝格的唯一继承人，其儿媳杰尔塔·希尔博贝格(Gerta Silberberg-Bartnitzki)在柏林通过律师请求库尔美术馆归还该画作。同年10月，美术馆回应律师其接受无条件归还的请求。继而该画作捐赠方乔弗的家庭成员也向美术馆提供了证明该画作所有权的材料，即1996年由马提亚·艾伯利汇编的马克斯·利伯曼作品集分类目录，对杰尔塔·希尔博贝格的所有权主张提出抗辩。美术馆董事会于是对其归还决议进行复议，最终查明乔弗家族提供的证明材料有误，2000年5月，美术馆维持了最初的处理方案，同意向马克斯·希尔博贝格的继承人无条件归还该画作。同年10月18日，该画作在伦敦苏富比拍卖行以539,884欧元的价格被拍卖。

2.法律问题分析

库尔美术馆在对该画作系善意取得的情况下，同意了归还画作请求，并非出于国内法的考量，而是出于对《华盛顿原则》的遵循及道德义务之履行。而其他的博物馆和私人收藏者在考虑到遵循此例以处理归还请求时，仍然会表现出极大的犹豫不决。这一自愿归还画作的行为在公众中获得了良好反响。

(二)画作《旋转光线下的灯塔》返还案[①]

1. 案情概要

阿尔弗雷德·弗雷克海姆(Alfred Flechtheim)是一个犹太收藏家,同时也是一个在德国和澳大利亚设有分支机构的艺术品商人。1932年,他将其所有的一幅保罗·阿道夫·辛豪斯(Paul Adolf Seehaus)的画作《旋转光线下的灯塔》(*Lighthouse With Rotating Beam*)出借于柏林的太子宫展出。1933年,为躲避纳粹迫害,弗雷克海姆逃离德国。在1933年夏天到1949年期间,该画作却被他的合伙商以及纳粹分子亚历克斯·弗美尔(Alex Vömel)据为己有。1935年,弗雷克海姆在伦敦去世。1949年,波恩美术馆在斯图加特的一场拍卖会上取得了该画作所有权。2009年9月,弗雷克海姆的继承人、居住在加利福尼亚的侄甥麦克·胡顿(Michael Hulton)请求波恩美术馆归还该画作。美术馆随后委托了两位专家对画作进行出处调查,但最终未能够查明弗雷克海姆向亚历克斯·弗美尔转移该画作时的客观情形和动机,也未能确认其合伙商在进一步出售该画作时的目的。2012年4月12日,美术馆宣布:即便缺少确凿证据以确认该画作的所有权转让情况,该馆仍然承认纳粹对弗雷克海姆的迫害,因而提出对该请求人进行经济补偿的处理方案。

2. 法律问题分析

本案的关键问题在于查明弗雷克海姆或其继承人是否在特定时间被剥夺了对该画作的所有权。美术馆委托的两名专家经过详尽调查和评估,未能确认弗雷克海姆向其合伙人以及亚历克斯·弗

[①] See *Lighthouse With Rotating Beam – Flechtheim Heirs and Kunstmuseum Bonn*, available at: https://plone.unige.ch/art-adr/cases-affaires/lighthouse-with-rotating-beam-2013-flechtheim-heirs-and-kunstmuseum-bonn-1, accessed on 19-10-2019.

美尔交付该画作时的动机,以及1949年拍卖前该画作流转的客观情形。尽管得出了不利于请求人的结论,该继承人也没有作出进一步的申请,然而,由于在当时,大多数弗雷克海姆的收藏品被纳粹冠以"堕落艺术"之污名,美术馆还是特别说明了所查明弗雷克海姆遭受纳粹迫害的事实。《华盛顿原则》强调了被掠夺艺术品的受害者所面临的举证困难,原则4指出:"鉴于时光流逝和大屠杀的特殊背景,其间证据的缺失和所有权的难以考证是难以避免的,对此应进行特殊考量。"美术馆显然考虑到了该案的特殊背景给受害者举证带来的困扰。最终,波恩美术馆参照原则8和原则9的精神,在其基金会的财政支持下,做出了一个相对公平公正的解决方案。最终,波恩美术馆继续保有了对该画作的所有权,但向该画作继承人承诺,给予其该画作市场价值一半的经济补偿。

(三)评述

上述两个博物馆与被掠艺术品继承人之间达成的协议非常具有启发性。在实践中,某些博物馆在面临返还请求时,会根据相关证据调查藏品出处的合法性,只要证明自己获得藏品时确实是善意的,并且请求人提供的证据不足以证明其为画作的真正所有人,便会拒绝返还。但这两个案例中的博物馆并没有一概拒绝请求人的请求,而是更多地从《华盛顿原则》的要求出发,给予请求人更多的帮助和补偿。尤其是"《旋转光线下的灯塔》返还案",博物馆在其委托的专家经过详尽调查,仍无法确定画作系被纳粹掠夺或因强制转让而失去所有权的情况下,依然作出对请求人进行补偿的决定,值得肯定。虽然博物馆仍然保留该画作,但在展出时,这个解决方案会唤起人们对其归属及那段不幸历史时期的记忆,也会唤醒社会公众对待纳粹掠夺艺术品的认知;同时,以经济补偿为解决措施也向其他博物馆提供了一种面对归还请求时可资借鉴的公平方式。

三、附条件返还协议

在一些经过协商成功实现返还的实例中,被掠文物的原所有权人或其继承人与系争文物的现保有方达成了自愿返还协议,但也可能根据双方或一方的意愿附加一定的条件。以下两个案例较为典型。

(一)"奥斯维辛手提箱"案①

1. 案情概要

2004年,一只来自奥斯维辛-比克瑙州立博物馆的手提箱被借至巴黎大屠杀纪念馆,在题为"二战期间法国犹太人的命运"的常设展览中展出。两家博物馆书面同意,手提箱将于2005年6月30日归还于奥斯维辛-比克瑙州立博物馆。手提箱上标记着"手提箱属于皮埃尔·列维,被从法国驱逐至奥斯维辛"。

2005年2月,退休工程师米歇尔·列维在和他女儿参观展览时,发现所展出的手提箱确凿无疑属于他的父亲皮埃尔·列维,因为那上面标记着他父亲的名字、他家在巴黎的最后住址及他父亲的入狱证明。米歇尔·列维通过巴黎大屠杀纪念馆向奥斯维辛-比克瑙州立博物馆提出,希望将手提箱永久性地留在巴黎的要求,因为

---

① See *Auschwitz Suitcase – Pierre Lévi Heirs and Auschwitz-Birkenau State Museum Oswiecim and Shoah Memorial Museum Paris*, available at: https://plone.unige.ch/art-adr/cases-affaires/auschwitz-suitcase-2013-pierre-levi-heirs-and-auschwitz-birkenau-state-museum-oswiecim-and-shoah-memorial-museum-paris, accessed on 19-10-2019.

他不想手提箱"重复之前的奥斯维辛之路"。奥斯维辛州立博物馆坚称手提箱作为奥斯维辛集中营存在的证据及历史具有重要意义。大屠杀博物馆馆长雅克·弗雷迪充当了调停人,希望争端能获得一个圆满结局。

2005年12月,在调停无法达成的情况下,米歇尔·列维向巴黎高等法院提起诉讼,要求奥斯维辛-比克瑙州立博物馆返还手提箱。法院命令立即征收和扣押手提箱,并通过巴黎政府执行这一裁决。巴黎展览结束后,高等法院拒绝颁发针对手提箱返还波兰的临时禁令;2009年6月,争讼双方达成和解协议,手提箱将长期借展于巴黎大屠杀纪念馆。相应地,原告宣布放弃所有诉求,箱子依旧为奥斯维辛-比克瑙州立博物馆所有财产。

2. 法律问题分析

在此案中,米歇尔·列维向巴黎高等法院提起诉讼,主张手提箱所有权。其实,对于奥斯维辛-比克瑙州立博物馆一方而言,他们本可以依据《法国民法典》第2258条主张时效取得(acquisitive prescription)抗辩。但这里针对手提箱所有权问题并无争议,因为博物馆始终认为手提箱是归属于皮埃尔·列维的。原告主张所有权的目的,只是反对将手提箱从巴黎归还至灾难发生地奥斯维辛;而后者希望集中保存集中营的所有遗存物,以供公众凭吊大屠杀中的受难者。

该案中,米歇尔·列维的诉求并未反映纳粹掠夺艺术品争端中,以个人还是以集体方式重估历史这一普遍冲突。米歇尔·列维并未要求返还手提箱或金钱赔偿,而是要求将手提箱放在特定地点公开展陈,即以巴黎代替奥斯维辛-比克瑙。道德上处于相对弱势的奥斯维辛-比克瑙州立博物馆一方若在法律上坚持不予返还也是可能的。奥斯维辛-比克瑙州立博物馆主要是害怕此类相似诉讼将清空博物馆里的展品。博物馆方面担心，返还将引发"先例危机"，使得藏品处于风险之中。博物馆坚持集中展示这些物品作为"二战"集中营专门纪念物和纳粹屠杀证据，对于公众具有更重要的教育意义。当然，在这个案例中，所有权归属已经完全让位于对受害者情感慰藉的考量。

（二）画作《麦琪的崇拜》案①

1. 案情概要

2000 年 2 月，著名犹太收藏家弗里德里克·朱塞佩（Federico Gentili di Giuseppe）的继承人们，就科拉多·贾昆托（Corrado Giaquinto）创作的画作《麦琪的崇拜》（*Adoration of the Magi*），与波士顿美术馆展开谈判。该画于 1941 年的一次拍卖中被出售。2000 年 10 月，继承人与波士顿美术馆达成半购买半捐赠协议。

弗里德里克于 1940 年 4 月在法国去世，他的两个孩子（继承人）马赛里奥（Marcello）和阿德里亚娜（Adriana）于同年 6 月逃离纳粹占领区。同年 10 月，因为债务纠纷，债权人将弗里德里克的两个继承人告上法庭，巴黎的塞纳河民事法院作出缺席指令（因两位继承人当时均不在巴黎），委派莫林先生（Mr. Moulin）管理并清查弗里德里克继承人的所有资产。1941 年 4 月，包括《麦琪的崇拜》在内的数件朱赛佩家族的艺术收藏品被拍卖。这些艺术品几经转手，

---

① See *Adoration of the Magi – Gentili di Giuseppe Heirs and Museum of Fine Arts Boston*, available at: https://plone.unige.ch/art-adr/cases-affaires/adoration-of-the-magi-2013-gentili-di-giuseppe-heirs-and-museum-of-fine-arts-boston, accessed on 20-10-2019.

其中数件被卢浮宫博物馆收藏,而《麦琪的崇拜》则被波士顿美术馆收藏。1998年,弗里德里克的继承人状告卢浮宫博物馆和法国政府,要求宣告1941年的拍卖无效,且要求卢浮宫返还数件画作。1999年7月,巴黎上诉法院裁定支持原告诉讼请求,并命令返还涉诉画作。

2000年2月,卢浮宫博物馆成功执行了返还判决后,弗里德里克继承人开始了与波士顿美术博物馆的谈判。因波士顿美术博物馆于法国政府被状告前即已取得该画作,弗里德里克继承人承认博物馆是基于善意的取得,对1941年的拍卖出售效力并不知情。谈判期间,弗里德里克继承人曾表达过愿意将画作继续留在波士顿美术博物馆进行公共展览的意愿。2000年10月,双方达成了解决方案:波士顿美术博物馆从继承人处购买该画的部分权益,而继承人则捐赠该画的部分权益给博物馆,以便使波士顿美术博物馆继续持有该画作。

2. 法律问题分析

该画作来源清晰,系波士顿美术博物馆1992年从伦敦的著名艺术经销商汤普森·阿格纽父子(Thomas Agnew & Sons)有限责任公司购得,而该公司系1990年于蒙特卡洛的一次佳士得拍卖会上拍得此画。这一事实将有力地支撑波士顿美术博物馆的善意取得行为。此外,波士顿美术博物馆取得该画作发生于巴黎的法院撤销1941年拍卖的效力之前,弗里德里克继承人也承认博物馆是善意持有。因此,如果继承人提起诉讼,案子很有可能被驳回,所以继承人没有提起诉讼,而是直接与波士顿美术馆进行沟通,要求其返还画作。

波士顿美术博物馆承认法国法院对1941年拍卖结果无效的判

决。这显然是后续谈判得以展开的必要条件。最终的解决办法能在很短时间内达成,很大程度上归功于波士顿美术博物馆愿意协作的态度。毋庸置疑,法国法院的裁决在道德层面上支持了继承人的返还请求。法国法院强调,朱赛佩家族画作的流失应归咎于纳粹占领法国期间对犹太人实施的种族歧视和迫害。法国法院撤销 1941 年拍卖效力的判决,虽然不能实质性地影响波士顿美术博物馆的行动,但漠视继承人们的请求则无疑会使自己失去道德的支撑,因此,以快速和低成本的方式达成更为宽松的协议,也是波士顿美术博物馆对谈判持积极开放态度的重要原因。

(三)评述

以上两个案例都不是典型意义上的返还协议,一个是以原告放弃所有权为条件,但实现了不希望手提箱重返悲剧发生地的愿望;另一个是以继承人获得部分金钱补偿的方案将所有权捐赠给博物馆,虽然没有实现画作的实质性返还,但继承人的权益得到了博物馆的承认和维护,而博物馆则因此获得了继续保有和展出画作的正义性基础。无论在哪种方式中,道义的考量和支持都是达成和解的重要因素,双方都本着互相体谅的态度,愿意各自退让一步,最终达成双方都接受的和解协议。

四、通过 ADR 达成返还协议的启示

"二战"期间被掠夺或非法转移文物的返还涉及大量法律疑难问题,其中诉讼时效和善意取得是很难跨越的障碍。由于掠夺或非法转移行为发生在 20 世纪 30—40 年代,战后初期的返还政策比较严苛,行动又过于匆忙,大多数受害者都未能及时提出返还请

求。冷战的到来无疑加剧了受害者追踪文物下落的难度，许多文物经过拍卖或其他形式的转让，最终成为博物馆藏品，或为私人所持有。当受害者发现其文物的下落时，其返还请求多已超出现行法律规定的诉讼时效，而且现持有者多为善意持有，在现有法律框架内通过诉讼对其进行追索有较大难度。因此，受害者多依据各国的特别法、通过各国设置的特别的"返还委员会"提出返还请求，或直接依据《华盛顿原则》《特雷辛宣言》等软法，与现持有者直接进行返还谈判。但"返还委员会"的受理范围大都限于争议一方属于国有文物保存机构，非其受理范围的争议双方只能通过直接谈判或经第三方调停的方式进行协商。

上述通过 ADR 达成返还协议的实例表明，许多博物馆或现持有人是承认《华盛顿原则》等国际软法确立的返还原则和要求的，并对"二战"受害者给予了极大的同情和道义支持；而博物馆作为文化传播机构，也愿意向公众展示其遵守博物馆道德准则，传递正义力量的良好形象。这些返还实例不仅生动地诠释了国际软法的实施效果，还创造了一种有利于战争受害者的道义环境，让现持有者和社会公众得以了解，除非受害者得到公正的补偿，否则，继续持有和展示战争掠夺或非法转移文物是不道德、非正义的。

对于战争中被日本掠夺或非法转移文物的中国受害者（包括公、私机构）而言，一旦发现文物的下落，均可依据国际软法向现持有者主张返还。无论该文物现在是由日本还是由欧美国家的公共机构或私人持有，或在拍卖会上被发现，均不影响受害者提出返还请求。

第三节　韩国对日追索文物的实践及其启示

　　第二次世界大战期间，日本不仅对中国、朝鲜半岛，也对菲律宾、马来西亚、新加坡、越南、老挝、柬埔寨、泰国、缅甸、印度尼西亚、文莱、东帝汶等东南亚国家和地区进行了武装侵略和殖民统治，还劫掠了这些国家和地区的大量金银制品和珍贵文物。由于这些国家和地区在遭受日本侵略之前，大都是英、美、法、荷等西方国家的殖民地，有些地方甚至已经被西方国家殖民统治了好几百年，战后并未立刻获得独立，主权仍然被前西方殖民国家所控制，其损失情况和战后赔偿归还工作也由前殖民国家主导。这些殖民国家并未认真调查东南亚殖民地的文物损失，使得东南亚被日本劫掠的文物一直缺乏权威统计数据。尽管一直存在许多关于日本在东南亚藏有巨额财宝的传说[①]，但因为缺乏足够的实物和档案材料的证明，这些传说也无法作为追索的依据。更重要的是，这些国家在独立后，根据1952年"旧金山对日和约"的规定，从日本获得了大量以劳务为形式的实物赔偿和经济援助，对日本的经济依赖日益加重，使它们失去了进一步追究日本战争责任的动力。

　　与东南亚国家不同，韩国对日追索被掠文物态度极为坚决。几

[①] 一个流传甚广的藏宝传闻是"金百合计划"：在"二战"结束前的最后几个月，日本皇室指挥日军将从中国等12个亚洲国家抢劫的大量黄金和其他珍宝埋藏在菲律宾的175处"皇家藏宝金库"，作为战败后日本重新崛起的财政基础。而占领日本的美国其实对这个秘密宝藏了如指掌，甚至希望将这些掠夺宝藏用作重建全球政治的行动基金。参见〔美〕斯特林·西格雷夫、佩吉·西格雷夫：《黄金武士——二战日本掠夺亚洲巨额黄金黑幕》，南京师范大学南京大屠杀研究中心译，中国对外翻译出版公司2005年版，第1—15页。

十年来，韩国一直没有放弃要求日本为曾经的侵略和掠夺行为道歉，对被日本掠夺或非法转移的文物的追索也一直持续，不仅通过对日和平条约确认了日本的文化财产移交（返还）责任，也陆续通过民间"捐赠"方式实现了许多重要文物的回归。韩国的实践在一定程度上突破了受害国追索日掠文物的制度障碍，为包括中国在内的广大亚洲受害国家树立了榜样。鉴于韩国经验的独特示范价值，梳理韩国文化财产被日本掠夺和非法转移的总体情况，以及战后至今追索的主要路径和特点，很有必要。

一、殖民统治对韩国文化财产的影响

甲午战争后，日本加快了侵略朝鲜，进而侵略中国的步伐。1905年11月，日本强迫大韩帝国签署了《乙巳条约》，即《第二次日韩协定》或《日韩保护协定》。该条约共5条，日本据此获得了对韩国的外交控制权，韩国未经日本允许不得与外国缔结条约；日本设置韩国统监府以控制韩国。[①] 该条约实际上剥夺了韩国的外交权，标志着韩国沦为日本的被保护国，变成日本事实上的殖民地。1906年3月2日，伊藤博文抵达汉城，就任第一任韩国统监，建立了统监体制，总揽韩国政事和外交，而大韩帝国皇帝和韩国政府则沦为

---

① 《乙巳条约》第1条："日本国政府今后可由东京外务省监理指挥韩国之对外关系及事务。日本之外交代表者及领事可保护在外国之韩国臣民及利益。"第2条："日本国政府对韩国与他国间现存条约之实行担当完全之任。韩国政府今后非由日本国政府仲介，则不得缔结有国际性质之任何条约或约束。"第3条："日本国政府使其代表者，置统监一名于韩国皇帝陛下之阙下。统监专为管理外交相关事项，驻在京城，并有亲自内谒韩国皇帝陛下之权利。日本国政府于韩国各开港场及其它日本国政府所认必要之地，有置理事官之权利，理事官在统监指挥之下，执行属于从来在韩国日本领事之一切职权，并为实行本协约条款，掌理一切必要事务。"

傀儡。1910年8月22日,日本强迫韩国签署了《日韩合并条约》,"改统监为总督,总督对日本天皇负责,拥有颁布法律、法令、调动军队的广泛权力"①,大韩帝国最终被日本吞并,朝鲜半岛正式成为日本殖民地。

  日本的殖民统治深刻地影响了韩国的文化财产保护制度。作为殖民统治的必要手段,日本的文化财产保护法律法规被大量移植到朝鲜半岛。1911年,朝鲜总督府以制令第7号公布了《寺刹令》,其第5条规定:"属于寺刹的土地、森林、建筑、佛像、石雕、古文书画、其他贵重物品,未得到朝鲜总督府的许可不得擅自处理"。②表明日本对于韩国宗教文化财产的特殊重视,并宣示了总督府对韩国文化财产的绝对控制权。此后,殖民当局又按照日本文化财产保护法律规范颁布了1916年《古迹及文物保存规则》(总督府令第52号)、《古迹调查委员会规定》(训令第29号)以及1933年《朝鲜宝物古迹名胜天然纪念物保存令》(总督府令第136号)等法规。依据1916年的法规,殖民当局成立了古迹调查委员会,对朝鲜文化财产进行了调查,对有价值的古迹和文物进行登记,并指定为保存对象;殖民当局还依据1933年法规建立了朝鲜古迹名胜天然纪念物保存会,由其负责指定相关的咨询业务。③这些法规的制定和机构的建立,不仅标志着近代朝鲜文化财产保护制度的建立,也使韩国文化财产保护法律体系从一开始就打上了日本殖民主义的烙印。

  在得到初步保护与研究的同时,朝鲜文物,尤其是考古发掘的

---

① 庄锡昌:《文化融合与文化侵略——日占时期日本对韩民族的同化政策及其破产》,载《韩国研究论丛》(第四辑)1998年2月,第95页。
② 〔韩〕丁秀珍:《韩国文化遗产保护法的发展历程》,孟石峰译,载《遗产》2019年第1期,第157页。
③ 同上文,第158页。

珍贵文物被大量劫掠和转移至日本。"在1910—1945年日本正式统治期间，殖民当局组织了大量的考古发掘工作。作为真诚帝国计划的有机组成部分，考古发掘工作是在宗主国专业人员、法律框架和意识形态指导下进行的，这些因素保障了劫掠的合法性。在朝鲜考古发掘工作的开展以及考古物品展示方面留下深刻殖民印记的同时，这项工作使得大量朝鲜文物被转移至日本。"[1] 尤其是那些能够证明日本与朝鲜半岛之间古代文化交流关系的文物，更是被日本殖民者如获至宝运至日本，或献给天皇，或展示于博物馆，以证明日韩合并的合法性。著名的梁山夫妇冢（Yangsan Couple's Grave）文物返还争议即为其中代表性案例。1920年朝鲜总督府组织发掘了庆尚南道梁山的夫妇冢，共收集到金铜冠、银制腰带、金铜鞋、首饰、陶器等489件文物，这些文物是研究梁山地区三国时代历史和文化以及公元5—6世纪新罗古坟文化特点的珍贵文物。[2] 这批文物很快被运往日本，由东京帝国皇室博物馆（今东京国立博物馆）收藏。日韩关系正常化谈判过程中，韩国政府要求归还这批文物，但日本政府一直拒绝归还，其中一个重要原因是这批文物被认为与古代"任那"（Mimana）的存在有关联，是"任那日本府说"[3] 的一个

---

[1] Christine Kim, Colonial Plunder and the Failure of Restitution in Postwar Korea, *Journal of Contemporary History*, Vol. 52 (3), 2017, p.610.

[2] 车学峰、许允傛：《日掠夺无数韩国文物，东京国博也收藏》，见朝鲜日报中文网：https://cnnews.chosun.com/client/news/viw.asp?cate=C03&mcate=M1001&nNewsNumb=20140816065&nidx=16066，2019年9月5日访问。

[3] "任那"的性质和归属是日韩两国古代史研究中极具争议的问题。日本学者大都主张"任那日本府说"，认为任那是360—562年存在于朝鲜半岛南部的日本统治机构，由大和部落中的邪马台人建立，后来被新罗所灭。而朝韩学者多主张任那所处的地区就是朝鲜半岛南部的伽倻，任那是大和国派驻伽倻地区的"倭人使节馆"，根本不是统治机构。参见金昌淑：《古代朝日关系研究动态——关于"任那日本府说"的研究状况》，载《延边大学学报》（社会科学版）2000年第4期，第111页。

证据，而古代日本曾经在朝鲜半岛进行过统治的可能性为日本殖民朝鲜提供了合法性基础。[1]

除此之外，包括官员、商人等各阶层的日本殖民者也通过各种手段收集和转移了许多朝鲜文物。如第一任朝鲜总督伊藤博文就收集了1000多件朝鲜青瓷，而第三任朝鲜总督寺内正毅（Terauchi Masataka）则积累了1855件朝鲜书法作品、432本图书、2000件青瓷。1913年，寺内正毅将760卷《朝鲜王朝实录》[2]运往日本，存于东京大学图书馆。1922年，当时的朝鲜总督又将1200册《朝鲜王室仪轨》[3]运往日本，由东京帝国图书馆保存。[4]再如朝鲜日本电气公司老板小仓武之助（Takenosuke Ogura）于1903年收集了近1100件包括青瓷花瓶、青铜佛像、纯金王冠在内的5世纪晚期到6世纪早期伽倻王朝的文物运往日本，存于东京国立博物馆。[5]

上述事例虽然只是日本掠夺和非法转移朝鲜文物的冰山一角，但我们可以借此管窥全豹。

---

[1] RHYU Mina, The Limitation of the Korea-Japan Normalization Talks on the Issue of the Restitution of Cultural Properties, *Seoul Journal of Japanese Studies*, Vol. 2, No.1, 2016, p.154.

[2] 又称《李朝实录》，编年体汉文王朝实录，记载了由朝鲜王朝始祖太祖到哲宗共25代472年（1392—1863年）的历史事实，涵盖朝鲜时代的政治、外交、军事、制度、法律、经济、产业、交通、通讯、社会、风俗、美术、工艺、宗教等各个方面，是研究朝鲜历史的基本史料。

[3] 是朝鲜王朝时代王室主要行事，如婚、丧、喜、庆、册封、筑城等重要活动的文字及图画记录的书籍总汇，具有极高的文化价值。

[4] Geoffrey R. Scott, Spoliation, Cultural Property and Japan, *University of Pennsylvania Journal of International Law*, Vol.29:4, 2008, pp.845-846.

[5] 同上文，第847页。

二、专门返还协议解决历史遗留问题

"二战"后,朝鲜半岛被美国和苏联联合占领。尽管以美国为首的盟军曾经做过被日本占领期间朝鲜文化财产损失调查,但远东委员会将劫掠物品局限于战利品,完全排除了殖民掠夺。① 由于缺乏国家主权,被排除在远东委员会 11 个战胜国代表之外,远东委员会的归还劫物对象并未包括朝鲜。

1948 年 8 月 15 日大韩民国政府成立后,即向盟国争取对日索赔的正当权利,并于 1949 年 4 月向盟军总部提交了《对日索赔要求调查报告》(上卷),韩国把对日索赔要求分为金块、银块、书籍、美术品及古玩、其他 5 大类,要求日本归还现物或进行赔偿。② 然而,盟总方面以韩国并非交战国为由,拒绝韩国参加对日索赔与媾和。③ 在盟总的对日赔偿归还工作不了了之后,韩国政府于 1954 年出版了修订的《对日索赔要求调查报告》,提出了 4 大类共 16 个项目的对日索偿要求,第一类为现物归还,第二类是债权请求,第三类是因中日战争和太平洋战争造成的人员和物资损失赔偿,第四类是因日本政府低价掠夺造成的损失,总额超过 20 亿美元。其中第一类现物归还的物品中,明确要求归还的文物包括古籍善本 212 种、

---

① Christine Kim, Colonial Plunder and the Failure of Restitution in Postwar Korea, *Journal of Contemporary History*, Vol. 52 (3), 2017, p.623.
② 安成日:《二战后韩国对日索赔要求的演变》,载《日本学论坛》第 Z1 期,第 54 页。
③ 徐显芬:《未走完的历史和解之路——战后日本的战争赔偿与对外援助》,世界知识出版社 2018 年版,第 59 页。

美术品及古玩 527 种、古地图原版 522 张。① 经过日韩两国政府的多轮谈判，韩国对日索赔要求也在不断调整，不仅删掉了第四类索偿要求，即日本低价掠夺造成的损失，还接受了日本政府提出的以"经济援助"模式一次性解决韩国请求权的方案。1965 年 6 月 22 日，《韩日基本条约》(日本方面称《日韩基本条约》)正式签署，条约"确认 1910 年 8 月 22 日以前大日本帝国与大韩帝国间缔结的一切条约和协定业已无效"，两国将按照《联合国宪章》确立的原则处理相互关系，"在稳定和友好的基础上建立贸易、海运及其他商务关系"。② 与此同时，两国还签订了《韩日渔业协定》《韩日关于财产及请求权和经济合作协定》《在日居住的韩国国民法律地位和待遇协定》以及《韩日关于文物和文化合作协定》四项协定和其他外交文件。

《韩日关于文物和文化合作协定》第 2 条规定："日本政府将按照两国政府商定的程序，于该协议生效后 6 个月内，将附件所列文物移交(turn over)给韩国政府。"③ 据此，日本向韩国归还了 1321 件文物。④ 虽然这些文物只占日本从韩国掠夺和转移文物的极小部

---

① 安成日:《二战后韩国对日索赔要求的演变》，载《日本学论坛》第 Z1 期，第 54 页。

② See *Treaty on Basic Relations between Japan and the Republic of Korea*, available at: http://worldjpn.grips.ac.jp/documents/texts/docs/19650622.T1E.html, accessed on 03-08-2019.

③ *Agreement on the Art Objects and Cultural Co-operation between Japan and the Republic of Korea,* available at: http://worldjpn.grips.ac.jp/documents/texts/JPKR/19650622.TME.html, accessed on 03-08-2019.

④ Melissa (Young Jae) Koo, Repatriation of Korean Cultural Property Looted by Japan— Can a Sincere Apology Resolve the Centuries-Old Korea/Japan Disputes?, *Cardozo Journal of Conflict Resolution*, Vol. 16 (2), 2015, p.635.

分，但附件所指定的名单①是经过两国政府反复磋商才最终确定的，表明韩国政府认为这些文物对韩国而言具有极其重要的意义，因此需要在两国关系正常化的双边协议中明确要求归还。对日本而言，这些韩国文物的转移过程清晰，并且从文物的价值和所保存的机构方面看，移交给韩国政府阻力较小，因此愿意尽快移交。韩国是亚洲国家中唯一通过正式协议，与日本解决占领期间被转移文物的返还问题的国家。相对于只能接受由美国主导的战后赔偿返还政策，并在"旧金山对日和约"签订后逐渐不了了之的多数亚洲盟国而言，韩国取得的进展是一种重大的突破。这是韩国历届政府不断努力，克服各种困难，跟日本政府进行了将近20年的交涉和抗争取得的成果。②

当然，由于谈判过程充满波折和妥协，双方对于协议文本以及最终解决方案的理解存在较大的分歧，使得韩国文物的返还充满争议。

（一）关于"业已无效"的不同理解

韩国方面认为，《韩日基本条约》第2条关于两国1910年8月22日及之前所签订的一切条约和协议"业已无效"（are already null and void），意味着"从一开始就根本无效"③，因为它们是日本以武

---

① See *Annex, Agreement on the Art Objects and Cultural Co-operation between Japan and the Republic of Korea*, available at: http://worldjpn.grips.ac.jp/documents/texts/JPKR/19650622.TNE.html, accessed on 03-08-2019.

② 参见刘义相访谈录：《应予以韩日请求权协定积极评价》，Korea.net 记者魏宅焕、长丽定采写，姜恩慧、金天香译，见：http://chinese.korea.net/NewsFocus/History/view?articleId=134285, 2019 年 8 月 4 日访问。

③ Yuji Hosaka, Article 2 of the Korea-Japan Basic Treaty and Japan's Repatriation of Korean Cultural Properties: Reviewing Travaux Preparatoires, *Journal of East Asia and International Law*, Vol. 10 (1), 2017, p.158.

力威胁强迫大韩帝国皇帝接受的不平等条约，而将朝鲜文物转移至日本是以不平等条约确立的统治权为依据的，因此是非法的，应该全部归还给韩国。但日本方面则认为，"业已无效"的意思是曾经有效过，无效是从 1945 年日本统治结束时开始的。①1905 年《日韩保护协定》（《乙巳条约》）是两个帝国统治者基于共同的意愿签署的，即使当时的国际社会也予以认可。②而基于领土合并产生的文物转移没有归还或返还的国际法上的义务，日本将朝鲜文物转移到日本主要是为了管理和保护。③

（二）关于"移交"的不同理解

由于两国关于旧条约以及日本统治的性质认识不同，两国对于韩国文物的返还性质存在较大的分歧。从 2005 年公开的韩日正常化谈判过程外交档案来看，最初韩方坚持用"返还"（return）一词，

---

① Yuji Hosaka, Article 2 of the Korea-Japan Basic Treaty and Japan's Repatriation of Korean Cultural Properties: Reviewing Travaux Preparatoires, *Journal of East Asia and International Law*, Vol. 10（1），2017，p.177.

② 日本学者佐藤义明（Yoshiaki Sato）认为，1905 年《乙巳条约》的合法性从当时国际社会的态度上也可以看出来。条约签署后，所有国家都关闭了驻汉城的公使馆，而且 1907 年海牙和平大会也没有接受韩国皇帝的私人使节作为全权代表，说明国际社会承认该条约的合法性。参见：Yoshiaki Sato, Settled Completely and Finally: A Japanese Perspective on the Repatriationism of Cultural Property, *Journal of East Asia and International Law*, Vol. 10, 2017, p.201. 但韩国学者完全否定《乙巳条约》的合法性。《乙巳条约》文本上面只有外交大臣朴齐纯和日本驻朝公使林权助的签名，没有高宗李熙的签字，也没有加盖国玺。根据《大韩国国制》，对外条约必须得到皇帝的批准才能生效，因此《乙巳条约》是无效的，此后日本以此条约为根据设立统监府，乃至《韩日合并条约》的签订也都是非法的。1995 年 10 月 16 日，韩国国会一致通过《关于要求日本对大韩帝国与日本帝国间的勒约拥有正确历史认识的决议文》，要求日本政府承认《乙巳条约》的非法与无效。

③ See Yoshiaki Sato, Settled Completely and Finally: A Japanese Perspective on the Repatriationism of Cultural Property, *Journal of East Asia and International Law*, Vol. 10, 2017, p.201.

而日方坚持用"捐赠"(donation)一词。经过不断的磋商,最终双方同意在1965年《韩日关于文物和文化合作协定》中使用"移交"(turn over)这个相对含糊中性的词汇。但双方对该词的认识仍有极大的分歧。韩国方面认为,"移交"指的是日本政府"返还"韩国文物的行动,或者说行动的结果。因此,"移交"就是"返还"。① 而日本方面认为,既然基于领土合并的转移文化财产是基于管理和保护的需要,基于管理而转移文化财产是合法的,并无"返还"的国际法义务。如果将"移交"解释为"返还",那就意味着承认以前的转移行为是非法的。② 但在韩方坚持反对下,日方也不再坚持以"捐赠"来解释"移交",而是将"移交"当作是介于"返还"和"捐赠"之间的一种行为。

(三)关于文物被转移的时间起点

在正常化谈判过程中,韩方主张,尽管1905年之前从朝鲜半岛劫掠的所有文物都应该归还,但考虑到问题的顺利解决,将返还要求限制在1905年朝鲜统监府设立后从朝鲜转移走的所有文物。因为1905年《乙巳条约》签订后,朝鲜沦为日本的被保护国,统监府成为日本对朝鲜实施统治的实体机构,在其控制下,大量朝鲜文物被劫掠至日本,所以日本应当返还自1905年起从朝鲜劫掠的文物。③ 正常化谈判档案显示,日方曾经于1960年4月同意以1905年为"移交"给韩国的起点,但后来由于对《日韩基本条约》第2条的谈判出现重大分歧,时间节点最终确定为1910年。④

---

① See Yuji Hosaka, Article 2 of the Korea-Japan Basic Treaty and Japan's Repatriation of Korean Cultural Properties: Reviewing Travaux Preparatoires, p.166.
② 同上文,第166—168页。
③ 同上文,第169页。
④ 同上文,170页。

（四）关于返还文物名单的确定标准

1965年《韩日关于文物和文化合作协定》及其附件并未明确日本政府移交给韩国的文物是基于什么标准指定的。但从正常化谈判档案中可以看到，附件中所列的文物均为国有文物，未涉及私有文物。然而，韩方曾经强烈要求日方返还被劫掠和非法转移的私有文物。韩方曾主张：国有文物必须"返还"，而私有文物可以采取"捐赠"形式回归韩国原所有权人。① 但由于私有文物的返还涉及的法律问题更加复杂，这个问题被搁置。《〈韩日关于文物和文化合作协定〉附件》中所列的美术品和古籍名单是由韩方提出，并经日本政府和国会同意的。日方并未明确移交文物的标准，但从已经公开的谈判档案看，以下几种情况将不得移交：一是某项韩国文物已经根据日本《文化财产保护法》的规定被列为"国宝"或"重要文化财"的，就不能列入移交名单；二是涉及日本的重大文化利益，如前文所述"梁山夫妇冢"出土的文物，不允许移交；三是某些文物在韩国已经有同类文物，无需移交。②

尽管存在以上分歧，韩日两国还是基于合作与发展的需要，通过进一步磋商或者民间合作的方式，实现了更多文物的返还。然而，由于日本对历史问题不能深刻反省的态度，韩日两国间对待历史遗留问题的解决方案仍存在较大分歧，尤其是日本对韩国文物的掠夺行为是否属于战争掠夺等问题，均有较大争议，被日本非法转

---

① See Yuji Hosaka, Article 2 of the Korea-Japan Basic Treaty and Japan's Repatriation of Korean Cultural Properties: Reviewing Travaux Preparatoires, p.174.
② See RHYU Mina, The Limitation of the Korea-Japan Normalization Talks on the Issue of the Restitution of Cultural Properties, *Seoul Journal of Japanese Studies*, Vol. 2, No.1, 2016, pp.148-154.

移韩国文物的返还争端短时期内可能无法得到彻底解决。

三、政府与民间形成合力促进文物返还

在韩国追索被劫掠和非法转移文物的过程中,民间力量的广泛参与和促进是一个值得关注的特点。在韩日两国政府积极寻求双边协议解决历史问题的同时,专业机构、民间组织和个人也充分发挥了各自的作用,共同促进日掠文物的返还。

1965年《韩日关于文物和文化合作协定》签署后,日本返还了附件所列文物,两国间的文物返还协商暂时告一段落。至20世纪80年代,韩国政府主导进行了一系列流失海外韩国文物的调查活动,使文物返还问题重新进入公众视野。韩国文化财产管理局(今文化财产厅的前身)所属的国立文化财产研究所承担了此项任务,自1984年开始组织了广泛的海外所藏韩国文物调查工作,于1984、1986、1991和1993年多次进行调查并增补内容,最终出版了《海外所藏韩国文物目录》。① 由专家们组成的调查组对世界各大博物馆和图书馆所收藏的韩国文物进行了系统拍摄、分类和研究,从中发现了许多历史上不同时期被劫掠和非法转移的文物,如日本内阁文库收藏的韩国古籍善本共209种2455册,大部分在"壬辰倭乱""丁酉再乱"② 时期流入日本;日本国会图书馆东洋文库接收

---

① 〔韩〕朴待男:《韩国的文物流失与追索利用》,具隆会译,载《美成在久》(*Orientation*)2017年第3期,第105页。

② 在中国历史上,两者均指1592—1598年的万历朝鲜战争,即万历年间明朝和朝鲜共同抗击日本侵略朝鲜的战争。

了日本强占时期历任朝鲜公使官和统监府翻译的前田恭作（1868—1942年）所收集的朝鲜古籍1700余册；日本王室行政机关宫内厅所属的书陵部藏有韩国典籍8600余册，多为朝鲜总督府转移至日本的朝鲜王室典籍，其中包括《朝鲜王室仪轨》81种167册。[①] 此外，调查组在美国、法国、德国、俄罗斯等国的收藏机构也发现了大量韩国文物，其中包括不少由19世纪侵略朝鲜半岛的列强军队劫掠的文物。这些调查为日后韩国政府与日本以及其他收藏了非法转移韩国文物的国家进行返还谈判奠定了重要基础。

韩国政府也特别注重吸收民意，利用民间力量来促进文物返还。早在1945年，民间知识分子组织震檀学会，就对日本公私博物馆、图书馆、美术馆中的韩国文物，以及日本强占时期非法获取的文物进行了调查，并以此为基础起草了《被掠韩国文化财产返还目录》。这份目录于1945年12月被提交给占领南朝鲜的美军当局，以向日本要求返还韩国文物。[②] 虽然该请求并未得到盟总的任何回复，但大韩民国建立后，李承晚政权于1949年4月向盟军总部提交了《对日索赔要求调查报告》（上卷），该报告中美术品和古玩部分即以此目录为基础编制。[③] 此目录为后来的韩日关系正常化谈判中文物返还目录的确定提供了依据。

由于1965年韩日签署的双边协定所列返还文物数量有限，韩国政府和民间一直都没有放弃与日本的进一步沟通与协商，以实现

[①] 参见〔韩〕朴待男：《韩国的文物流失与追索利用》，具隆会译，载《美成在久》2017年第3期，第106—107页。

[②] See RHYU Mina, The Limitation of the Korea-Japan Normalization Talks on the Issue of the Restitution of Cultural Properties, *Seoul Journal of Japanese Studies*, Vol. 2, No.1, 2016, p.143.

[③] 参见〔韩〕朴待男：《韩国的文物流失与追索利用》，具隆会译，载《美成在久》2017年第3期，第105页。

更多被非法转移韩国文物的返还。1978年,韩国学者在靖国神社发现了1905年被日军掠夺至日本的"北关大捷碑"①,引起韩国媒体关注,韩国国民发起要求返还的签名运动。韩朝两国佛教界与靖国神社多次开展交涉、沟通,并最终达成返还意向,为政府层面的外交磋商奠定了重要基础。韩朝两国政府各自成立由政府官员和各界人士组成的"韩国北关大捷碑归还委员会"和"朝鲜北关大捷碑归还对策委员会",负责与日本政府的交涉事宜。2005年,韩朝达成协议,由韩国政府要求日本归还北关大捷碑,当年10月,日本政府将北关大捷碑归还给韩国。次年2月,韩朝双方达成协议,北关大捷碑最终回到朝鲜,安放在原址。②此事成为多边磋商促成文物返还的成功事例。

2010年,韩日强制合并100周年为韩国文物返还提供了新的契机。佛教界的"朝鲜王朝仪轨还收委员会"成为追索日本非法转移文物的核心力量,在其促进下,2006年,首尔大学奎章阁图书馆收回了1913年朝鲜总督府移交给东京帝国大学图书馆的《朝鲜王朝实录》共47册。2010年8月22日,时任日本首相菅直人在《庚戌国耻一百年谈话文》中,表达了对在日本统治(朝鲜)期间,由朝鲜总督府输出、日本政府保管的图书予以返还的意愿。通过韩日政府之间的协商,宫内厅书陵部所藏的韩国典籍和《朝鲜王室仪轨》,全部归还韩国政府。③

---

① 1709年,朝鲜王朝为纪念击败"壬辰倭乱"的日本侵略者,在朝鲜北关(咸镜北道)立碑记事,为"北关大捷碑"。1905年日俄战争时,日本军人看不懂碑上的汉字,作为"战利品"劫掠至日本欲献给天皇。后来发现是日本战败的记录,故将此碑转存于靖国神社。
② 参见戴世双:《北关大捷碑如何从日靖国神社回到朝鲜半岛》,载《中国文化报》2015年9月7日。
③ 参见〔韩〕朴侍男:《韩国的文物流失与追索利用》,具隆会译,载《美成在久》2017年第3期,第114页。

此外，韩国民众不仅关注流失于日本的文物的返还，也关注战争时期流失于其他国家的韩国文物的命运。"外奎章阁图书"返还协议，可谓是韩国政府与民间合力推动文化财产返还的一个重要成果。1975年，一位居住在法国的韩国历史学家在法国国家图书馆发现了"外奎章阁图书"①，引发了韩国民众的高度关切。这批珍贵的朝鲜王朝时期文献是1866年"丙寅洋扰"②时被法国军队劫掠至法国的。经韩国政府海外文物调查组实地调查，法国国家图书馆共存有"外奎章阁图书"297册，保存状况良好。1991年，继承了奎章阁的首尔大学奎章阁图书馆正式要求法国返还这批珍贵的典籍，由此拉开了漫长的"外奎章阁图书"返还谈判之路。1993年，正值法国高铁技术引进韩国，时任法国总统密特朗访韩时将其中一本归还韩国，并达成"互相交流和租借"的原则性共识。然而，法国在高铁技术引进韩国之后，收回了之前的承诺，转而提出了"相互出租和等值交换"的主张，要求韩国提供相应价值的文物进行交换，引起韩国国民强烈不满。2010年1月，韩国市民团体"文化联合会"在法国法院提起诉讼，要求法国国家图书馆返还"外奎章阁图书"，但遭到法院拒绝。法院认为："外奎章阁图书"是法国国家图书馆

---

① 奎章阁是朝鲜时代的王宫图书馆，开设于1776年，收藏了历代国王的亲笔字画、手谕和遗教等。1781年，朝廷又在江华府设立了江华史库，称之为"江都外阁"，即外奎章阁。在江华设立外奎章阁是为了更安全地保管重要文件，因此收藏了需要特别管理的重要书籍以及王朝的家谱、字画、玉玺和琴谱等。

② 1866年，法国以天主教遭迫害、法国神父被杀为由，派遣军舰攻打朝鲜的历史事件。当年，朝鲜政府处决了9位法国天主教传教士，引发了法国驻华公使的不满。在法国政府的批准下，驻扎在中国的法国海军司令罗兹（Pierre-Gustave Roze）率领7搜战舰于1866年10月出兵"膺惩"朝鲜。在遭到朝鲜军民的抵抗后，罗兹决定撤退，临走前在江华府城放了把大火，烧毁了长宁殿、万宁殿、行宫和无数官衙民房，抢走府库中约值20万法郎的金银财宝，又从外奎章阁掠夺了记录朝鲜王室仪轨的珍贵典籍340册，即"外奎章阁图书"。

所珍藏的国有财产,当时的获取手段和条件不能影响该图书是国家财产的事实①,而根据法国关于国家所有权的相关法律,国家财产不得被转让。

在民众力量的推动下,韩国政府加快了与法国政府谈判的步伐,2010年11月二十国集团首尔峰会期间,韩国总统李明博和法国总统萨科齐就返还"外奎章阁图书"达成最终协议,商定以租借方式由韩国保管,每五年更新一次租借合同。虽然形式上还是"租借",所有权仍然属于法国,但商定由韩国方面保管,而且五年到期更新合同也只是手续问题,并无实质性限制,实际上是永久地回到其原属国。这既回避了法国法律上的障碍,也实现了文物的客观回归,为历史上非法转移文物的返还提供了新的模式。

韩国的实践表明,只要持之以恒坚持对日追索,政府与民间达成共识、形成合力,共同对日本政府和被掠文物的现持有者施压,日本政府会基于改善双边和地区关系,以及树立良好国际形象的需要,给予必要的反应和配合。而面对道义的拷问,被掠文物的现持有者也不得不采取积极措施,避免对自己的声誉和实际利益造成损害。韩国追索日本掠夺和非法转移文物的实践,为中国探索对日追索的有效路径提供了很好的样板。

第四节 中国追索"二战"被掠文物的对策和可能路径

尽管在"二战"被掠文物的返还问题上存在不少困难,但是国

---

① 《韩国追讨流失海外文物,诉讼被法国法院驳回》,见环球网新闻:https://news.qq.com/a/20100108/001452.htm,2019年9月10日访问。

际法律环境在不断改善，道德原则得到强化，成功返还的实例也层出不穷，都为中国追索"二战"被掠文物提供了有利条件。只要采取适当的对策，选择恰当的路径，坚持不懈地进行追索，这个历史遗留问题并非无法得到解决。

一、改善国内法律环境

为了更好地利用有利的国际道义和法律环境，顺利开展对日掠文物的追索，我们有必要对现有法律制度适时加以完善，为追索文物提供国内法依据，并建立健全损失调查机制，为开展追索工作提供必要的制度保障。

（一）根据国际法律精神完善国内相关法律制度

在促进历史上流失文物返还问题上，我国政府一直积极参与国际社会的各种努力，包括加入相关国际公约，支持并参与国际组织和国际会议起草相关原则、宣言等。迄今为止，我国已经加入了涉及文化遗产保护的绝大多数国际公约，尤其是有关文物返还的联合国教科文组织1954年《武装冲突情况下保护文化财产公约》、1970年《关于禁止和防止文化财产的非法进出口及其所有权转让方法的公约》以及国际统一私法协会1995年《关于被盗或非法出口文物的公约》，并尽量在国内相关立法和行政管理中体现国际公约的精神。比如，我国已经在"1970年公约"框架下与相关国家展开合作，先后与秘鲁、意大利、印度、菲律宾、希腊、智利、委内瑞拉、美国、土耳其、埃塞俄比亚、澳大利亚、埃及、蒙古国、墨西哥、哥伦比亚、尼日利亚、瑞士、塞浦路斯、柬埔寨、缅甸、阿根廷和尼泊尔等22个国家签署了关于防止盗窃、盗掘和非法进出口文化财产的政府间双边协定。这些协定的内容由两国政府基于互惠互利、互相尊重的原则,对来自对方国家的被盗及非法出口文物的返还给予特别协助,并且返还的对象可以比"1970年公约"规制范围内的文化财产更加宽泛,为历史上流失文物的返还留下了进一步合作的空间。如果中国政府能够加快与日本政府合作的步伐,签订类似的双边协定,定能为妥善解决"二战"文物返还问题打下良好的基础。

  与此同时,我国也需要在现行立法中进一步落实相关国际公约的精神和要求。现行《文物保护法》对于文物进出境问题的关注重点主要是规范出口管制,而对于文物进境只有一条关于临时进境的简单规定,主要涉及参加展览、修复等合法入境的文物,而对于非法入境的文物如何处理,比如是否需要对方提供合法出境许可证明,发现了非法入境或被盗文物如何处置等,均无明确规定。这与"1970年公约"要求缔约国采取措施,既防止本国文物非法出境,也要防止来自他国的被盗与非法出口文物入境的规定明显不符。从历史来看,我国是文物来源国,在很长时期内由于制度不健全、管理不规范等原因,大量的文物被盗掘盗运至国外,这使得我国立法机关和管理部门痛定思痛,单向强调文物出境管制。但从长远来看,这样的思路过于片面,容易使其他缔约国认为中国政府只关注自身的文物安全,片面要求他国为自己看住被盗或非法出口文物,却漠视他国利益,放任他国被盗或非法出口文物进入我国。出于对等原则,对方也可能会因此而怠于对中国文物的保护。而且随着中国文物市场的繁荣,也难免会有不法国际交易商借机钻空子,将外国被盗或非法出口文物进口至我国进行交易。即便是被盗或非法出口的中国文物被进口至中国,也不能因为客观上实现了流失文物"回家"就不加监管,以免文物被再次非法转移,或者为追索文物带来法律上的障碍。为了落实公约精神和要求,从根本上保证我国文物的安全和成功返还,我国也应该在《文物保护法》中设置相应的进口管制条款,为打击文物的国际非法贩运承担更多的责任。

此外,我国现行所有的文物保护相关法律制度均着眼于解决现实问题,并无涉及历史上流失文物追索的任何规定。这可能会使相关国家误以为中国政府已经放弃历史上流失文物的追索,包括"二战"被掠文物的追索权益,并不关注这项权益能否实现。更为重要的是,尽管现有国际法律环境已有明显改善,但是很难为中国追索日掠文物提供直接而明确的法律依据,因此,我们应该适当借鉴欧美国家的普遍经验,针对本国实际情况,在条件成熟时制定特别法规,为"二战"期间被日本掠夺文物的返还提供明确法律依据。该法规可以设置一个特别机构来处理文物返还请求,并为文物被掠夺的个人或机构查找文物下落提供专业或资金上的支持。特别法规还可以进一步就时效和司法管辖权等问题作出特别安排,明确规定"二战"期间被掠文物的返还诉求不受通常时效规则的限制,并且在符合条件的情况下,我国法院亦得受理此类返还诉求,从而为我国机构和个人在中国寻求司法救济提供法律依据。特别法规还可以就禁止被掠文物的进一步交易规定一些惩罚措施。鉴于大量被掠文物目前并不处在国内,禁止被掠文物进一步交易的规定在很大程度上只是一种宣示和警告,但至少能对国外拍卖行进一步拍卖中国被掠文物起到阻吓作用。在制定特别法规条件尚未成熟时,可以考虑在《文物保护法》修订稿中增加一两个条文,明确宣布中国政府对历史上流失的中国文物,尤其是近代以来的历次战争中被掠的文物,保留追索的权利,并对拍卖中国被掠文物的交易商进行适当惩罚。

（二）建立被掠文物返还机构

"二战"期间被掠文物的返还不仅事关国际关系、地区稳定，也事关受害者正当权益的救济，涉及外交、文化、海关、司法等诸多领域，仅靠某一管理部门、当事机构或受害者及其继承人的个人力量是无法有效实现的。从前面章节的叙述中，我们可以看到，在欧美和亚洲不少国家都建立了处理被掠文物返还的专门机构。这些机构大致可以划分为两种模式：一为欧洲的"委员会"模式，如1998年设立的奥地利"返还咨询委员会"，1999年设立的法国"被掠夺受害者赔偿委员会"，2000年设立的英国"被掠夺文物建议委员会"，2001年设立的荷兰"返还请求评估咨询委员会"及2003年设立的德国"纳粹迫害被扣押文化财产返还咨询委员会"。这些委员会均为各国通过特别法设置，多为下设于有关政府部门的独立咨询机构，如奥地利、英国和荷兰的"返还委员会"都设在联邦或中央政府文化事务的主管部门之下，法国"返还委员会"隶属于总理办公室，德国的"返还委员会"则由联邦文化和媒体事务委员、各州以及地方政府联合会共同发起设立。它们的主要职能是对"二战"期间因纳粹掠夺造成的文物返还争议展开独立的调查和审议，并视实际情况作出无条件返还、有条件返还或不予返还的决定。虽然其决定对于该国政府和当事方仅具有建议的效果，但基于其专业性和权威性，其决定往往被各方所接受，"委员会"的争议解决机制为各国妥善解决纳粹掠夺文物这个历史遗留问题探索出一条有效路径。二是韩国的"基金会"模式。2012年7月设立的韩国流失海外文化遗产基金会，是根据2011年修订的《文化财保护法》第69条第3款的规定，下设于韩国文化财保护厅的独立财团法人。其基本职责是对流失于海外的韩国文物进行系统调查和研究，并在非法转移文物或对韩国而言具有重大意义文物的返还问题上起领导作用。① 从机构属性来看,无论欧洲式的"委员会",还是韩国式的"基金会",均为政府设立的专业独立机构,均有调查"二战"期间被转移文物状况及促进其返还的基本职能,但欧洲"委员会"专为调查和审议"二战"期间(1939—1945年)因纳粹掠夺而引起的文物返还争议,而韩国"基金会"并非专门针对日掠文物的返还及其争议解决而设,其工作范围涉及所有流失于海外的韩国文物。但流失于日本的韩国文物在所有海外韩国文物中占比最大②,因此对日掠文物的调查和研究是该基金会职责中最重要的一部分。该基金会甚至还在日本设立了一个分支机构,以方便在日开展有针对性的调查和研究。另外,韩国"基金会"还有一项独特的职能,即推动海外韩国文物与所在国政府、机构之间的友好合作,如果某件文物囿于法律或其他方面的障碍一时无法实现返还,也可以通过协助修复、共同研究或联合展览等形式,使流失海外的韩国文物得到较好的保存、传承和利用。③

对于中国而言,两种模式都具有较大的借鉴意义,但又都有一定的不切合中国国情的地方,因此比较稳妥的思路是对两者进行融

---

① See Overseas Korean Cultural Heritage Foundation, available at: http://www.overseaschf.or.kr/front/comm/htmlPage.do?H_MENU_CD=100303&L_MENU_CD=10030301&SITE_ID=ENG&MENUON=Y&SEQ=107, accessed on 31-05-2020.

② 截止到2020年4月1日,该基金会总共查找到海外韩国文物193,136件,分布于21个国家,其中日本一国即有81,889件,占总数的42.40%。数据来源:Overseas Korean Cultural Heritage Foundation, available at: http://www.overseaschf.or.kr/front/comm/htmlPage.do?H_MENU_CD=100302&L_MENU_CD=10030201&SITE_ID=ENG&MENUON=Y&SEQ=106, accessed on 31-05-2020.

③ 参见〔韩〕朴待男:《韩国的文物流失与追索利用》,具隆会译,载《美成在久》2017年第3期,第117页。

合,并结合中国的社会现实加以适当改造。欧洲式的"委员会"之所以能够有效解决返还争议,一个很重要的前提是所争议的文物大都位于该国境内,现持有者属于该国公私机构或个人,"委员会"的专家可以通过调取相关证据以及直接展开背景调查,弄清争议文物是否属于纳粹掠夺文物,或与纳粹掠夺相关,并且通过与争议双方的直接沟通,提出相对公平公正的解决方案。而目前绝大多数因日本掠夺造成流失的中国文物并不处于中国境内,欧洲式的"委员会"在争议解决方面的长处在中国可能无用武之地。韩国式的"基金会"擅长调查研究被转移文物的来龙去脉,并通过谈判磋商或者购买的方式促成文物的返还。但是,基金会在中国现行法律框架下属于以从事公益事业为目的的非营利性法人,即便是政府出资设立的基金会,其活动也要与政府保持相对独立性。而在现行中国管理体制内,完全独立于政府的非营利性组织很难担当起跨部门的调查和追索工作重任。因此,我们建议建立一个在构成和性质上类似于欧洲"委员会",但工作内容类似于韩国"基金会"的"二战"期间被掠文物返还咨询委员会,由考古、艺术史、近代史、法学等领域的专家构成,整合既有的分散资源,由国家文物局设立并领导开展工作。该委员会的职能应该包括:组织专门力量对被掠文物开展系统性调查和研究;协助受害机构和个人对被掠夺或非法转移文物下落进行追踪,并协助其向现所在国政府或持有机构、个人提出返还请求;为国家制定相关返还政策、采取追索行动提供相应咨询;与相关国家政府、公私机构开展合作,保存、修复、传承一时无法返还的被掠中国文物。

(三)建立健全被掠文物调查机制

对被掠文物的背景及其下落进行调查,是一切文物返还问题的基础和关键。任何返还请求的提出，均需附有明确的所有权证明、被掠夺情况或非法交易等证据，通过诉讼途径处理返还诉求对于证据的要求尤其严格。由于"二战"结束距今已经70余年，许多历史信息已经残缺不全，当事人的记忆也已经模糊不清，文物被掠夺的证据及其转手情况，以及文物的确切下落和现持有人对于文物的权属问题等，很难靠当事人或当事机构自身来搜集整理。尽管1945年民国教育部清理战时文物损失委员会曾经对我国公私机构的文物损失情况做过调查和统计，并且向远东委员会提交了损失目录，但是，这份目录是在战后短短5个月的时间内完成的①，其缺漏在所难免。当时很多被掠文物的失主因躲避战乱还未及返乡，根本无法进行失物的登记；而且提供实施掠夺部队番号的要求也很苛刻，许多失主根本无法提供那么准确的证据。总之，这份目录中所登记的应当只是中国被掠文物中极为有限的一部分。另外，经过了70余年的时间，我们不难想象，这份目录中的许多文物可能经过多次转手，更加难以查证。

因此，我们建议由拟设立的"二战"期间被掠文物返还咨询委员会组织开展专项调查研究，进一步摸清被掠文物的准确情况，认真查找文物的下落，并制作详细的清单。清单中应列明文物的名称、种类、物主、被掠时间地点、被掠经过、现在下落等。对于实在无法查明下落或物主的文物，我们也应该把文物的基本信息和被掠情况标示出来。与此同时，国家应尽快建立专门的日掠文物互联网站，将被掠文物清单公之于众，以方便公众检索和查阅。被掠文物

---

① 有关资料显示，教育部的文物损失调查始于1945年10月26日，至1946年3月已经初步调查出损失结果。参见孟国祥：《大劫难：日本侵华对中国文化的破坏》，中国社会科学出版社2005年版，第272页。

清单亦应发送给相关的国际组织,比如国际刑警组织和世界海关组织,以及各国的被掠文物返还机构和流失文物登记机构,还有世界各大博物馆、档案馆等收藏机构和主要的文物拍卖机构等。这不仅仅是为了告知国际、国内相关机构,中国哪些文物因战争被劫掠或失踪,及时寻求国际协助,也是为了提醒那些善意的买家不要购买这些来源不合法或可疑的文物,以免日后被追索。据悉,国家文物局几年前即开始着手建立中国流失文物数据库[①],但该数据库一直没有下文。如果该数据库能够包含"二战"被掠文物的详细信息,并且向公众开放,一定会对日掠文物的追索有巨大的推动作用。

二、追索日掠文物的可能路径

借鉴国际社会的相关返还实践,综合考虑中国、日本的基本国情,在追索被掠文物问题上,我们可以着重考虑以下路径:

(一)积极与相关国家展开磋商妥善解决历史遗留问题

在现有法律框架内,最直接也是最有效的返还途径,要数相关国家政府之间通过外交谈判达成双边或多边协议,彻底解决历史遗留问题。当然,这是一条艰难的道路,国际社会的实践也充分说明了这一点。德国和俄罗斯之间一直在就相互返还被劫掠和被转移文物进行磋商,两国政府也曾经达成过相互返还文物的一揽子协定,但由于立法机关的反对,也由于新领导人的上台,一揽子协定并未得到切实执行。虽然相互返还了部分文物,但仍有相当数量的

---

① 国家文物局:《2017 年将加强中国流失海外文物数据库建设》,见新华网:http://www.xinhuanet.com/shuhua/2017-02/17/c_1120480746.htm,2020 年 5 月 31 日访问。

文物还留在对方国家，两国还在继续进行磋商。另一个典型例证是韩国与日本之间的文物返还问题，虽然两国经过多年谈判与磋商已经于1965年达成了一揽子文物返还协议，但由于该协议只是两国关系正常化谈判的一个组成部分，为了尽快实现关系正常化，韩国政府不得不在许多问题上进行妥协，文物返还协议附件中所列出的返还目录只是被日本转移文物的极少部分。关系正常化后，两国之间又针对特定文物的返还陆续展开谈判，达成新的返还协议。而这些新的返还协议的达成过程也是一波三折，不仅取决于韩国方面的努力，也取决于执掌日本政府的领导者对待历史问题的态度。比如日本前首相菅直人继承"村山谈话"的精神，在《日韩合并条约》签署100周年前夕发表谈话，对日本殖民统治期间给韩国人民带来的巨大损失和痛苦，表示深刻的反省和由衷的歉意，并同意向韩国归还朝鲜总督府时期转移至日本的韩国文物。而安倍晋三执政后则持强硬的东亚政策，一再强调要摆脱"战后体制"，不仅闭口不谈战争责任，反而多次为日本的侵略行为开脱，甚至否认侵略战争，引发中、韩等受害国家的强烈不满，令地区关系极度紧张。甚至因为韩国法院作出有利于被日本强征劳工的判决，就指责韩国政府不遵守已经达成的两国关系正常化协议，从而发起对韩国的经济制裁。这种错误的历史观主导的东亚政策也严重影响了日本的国际声誉，连作为日本盟国的美国，都对安倍否认侵略战争、连续参拜靖国神社的行为表示"失望"。①

但是，我们不能因为日本政府可能持有的强硬态度就彻底放弃与日本政府的交涉，而应当勇敢地迈出与日本就此问题展开磋商的

---

① 参见乔林生：《"安倍历史观"的特征及其影响》，载《世界历史》2015年第4期，第22页。

第一步,这不仅因为中国开展对日文物追索具有坚实的法律和道德依据,还因为妥善解决历史问题,对于改善中日两国关系,从而促进东亚地区关系的改善,也具有重要意义。

1. 中国主张被掠文物返还具有法律和道义基础

如前所述,日本掠夺中国文物本身就是1907年《海牙公约》所禁止的劫掠和破坏被占领土上的文化财产的行为,同盟国在1943年《伦敦宣言》中已经明确宣告将于战争结束后对德、日等轴心国非法转移同盟国财产的行为进行追究。而中国政府在"二战"后也确实根据《伦敦宣言》《波茨坦公告》等国际法律文件对日本进行过索赔,并从日本成功追索了部分文物。只是由于美国的偏袒以及国际国内形势的变化,对日追索于1949年底不正常地中止了。此后直到1972年,由于中日关系的非正常化,这个问题无法展开。

20世纪50年代的"旧金山对日和约"以及日本与台湾方面签订的"日台和约"中,虽有放弃对日索赔的条款,然而,这些和约均为非法。由于《开罗宣言》《波茨坦公告》等国际法律文件均明确地承认了台湾作为中国领土一部分的法律地位,国际社会普遍承认在涵盖整个大陆和台湾地区的中国只拥有一个国际人格,只存在一个主权国家意义上的国际法主体,并以中国(China)指称这个国际法主体。根据国际法上的政府继承理论,中华人民共和国自成立起便取代"中华民国",成为中国的唯一合法政府。①1971年中华人民共和国恢复在联合国的合法席位,而将台湾当局的"中华民国"从联合国除名的事实,更加证实了这一点。而新中国政府既没有参加"旧金山对日和约"的谈判和签订,对于台湾当局以"中华民国"的

---

① 范宏云:《国际法的继承理论与两岸关系》,载《特区理论与实践》2010年第3期,第61页。

名义签署的"日台和约"的非法性也一再声明。换句话说,中国政府从未承认这两个和约,特别是在与日本邦交正常化的谈判中,也始终鲜明地坚持声明这一基本立场。因此,这两个和约对于中国政府而言自始无效,并无法律拘束力。

此外,虽然 1972 年《中日联合声明》声明 "放弃对日本国的战争赔偿要求",但"战争赔偿"与返还被掠文物是完全不同的概念。战争赔偿是战败国依照国际法对其发动侵略战争的国际罪行应承担的国家赔偿责任,以弥补受害国的财产损失和人身损害,并带有惩罚战败国的性质,赔偿的方法往往是一次性支付一定数额的现金或以实物折价抵偿。而返还被掠文物是将本属受害国的文物归还原主,恢复被掠夺前的原状,即使支付了战争赔偿款也不能免除其归还劫掠文物的义务。根据现有的国际惯例,欧洲各受害国家早已从德国等战败国得到战争赔偿,但被掠文物的返还一直在进行。因此,返还被掠文物问题应与战争赔偿问题区别对待,无论战争赔偿问题是否已经得到解决,都不影响政府、公共团体或者个人继续追索被掠文物,更不会构成政府之间就历史问题进行磋商和对话的障碍。1992 年 4 月,时任国家主席江泽民曾明确表态:"战争赔偿问题,中国政府已经在 1972 年的《中日联合声明》中阐述了自己的立场,这一立场没有变化。对于一些战争遗留问题,我们历来主张本着实事求是、严肃对待的原则,通过相互协商使这些问题合情合理地妥善解决。"[①] 日本掠夺文物的返还问题正是最重要的战争遗留问题之一,我国外交部和国家文物局也在多个场合表态,中国政府从未放弃历史上因战争或其他原因非法出境的中国文物的追索权利。

---

① 《我国政府关于对日索赔的十次表态》,见浙江法治在线:http://www.zjfzol.com.cn/index.php/cms/item-view-id-15306.shtml,2019 年 11 月 7 日访问。

原国家文物局局长单霁翔在2010年出席全国政协会议期间接受记者采访时表示:"对于19世纪后半叶至20世纪上半叶被列强掠夺出境的中国文物,我国政府一直不承认其合法性,也不放弃追索的权利。"① 中国政府在加入1995年国际统一私法协会《关于被盗或非法出口文物的公约》时也做出声明:"中国签署该公约绝不意味着承认发生在公约生效前的任何从中国盗走和非法出口文物的行为是合法的。中国保留收回公约生效前被盗或非法出口文物的权利。"②

2. 劫掠文物返还是日本改善东亚地区国际关系的可能突破口

由于右翼与保守势力否认侵略战争的责任,日本在国际社会的形象严重受到损害。对于侵略战争及其历史问题的态度,始终构成日本改善与亚洲地区国家关系的瓶颈。尽管日本官方多次在外交场合表示对战争历史的反省,希望在此基础上实现与亚洲国家的真正和解,但并未能彻底打消受害国家的疑虑。如1995年,时任日本首相村山富市曾在关于战后50周年的谈话中,对侵略战争进行了诚恳的反省,承认日本"走了战争的道路,使国民陷入存亡的危机,殖民统治和侵略给许多国家,特别是亚洲各国人民带来了巨大的损害和痛苦",表示"我们应该把战争的残酷告诉给年轻一代,以免重演过去的错误"③,成为"战后历届日本首相中态度最明确的,而且被其后任历届首相都作为代表日本政府对战争责任的正式的

---

① 《单霁翔局长:中国政府不会购买非法出境的中国文物》,见人民网:http://culture.people.com.cn/GB/22226/65566/65567/11160586.html,2019年11月7日访问。
② 《国务院关于决定加入〈国际统一私法协会关于被盗或者非法出口文物公约〉的批复》,载《文物工作》1997年第6期,第2页。
③ 〔日〕竹内实编:《中日邦交正常化文献集》,日本苍苍社刊2005年版,第440—441页,转引自步平:《中日历史问题的对话空间——关于中日历史共同研究的思考》,载《世界历史》2011年第6期,第28页。

历史认识"①。在此前后,日本政府领导人在不同场合发表的类似的道歉就有20多次。②然而,正如日本现代中国研究学者竹内实所指出的,"日中关系是政治问题,但对于我们普通人而言则是心灵的问题"。无论如何日本政府必须表明"应该支付赔偿"。要赎这"赎不尽之罪",就必须正视日本侵略中国是基于日本人普遍抱有"民族优越感"的"精神结构",就必须"把战争责任作为自己的心灵问题来追究",将"历史教科书明确记载日本至少从1931年开始对中国的侵略"以使"历史事实在日本民间落地生根"看作"日本民众对中国民众的赔偿"③。东京大学高桥哲哉教授也指出:"如能做到认真对待受害者的追究,把在半个世纪前就应该承担的责任承担起来的话,就可以重新恢复日本在侵略战争中失去的邻邦的信赖关系。才能以此为出发点,使日本同永久的邻邦中国和朝鲜半岛的人们成为睦邻,在东亚和平共处。"④日本评论家日高六郎更是直言不讳地指出,真正的反省不应仅体现在外交辞令中,而应当用事实行动加以体现。在中国放弃赔偿要求的情况下,应该考虑以一系列相应的解决历史问题的方法以示"诚意",比如,为返还战争期间从中国掠夺的书籍、文物而启动调查,在历史教科书中加入反省日本侵华战争的内容等等。⑤

---

① 步平:《中日历史问题的对话空间——关于中日历史共同研究的思考》,载《世界历史》2011年第6期,第28页。
② 参见〔日〕杉本信行:《大地的咆哮》,章泽仪译,台湾玉山社2007年版,第328—329页。
③ 参见竹内实:《战争责任について》,载《世界》1972年11月号,第87—93页。
④ 〔日〕高桥哲哉:《战后责任论》,徐曼译,社会科学文献出版社2008年版,"序言"第1页。
⑤ 参见日高六郎:《日中友好まだ成らず》,载《世界》1972年12月号,第35—40页。

此外，中日两国文化同宗同源，即使在岸信介、佐藤荣作内阁时期两国在商贸等几乎所有领域断绝交往的情况下，文化交流也顽强地坚持下来，对两国关系的发展发挥了独特作用。以至于中日关系处于严峻冰冻期的小泉内阁时期，中日有识之士依然尝试以加强文化交流来打破僵局。[①] 换言之，在文化上有着深厚历史渊源的国家之间，相对于政治、经济的易变性，文化在改善两国关系中的作用更具恒常性和超越性。特别是随着全球化趋势的不断发展和人员交流的日益密切，通过国内媒体封锁和舆论控制来抹杀国民历史记忆的手段已无法发挥作用。冷战结束后，伴随日本国内市民运动的高涨，追究侵略战争责任的活动也相当活跃；积极思考日本加害责任的社会团体越来越多；理解战争被害国民众的体验，甚至支持他们的赔偿诉讼要求的市民团体陆续建立[②]，以文化事务为突破口走出正视历史、达成真正和解的第一步，相对于政治、经济等方面有更加充分的国内舆论环境和可行性。

因此，如果中日两国能够就"二战"日本掠夺文物的返还问题达成协议，它所带来的社会影响和教育意义将是巨大的。返还掠夺文物既是对既往侵略和掠夺行为的一种纠正，体现了对通行的国际法律规则的尊重，也表明日本政府愿意对战争进行深刻反省，并对受害国人民进行道歉。因为返还文物的举动包含着对创造这些文物的民族和人民的尊重，以及对原属国人民接触、享用自己文化遗产权利的承认。此外，返还掠夺文物只是将原属于其他国家的财产物归原主，并不需要国家进行巨额赔偿，相对而言经济代价较小，

---

① 胡令远：《直面历史与民族和解》，载《日本侵华史研究》2013年第3期，第3页。
② 步平：《中日历史问题的对话空间——关于中日历史共同研究的思考》，载《世界历史》2011年第6期，第37页。

而道德加分则无可限量，对日本政府而言并非一个没有回报的选择。因此，从某种意义上看，返还掠夺文物也是日本以相对较小的代价加强与东亚近邻的政治、经济关系，使其经济得到切实振兴，从而改善其国际形象，摆脱在亚洲的孤立地位，并发挥其真正影响力的有效途径。

（二）利用多元化机制实现合作返还

"二战"被掠文物返还是一个历史遗留的疑难问题，与特殊的政治背景相勾连，又涉及复杂的利益纠葛，不仅缺乏直接的国际或国内法律依据，原所有人往往也很难提供明确清晰的证据来证明自己的所有权，以及文物被掠夺和进一步非法交易的过程。在这种情况下，寻求司法救济的难度较大，而尽可能利用国际社会已经相对成熟的多元纠纷解决机制，与现持有人开展协商，谋求各方均能接受的解决方案，则是一种更具现实可行性的途径。

首先，应积极利用联合国教科文组织"1970年公约"框架下的"促进文化财产返还或归还原属国政府间委员会"（ICPRCP）机制展开日掠文物追索。联合国教科文组织"促进文化财产返还或归还原属国政府间委员会"设置的主要目的，是为那些失去重要文化财产的成员国提供一个政府间谈判的平台，使其能够在公约无法解决的情况下，由该机构提供帮助促进返还。在该机构的八项功能中，列于首位的即为寻求各种双边或多边谈判方式，如调停及调解，促进文化财产返还其原有国。[①] 该机构对于促进"二战"被掠文物的返还特别重视，近十几年来一直在探讨促进"二战"文物返还的基

---

① See *Intergovernmental Committee*（*ICPRCP*）, available at：http://www.unesco.org/new/en/culture/themes/restitution-of-cultural-property/, accessed on 01-11-2019.

本原则和具体方法。中国、韩国、日本等相关利害国均为该机构的重要成员,多年来也在该机构的工作中发挥了建设性的作用,将争端交给这样一个具有国际影响力的机构进行调停或调解,相对而言更有可行性。因此,中国和其他受害国家可以向该委员会提出申请,要求日本返还某件或某些被掠夺或流失的文物。

其次,积极寻求欧美一些成熟、专业和有较大影响力的非政府组织的帮助,也不失为追索日掠文物的一条捷径。一些专业的非政府机构在"二战"文物返还问题上扮演着重要的角色,迄今为止许多成功返还的事例都是在他们的协调下进行的。20世纪90年代以来,国外成立了许多专门从事帮助战争受害者追索被掠文物的非政府机构,前文提到的欧洲被掠艺术品委员会(CLAE)就是一个很有代表性的非政府组织。该委员会不仅致力于为欧洲和美国的博物馆、图书馆和艺术品交易商提供出处研究方面的专门知识,而且还就实施新的返还政策和程序与欧洲各国政府进行协商,使得许多被纳粹劫掠艺术品得以顺利归还。与许多类似机构不同的是,它的服务范围不仅限于纳粹受害者,也不限于欧美国家之间,而是包括世界各地的个人和团体因战争被掠夺文物的返还。① 当中国的某件被掠文物在欧洲被发现时,中国机构或者受害者个人也可以尝试与这个委员会建立联系,在其帮助下与相关博物馆、画廊和拍卖行进行沟通,要求这些机构返还。

再次,在寻求国际组织和机构支持的同时,积极培育和发展具有相关专业能力的民间机构,完善民间机构与政府联动开展流失文

---

① See the Commission for Looted Art in Europe, *Mission Statement*, available at: https://www.lootedartcommission.com/Services, accessed on 01-11-2019.

物追索的机制，对于促进被掠文物返还也具有重要意义。中国也有一些民间组织是以促进海外文物回归为目标的。比如第五章提到的中华社会文化发展基金会下设的中华抢救流失海外文物专项基金即致力于抢救流失海外文物，并在圆明园兽首拍卖事件中，多次发出明确的反对声音。但该机构并非独立机构，只是下设于中华社会文化发展基金会的一项专项基金，而且早先比较倾向于以购买手段抢救海外文物，这种做法曾经受到公众的质疑。国内也有民间机构以帮助中国抗日战争受害者进行民间索赔为主要目标的，并且已经展开了对日文物追讨行动。比如前文提到的"中国民间对日索赔联合会"要求日本归还"中华唐鸿胪井刻石"的尝试。虽然日本宫内厅并未给予积极回应，但此事在中国国内受到极大关注，许多媒体均报道此行动为"中国民间首次对日追讨劫掠文物"。然而，该机构是一家注册于香港的公司，并不属于中国内地法律所界定的社会组织，其在内地的活动在很大程度上也受到法律和管理上的限制，并且对日追讨文物也并非其主要目标。相比欧美国家为数众多、专业规范的以促进犹太受害者文物返还为目标的非政府机构，相比韩国的类似机构，我国的民间机构不仅为数寥寥，更是缺乏明确的追索目标和长远规划，力量微弱，根本不足以发出让日本和其他利害国家政府和公众能够听见的自己的声音。因此，积极培育和发展具有专业能力的民间机构，发挥民间机构对于政府功能的补充作用，使政府与民间力量形成合力，对于共同促进被掠文物的返还而言十分必要。

最后，积极寻求与现持有人直接沟通，在尊重其权益的前提下达成返还协议，实现各方互赢，则是最佳方案。如前所述，许多被掠文物经过反复转手，现持有人对于文物被掠夺的背景并不知情，也有的现持有人虽然了解文物最初被战争劫掠的事实,但因为其本国法律承认善意取得,已经成为受该国法律保护的所有权人。尤其是当该文物属于公共博物馆藏品时,则可能属于国家财产,并且根据法律规定其所有权不得转移。在这种状态下,一味要求文物的实质性返还不仅得不到法律的支持,也可能引起对方的反感,要求返还的一方甚至可能被打上"极端民族主义"的标签而形象受到损害。因此,国际上一个比较常见的做法是在司法途径之外,在文物来源国和市场国之间达成兼顾文化民族主义和国际主义立场的"互惠返还协议"(Mutually Beneficial Repatriation Agreements, MBRAs),通过反复沟通妥协,最终达成双方都能满意的互利共赢协议,既能让文物来源国得到争议文物的固有权益,同时也能让博物馆和公众得以继续欣赏该文物或类似文物。[1] 有研究者认为,这种替代性纠纷解决机制(ADR)在文物返还领域的运用,有助于当事各方更多地基于情感上的道德义务,而非法律因素,去寻求达成共识的途径。[2] 如2006年2月,意大利政府与美国大都会博物馆就返还意大利一件文物达成协议,大都会博物馆同意放弃对该文物的所有权;作为交换,意大利同意长期租借给对方具有同等价值的文物。2006年7月,美国盖蒂博物馆宣布,将返还两件怀疑非法出口自希腊的公元6世纪和4世纪文物;希腊文化部也发表正式声明,作为交换条件,希腊政府将与盖蒂博物馆一起,在共同感兴趣的领域

---

[1] Joshua S. Wolkoff, Transcending Cultural Nationalist and Internationalist Tendencies: The Case for Mutually Beneficial Repatriation Agreements, *Cardozo Journal of Conflict Resolution*, Spring 2010. p.725.

[2] CORNU, Marie, RENOLD, Marc-André Jean, New Developments in the Restitution of Cultural Property: Alternative means of Dispute Resolution, *International Journal of Cultural Property*, Vol. 17, No. 1, 2010, p.1.

建立一个广泛的文化合作框架，包括向对方提供重要文物以及举办定期展览等。① 这种互惠返还协议在亚洲也已经有零星的实践，上一节所述的韩国和法国政府之间就返还"外奎章阁图书"达成的长期租借协议，就是这种模式的一个表现。2000 年代初，荷兰国立民族学博物馆（National Museum of Ethnology, Rijksmuseum voor Volkenkunde）也与印度尼西亚国家博物馆签订协议开展"共享文化遗产"（Shared Cultural Heritage）项目，由荷兰国立民族学博物馆提供帮助，为印尼国家博物馆规划建设一个用于保存系争的殖民时期劫掠文物艺术品的新展馆，并由两方博物馆共同对这些藏品的历史进行研究。依托这个项目，两国博物馆还多次联合举办了这些文物的公开展览。② 而在中国，早在 2001 年，有关部门就与日本美秀博物馆签署了文物返还互惠协议，美秀博物馆将该馆收藏的一件从中国盗窃并非法出口的北朝菩萨立像归还中国；作为回报，中方同意该博物馆租借并继续展出该立像 7 年。③ 然而，可能是由于在某种程度上忌惮公众舆论的压力，这种返还协议在我国实践中并不多见。考虑到这种方式很好地平衡了原主国和所在国的利益，并且能够避免严格的法律规则可能造成的返还阻碍，它所带来的益处是显而易见的。

（三）适当通过诉讼方式维护正当权益

诉讼是受害者追索文物的一个重要途径。如果受害者有明确

---

① 高升、孙茂庆：《文物返还互惠协议评析》，载《江南大学学报》（人文社会科学版）2009 年第 5 期，第 52 页。

② See Andrzej Jakubowski, *State Succession in Cultural Property*, Oxford University Press, 2015, pp.300-302.

③ 《日本一家私立博物馆归还中国被盗石像》，见新浪网：http://news.sina.com.cn/c/2007-12-22/014014576145.shtml，2019 年 11 月 10 日访问。

的证据证明自己的文物在战争中被掠夺或没收,并且知道其下落,可以通过诉讼的方式要求归还。但这将是一条非常艰难的道路。如前所述,最近几年中国许多战争受害者向日本法院起诉要求赔偿,几乎都以失败告终。如果在日本法院起诉,要求日本的某个收藏者、收藏机构或日本政府返还某件被掠文物,法院极有可能也会以类似的抗辩理由来拒绝中国受害者的起诉。但是,被掠文物不一定一直藏在日本,有相当一部分可能已经通过各种渠道流落世界各国。如果在其他国家发现文物,受害者也可以向当地法院提起诉讼。

针对本书第五章分析的日掠文物诉讼可能遇到的问题,以下策略可能是突破此类诉讼障碍的可行之道:

1. 主张有关战争罪不受法定时效限制的特殊规则的适用

受害者可能会遇到的第一个障碍就是时效问题。如果根据普通私法来起诉,当然无法跨越时效障碍。但是,追索战时掠夺文物是对战时掠夺文物的犯罪行为的一种矫正,是对战争罪行进行追溯的一个必然结果。根据 1968 年联合国大会通过的《战争罪和反人类罪不适用法定时效公约》,对战争罪行为的追溯不受法定时效的限制。虽然中国和日本现在尚未加入该公约,但鉴于该公约由联合国大会通过,并且该公约通过后联合国大会连续几次通过决议,要求非缔约国尽快加入该公约,并且避免采取与公约相违背的行动[①],公约的规定对于非缔约国也有较强的约束力。[②] 基于许多非缔约国

---

① 参见 1968 年第 2391/23 号、1969 年第 2583/24 号、1970 年第 2712/25 号联大会议决议。
② 林欣:《国际法和国际私法理论若干新观点》,载《环球法律评论》2008 年第 6 期,第 78 页。

已经在国内法中明确规定了战争罪不受时效限制,并且美国等许多非缔约国也在多个场合表态要遵从该公约的规定,"时效不适用于战争罪"已经发展成为一条习惯国际人道法准则。①

既然战争罪不得适用法定时效,基于对战争行为的矫正而产生的赔偿、恢复原状等民事责任也不能适用民法上的法定时效。"这是因为受害人的这种赔偿权利不是由于民事法律关系而产生的,而是由于这些罪行而产生的,所以不能适用民法上的法定时效。"② 正因为如此,现在多数国家都将"二战"文物的追索当作特例来对待,很多国际组织提出的原则和建议,包括教科文组织《关于返还第二次世界大战被转移文物的原则宣言草案》,都明确提出"二战"被掠文物的追索不受时效的限制。欧美多国制定的特别法律也都突破了时效限制,使得受害者得以在普通时效已经届满后仍能通过诉讼维护自己的权益。因此,在提起日掠文物返还诉讼时主张"战争罪及与之相关的民事诉讼不受民法上时效制度的制约",是突破此类诉讼中时效制度限制的可行方法。

2. 选择可由英美法院管辖的争议标的提起返还诉讼

诉讼的第二个障碍是善意持有人的问题。现持有被掠文物的个人或收藏机构通过购买或其他合法方式取得文物的,在他们取得文物的时候可能并不知道其属于因战争被劫掠的文物,因此各国的法律通常会将他们视为善意持有人。但在对待善意持有人的问题上,大陆法系和英美法系国家的态度并不一致,通常大陆法系国家倾向于保障交易安全,更多地保护善意持有人的权利,即便前手是

---

① 《准则160:时效不适用于战争罪》,载〔瑞士〕让-马里·亨克茨、路易丝·多斯瓦尔德-贝克编:《习惯国际人道法》,法律出版社2007年版,第579—581页。
② 林欣:《国际法和国际私法理论若干新观点》,载《环球法律评论》2008年第6期,第78页。

劫掠或盗窃所得，善意持有人只要是在公开市场上购买，也可以取得该物所有权。然而，善意取得制度通常也会伴随着给予原所有权人一定期限（一般为两三年）内的追索权，在此期限内，请求人在向善意持有人补偿损失后可收回原物。① 英美法系则更倾向于保护原所有人的权益，通常认为善意持有人的权利是有瑕疵的。如在"门泽尔诉李斯特案"中，纽约州最高法院就主张："小偷不应从真正的所有人处取得所有权"，"保护善意买受人的法律条文不适用于返还纳粹所没收的财物"②，说明美国法院认为善意取得不适用于盗窃物以及因"二战"被掠夺的财物。

实践中，由于战后日本的战争赔偿和劫物返还事宜由主要占领日本的美国绝对主导，许多"二战"期间被非法转移至日本的文物，后因各种原因出现在美国的博物馆、美术馆、文物收藏机构，或者为私人收藏。在这种情况下，在美国提起文物返还诉讼，同时主张物之所在地法，结果可能比较乐观。

3. 充分利用西方国家豁免例外规则，限制日本的国家豁免权

诉讼可能会遇到的第三个障碍是国家豁免。西方国家在限制豁免理论下，已经在司法实践中发展出一套较为完善的豁免权例外

---

① 如《法国民法典》第2279条规定："……占有物如系遗失物或者窃盗物时，遗失人或被害人自遗失或被窃之日起三年内，得向占有人要求返还其物；但占有人得向其所由取得该物之人行使求偿权。"第2280条规定："现实占有人如其所占有的窃盗物或遗失物系由市场、公卖或贩卖同类物品的商人处购得者，其原所有人仅在偿还占有人所支付的价金时，始得请求返还原物。"再如《日本民法典》第193条规定："……占有物系盗赃或遗失物时，受害人或遗失人自被盗或遗失之时起二年间，可以向占有人请求回复其物。"第194条规定："盗窃物、遗失物，如系占有人由拍卖处、公共市场或出卖同种类物的商人处善意买受时，受害人或遗失人除非向占有人清偿其支付的代价，不得回复其物。"

② *Menzel v. List*, 24 N.Y.2d 91 (1969).

规则,在商业交易及与之相关的违反国际法进行的财产权征收,通过继承、赠与等手段获得的境内财产,在境内造成的私人财产损失的行为,以及商用船舶相关行为等情况下,可以排除国家豁免的适用。这些国家的司法实践中,对于被诉主体及其行为是否可认定为享受豁免权的"国家行为",也有日益趋向严格的解释。

如前所述,日本在"二战"中进行的文物掠夺,很多都是通过国家战争行为之外的更多元主体和更加隐蔽的方式进行,这些行为也可能在当时法院地国在华租界范围内实施,或其后续财产流转行为与法院地国相关。因此,在有条件选择英美法院提起日掠文物返还诉讼时,应特别注意研究其同类判例中法院对于国家豁免例外规则的适用及其解释,尽可能寻找适用国家豁免例外规则的可能性。

4. 对日本方面拒绝返还的诸多借口加以驳斥

如前所述,日本法院已在多起中国抗战受害者索赔诉讼中以"个人无诉权""国家无答责"或者"条约已解决"等借口,驳回了其诉求。然而,这些借口都存在错误解读国际法或其国内法规则、主张无效国际或国家间和约的适用等问题。

首先,战争受害者有权索赔是一项公认的国际法规则。1907年《海牙公约》第3条明确规定:"违反前述规则的条款的交战方,在损害发生时,应对损害负赔偿责任。交战方对组成其军队的人员的一切行为负其责任",明确了加害国对于战争受害者的赔偿责任。依据"无救济则无权利"的法律逻辑,该条亦确立了受害者个人提起赔偿请求的权利。荷兰国际法问题咨询委员会在接受荷兰政府关于该国原战俘请求损害赔偿的咨询时作出《关于因第二次世界大战向日本请求损害赔偿的可能性之答复》,对1907年《海牙公约》的起草和审议过程作了明确叙述,指出"该条(第3条——笔者

注)条款的起草者之目的在于,创设个人请求损害赔偿的权利"①。实践中,德国在"二战"后通过国内立法,多次主动向纳粹受害者赔偿。②1997年11月5日,德国波恩地方法院也在判决中认可了"二战"中在奥斯维辛集中营被强制劳动的犹太人指控德国违反1907年《海牙公约》第3条应负赔偿责任的诉求。③20世纪90年代,国际法上的战争受害者个人赔偿制度进一步发展。如海湾战争结束后,联合国安理会于1991年4月通过关于在海湾地区正式停火的第687(1991)1号决议,规定伊拉克"应负责赔偿因伊拉克非法入侵和占领科威特而对外国政府、国民和公司造成的任何直接损失、损害(包括环境的损害和自然资源的损耗)和伤害"。安理会还为此设立了专门基金,并成立了负责管理该基金的联合国赔偿委员会,由该委员会负责伊拉克对有关国家及其国民和公司的赔偿工作。④可见,战争发动国或加害国对于战争中的受害者个人加以赔偿,已成为国际公约和国际惯例公认的规则。

其次,"二战"受害者个人在日本国提起损害赔偿诉讼,并不以获得国际法主体资格为条件。如前所述,日本提出个人并非国际法主体,无权依据国际法提出赔偿诉讼。然而,国际条约的规定需要通过缔约国国内法制及其执行程序加以落实,缔约国通过国内的

---

① 转引自管建强:《国际人道法中战争受害者的救济》,载《法学》2008年第5期,第148页。

② 参见宋庆东:《日本拒绝对华民间赔偿法律依据辨析》,载《西安政治学院学报》2005年第4期,第66页。

③ 参见中国人战争被害赔偿请求事件律师团编:《沙上内障壁——中国人战后补偿裁判10年の轨迹》,日本评论社2005年版,第218页,转引自管建强:《国际人道法中战争受害者的救济》,载《法学》2008年第5期,第148页。

④ See United Nations Security Council, *Resolution 687 (1991) of 3 April 1991*, available at: http://unscr.com/en/resolutions/doc/687, accessed on 01-07-2020.

司法救济程序落实个人主体依据国际法享有的实体权利，正是履行国际条约义务的表现和方式。战争受害者在日本法院起诉日本国政府，并非国家与国家的国际仲裁或国际诉讼，需要获得国际法的主体资格，而是依照与加害国国民同等的待遇寻求司法救济的一种国内诉讼，日本有义务落实国际条约的规定，这才是此类诉讼的关键问题。[①] 日本国的《国家赔偿法》第6条规定："在外国成为受害者的情况下，只要相互有保证，就可以适用该法。"即日本国承认了其本国与外国在互惠对等原则的条件下适用本法。我国《国家赔偿法》第33条为外国人、外国企业和组织在中国要求中国国家赔偿提供了依据。根据日本《国家赔偿法》的互惠对等原则，中国的战争受害者在日本国起诉日本政府符合其国内法规定，应以国民待遇原则为依据予以受理。

此外，"国家无答责"原则并无法律依据。由于战后建立的国家赔偿制度并没有溯及力，对日索赔诉讼无可避免地涉及日方提出的"国家无答责"问题。然而，考察这一原则的法律依据时我们不难发现，在日本，"国家无答责"仅为一种学术观点，并无直接的法律依据。多数学者认为，日本"国家无答责"的法律依据，在于1889年《明治宪法》第61条规定的公权行使行为不受司法裁判所管辖，以及1890年《行政裁判法》第16条规定的行政裁判所不受理公权行使行为损害赔偿案件。依据这两条规定，国家公权力行为既不允许调整私法关系的司法裁判所管辖，又不允许行政裁判所受理；既不在民法中规定国家责任，又不制定专门的国家赔偿法，这

---

① 管建强：《中国民间战争受害者对日索偿的法律基础》，华东政法学院2005年博士学位论文，第226页。

种法律上的困境被当时的部分法学家上升到了法学理论的高度,名为"国家无答责"。①而事实上,"国家无答责"即使在日本法学理论和实务界也并未形成通说,在对日索赔诉讼中,日本各地的法院对于"国家无答责"的认识不仅没有统一的认识,而且有的观点几乎是南辕北辙②,不同法院在不同案件中对于"国家无答责"的基本立场也存在较大差距,适用该原则和排斥该原则的司法判例同时存在③。事实上,已有一些日本法院在审理"二战"受害者索赔案件时否认"国家无答责"原则的适用性,如在2003年东京地裁法院审理的中国人强掳劳工案④中,法院在判决中指出:由于《国家赔偿法》没有溯及力,该法施行前因公务员的公权力行为产生的损害赔偿责任需要借助民法的解释。"公务员的公权力行为不适用民法的解释并不是定论","公权力行为作为民法的调整对象的法律解释是有的"。该案中,国家及公共团体的行为实质上是处在与私人同等的法律地位的经济性行为。因此,"正如原告说述,很难找出国家无答责的法理的正当性与合理性。"有鉴于此,东京地裁法院依据国家赔偿法施行前的法律体系之下的民法不法行为之规定的解释,否定了"国家无答责"原则的存在及其适用。法院认为,"从民法第715条的文义上看,不能说本条排除了对公务员公权力行为的适

---

① 刘猛:《"国家无答责"法理研究及反驳》,中国政法大学2009年硕士学位论文,第11页。

② 管建强:《中国民间战争受害者对日索偿的法律基础》,华东政法学院2005年博士学位论文,第192页。

③ 参见刘猛:《"国家无答责"法理研究及反驳》,中国政法大学2009年硕士学位论文,第11—13页。

④ 日本共同社2003年3月11日报道;第一审(东京地裁2003.3.11)诉务月报50卷2号。转引自刘猛:《"国家无答责"法理研究及反驳》,中国政法大学2009年硕士学位论文,第15—16页。

用。""在国家赔偿法施行前,民法第715条中也存在判定国家因公务员的公权力行为违法而承担责任的余地。"

另外,主张中日间的和约已解决民间受害者战争赔偿的问题更是于法无据。鉴于中国政府从未承认"旧金山对日和约"和"日台和约"的法律效力,以此为依据认为中国业已放弃战争赔偿权,其非法性和荒谬性自不必说。日本政府和一些日本法院转而主张1972年《中日联合声明》中有关中国政府放弃战争赔偿要求的规定,包括对民间索赔权利的放弃。然而,这一主张也是不符合国际法规定的:理论上说,一国政府未经本国战争受害者同意是否有权放弃其国民求偿权的问题,值得探讨。1949年《关于战时保护平民之日内瓦公约》第148条规定:"任何缔约国不得自行推卸,或允许任何其他缔约国推卸,其本身或其他缔约国所负之关于上条所述之破坏公约行为①之责任。"②红十字国际委员会对这一条款作出解释时明确指出:"缔结和平条约时,原则上,缔约国有权以适当的方式处理战争受害和发动战争之责任等问题。但是,缔约国无权回避对战争犯罪的追究,也无权否定基于违反诸公约及追加议定书各项规定的行为而受到侵害的受害者个人的赔偿请求权。"③因此,政府放

---

① 该公约第147条规定:"上条所述之严重破坏公约行为,应系对于受本公约保护之人或财产所犯之任何下列行为:故意杀害,酷刑及不人道待遇,包括生物学实验,故意使身体及健康遭受重大痛苦或严重伤害;将被保护人非法驱逐出境或移送,或非法禁闭,强迫被保护人在敌国军队中服务,或故意剥夺被保护人依本公约规定应享之公允及合法的审讯之权利,以人为质,以及无军事上之必要而以非法与暴乱之方式对财产之大规模的破坏与征收。"

② 1949年8月12日《关于战时保护平民之日内瓦公约》,见联合国网站:https://www.un.org/chinese/documents/decl-con/geneva_civilians_part4.htm,2020年7月1日访问。

③ 转引自管建强:《民间战争受害者权益救济的权利与义务主体研究——以韩国启动国内救济手段为视角》,载《东方法学》2013年第6期,第99页。

弃因违反国际人道主义的行为而受到损害的国民的赔偿请求权,与国际人道法相背离。从形式上看,《中日联合声明》的签字双方是中国和日本两国政府,且双方均未经各自国家最高权力机构授权和批准,是为政府间协定而非正式的国际条约。依照我国当时适用的1954年《宪法》第31条的规定,国际条约的缔结和废除权应当由作为最高权力机构的全国人民代表大会行使。"尽管这一国内法的授权缺陷并不影响《中日联合声明》的法律效力,但从国内宪法程序上看,中国政府并未被授权放弃国民的索赔请求权"①,只是放弃了国家政府层面的赔偿请求权。从实践来看,即使在《中日联合声明》签订时,政府赔偿不等于民间赔偿,也是得到两国政府认同的。1956年10月19日苏联和日本国之间签署的《日苏联合声明》第6条表述为:"苏维埃社会主义共和国联邦放弃对日本国一切赔偿请求权。日本国以及苏维埃社会主义共和国联邦承诺,放弃自1945年8月9日以来因战争结果所产生的双方国家、团体以及国民的对于各个对方国、对方团体以及对方国国民相互的所有的请求权"②,已经有了区别国家赔偿和民间赔偿的先例。日本与缅甸、印度尼西亚、韩国、新加坡、马来西亚、泰国的战后和约中均有区别国家赔偿和民间赔偿的表述。③事实上,日本在签署《中日联合声明》时也是明确承认这一点的,田中首相在签署该声明回国后在日本电视台就曾明确表示:"中国人民的财产赔偿问题,不同于国家的战争赔

---

① 金明:《中国民间对日索赔中的"请求权放弃"问题——兼评日本最高法院2007年4月27日的两份判决》,载《武大国际法评论》2011年第1期,第176页。
② 管建强:《对日民间索赔:为了民族的尊严》,载《北京日报》2002年8月19日。
③ 宋庆东:《日本拒绝对华民间赔偿法律依据辨析》,载《西安政治学院学报》2005年第4期,第65页。

偿"。① 而中国政府也在不同场合多次声明这一点：1992 年 4 月 1 日，时任国家主席江泽民在动身访日前夕接受日本记者的采访谈及民间索赔问题时指出："对于一些战争遗留问题，我们历来主张本着实事求是、严肃对待的原则，通过相互协商使这些问题合情合理地妥善解决，这样有利于我们两国人民的友好合作、共同发展和增进两国人民的友谊。"② 换言之，民间赔偿问题不同于已经在《中日联合声明》中放弃的政府赔偿，还需妥善解决。1995 年 3 月，时任国务院副总理钱其琛在全国人大会议上再一次严正申明了中国政府的立场："《中日联合声明》并没有放弃中国人民以个人名义行使向日本政府要求赔偿的权利。"③

最后也是最重要的是，战争赔偿和劫掠财产，特别是劫掠文化财产的返还，是两个完全不同的问题。战争赔偿和劫掠财产返还在性质和目的方面的不同，本书前文已有阐释。从"旧金山对日和约"到前述联合国安理会关于海湾战争的第 687（1991）1 号决议，有关战争赔偿和劫物返还的规定都是相互独立的条文，并未混为一谈。作为民族历史文化的象征和维系身份认同之重要载体的文化财产的返还，更具有不同于一般财产赔偿与返还的特别意义。随着文物返还相关国际公约和一系列软法规则的发展，这一观点已越发成为国际社会的共识。

总之，如果日本法院将以往拒绝受理受害者个人请求战争赔偿案件的种种理由，用来驳回原所有权人的劫掠文物返还请求，不仅

---

① 李正常:《中国人民关注的话题:战争索赔》，新华出版社 1999 年版，第 32 页。
② "江泽民总书记答日本问"，载《人民日报》1992 年 4 月 3 日，第 1 版。
③ 《设立特别法庭能否解决民间对日索赔问题》，载《中国青年报》2015 年 12 月 16 日。

于法无据，亦不符合国际社会通行的理念。在提起此类文物返还诉讼时，应当坚定地以相关国际法律及其实践为依据，驳斥日本方面可能拒绝返还的借口。

5. 条件成熟时考虑在中国法院起诉

鉴于日本法院对待战争受害者诉求的惯常拒绝态度，我国受害者个人或机构应该尽可能在日本之外寻求司法救济。除了欧美国家，如果现持有中国被掠文物的机构或个人在中国境内有财产或与中国有业务往来，也可以按照我国《民事诉讼法》以及特别法规的规定，考虑在中国法院起诉。

事实上，在有关"二战"期间被非法掠夺财物的返还和赔偿问题上，中国司法机构已经作出过相关判决，维护了受害者的合法权益，"中威船案"即为其中最知名的案例。[①] 1988年12月30日，陈震、陈春等受害者继承人在上海海事法院起诉，要求被告日本海运株式会社（现为商船三井株式会社）返还"二战"期间被日军扣押的"顺丰"轮、"新太平"轮船舶租赁租金及经济损失。2007年12月7日，经过长达近20年的审理，上海海事法院作出判决，被告商船三井株式会社支付及赔偿原告陈震、陈春轮船租金、营运损失、船舶损失及孳息2,916,477,260.80日元。[②] 由于日本公司拒不履行生效判决，2014年4月19日，上海海事法院扣押了进入中国海域的日本

[①] 1936年，"中国船王"、中威轮船公司船主陈顺通将"顺丰"和"新太平"两艘轮船借给日本大同海运株式会社，约定了租金和租期。1939年春，日方通知两轮船被日本军方"依法捕获"。1947年，陈顺通得知其中一艘轮船于1938年12月21日触礁沉没，另一艘于1944年12月25日在南海触雷沉没。此后，陈家三代人相继在日本东京、中国上海提起诉讼。

[②] 《上海海事法院扣押日本货船，赔偿民间二战损失》，见观察者头条：https://www.guancha.cn/politics/2014_04_20_223499_s.shtml，2019年11月1日访问。

"BAOSTEEL EMOTION"号矿砂船,以敦促被告履行义务。这一案例为"二战"受害者在中国法院起诉被掠文物的现持有者提供了很好的样板。

不过,该案 1988 年提起诉讼时,是按照 1986 年颁布的《民法通则》以及 1988 年《最高人民法院关于贯彻执行〈中华人民共和国民法通则〉若干问题的意见》,在规定的时效内提出诉讼的,[①]而今后若有潜在的受害者希望在国内法院提起日掠文物返还诉讼,则会因早已超出诉讼时效而无法起诉。只有在特别法规作出"二战"被掠文物返还诉讼不受一般时效规则限制的特别规定的情况下,受害者才有可能在国内法院提起诉讼。尽管此类诉讼判决的实施也可能会遇到一些困难,但是这类诉讼的最大意义在于表明我国政府对待追索"二战"被掠文物的坚决态度和立场,并且向现在持有这些中国被掠文物的机构或个人发出警告,警示他们不得进一步非法交易并从中牟利。

---

① 此案所涉船舶租赁行为虽然发生于"二战"期间,但《最高人民法院关于贯彻执行〈中华人民共和国民法通则〉若干问题的意见》第 166 条规定:"民法通则实施前,民事权利被侵害超过二十年,民法通则实施后,权利人向人民法院请求保护的诉讼时效期间,分别为民法通则第一百三十五条规定的二年或者第一百三十六条规定的一年,从 1987 年 1 月 1 日起算。"因此,原告于 1988 年 12 月 30 日在中国法院提起诉讼并未超过两年的诉讼时效。

余论：法、德两国殖民地文物返还新政的启示

在本书写作过程中，欧洲大陆正掀起一场文物返还新浪潮：法国、德国纷纷宣布将采取措施，归还其从殖民地掠夺或非法获取的文物。这一举动虽然并不直接针对"二战"被掠文物，但返还原因和理念大致相似，必定会在很大程度上促使相关国家和社会公众反思非法文物收藏的道德风险问题，进一步推动和促进"二战"文物的返还。

法国是世界上最主要的殖民国家之一，从16世纪即开始对外殖民扩张，足迹遍及美洲、非洲和亚洲。尤其是19世纪控制了撒哈拉以南非洲的大片土地后，法国在非洲建立了许多殖民地，并且掠夺了大量殖民地文物。据统计，有90%—95%的非洲文物被非洲之外的世界各大博物馆收藏，[①] 仅法国的国家博物馆系统就藏有大约90,000件非洲文物，其中大约有2/3来源于殖民地时期。[②] 而与

[①] See Alain Godonou's address made at the "UNESCO forum on Memory and Universality", February 5, 2007, in Lyndel V. Prott, ed., *Witness to History: A Compendium of Documents and Writings on the Return of Cultural Objects*, Paris: UNESCO, 2009, p. 61.

[②] See Colonial art restitution: "The desire is not to wipe museums clean", a response by Felwine Sarr in an interview by DW, 23 Jan, 2019, available at: https://www.dw.com/en/colonial-art-restitution-the-desire-is-not-to-wipe-museums-clean/a-47194605, accessed on 09-12-2019.

此形成鲜明对照的是，非洲国家的博物馆藏品却少得可怜，"除少数例外，非洲的国家博物馆很少有超过 3,000 件藏品，并且许多藏品缺乏重要意义"，① 这对于 30 岁以下年轻人占人口比例超过 60% 的非洲国家而言是非常不公平的，他们无法通过接近各种类型的本国文物去了解本国或本民族的真实历史，无法与本国、本民族或族群建立起必要的文化联系，更无法有效地利用和传承这些珍贵的文物。随着国际社会对于种族清洗和殖民统治的反省日渐深入，许多前殖民地国家纷纷向其原宗主国提出归还文物的要求，并且引发了不少政治和外交风波。因此，归还殖民时期掠夺或非法转移的文物已经成为包括法国在内的前殖民国家不得不面对的一个现实问题。2017 年 11 月，法国总统马克龙在访问非洲国家布基纳法索时表态，将立刻返还法国国家博物馆系统所藏的殖民时代从撒哈拉以南非洲移走的所有文物。

为了落实该计划，马克龙任命了一个以费勒维内·萨哈（Felwine Sarr）和本尼迪克特·萨瓦耶（Bénédicte Savoy）为首的，由艺术史学家、经济学家、法学家等组成的专家小组，研究起草返还文物的具体方案。2018 年 11 月，该专家小组发表了一份名为《非洲文化遗产的返还：走向一种新的伦理关系》的报告，对殖民地文物返还的相关问题进行了详细分析。该报告又被称为"萨哈-萨瓦耶报告"或"马克龙报告"，它由开篇、正文和结论以及若干个附件构成。

开篇部分对报告的来龙去脉、殖民地文物掠夺及其返还请求的

---

① See *The Restitution of African Cultural Heritage. Toward a New Relational Ethics*, p.15. available at: https://www.about-africa.de/images/sonstiges/2018/sarr_savoy_en.pdf, accessed on 10-12-2019.

历史背景进行了详细梳理，并论证了返还殖民地文物的必要性。报告认为，殖民掠夺是一种反人类罪行，而殖民地文物掠夺则是这种罪行的结果，因此是非法的；殖民掠夺还造成了经济不平衡、政治不稳定和人道主义灾难，而文物返还则是"建立未来平等关系桥梁"的关键步骤。[1]

正文第一章"返还"（To Restitue），首先对"返还"（Restitution）的词义进行了阐释，认为"返还"的字面含义是将一个物品归还给其合法所有者，文物的返还意在恢复合法所有人对其文物的合法使用、享受以及其他法定专有权益，是对被他人非法剥夺的所有权的一种重新承认，无论时间多长。"讨论返还就是在讨论恢复和赔偿的公正，或者说是再平衡、再承认，但最重要的是，这开启了一条建立新型伦理的文化关系之路。"[2] 报告还详细探讨了文物对于非洲社会重塑等方面的价值，认为文物不是一定要返还给非洲的博物馆，也可以返还给当地艺术中心、大学博物馆，或者宗教社区中心。

第二章为"返还与收藏"（Restitutions and Collections），从博物馆如何返还文物这个视角，对殖民地文物被掠夺或非法转移的具体情况及其返还标准和步骤进行了阐释。报告建议各博物馆对非洲文物的来源按照不同情况进行详细调查、列出清单，并区分不同情况进行返还：基于军事掠夺（military takings and spoils）的文物应该优先返还；基于科学探险所获得的文物应该返还，除非有明确证据证明将文物从原生地移出获得了原所有人或其管理者的同意；殖民地独立前法国博物馆通过购买或捐赠等途径获得的文物也应

---

[1] *The Restitution of African Cultural Heritage. Toward a New Relational Ethics*, p. 2.

[2] 同上文，第29页。

该返还，除非有证明表明它们得到了原所有人的明确同意；独立后基于非法交易从殖民地获得的文物虽然不是此次返还的重点，但也应该开展来源研究，若不符合来源国禁止出口规定的文物也应予以返还。[①] 报告还对殖民地文物返还活动时间表作了说明：第一阶段为2018年11月至2019年，优先返还贝宁、塞内加尔、尼日利亚、埃塞俄比亚、马里、喀麦隆六国一批最具代表性的重要文物，并列出了详细清单；第二阶段为2019年春天至2022年11月，工作重点是编制返还文物清单、共享数字化文件以及开展法国与非洲国家之间的对话；第三阶段则从2022年11月开始，全面处理非洲国家的文物返还请求。由于返还是一项长期的工作，处理请求不设截止日期。[②]

第三章"返还相关问题"（Accompanying the returns）重点讨论了涉及返还的法律、方法以及财政支持等问题。报告认为，现行法国《遗产法典》关于"公共藏品不得让与的原则"（the principle of inalienability of public collections）对于非法文物的返还是个阻碍，建议修改。现行法律关于不适用公共藏品不得让与原则的例外仅有两种情况：一是人体遗骸；二是被视为"事实上不属于公共藏品"（non-belonging de facto）的文物，即因不符合法律规定的条件而被视为不属于法国国家所有的文物，如纳粹掠夺文物。报告建议修改现行法，将符合返还要求的非洲文物也列为事实上"不属于公共藏品"的文物。此举不仅可以排除非洲文物返还的法律障碍，而且可以避免非洲国家的文物进一步成为非法贩运的对象。为了顺利解

[①] *The Restitution of African Cultural Heritage. Toward a New Relational Ethics*, pp. 54-62.

[②] 同上文，第62—69页。

余论：法、德两国殖民地文物返还新政的启示

决文物返还纠纷，报告还向法国提出如下建议：1. 与非洲国家签署双边协定，将返还对象从博物馆藏品扩大到图书馆、档案馆的档案资料；2. 尽快加入 1995 年国际统一私法协会《关于被盗和非法出口文物的公约》；3. 建立一个由法国政府和非洲相关国家指派的联合专家委员会，共同处理非洲文物返还请求。①

结语部分，报告强调了对非洲文物返还的责任感，敦促欧洲国家尽快返还非洲文物，以实现非洲人民对其文化遗产的平等权利。

马克龙总统关于返还非洲文物的正式表态以及上述报告的公布，在全球激起了巨大反响。尽管有人质疑马克龙拉拢非洲盟友的政治意图，有博物馆担心藏品会被搬空，也有学者质疑报告缺乏可行性，但此举无疑向全世界传递了这样的信息：对殖民地文化遗产的掠夺是一种历史非正义行为，殖民地人民对于其文化遗产的权利必须得到承认，继续持有从殖民地掠夺或非法转移的文物是应当予以谴责和纠正的行为。报告公布后，法国政府立刻宣布归还 26 件殖民地时期被盗的贝宁文物②。

法国的返还新政给其他同样收藏了大量殖民地文物的欧洲前殖民国家带来了极大的道德压力。德国是 19 世纪晚期欧洲主要殖民国家之一，曾经在东非和西南非进行过几十年的殖民统治，有大量非洲文物通过各种渠道进入德国，成为各大博物馆的藏品。随着 2004 年德国官方正式承认对西南非洲所犯下的暴行，德国博物馆界也逐渐开始反思收藏殖民地文物的道德风险问题。作为对马克

---

① *The Restitution of African Cultural Heritage. Toward a New Relational Ethics*, pp. 73-80.

② Madeline Holcombe, France to Return 26 Stolen Artifacts to Benin, available at: https://edition.cnn.com/style/article/france-benin-artifacts/index.html, accessed on 08-12-2019.

龙表态的回应，德国博物馆协会于2018年7月公布了一份《殖民背景下的收藏文物处置指南》（Guidelines on Dealing with Collections from Colonial Contexts），为德国博物馆查证具有殖民背景的文物来源以及归还可能性提供指导。[①]该报告详细阐述了博物馆收藏具有殖民地背景的文物时应该注意的问题以及返还的可能路径，提醒德国各博物馆要按照相关国际公约和德国法律，以及国际博物馆协会《博物馆职业道德准则》，认真查证与殖民地背景相关的藏品来源，区别情况处理来自原属国或原所有人的返还请求。与法国的报告不同，该指南并未将殖民地文物返还问题仅仅局限于德国的非洲殖民地，而是涉及所有与殖民背景相关的文物，它将所讨论的文物划分为三种类型：一是与正式殖民统治相关的文物（Objects from formal colonial rule contexts），二是与非正式殖民统治相关的文物（Objects from colonial contexts outside formal colonial rule），三是反映殖民主义的文物（Objects that reflect colonialism）。值得注意的是：鸦片战争后从中国流失的文物，被视为"与非正式殖民统治相关的文物"，属于该指南认定为有道德风险的一类文物。[②]为了协调德国公私文物收藏机构、科研机构以及个人处理殖民地文物的行动，统一全德殖民地文物处置政策，2019年3月13日，德国联邦文化媒体事务署、外交部国际文化事务司、各联邦州文化事务部长和地方政府联合会共同发布了一个《殖民背景下文物收藏处

---

① 刘星：《非洲流失文物的归还难题》，见"搜狐网"：https://www.sohu.com/a/232886630_99923264，2019年8月13日访问。

② See German Museums Association, *Guidelines on Dealing with Collections from Colonial Contexts*, p. 19, available at: https://www.museumsbund.de/publikationen/guidelines-on-dealing-with-collections-from-colonial-contexts-2/, accessed on 08-12-2019.

置框架原则》。该框架原则要求各文物收藏机构公开藏品信息和藏品目录,号召公私文物收藏机构、科研机构对其收藏和拥有的殖民地文物来源进行彻底研究查证,并保证原属国及相关社区能够及时获知这些信息;与殖民背景相关的人体遗骸必须返还,殖民背景下的文物返还请求应及时处理,并通过与原属国或相关社区的双边协议实现返还。该框架原则还强调应加强与原属国或社区进行文化交流与国际合作,促进文物来源研究以及对殖民历史文化的了解,避免单边的、欧洲中心论的叙事方式,与原属国或来源社区的科学家和专业人士开展平等合作。[①]为进一步落实这个框架原则,2019年10月16日,德国政府建立了殖民背景收藏处置联络处(German Contact Point for Collections from Colonial Contexts)。联络处设于联邦州联合文化基金会(The Cultural Foundation of the Länder),其成员来自德国流失艺术品基金会(The German Lost Art Foundation)、德国国际博物馆合作代表处(The International Museum Cooperation Agency)以及地方政府联合会等机构,主要职责是为德国以及原属国和社区的相关机构或个人提供有关法律框架、条例、指南、数据库、网络资源、程序、能力建设以及筹资机会等方面的指导,负责转达向德国机构提出的文物返还咨询或请求,建立德国国内及国外的机构或个人的联系网络,整理、核实、记录、出版和评估涉及返还行动及程序的相关数据和信息。[②]

[①] See *Framework Principles for dealing with collections from colonial contexts*, available at: https://www.auswaertiges-amt.de/blob/2210152/b2731f8b59210c77c68177cdcd3d03de/190412-stm-m-sammlungsgut-kolonial-kontexten-data.pdf, accessed on 08-12-2019.

[②] See *Concept on the establishment and organisation of a German Contact Point for Collections from Colonial Contexts,* available at: https://www.auswaertiges-amt.de/

除了德国，荷兰也对马克龙的新政给予了积极回应。尽管有过不小的争议，但 2019 年 3 月，由阿姆斯特丹、莱顿、奈梅亨三家民族博物馆组成的荷兰世界文化博物馆联盟发布了一份关于返还殖民地时代文物的行动指南，号召返还违反当时法律或违反殖民地意愿获取的文物。该指南为原属国提出返还请求设置了基本标准和程序，承诺将于返还请求被批准的一年内返还①。虽然这些藏品属于国有，返还决定最终将由荷兰政府作出，②而且返还进程还取决于博物馆能否尽快完成对藏品来源的查证，以及原属国的配合，但荷兰博物馆界的反应是积极的。

相比之下，英国、比利时等同样占有大量殖民地文物的国家反应谨慎。"马克龙报告"公布后，大英博物馆收到大量来自埃及、埃塞俄比亚、尼日利亚、牙买加等国要求归还殖民地时期被掠夺或盗窃文物的请求，但均未给予积极回应。博物馆的信托人表示，他们希望大英博物馆藏品能够作为一个整体被保留："在返还问题上根本不存在一个一刀切的解决方案，必须对所有背景情况进行个案考察，才能得出解决方案。"③ 有鉴于此，大英博物馆更愿意以租借的

---

blob/2262748/5450242f5fdd6b343b32919aab9c11a6/191016-kol-kulturgueter-pdf-en-data.pdf, accessed on 08-12-2019.

① See *Return of Cultural Objects: Principles and Process Nationaal Museum van Wereldculturen*, available at: https://www.tropenmuseum.nl/sites/default/files/2019-03/Claims%20for%20Return%20of%20Cultural%20Objects%20NMVW%20Principles%20and%20Process_1.pdf, accessed on 09-12-2019.

② See Benjamin Sutton, Dutch museums are taking steps to repatriate colonial loot, available at: https://www.artsy.net/news/artsy-editorial-dutch-museums-steps-repatriate-colonial-loot, accessed on 09-12-2019.

③ Alasdair Soussl, The Repatriation Debate: Should Museums Return Colonial Artifacts?, available at: https://www.thenational.ae/arts-culture/art/the-repatriation-debate-should-museums-return-colonial-artefacts-1.908805, accessed on 09-12-2019.

方式暂时解决文物返还问题。2018年10月,大英博物馆同意以租借方式向尼日利亚返还一组1897年英国军队从贝宁王国掠夺的青铜器。①但是,在殖民地文物返还已经成为一个新浪潮的背景下,以租借方式达成返还还是受到不少质疑。②

相比于欧洲各国的积极回应或讨论,日本媒体对于"马克龙报告"却极少报道,即便有也只是客观介绍,很少有积极讨论,博物馆界更是一片沉默。大阪经济法科大学亚洲太平洋研究中心特任研究员森本和男直言不讳地对此现象提出了批评,他认为:"马克龙总统关于文化财产返还的演讲及返还报告对欧洲产生了一定的冲击。殖民主义无疑是非人道的,对殖民主义加以清算的去殖民主义(decolonize)运动正在成为世界主流。当前及曾经的欧洲列强国家应对其在殖民时代所犯下的屠杀行为谢罪,并积极推动被掠夺文化财产的返还工作。近代日本掀起的'脱亚入欧',实质就是以欧美诸国所推行的帝国主义为范本对东亚诸国实施侵略并以此扩大其殖民地势力范围的过程。近年来,持历史修正主义观点的日本人相当骄横,对过去的帝国主义和军国主义大加礼赞,使得殖民统治正当化的观点有所抬头。日本的这一动向,完全与去殖民主义的历史浪潮背道而驰。在文化财产方面,日本媒体对法国的返还政策不加报道,也不加讨论,表明日本已孤立于世界,并逐渐被主流社会所抛弃。"③圣心女子大学副教授冈桥纯子则对马克龙新政持相对

---

① See Kieron Monks, British Museum to Return Benin Bronzes to Nigeria, available at: https://www.cnn.com/2018/11/26/africa/africa-uk-benin-bronze-return-intl/index.html, accessed on 09-12-2019.

② Ibid., Alasdair Soussl, The Repatriation Debate: Should Museums Return Colonial Artifacts?

③ 森本和男:《フランスのアフリカ文化財返還政策とその波紋》,載《韓国·

审慎的态度，她评论道："这是一个进一步考虑文化遗产的价值和保护的机会。无论你把文化遗产作为审美的东西来欣赏，还是从人类学角度来对待，或者是为了历史教育而加以利用，最为重要的还是两个国家之间展开对话。由于存在利害关系，就不能感情用事来谈判，而应该加强客观的调查与研究，这点尤为重要。"[①] 可以看出，其对待文物返还的态度并不积极，反对从民族主义立场出发解决问题。

当然，法、德两国的殖民地文物返还政策均存在这样或那样的短板，比如法国的"马克龙报告"仅涉及法国国家博物馆系统所藏的、来自撒哈拉以南非洲殖民地的文物返还，尚未涉及其他殖民地或具有类似背景的文物，也未涉及非国家博物馆系统的其他博物馆和机构所藏文物，更未涉及私人所拥有的殖民地掠夺或非法转移文物。德国的殖民地背景文物的返还政策涉及的范围比法国宽泛许多，不仅涉及所有德国殖民地文物的返还，还包括基于非正式殖民统治所致非法转移文物的返还，以及反映殖民统治思想和制度的文物。总之，所有与殖民地背景相关的文物均属于应当予以谨慎处理的文物。同时，德国的殖民地文物返还政策不仅涉及公共博物馆、图书馆、档案馆、科研机构等公共文物收藏、保管、研究机构，也涉及私立文物收藏机构、科研机构及其赞助机构，还涉及相关个人。但相比于法国的政策，德国的相关政策更多地关注来源查证、资料

朝鮮文化財返還問題連絡会議年報 2019》，http://www.asahi-net.or.jp/~vi6k-mrmt/culture/korea/data/ronko/mr20190501.html,，2019 年 12 月 10 日访问。

① 岡橋純子：《議論広がる文化財の返還問題》，NHK WORLDWATCHING，2018 年 12 月 17 日，https://www.nhk.or.jp/kokusaihoudou/catch/archive/2018/12/1217.html, 2019 年 12 月 10 日访问。

整理、信息公开等方面的基础性工作，对于返还标准和返还程序则强调需要按照联邦、各州的相关法律解决，没有提供具体办法。最后，无论法国或德国的返还政策都只是提出了解决问题的宗旨和方向，至于能否得到顺利实施，不仅取决于相关法律制度的改进，也取决于与相关国家和有关机构之间的进一步沟通、对话和合作，以及原属国或其来源社区的返还意愿和保存条件。尽管前景充满不确定性，但两国政策包含的对历史非正义的反省和纠正的意愿是非常明确的。这种强烈的历史正义感的传播，对于我们妥善解决"二战"期间被日本掠夺或非法转移文物返还问题，是大有裨益的。

相比于殖民地文物，战争劫掠文物必须返还是一个更加确定的原则。冷战结束后，欧洲国家已经及时重启了"二战"文物的返还行动，虽然尚未彻底解决这个历史遗留问题，但毕竟社会共识已经形成，相对完善的返还机制已经建立，并处于平顺运行中。我们可以看到，欧洲国家是在开展了数十年的"二战"文物返还行动之后，开始着手处理殖民地文物返还的。相对而言，殖民地文物的返还问题更加复杂，不仅涉及战争劫掠，还涉及复杂的国家管理体制等问题，历史更加久远，而且殖民统治的建立往往并不违反当时的国际法准则。即便返还殖民地文物并非法律义务，法、德等国仍愿意对历史非正义行为进行道歉和纠正，对非洲社会和所有遭受殖民统治影响的国家承担起更多的社会责任。相比之下，返还"二战"期间掠夺的文物本是日本对于包括中国在内的受害国家应尽的战争责任，日本还有什么理由拒绝履行呢？如果按照法、德两国的殖民地文物返还政策，日本在甲午战争后通过不平等贸易、非法科学探险和考古发掘等途径从中国运走的文物，也属于应该返还的对象。当然，这些问题要视国际国内情势发展的需要，由中日两国通过平等对话和磋商逐渐加以解决。

  第二次世界大战结束距今已经七十余年，被掠夺及非法转移文物的返还问题始终横亘在相关国家之间，成为影响双边关系或地区局势稳定的重大障碍。被掠或非法转移文物不能以恰当的方式返还，受害者及其后裔的正当权利得不到伸张和救济，历史非正义行为就始终不能得到彻底纠正，加害者和受害者之间就无法达成真正的和解。而对于占有掠夺文物的博物馆、美术馆、图书馆、档案馆或科研机构而言，继续保有和展示这些文物，也始终无法摆脱受害者和社会公众对其正当性的质疑。此类文物的现持有人也面临着文物随时可能被没收或无法进一步交易的风险，其权利始终处于一种不确定状态。凡此种种，都考验着国际社会和各相关国家处理这个历史遗留问题的勇气和智慧。

  历史非正义行为已经成为过去，谁都无法改变。我们所能做的，就是记取历史的教训，不要让非正义行为重演。而记取教训的前提是，正视非正义行为所带来的伤害，对受害者给予及时补偿，恢复被破坏的正义秩序，从而开启新的未来。

参考文献

一、史料、档案

[1] "中华民国"驻日代表团赔偿与归还工作档案,台湾地区"中央研究院"近代史研究所档案馆电子档案;

[2] "中华民国"驻日代表团日本赔偿及归还物资接收委员会编:《在日办理赔偿归还工作综述》,沈云龙主编:《近代中国史料丛刊续编》第71辑,(中国台北)文海出版社1980年版;

[3] 中国第二历史档案馆编:《中华民国史档案资料汇编》(第5辑第3编·外交),江苏古籍出版社2010年版;

[4] 姜良芹、郭必强编:《南京大屠杀史料集22:赔偿委员会调查统计》,江苏人民出版社2006年版;

[5] 中央档案馆:《日本侵华战犯笔供》,中国档案出版社2005年版;

[6] General Headquarters Supreme Commander for the Allied Powers, Custody, Shipment and Storage of Looted Property, 25 July 1946, Records of Allied Operational and Occupation Headquarters, World War II, Record Group 331.

[7] Presidential Advisory Commission on Holocaust Assets in the United States (PCHA), Plunder and Restitution:Findings and Recommendations of the Presidential Advisory Commission on Holocaust Assets in the United States and Staff Report.

二、中文研究文献

（一）专著、译著类

[1] 韩德培主编：《国际私法》，高等教育出版社、北京大学出版社2007年版；

[2] 霍政欣：《追索海外流失文物的法律问题》，中国政法大学出版社2013年版；

[3] 霍政欣、刘浩、余萌：《流失文物争夺战——当代跨国文物追索的实证研究》，中国政法大学出版社2018年版；

[4] 孟国祥：《大劫难：日本侵华对中国文化的破坏》，中国社会科学出版社2005年版；

[5] 彭蕾：《文物返还法制考：从中国百年文物流失谈起》，译林出版社2012年版；

[6] 齐静：《国家豁免立法研究》，人民出版社2015年版；

[7] 史尚宽：《物权法总论》，中国政法大学出版社2000年版；

[8] 孙瑜：《战后初期美国外交与旧金山媾和》，社会科学文献出版社2014年版；

[9] 王云霞主编：《文化遗产法学：框架和使命》，中国环境出版社2013年版；

[10] 徐显芬：《未走完的历史和解之路——战后日本的战争赔偿与对外援助》，世界知识出版社2018年版；

[11] 徐勇、张会芳、史楠：《战争遗留问题的源头——东京审判与〈旧金山和约〉》，黑龙江人民出版社2011年版；

[12] 张自成主编：《百年中国文物流失备忘录》，中国旅游出版社2001年版；

[13] 〔澳〕林德尔·V.普罗特主编：《历史的见证：有关文物返还问题的文献作品选编》，国家文物局博物馆与社会文物司（科技司）译，译

林出版社 2010 年版；

［14］〔德〕格茨·阿利：《希特勒的民族帝国：劫掠、种族战争和纳粹主义》，刘青文译，译林出版社 2011 年版；

［15］〔德〕哈恩斯-克里斯蒂安·罗尔：《第三帝国的艺术博物馆：希特勒与"林茨特别任务"》，孙书柱、刘英兰译，生活·读书·新知三联书店 2009 年版；

［16］〔美〕詹姆斯·库诺编：《谁的文化？——博物馆的承诺以及关于文物的论争》，中国青年出版社 2014 年版；

［17］〔美〕约翰·亨利·梅里曼编：《帝国主义、艺术与文物返还》，国家文物局博物馆与社会文物司（科技司）译，译林出版社 2011 年版；

［18］〔美〕斯特林·西格雷夫、佩吉·西格雷夫：《黄金武士：二战日本掠夺亚洲巨额黄金黑幕》，南京师范大学南京大屠杀研究中心译，王选校译，中国对外翻译出版公司 2005 年版；

［19］〔美〕L.H.尼古拉斯：《欧洲的掠夺——西方艺术品二战蒙难记》，吴福元、罗蕾译，江苏人民出版社 1998 年版；

［20］〔日〕户谷由麻：《东京审判：第二次世界大战后对法与正义的追求》，赵玉蕙译，上海交通大学出版社 2016 年版；

［21］〔日〕日暮吉延：《东京审判的国际关系——国际政治中的权力和规范》，翟新、彭一帆译，上海交通大学出版社 2016 年版；

［22］［瑞士］让-马里·亨克茨、路易丝·多斯瓦尔德-贝克编：《习惯国际人道法》，法律出版社 2007 年版。

（二）期刊、文集论文

［1］安成日：《二战后韩国对日索赔要求的演变》，载《日本学论坛》2005 年 Z1 期；

［2］步平：《中日历史问题的对话空间——关于中日历史共同研究的思考》，载《世界历史》2011 年第 6 期；

［3］范宏云：《国际法的继承理论与两岸关系》，载《特区理论与实践》2010 年第 3 期；

［4］高升:《文化财产返还国际争议的理论之争》,载《山东科技大学学报》（社会科学版）2008年第4期;

［5］高升、孙茂庆:《文物返还互惠协议评析》,载《江南大学学报》（人文社会科学版）2009年第5期;

［6］管建强:《国际人道法中战争受害者的救济》,载《法学》2008年第5期;

［7］胡姗辰:《诉讼在纳粹掠夺文物追索中的适应性扩展——兼论诉讼追索日本掠夺文物的可行性及策略》,载《江西师范大学学报》（哲学社会科学版）2020年第4期;

［8］黄树卿:《文化遗产国际司法保护的里程碑——纽伦堡审判意义的新发现》,载《沈阳工业大学学报》（社会科学版）2014年第1期;

［9］霍政欣:《追索海外流失文物的法律问题探究——以比较法与国际私法为视角》,载《武大国际法评论》第12卷,武汉大学出版社2010年版;

［10］霍政欣:《追索海外流失文物的国际私法问题》,载《华东政法大学学报》2015年第2期;

［11］李寒梅:《从邦交正常化的原点看中日"1972年体制"》,载《中国国际战略评论》2013年;

［12］李彭元:《清末民初日本对我国文献资源之掠夺》,载《图书馆工作与研究》1998年第6期;

［13］李玉雪:《二战流失文物回归争端解决的最新进展及其法律评析》,载《政法论坛》2012年第2期;

［14］刘晨:《希特勒与第三帝国的"艺术掠夺"》,载《世界文化》2015年第1期;

［15］刘利伟:《中日战争遗留问题的源头——东京审判与〈旧金山和约〉》,载《沧桑》2013年第2期;

［16］刘庭华:《东京审判的历史功绩与缺憾》,载《军事历史》2011年第6期;

［17］刘统:《国民政府对日本重要战犯的审判》,载《军事历史研究》

2015年第6期；

[18] 吕建昌、扈颖钰：《日本侵华对中国博物馆事业造成的破坏》，载《东南文化》2015年第5期；

[19] 孟国祥：《关于日本掠夺中国图书及战后追还问题》，载《抗战史料研究》2017年第2辑；

[20] 乔林生：《"安倍历史观"的特征及其影响》，载《世界历史》2015年第4期；

[21] 宋成有：《"终战史观"评析：战后日本右翼史观揭底》，载《日本问题研究》2019年第3期；

[22] 宋庆东：《日本拒绝对华民间赔偿法律依据辨析》，载《西安政治学院学报》2005年第4期；

[23] 王瀚：《国际民事诉讼管辖权的确定及其冲突解决析论》，载《法学杂志》2014年第8期；

[24] 王军杰，申莉萍：《驳日本拒绝中国民间索赔的两个理由——兼评中国民间对日索赔18年诉讼实践》，载《湖南大学学报》（社会科学版）2013年第4期；

[25] 王开玺：《流失海外的圆明园文物怎样才能回归祖国？——论流失文物的回归方法和途径与国际法理》，载《北京师范大学学报》（社会科学版）2014年第6期；

[26] 王晓阳：《从〈终战诏书〉看日本的"二战史观"》，载《日本侵华研究》2016年第3卷；

[27] 汪益：《比较法视角下的流日文物追索：从感性到理性》，载《西北大学学报》（哲学社会科学版）2017年第2期；

[28] 王一心：《论20世纪初日本在华所建四大图书馆的文化侵略功能》，载《图书馆建设》2018年第6期；

[29] 王云霞：《"二战"被掠文物返还的法律基础及相关问题》，载《辽宁大学学报》（哲学社会科学版）2007年第4期；

[30] 王云霞：《流失文物的"回家路"》，载《人民日报》2019年12月14日；

[31] 王云霞：《从纳粹掠夺艺术品的返还看日掠文物返还可行性》，载《政

法论丛》2015 年第 4 期；

[32] 王云霞：《中美限制进口中国文物谅解备忘录及其对中国的影响》，《南京大学法律评论》2011 年秋季卷；

[33] 王云霞、黄树卿：《文化遗产法的立场：民族主义抑或国际主义》，载《法学家》2008 年第 5 期；

[34] 杨玲：《欧洲的国家豁免立法与实践——兼及对中国相关立场与实践的反思》，载《欧洲研究》2011 年第 5 期；

[35] 扬群：《日寇侵略性考古和对中国文物的掠夺破坏》，载《南方文物》1995 年第 3 期；

[36] 杨树明、郭东：《"国际主义"与"国家主义"之争——文物返还问题探析》，载《现代法学》2005 年第 1 期；

[37] 杨永红：《论中国民间对日索赔的演变与前景》，载《学术界》2015 年第 7 期；

[38] 张磊、孔凡学：《通过国际刑事司法合作追索境外流失文物——〈关于打击文化财产非法贩运的犯罪预防与刑事司法对策国际准则〉评析》，载《法学杂志》2014 年第 9 期；

[39] 张军旗：《个人的国际法主体地位辨析》，载《东方法学》2017 年第 6 期；

[40] 赵阶琦：《中日复交谈判述说》，载《日本研究》1998 年第 3 期；

[41] 钟慧：《武装冲突中的文化遗产的非法掠夺及其返还——试论一项新的国际习惯规则》，载《国际关系与国际法学刊》第 8 卷，2018 年；

[42] 庄锡昌：《文化融合与文化侵略——日占时期日本对韩民族的同化政策及其破产》，载《韩国研究论丛》（第四辑），1998 年 2 月；

[43] 〔韩〕朴待男：《韩国的文物流失与追索利用》，具隆会译，载《美成在久》(Orientation) 2017 年第 3 期；

[44] 〔日〕酒寄雅志：《近代日本与渤海史研究》，李东源译，载杨志军主编：《东北亚考古资料译文集·高句丽、渤海专号》（第 3 辑），北方文物杂志社 2001 年版。

(三) 学位论文

[1] 管建强:《中国民间战争受害者对日索偿的法律基础》,华东政法学院博士学位论文,2005 年;

[2] 康乃馨:《当代日本战争史观与国民性因素初析——以日本 1937—1945 年对华侵略战争为例》,上海社科院硕士学位论文,2015 年;

[3] 李伟:《文化财产争议国际仲裁的法律问题研究》,武汉大学博士学位论文,2018 年;

[4] 刘猛:《"国家无答责"法理研究及反驳》,中国政法大学硕士学位论文,2009 年;

[5] 张民军:《日本战争赔偿研究》,东北师范大学博士学位论文,2003 年。

三、外文研究文献

(一) 专著、文集

[1] Ana Filipa Vrdoljak, *International Law, Museums and the Return of Cultural Objects*, Cambridge University Press, 2007.

[2] Andrzej Jakubowski, *State Succession in Cultural Property*, Oxford University Press, 2015.

[3] Annie Héritier, Genèse de la nation juridique de patrimoine culturel 1750-1816, L'Harmattan, 2003.

[4] Bruce L. Hay, *Nazi-Looted Art and the Law: the American Cases*, Springer, 2017.

[5] Catherine Hickley, *The Munich Art Hoard: Hitler's Dealer and His Secret Legacy*, Thames & Hudson, 2015.

[6] Duchesne Jean-Patrick (éd.), L'art dégénéré selon Hitler – La vente de Lucerne, 1939, Liège : Collection artistique de l'Université de Liège, 2014.

[7] Elazar Barkan, *The Guilt of Nations: Restitution and Negotiating*

Historical Injustices, John Hopkins University Press, Baltimore, 2000.

[8] Elizabeth Simposon (ed.), *The Spoils of War: World War II and Its Aftermath: The Loss, Reappearance and Recovery of Cultural Property*, Harry N. Abrams, Inc., Publishers in association with The Bard Graduate Center for Studies in the Decorative Arts, 1997.

[9] Evelien Campfens (eds.), *Fair and Just Solutions? Alternatives to Litigation in Nazi-Looted Art Disputes: Status Quo and New Developments*, Eleven International Publishing, 2015.

[10] Howard B. Schonberger, *Aftermath of War: Americans and the Remaking of Japan, 1945-1952*, The Kent State University Press, 1989.

[11] John Henry Merryman, *Thinking About the Elgin Marbles: Critical Essays on Cultural Property, Art and Law*, Kluwer Law International, 2000.

[12] Kate Fitz Gibbon (ed.), *Who Owns the Past? Cultural Policy, Cultural Property and the Law*, Rutgers University Press, 2005.

[13] Lawrence Collins (ed.), *Dicey & Morris on The Conflict of Law*, 13th ed., 1999.

[14] Lyndel V. Prott, *Witness to History: A Compendium of Documents and Writings on the Return of Cultural Objects*, UNESCO Publishing 2009.

[15] Lyndel V. Prott, Ruth Redmond-Cooper and Stephen Urice, *Realizing Cultural Heritage Law: Festschrift for Patrick O'Keefe*, Institute of Art and Law, 2013.

[16] Paul M. Bator, *The International Trade in Art*, The University of Chicago Press, 1982.

[17] Peter Keppy, *The Politics of Redress, War damage compensation and restitution in Indonesia and the Philippines, 1940-1957*, Leiden:

KITLV Press, 2010.

[18] Patty Gerstenblith, *Art, Cultural Heritage, and the Law: Cases and Materials*, Carolina Academic Press, 2012.

[19] The International Bureau of the Permanent Court of Arbitration (ed.), *Resolution of Cultural Property Disputes*, Kluwer Law International, 2004.

[20] Wayne Sandholtz, *Prohibiting Plunder: How Norms Change*, Oxford University Press, 2007.

[21] Wojciech W. Kowaski, *Art Treasures and War*, Leicester: Institute of Art and Law, 1998.

[22] Zuozhen Liu, *The Case for Repatriating China's Cultural Objects*, Springer, 2016.

(二)期刊、文集论文

[1] Ana Vrdoljak, Enforcement of Restitution of Cultural Heritage through Peace Agreements, *The Enforcement of International Legal Protection of Art and Cultural Heritage*, Vol. 1, 2012.

[2] Barbara B. Rosecrance, Harmonious Meeting: The McClain Decision and the Cultural Property Implementation Act, *Cornell International Law Journal*, Volume 19, Issue 2, Summer 1986.

[3] Carla Bongiorno, A Culture of Impunity: Applying International Human Rights Law to the United Nations in East Timor, *Columbia Human Rights Law Review*, Vol.33, 2002.

[4] Christine Kim, Colonial Plunder and the Failure of Restitution in Postwar Korea, *Journal of Contemporary History*, Vol. 52(3), 2017.

[5] David A. Meyer, The 1954 Hague Convention and Its Emergence into Customary International Law, *Boston University Public Interest Law Journal*, Vol.11,1993.

[6] Deborah Azar, Simplifying the Prophecy of Justiciability in Cases

Concerning Foreign Affairs: A Political Act of State Question, *Richmond Journal of Global Law & Business*, Vol.9:4, 2010.

[7] Derek Fincham, Justice and the Culture Heritage Movement: Using Environmental Justice to Appraise Art and Antiquities Dispute, *Virginia Journal of Social Policy & the Law*, Vol.20, 2012.

[8] Derek Fincham, The Parthenon Sculptures and Cultural Justice, *Fordham Intellectual Property, Media and Entertainment Law Journal*, Spring 2013.

[9] D. Rigby, Cultural Reparations and a New Western Tradition, *The American Scholar*, Vol. 13, 1944.

[10] Elizabeth A. Klesmith, Nigeria and Mali: The Case for Repatriation and Protection of Cultural Heritage in Post-Colonial Africa, *Notre Dame Journal of International & Comparative Law*, Vol. 4, Iss. 1, 2014.

[11] Geoffrey R. Scott, Spoliation, Cultural Property and Japan, *University of Pennsylvania Journal of International Law*, Vol.29:4, 2008.

[12] Guido Carducci, "Repatriation", "Restitution" and "Return" of Cultural Property: International Law and Practice, in Mille Gabriel & Jens Dahl (eds), *UTIMUT : Past Heritage, Future Partnerships : Discussions on Repatriation in the 21st Century*, Copenhagen 2008.

[13] Helena Hofmannová, Restitution Law and the Constitutional Review of the Restitutions in the Czech Republic (Principles of the Decisions of the Decisions of the Constitutional Court Regarding the Restitution of Jewish Property), *The Lawyer Quarterly* 1/2012.

[14] Jeremy G. Epstein, The Hazards of Common Law Adjudication, in Kate Fitz Gibbon (ed.), *Who Owns the Past? Cultural Policy, Cultural Property and the Law*, Rutgers University Press, 2005.

[15] John Henry Merryman, Cultural Property Internationalism, *International Journal of Cultural Property*, Vol.12, Issue 1, 2005.

[16] John Henry Merryman, Two Ways of Thinking about Cultural Property, *The American Journal of International Law*, Vol. 80, No. 4, 1986.

[17] Joseph W. Dellapenna, Foreign State Immunity in Europe, *New York International Review*, Vol.5, 1992.

[18] Joshua S. Wolkoff, Transcending Cultural Nationalist and Internationalist Tendencies: the Case for Mutually Beneficial Repatriation Agreements, *Cardozo Journal of Conflict Resolution*, Spring 2010.

[19] Katherine D. Vitale, The War on Antiquities: United States Law and Foreign Cultural Property, *Notre Dame Law Review*, April 2009.

[20] Lyndel V. Prott & Patrick J. O'Keefe, "Cultural Heritage" or "Cultural Property", *International Journal of Cultural Property*, Vol. 1, 1992.

[21] Marie Cornu & Marc-André Renold, New Developments in the Restitution of Cultural Property: Alternative means of Dispute Resolution, *International Journal of Cultural Property*, Vol. 17(1), 2010.

[22] Marina Papa-Sokal, Beyond the Nationalist-Internationalist Polarisation in the Protection of Archaeological Heritage: A Response to Professor Merryman, *Art Antiquity and Law*, Vol. 14, No. 3, 2009.

[23] Martin Skrydstrup, Theorizing Repatriation, *Journal of European Ethnology*, Volume 39:2, 2009.

[24] Matthew Nicholson, The Political Unconscious of the English Foreign Act of State and Non-justiciability Doctrines, *International and Comparative Law Quarterly*, Vol. 64, Issue 4, 2015.

[25] Melissa (Young Jae) Koo, Repatriation of Korean Cultural Property Looted by Japan— Can a Sincere Apology Resolve the Centuries-Old Korea/Japan Disputes?, *Cardozo Journal of Conflict Resolution*, Vol. 16(2), 2015.

[26] Michael J. Bazyler, Abolishing the Act of State Doctrine, *University of Pennsylvania Law Review*, Vol.134, 1986.

[27] Michael J. Kurtz, Resolving a Dilemma: Inheritance of Jewish

Property, *Cardozo Law Review*, Vol. 20(2), 1998.

[28] Monroe Karasik, Problems of Compensation and Restitution in Germany and Austria, *Law and Contemporary Problems*, Vol. 16, Summer 1951.

[29] Natalie Rogozinsky, Stolen Art and the Act of State Doctrine: an Unsettled Past and an Uncertain Future, *DePaul Journal of Art, Technology & Intellectual Property Law*, Vol.26, Issue 1, 2015.

[30] Ori Z. Soltes, Cultural Plunder and Restitution and Human Identity, *The John Marshall Review of Intellectual Property Law*, Vol.15, 2016.

[31] Patty Gerstenblith, Acquisition and Deacquisition of Museum Collections and the Fiduciary Obligations of Museums to the Public, *Cardozo Journal of International and Comparative Law*, Vol.11, 2003.

[32] RHYU Mina, The Limitation of the Korea-Japan Normalization Talks on the Issue of the Restitution of Cultural Properties, *Seoul Journal of Japanese Studies*, Vol. 2, No.1, 2016.

[33] Richard W Crowder, Restitution in the Czech Republic: Problems and Prague-nosis, *Indiana International & Comparative Law Review*, Vol.5, 1994.

[34] Victoria A. Birov, Prize and Plunder: The Pillage of Works of Art and the International Law of War, *New York University Journal of International Law and Politics*, Vol. 30, 1997.

[35] Wojciech Kowalski, Types of Claims for Recovery of Lost Cultural Property, *Museum International*, No.228, Vol. 57, No. 4, 2005.

[36] Yoshiaki Sato, Settled Completely and Finally: A Japanese Perspective on the Repatriationism of Cultural Property, *Journal of East Asia and International Law*, Vol. 10, 2017.

[37] Yuji Hosaka, Article 2 of the Korea-Japan Basic Treaty and Japan's Repatriation of Korean Cultural Properties: Reviewing Travaux Pre-

paratoires, *Journal of East Asia and International Law*, Vol. 10 (1), 2017.

(三) 学位论文

[1] Cochand Menedjian Taline, Les Musées Suisses face au Double Enjeu du Trafic Illicite des Bien Culturels et des Spoliations Réalisées à L'époque du National-Socialisme (1933-1945), Mémoire de Master en études muséales, Université de Neuchâtel, 2018.

[2] Xavier Perrot, De la restitution Internationale des biens culturels aux XIXe et XXe siècles: vers une autonomie juridique, thèse doctorat de l'université de Limoges, 2005.

四、主要法规文件

(一) 国际或区际法律文件

· 远东委员会和盟军总部

1. Restitution of Looted Property, FEC Policy Decision July 18, 1946 (transmitted to the Supreme Commander for the Allied Powers on 24 July 1946 as Directive Serial No. 57)
2. Restitution of Looted Property, approved July 29, 1948 (transmitted to the Supreme Commander for the Allied Powers on 16 October 1946 as Directive Serial No. 93)
3. Interim Directive on Restitution of Looted Property
4.《扣押与报告掠夺财产》(SCAPIN-885)
5.《保管、运输与储存被掠财产》(SCAPIN-1083)

· 美国国务院、战争部、海军部联络委员会 (SWNCC)

1.《返还被掠艺术品至原属国》(SWNCC-322)

2.《返还位于日本的被掠财产的最终政策》(SWNCC-227/22)

· 海牙公约

1. Law and Customs of War on Land (Hague Conventions of 1899 and 1907)
2. 1954 Hague Convention for the Protection of Cultural Property in the Event of Armed Conflict

· 联合国教科文组织公约

1. 1970 UNESCO Convention on the Means of Prohibiting and Preventing the Illicit Import, Export, and Transfer of Ownership of Cultural Property
2. 1995 UNIDROIT Convention on Stolen or Illegally Exported Cultural Objects

· 宣言

1. Inter-Allied Declaration against Acts of Dispossession Committed in Territories under Enemy Occupation or Control (1943)
2. Washington Conference Principles on Nazi-Confiscated Art (1998)
3. Vilnius Forum Declaration (2000)
4. Draft UNESCO Declaration of Principles Relating to Cultural Objects Displaced in Connection with the Second World War (2009)
5. Terezin Declaration on Holocaust Era Assets and Related Issues (2009)
6. 《关于保护和返还非法出境的被盗掘文化财产的敦煌宣言》(2014)

· 道德准则

1. UNESCO International Code of Ethics for Dealer in Cultural Property
2. ICOM Code of Ethics for Museums

· 欧洲委员会

Resolution 1205 (1999) of the Parliamentary Assembly on looted Jewish cultural property

· 欧盟

1. Resolution of 14 December 1995 on the Return of Plundered Property to Jewish Communities
2. Resolution of 16 July 1998 on the Restitution of Property Belonging to Holocaust Victims
3. Draft Report & Motion for a European Parliament Resolution on Cross-border Restitution Claims of Works of Art and Cultural Goods Looted in Armed Conflicts and Wars (2017/2023［INI］)

（二）双边或多边条约、协定

1. 1919年《凡尔赛条约》
2. Treaty on the Protection of Artistic and Scientific Institutions and Historic Monuments［Roerich Pact］(1935)
3. Resolution on the Subject of Restitution (1946)
4. 1965年《韩日关于文物和文化合作协定》(《韩日基本条约》附件)
5. 1972年《中日联合声明》

（三）国家层面立法

· 奥地利

1. Nullification Act
2. Restitution Acts
3. Federal State Act on the Return of Cultural Objects from Austrian Federal Museums and Collections
4. Declaration of Annulment of Legal Transactions or Other Legal Acts

which Occurred During the German Occupation of Austria

· 捷克

Act no. 212/2000 Coll. of 23 June 2000 concerning the restitution of Jewish property

· 法国

1. Ordonnance du 12 novembre 1943 solennelle signée à Londres le 05-01-1943 par le Comité National de la Liberation Nationale et 17 gouvernements alliés : Nullité des actes de spoliation accomplis par l'ennemi ou sous son contrôle
2. Ordonnance n° 45-770 du 21 avril 1945 portant deuxième application de l'ordonnance du 12-11-1943 sur la nullité des actes de spoliation accomplis par l'ennemi ou sous son contrôle et édictant la restitution aux victimes de ces actes de leurs biens qui ont fait l'objet d'actes de disposition
3. French Zone of Occupation: Ordonnance No. 120, Pour toute reclamation joindre la dernière bande reçure (PDF) November 10, 1947

· 德国

1. Property Settlement Act
2. Federal Indemnification Act concerning Persons who Suffered Damage at the hand of the National Socialist Regime
3. Joint Declaration by the Federal Government, the Länder and the National Associations of Local Authorities

· 俄罗斯

Federal Law on Cultural Valuables Displaced to the U.S.S.R and Located on the Territory of the Russian Federation

· 英国
1. Law No. 59 – Restitution of Identifiable Property to Victims of Nazi Oppression
2. State Immunity Act 1978
3. Limitation Act 1980
4. National Heritage Act 1983
5. Museums and Galleries Act 1992
6. Holocaust(Return of Cultural Objects)Act 2009

· 美国
1. Law No. 59 Restitution of Identifiable Property
2. Foreign Sovereign Immunity Act 1976
3. Convention on Cultural Property Convention Implementation Act 1983
4. The Holocaust Victims Redress Act 1998
5. Holocaust Expropriated Art Recovery Act 2016

· 日本
《战时清国宝物搜集方法》

· 中华民国
《战争罪犯审判条例》

(四)其他
1. 1952年"旧金山对日和约"
2. 1952年"'中华民国'与日本国间和平条约"(即非法的"日台和约")

五、主要案例

[1] Khochinsky v. Poland

[2] I Congreso del Partido
[3] Landgraf v. USI Film Products
[4] Westfield v. Federal Republic of Germany
[5] Orkin v. Swiss Confederation
[6] Oliver Williams, Iri S. Filmer and Margaret E. Green v. The National Gallery of Art
[7] Bernstein v. Van Heyghen Freres Societe Anonyme
[8] Von Saher v. Norton Simon Museum of Art
[9] Menzel v. List
[10] Stronganoff-Scherbatoff v. Bensimon
[11] Grosz v. Museum of Modern Art
[12] DeWeerth v. Baldinger
[13] Guggenheim Foundation v. Lubell
[14] Orkin v. Taylor
[15] Museum of fine arts bostono v. Seger Thomschitz
[16] Dunbar v. Seger Thomschitz
[17] Van der Heydt & Burth v. Kleinberger
[18] Vineberg v. Bissonnette
[19] Christiane Gentili di Giuseppe, Emmanuele Maupas, Daniel Salem and Lionsel Salem v. Musée du Louvre
[20] O'Keeffe v. Snyder
[21] United States v. McClain
[22] 200 Paintings – Goudstikker Heirs v. the Netherlands
[23] The Windmill – Rüdenberg Heirs v. City of Hannover
[24] Madonna and Child in a Landscape – Philipp von Gomperz Heirs v. North Carolina Museum of Art
[25] Liberation of Saint Peter from Prison – Feldmann Heirs v. Private Person

［26］Nähschule – Max Silberberg Heirs v. Bündner Kunstmuseum Chur

［27］Lighthouse With Rotating Beam – Flechtheim Heirs v. Kunstmuseum Bonn

［28］Auschwitz Suitcase – Pierre Lévi Heirs v. Auschwitz-Birkenau State Museum Oswiecim and Shoah Memorial Museum Paris

［29］Adoration of the Magi – Gentili di Giuseppe Heirs v. Museum of Fine Arts Boston

［30］Report of The Spoliation Advisory Panel in Respect of Pieces of Porcelain now in the Possession of the British Museum, London and the Fitzwilliam Museum, Cambridge

六、主要机构网站、网络数据库

［1］英国被掠夺文物建议委员会（SAP）：https://www.gov.uk/government/groups/spoliation-advisory-panel

［2］法国被掠夺受害者赔偿委员会（CIVS）：http://www.civs.gouv.fr/

［3］德国遗失艺术品基金会：https://www.kulturgutverluste.de/Webs/EN

［4］荷兰返还请求评估咨询委员会：https://restitutiecommissie.nl

［5］欧洲被掠艺术品委员会（被掠艺术品信息中心）：http://www.lootedart.com/

［6］犹太虚拟图书馆大屠杀页面：https://www.jewishvirtuallibrary.org/the-holocaust

［7］日内瓦艺术法中心案例数据库：https://plone.unige.ch/art-adr/cases-affaires

［8］联合国大会文件数据库：https://www.un.org/zh/ga/documents/gares.shtml

重要术语中外文对照表

专业术语

acquisitive prescription	时效取得
act of state doctrine	国家行为原则
action of replevin	(普通法)原物返还之诉
alternative dispute resolution methods (ADR)	替代性纠纷解决机制,非诉讼纠纷解决机制
Arisicrung	雅利安化
beni culturali	文化财产(意大利语)
biens culturels	文化财产(法语)
compensatory restitution	赔偿性返还
countries of destination	所在地国,目的地国
countries of origin	原属国,原主国,来源国
cultural assets	文化资产
cultural definition	文化定位
cultural justice	文化正义
cultural objects	文物
cultural property	文化财产
cultural relics	文物
decolonize	去殖民主义
Degenerate Art	堕落艺术,颓废艺术
Demand and Refusal Rule	要求并被拒绝规则
Denazification	去纳粹化

Discovery Rule	发现规则
displace	转移
distribution	分布
Due Diligence	勤谨调查（义务）
Due Process	正当程序条款
Holocaust	犹太人大屠杀
Holocaust Era	大屠杀时期
integrity	完整性
internationalism	国际主义
ius praedae	战利品法
Jewish assets	犹太人资产
justice as fairness	公平的正义
Kristallnacht	水晶之夜（纳粹大屠杀开始的标志）
loot	劫掠，掠夺
market nation	市场国
material compensation	实质性赔偿
mediation	调解、调停
moral strength	道德优势
Mosse Art Research Initiative (MARI)	莫斯艺术研究计划
Municipal Collections	（奥地利）市政收藏品
Musées Nationaux Récupération	（法国）国家博物馆归还艺术品名录
Mutually Beneficial Repatriation Agreements (MBRAs)	互惠返还协议
Nationalism	民族主义
national treasures	国家珍宝
Netherlands Art Property Collection, NK	荷兰艺术财产收藏品
not retroactive	法无溯及既往的效力
oral hearing	口头听证
pillage	劫掠，掠夺
plunder	劫掠，掠夺
policy of external restitution	外部归还政策

preservation	保存
prima facie	表面证据
remove	移走
repatriation	送回
res hostiles	敌人物
res nullius	无主物
restitution	归还
Restitution in Kind	同类归还
return	返还
Sonderauftrag Linz	林茨特别任务
statue of limitations	时效规则
source nation	资源国
stare decisis	先例原则
the principle of inalienability of public collections	公共藏品不得让与原则
works of art	艺术品

法律与政策文件

Act no. 212/2000 Coll. of 23 June 2000 concerning the restitution of Jewish property	（捷克）《犹太人财产返还法》
Act on the Prohibition of Export of Objects of Historical, Artistic or Cultural Value, StGB1.no. 90/1918	（奥地利）《具有历史、艺术或文化价值的物品禁止出口的法律》
Agreement for the Prosecution and Punishment of the Major War Criminals of the European Axis	《关于追诉和惩罚欧洲轴心国主要战争罪犯的协定》
Charter of the International Military Tribunal	《纽伦堡国际军事法庭宪章》
Code of Ethics for Museums	《博物馆道德准则》

Combating Illicit Trade: Due diligence guidelines for museums, libraries and archives on collecting and borrowing cultural material	（英国）《打击非法贸易：博物馆、图书馆和档案馆在收藏和租借文化材料时的勤谨调查义务指南》
Convention for the Protection of Cultural Property in the Event of Armed Conflict 1954	《武装冲突情况下保护文化财产公约》（简称"1954年《海牙公约》"）
Convention on Cultural Property Convention Implementation Act	（美国）《文化财产公约实施法》
Convention on the Means of Prohibiting and Preventing the Illicit Import, Export and Transfer of Ownership of Cultural Property	《关于禁止和防止文化财产的非法进出口及其所有权转让方法的公约》（简称"1970年公约"）
Convention on Stolen or Illegally Exported Cultural Objects	《关于被盗或非法出口文物的公约》（简称"1995年公约"）
Cultural Property: Return and Illicit Trade	（英国）《文化财产：返还和非法交易》
Declaration of Annulment of Legal Transactions or Other Legal Acts which Occurred During the German Occupation of Austria	（奥地利）《关于撤销德军占领奥地利期间发生的法律转让或法律行为的宣言》
Directive 57, Restitution of looted property	第57号《劫物归还指令》
Draft UNESCO Declaration of Principles Relating to Cultural Objects Displaced in Connection with the Second World War	《关于返还第二次世界大战被转移文物的原则宣言草案》
Draft Report & Motion for a European Parliament Resolution on cross-border restitution claims of works of art and cultural goods looted in armed conflicts and wars（2017/2023［INI］）	《关于在武装冲突和战争中被掠艺术品和文化财产跨境返还的决议》议案

Due Diligence Guidelines for Museums, Libraries and Archives on Collecting and Borrowing Cultural Material	《博物馆、图书馆和档案馆在收藏和租借文化材料时的勤谨调查义务指南》
Federal Indemnification Act concerning Persons who Suffered Damage at the hand of the National Socialist Regime	(德国)《国家社会主义制度时期受损害主体的联邦赔偿法》
Federal Law on Cultural Valuables Displaced to the U.S.S.R and Located on the Territory of the Russian Federation	(俄罗斯)《因二战被转移至苏联现存于俄罗斯联邦境内的文化珍品的联邦法》(简称《战争被转移文化珍品法》)
Federal State Act on the Return of Cultural Objects from Austrian Federal Museums and Collections	(奥地利)《关于从奥地利联邦博物馆和收藏机构返还文物的联邦法》(简称《返还法》)
Final Act	《最后决议书》
Foreign Sovereign Immunity Act,1976	(美国)《外国主权豁免法》
Framework Principles for dealing with collections from colonial contexts	(德国)《殖民背景下文物收藏处置框架原则》
Germany-USA Joint Declaration Concerning The Implementation of the Washington Principles from 1998	《1998以来关于〈华盛顿原则〉实施情况的联合声明》
Gesetz zur Neuregelung des Kulturgutschutzrechts	(德国)《文化财产保护法》
Guidelines for the Use of the Standard Form Concerning Request for Return or Restitution	《返还或归还的标准用法指南》
Guidelines on Dealing with Collections from Colonial Contexts	(德国)《殖民背景下的收藏文物处置指南》
Guidelines on the Acquisition of Archaeological Material and Ancient Art	《考古材料与古代艺术品获取指南》
Holocaust Assets Commission Act of 1998	(美国)《大屠杀资产委员会法》

Holocaust Expropriated Art Recovery Act (HEAR)	(美国)《大屠杀时期被没收艺术品返还法》
Holocaust Victims Redress Act	(美国)《大屠杀受害者救济法》
Recommendations concerning the Return of Works of Art Belonging to Jewish Owners	《关于犹太人被掠艺术品返还的建议》
Inter-Allied Declaration against Acts of Dispossession Committed in Territories under Enemy Occupation or Control	《盟国反对敌国占领和控制区域内强征财产行为的宣言》(又称《伦敦宣言》)
Interim Directive on Restitution of Looted Property	《劫物归还临时指令》
International Code of Ethics for Dealers in Cultural Property	《国际文化财产交易商职业道德准则》
International Guidelines for Crime Prevention and Criminal Justice Responses with Respect to Trafficking in Cultural Property and Other Related Offences	《关于贩运文化财产及其他相关犯罪的预防犯罪和刑事司法对策国际准则》
Joint Declaration by the Federal Government, the Länder and the National Associations of Local Authorities on the tracing and return of Nazi-confiscated art, especially Jewish property	(德国)《联邦政府、联邦州及全国地方政府联合会关于追索纳粹没收艺术品(尤指犹太人财产)的联合宣言》(简称《联合宣言》)
Law No. 59 Restitution of Identifiable Property	《第59号可识别财产返还法令》
Limitation Act	(英国)《诉讼时效法》
Native American Graves Protection and Repatriation Act	(美国)《原住民墓葬保护和财产返还法》
Optional Rules for Arbitration of Disputes Relating to the Environment and/or Natural Resources	《关于环境和/或自然资源的争议仲裁的任择规则》

Project of an International Declaration concerning the Laws and Customs of War [Brussels Declaration]	《布鲁塞尔宣言》
Property Settlement Act	（德国）《财产处置法》
Recommendation concerning the protection and promotion of museums and collections, their diversity and their role in society	《关于保护与促进博物馆和收藏及其多样性社会角色的建议书》
Report on a legal framework for free movement within the internal market of goods whose ownership is likely to be contested	《关于所有权存疑物品国内市场自由流通法律框架的报告》
Resolution 1205 (1999) of the Parliamentary Assembly on looted Jewish cultural property	（欧洲委员会）第1205号《有关被掠犹太文化财产的决议》
Resolution of 14 December 1995 on the Return of Plundered Property to Jewish Communities	《将被劫掠财产返还犹太社区的决议》
Resolution of 16 July 1998 on the Restitution of Property Belonging to Holocaust Victims	《关于大屠杀受害者财产返还的决议》
Resolution on the Subject of Restitution	（1945年巴黎和会）《归还决议》
Responsible Art Market Initiative (RAM)	《负责任的艺术市场倡议》
State Immunity Act, 1978	（英国）《国家豁免法》
Terezin Declaration on Holocaust Era Assets and Related Issues	《关于大屠杀时期财产和相关问题的特雷辛宣言》（又称《特雷辛宣言》）
The Dealing in Cultural Objects (Offences) Act 2003	（英国）《文物交易（犯罪）法》
The Export of Objects of Cultural Interest (Control) Order 2003	《具有文化价值的物品出口（管制）令》
The Holocaust (Return of Cultural Objects) Act, 2009	（英国）《大屠杀（文物返还）法》

the Lieber Code	《利伯法典》
The Restitution of African Cultural Heritage: Toward a New Relational Ethics	（法国）《非洲文化遗产的返还：走向一种新的伦理关系》
Traité de Paix des Pyrénées	《比利牛斯和约》
Traktat Ryski	《里加条约》
Treaty of Oliwa	《奥利瓦条约》
Treaty of Trianon	《特里亚农条约》
Treaty on the Protection of Artistic and Scientific Institutions and Historic Monuments [Roerich Pact]	《关于保护艺术与科学机构及历史纪念物条约》（又称《罗里奇公约》）
Vertrag von Saint-Germain/ Treaty of Saint-Germain-en-Laye	《圣日耳曼合约》
Vilnius Forum Declaration	《维尔纽斯论坛宣言》
Washington Conference Principles on Nazi-Confiscated Art	《关于遭纳粹没收艺术品的华盛顿原则》（简称《华盛顿原则》）
文化財及び文化協力に関する日本国と大韓民国との間の協定	《日韩关于文物和文化合作协定》
文化財の不法な輸出入等の規制等に関する法律	《文化财非法出入境等事务规制法》

有关机构

Allied Commission for Austria	盟国占领奥地利委员会
Allied Control Council（ACC）	盟国管制委员会
Advisory Committee on the Assessment of Restitution Applications	（荷兰）返还请求评估咨询委员会
Advisory Commission on the return of cultural property seized as a result of Nazi persecution	（德国）纳粹迫害被扣押文化财产返还咨询委员会
American Association of Museums	美国博物馆协会
Art Loss Register	艺术品遗失登记中心

Association of Art Museum Directors	美国艺术博物馆馆长协会
Beirat	（奥地利）返还咨询委员会
Caisse des Dépôts et Consignations (CDC)	（法国）缴存和寄存管理局
Central Registry of Information on Looted Cultural Property 1933-1945	1933—1945年被掠夺文化财产信息中央登记处
Christie's Auction House	佳士得拍卖行
City of London Corporation	伦敦市城镇管理协会
Conference on Jewish Material Claims Against Germany (Claim Conference)	犹太人对德财产索赔会议
Commission de Dédommagement des membres de la communauté Juive	犹太社区赔偿委员会
Commission d'Études des Biens Juifs	（比利时）犹太财产调查委员会
Commission de Récupération Artistique (CRA)	艺术品恢复委员会
Commission for Art Recovery	艺术品返还委员会
Commission for Art Recovery of the World Jewish Congress	世界犹太人大会艺术品返还委员会
Commission for Looted Art in Europe (CLAE)	欧洲被掠艺术品委员会
Commission for Provenance Research [Kommission für Provenienzforschun]	（奥地利）来源调查委员会
Commission pour l'Indemnisation des Victimes de Spoliations (CIVS)	（法国）被掠夺受害者赔偿委员会
Contemporary Jewish Documentation Centre (CJDC)	（法国）当代犹太人文献中心
Council of Europe	欧洲委员会
Department for Culture, Media & Sport	（英国）文化、媒体与体育部
Deutsches Zentrum Kulturgutverluste	德国文化财产损失中心
Eritrea- Ethiopia Claims Commission	厄立特里亚－埃塞俄比亚"权利请求委员会
European Commission	欧盟委员会

European Council of Jewish Communities	欧洲犹太社区理事会
European Shoah Legacy Institute	欧洲大屠杀遗产研究所
Far Eastern Commission(FEC)	远东委员会
German Contact Point for Collections from Colonial Contexts	(德国)殖民背景收藏处置联络处
Germany Lost Art Foundation	德国流失艺术品基金会
Holocaust Victims' Information and Support Center(HVISC) for Jewish Holocaust Survivors in and from Austria and their Heirs	大屠杀犹太幸存者信息和支持中心
Intergovernmental Committee for Promoting the Return of Cultural Property to its Countries of Origin or its Restitution in case of Illicit Appropriation(ICPRCP)	促进文化财产返还原属国或归还非法占有文化财产政府间委员会(简称"促进文化财产返还或归还原属国政府间委员会")
International Council of Museums(ICOM)	国际博物馆协会
International Foundation for Art Research(IFAR)	国际艺术研究基金会
Jewish Community of Vienna	维也纳犹太社区
Jewish Restitution Successor Organization(JRSO)	犹太人文化资产归还继承者组织
Netherlands Art Property Foundation(SNK)	荷兰艺术财产基金会
Office des Biens et Intérêts Privés(OBIP)	个人财产及利益办公室
Origins Unknown Agency(BHG)	(荷兰)来源调查机构
Overseas Korean Cultural Heritage Foundation	韩国流失海外文化遗产基金会

Oxford Centre for Hebrew and Jewish Studies	牛津大学希伯来和犹太研究中心
Parisian Police Headquarters (PP)	(法国)巴黎警察总部
Permanent Court of Arbitration (PCA)	海牙常设仲裁法院
Presidential Advisory Commission on Holocaust Assets in the United States (PCHA)	(美国)大屠杀资产总统顾问委员会
Rothschild Foundation Hanadiv Europe	罗斯柴尔德欧洲基金会
Saving Antiquities for Everyone (SAFE)	(美国)"为人人拯救文物"组织
State-War-Navy Coordinating Committee (SWNCC)	美国国务院、战争部、海军部联络委员会
Stiftung Preußischer Kulturbesitz	普鲁士文化遗产基金会
Spoliation Advisory Panel	(英国)被掠夺文物建议委员会
Supreme Commander for the Allied Power (SCAP)	盟国军队最高司令部,盟军司令部,盟总
Supreme Restitution Court	(德国)最高返还法庭
The American Commission for the Protection and Salvage of Artistic and Historic Monuments in Europe [Roberts Commission]	欧洲艺术与历史古迹保护抢救美国委员会(又称"罗伯茨委员会")
The American Defense Harvard Group	美国保护哈佛组织
The Cultural Foundation of the Länder	联邦州联合文化基金会会
The International Museum Cooperation Agency	(德国)国际博物馆合作代表处
The Mansion House	(伦敦市)市长官邸
The Monuments, Fine Arts and Archives Section (MFAA)	古迹、美术与档案科
The Monuments Men	古迹卫士
The Office of Military Government, U.S. Zone (OMGUS)	美国占领区军事政府办公室

重要术语中外文对照表

人名

历史人物

Adolf Hitler 阿道夫·希特勒
Alfred Rosenberg 阿尔弗雷德·罗森博格
Cornelius Gurlitt 科尔内留斯·古利特
C. T. Loo 卢芹斋
Heinrich Hoffmann 海因里希·霍夫曼
Hermann Göring 赫尔曼·戈林
Douglas MacArthur 道格拉斯·麦克阿瑟
Owen J. Roberts 欧文·J. 罗伯茨
Paul Vaucher 保罗·沃谢
Wilhelm Keitel 威廉·凯特尔

主要学者

Campfens, Evellen 依薇莲·坎普芬
Cornu, Marie 玛丽·科尔尼
Barkan, Elazar 埃拉扎尔·巴尔坎
Fincham, Derek 德里克·芬查姆
Gerstenblith, Patty 帕蒂·格斯坦布里斯
Hay, Bruce L. 布鲁斯·黑尔
Hickley, Catherine 凯瑟琳·希克利
Jakubowski, Andrzej 安德烈·雅库波夫斯基
Koo, Melissa [YoungJae] 梅丽莎·顾
Kowalski, Wojciech W. 沃西切·科瓦尔斯基
Merryman, John Henry 约翰·亨利·梅里曼
Nicholas, Lynn H. 林因·H. 尼古拉斯
O'Keefe, Patrick J. 帕特里克·阿基夫
Prott, Lyndel V. 林德尔·V. 普罗特

Rawls, John B.	约翰·罗尔斯
Renold, Marc-André	马克-安德鲁·雷诺
Sandholtz, Wayne	韦恩·桑德霍兹
Scott, Geoffrey R.	杰弗里·R. 斯科特
Simpson, Elizabeth	伊丽莎白·辛普森
Vattel, Emmerich de	瓦泰勒
Vrdoljak, Ana Filipa	安娜·菲利帕·沃德利亚克